*Dao De Jing*

LAOZI

# *Dao De Jing*

## *Escritura do Caminho e Escritura da Virtude com os comentários do Senhor às Margens do Rio*

Tradução, notas, variantes e seleção de textos

Giorgio Sinedino

editora unesp

Título original:
道德經



Fundação Editora da Unesp (FEU)
Praça da Sé, 108
01001-900 – São Paulo – SP
Tel.: (0xx11) 3242-7171
Fax: (0xx11) 3242-7172
www.editoraunesp.com.br
www.livrariaunesp.com.br
atendimento.editora@unesp.br

CIP – Brasil. Catalogação na publicação
Sindicato Nacional dos Editores de Livros, RJ

L312d

Laozi
Dao De Jing: Escritura do Caminho e Escritura da Virtude com os comentários do Senhor às Margens do Rio / Laozi; tradução, notas, variantes e seleção de textos Giorgio Sinedino. – 1.ed. – São Paulo: Editora Unesp, 2016.

ISBN 978-85-393-0623-7

1. Taoismo. I. Sinedino, Giorgio. II. Título.

16-31035 CDD: 299.51482
CDU: 221.3-23

Editora afiliada:

Asociación de Editoriales Universitarias de América Latina y el Caribe

Associação Brasileira de Editoras Universitárias

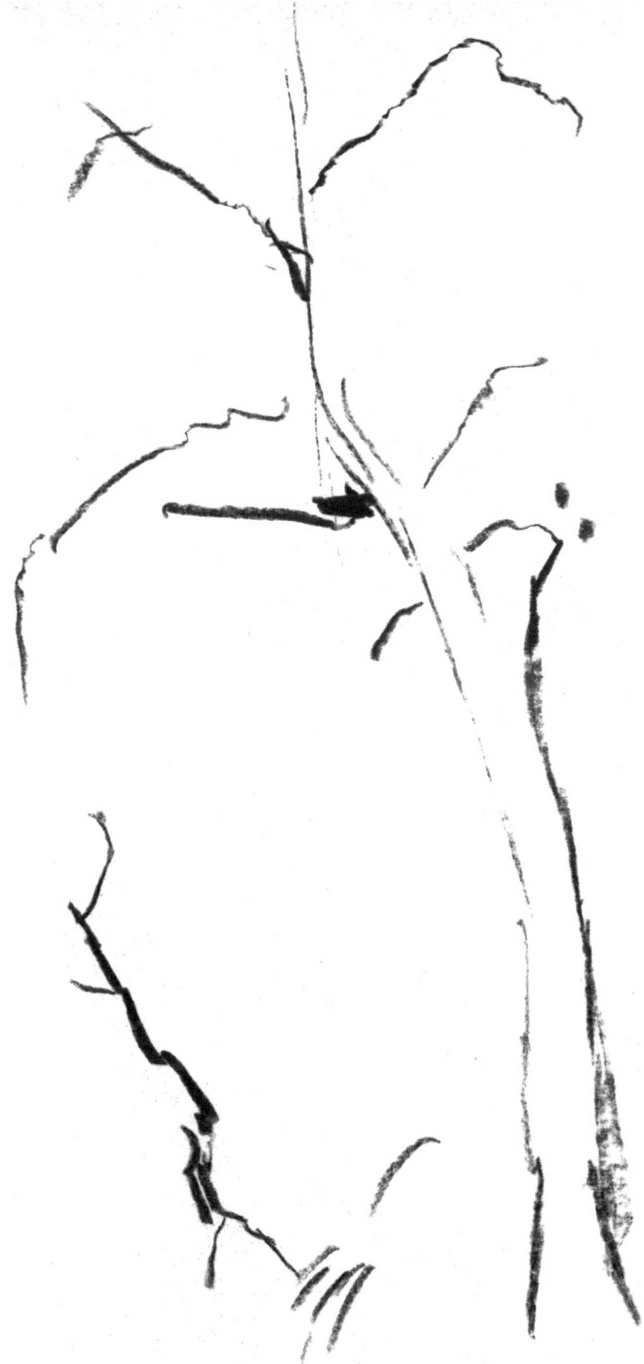

*V*

Intitulados "Filigranas do Dao", os três esboços do artista plástico Ung Vai Meng tentam ilustrar o "Dao e sua Virtude" (p.V), bem como seu par dialético, o "Nada" (p.2) e a "Existência" (p.278). O artista deixa claro que o Dao não é uma abstração. É uma verdade natural, presente onde há vida, ainda que esta se manifeste como uma árvore hibernante, num vale repleto de luz (p.V). Uma tradição iconográfica chinesa reza que o "Nada" pode ser um braço de mar, um descampado, ou mesmo o Céu (p.2). "Existência", por último, não está necessariamente associada a uma tradição vitalista ou organicista. Como o pintor explica, na medida em que linhas criam uma silhueta, mesmo a mais singela, algo se faz presente em nosso espírito (p.278). A ingenuidade e o despojo dos traços não são gratuitos – apontam para a simplicidade fundamental do *Dao De Jing*, avesso a qualquer adorno.

# *Nota do Instituto Confúcio na Unesp*

É com grande satisfação que o Instituto Confúcio na Unesp se soma à Editora Unesp para a publicação, em língua portuguesa, deste clássico do pensamento chinês *Escritura do Caminho e da Virtude com os comentários do Senhor às Margens do Rio,* mais conhecido pelo seu título original *Dao De Jing.* Seu autor, Laozi, é considerado, ao lado de Confúcio e Mozi, um dos três primeiros grandes pensadores chineses.

Esta obra é resultado de mais de dois anos de trabalho de Giorgio Sinedino, um dos maiores expoentes do mundo lusófono em estudos sobre língua e cultura clássica da China. Juntamente com seu trabalho anterior, a tradução dos *Analectos* de Confúcio, que integra esta mesma coleção, a presente obra foi reconhecida como grande contribuição para o estudo das ideias na China antiga nos países de língua portuguesa pela matriz do Instituto Confúcio, em Pequim, que apoiou sua publicação.

Fundado em 2008, o Instituto Confúcio na Unesp integra uma extensa rede de 500 Institutos Confúcio e 1.000 Aulas de Confúcio presentes em 134 países. O Instituto Confúcio na Unesp busca a disseminação da língua e da cultura chinesas e o fortalecimento dos laços de cooperação acadêmica e cultural entre o Brasil e a China.

*Luís Antonio Paulino*
Diretor Executivo do Instituto Confúcio na Unesp
http://www.institutoconfucio.unesp.br

*Cai Lei*
Diretora Chinesa do Instituto Confúcio na Unesp

*Para meu irmão:*

"ἐκεῖνο δὲ παντὶ δῆλον, ὡς ἀπὸ σπέρματος; ἑνὸς καὶ μιᾶς ἀρχῆς ἡ φύσις ἀδελφοὺς δύο ἐποίησεν οὐ πρὸς διαφορὰν καὶ ἀντίταξιν, ἀλλ' ὅπως χωρὶς ὄντες ἀλλήλοις μᾶλλον συνεργῶσιν"

(Plutarco,
*De Fraterno Amore*, 478e)

# *Sumário*

# *Introdução*
# *Laozi e a história das ideias na China*

## I. Prólogo: (re)problematizando o *Dao De Jing*

Apresento ao público esta nova tradução das *Escrituras do Caminho e da Virtude*, mais conhecidas pelo seu título original, *Dao De Jing* (道德經). De fato, a obra já está disponível em várias edições e, pode-se dizer, tem um público leitor cativo, particularmente interessado em religiões e esoterismo oriental. Além disso, *best-sellers* como *O Tao da física* também concederam-lhe certa credibilidade intelectual, donde a ampla produção literário-filosófica inspirada pelo *Dao De Jing*. É importante assinalar que o presente trabalho toma um caminho diferente, visando apresentar outras facetas do texto, particularmente a sua relevância para a história das ideias na China antiga. Isso justifica o presente ensaio, é uma espécie de contexto para a leitura que se segue. Mas, antes disso, gostaria de esclarecer por que vale a pena ler o *Dao De Jing*.

O leitor que mantive em mente ao preparar este texto é uma pessoa culta, não necessariamente versada em chinês clássico, mas com profunda curiosidade sobre a língua e a cultura clássica da China. Escondo uma certa esperança de que tal curiosidade não se cinja à obra em si e que, como eu próprio, o leitor também esteja ávido por decantar, das páginas que se seguem, o que ainda é relevante para compreender aquele país – e suas circunstâncias. Infelizmente, essa empreitada despertará o ceticismo de mais de um. O que ainda chamamos de *globalização* relativizou o valor de qualquer tradição intelectual particular, contrapondo-lhe uma ideologia universal, cernida em valores como pluralismo e laicismo, mas também legitimada de fato por indústrias culturais transnacionais – que unificaram não apenas o gosto, mas também muitas das crenças e práticas sociais compartilhadas.

E, paradoxalmente, a China aparece como o maior vencedor da globalização, decorridos mais de 20 anos desde o fim da Guerra Fria. Não apenas em termos de transferência de produção industrial (e renda) do que se chamava de Primeiro Mundo, mas também de tecnologia e de *know-how*. Pondere-se a confluência de estudantes chineses aos grandes centros de saber, bem como a envergadura dos "intercâmbios" industriais e militares realizada pelo país. O termo paradoxo justifica-se porque poucos países poderiam fugir mais ao *diktat* da "globalização" do que a China. Nisso, interessam menos as "pequenas" dissonâncias, como as tradicionais críticas ocidentais a liberdades e direitos dos cidadãos. O paradoxo mais fundamental está em que a China ganhou ao insistir no modelo "superado" de Estado-Nação, submetendo a economia aos próprios interesses (geo)políticos e fomentando um tipo de culto à nação cujas consequências internacionais, potencialmente ominosas, ainda são ignoradas ou enjeitadas como *nonsense*.

Estou convencido de que textos clássicos como o *Dao De Jing* podem revelar verdades pelo menos tão sólidas quanto a opinião dos mercados, as efemérides da imprensa ou os axiomas do direito e da economia. Afinal, a globalização do capital financeiro e industrial no pós-Guerra Fria redundou em concentração de renda e inclusão de novas elites que pouco têm a ver com os ideais liberais-democráticos que continuam a legitimá-las. Nesse contexto, as antigas classes médias sofrem para se justificar com uma falsa meritocracia, intoxicando-se num tipo distorcido de existência, no qual vivem como as *pretas* do folclore indiano – consumindo para tentar satisfazer uma fome infinita. Os próprios intelectuais, capturados pelo mesmo fenômeno, não apenas se proletarizaram – como já assinalava Max Weber há quase cem anos –, mas também perderam a visão de conjunto que distinguia os melhores dentre si. Eles caíram na armadilha da *scholarship*, afogando-se numa multidão de detalhes úteis apenas para as próprias carreiras, se muito.

Tendo isso em mente, não me parece inválido revisitar os clássicos – especialmente os não ocidentais – e questionar as visões que já temos por verdade estabelecida. De fato, para o leitor ocidental contemporâneo, o pensamento chinês antigo parece intrinsecamente autoritário, elitista e xenófobo. Contudo, como veremos nas páginas do *Dao De Jing*, essa é uma verdade parcial. O pensamento chinês está orientado a criar um tipo de ecumenismo de natureza não muito diferente do Ocidente globalizado – sem pluralismo, contudo. Por outro lado, não podemos nos precipitar num juízo de valor universal; o pensamento que ora chamamos de ocidental nos parece libertário, justo e inclusivo, embora neste momento já possamos ver as rachaduras na parede – que coincidem com velhas fronteiras culturais.

E por ser velha, uma obra como o *Dao De Jing* pode nos ajudar a ver, sem preconceitos, "as coisas como elas são" para o *statecraft* chinês. É análogo, diria, a ler Tucídides, Políbio ou Tácito e refletir sobre as desventuras dos Estados Unidos e da Parceria Atlântica. O leitor que tiver coragem e disposição para aventurar-se nas páginas que se seguem encontrará analogias ou axiomas – as "lições da história" – que, confrontados com as verdades do modelo político e econômico vigente, certamente despertarão inseguranças e incertezas. Porque a China é algo renitentemente distinto daquilo que hoje tomamos por certo.

Mas, para que o leitor seja capaz de analisar por si o valor do *Dao De Jing*, nesse sentido a que nos referimos, reservamos o resto deste ensaio para contextualizar a obra na história das ideias da China, preparando o terreno para uma leitura crítica – ou pelo menos lúcida – dum marco no pensamento político chinês.

## II. A dicotomia consagrada: taoismo dos mestres e taoismo religioso

Antes de dissertar sobre Laozi e sua única obra conhecida, é necessário contextualizá-los historicamente. Para tanto, tem grande importância o conceito de "taoismo", um fenômeno cultural complexo, que enfeixa uma diversidade de crenças, práticas e instituições.

Num esforço de simplificação, os intelectuais chineses distinguem duas espécies de taoismo. Primeiro, há o taoismo dos mestres 道家, associado às obras taoistas em sentido estrito, como o *Dao De Jing* 《道德經》 e *Zhuangzi*《莊子》, e porções de certas obras ecléticas, como os *Comentários anexos ao clássico das mutações*《周易· 繫辭傳》*Huainanzi* 《淮南子》 ou *Primavera e Outono do Senhor Lü* 《呂氏春秋》. Do taoismo dos mestres, distingue-se o taoismo religioso 道教, cernido em escrituras e revelações cujo aparecimento está ligado aos grandes movimentos milenaristas do final da dinastia Han (202 a.C. – 220 d.C.), a exemplo do Dao da "Grande Paz" 太平道 ou dos "Mestres Celestiais" 天師道. Insuflados por revelações escatológicas, esses movimentos criaram microssociedades teocráticas organizadas militarmente e, o que é fundamental, rivais das instituições imperiais. Visto que tais "igrejas" admitiam toda a pletora de técnicas esotéricas 方術 praticadas desde o final da dinastia Zhou (1059 – 255 a.C.), estas também passaram a integrar a categoria do taoismo religioso.

Malgrado solidamente estabelecida na tradição intelectual chinesa, a distinção entre taoismo dos "mestres" e "religioso" é arbitrária em parte, refletindo um juízo de valor arraigado na história das ideias chinesas. Enquanto qualquer religião é historicamente vista com desconfiança, o taoismo "dos mestres" conseguiu legitimar-se. A razão para tanto está no fato de que, ao integrar a ortodoxia, o taoismo "dos mestres" aceitava a prevalência do sistema imperial, o que não necessariamente é o caso da cepa "religiosa" – peculiarmente em suas origens. Nesse caso, o termo chinês correspondente a "religião taoista", 道教, inclui o ideograma 教, que pode ser traduzido como "doutrinação". No pensamento chinês, a "doutrinação" é um privilégio da classe dominante; portanto, relacioná-la com um movimento externo à elite política indica uma ideologia potencialmente subversiva. Isso significa que, apesar do rótulo "religioso", seu significado é nitidamente político. Consequentemente, assim como ocorreria depois com o budismo, o taoismo "religioso" entrou para a história das ideias como um ideário heterodoxo, alheio e suspeito ao que é tradicional e canônico.

O taoismo "dos mestres" 道家, por outro lado, é uma "escola de pensamento" (家) comparável à dos Ru (儒家, a ortodoxia atribuída a Confúcio), à dos seguidores de Mozi[1] (墨子 ou Mo Di 墨翟 470 – 391 a.C.) ou à dos "legalistas" (法家, doutrina absolutista centrada na arbitragem impessoal e irrecorrível do soberano). A escola taoista surgiu na segunda metade da dinastia Zhou (1046 – 256 a.C.), um período não apenas de grande instabilidade política, mas também de notável diversidade intelectual. O país encontrava-se então dividido numa rede de cortes regionais que disputavam a supremacia total sobre o reino. Essa situação produziu um conjunto de "escolas" que competiam pelo patrocínio das cortes. Uma vez consolidada a unificação do país pela dinastia Han, contudo, a natureza competitiva das escolas foi reelaborada para conformar uma nova visão, de que cada uma tinha um perfil e papel diferentes, correspondendo a partes de um mesmo todo harmônico. Testemunha desse esforço de adaptar as escolas a uma nova realidade política é o capítulo bibliográfico da História Ortodoxa da dinastia Han Ocidental 《漢書·藝文志》. Nele, o famoso Cronista-Mor Ban Gu (班固, 32 – 92) propõe a analogia entre cada uma das escolas e um tipo particular de funcionário da corte. Isso não apenas sublinha um esforço de conciliação, mas também de reapresentar cada uma das escolas como segmentos limitados de uma única "doutrinação" mediadora, válida para todo o império.

Entretanto, tal processo de harmonização não pode ser considerado nem linear, nem natural. Tampouco houve o predomínio de uma única escola no debate político ao longo de toda a história imperial chinesa. Por um lado, o taoismo chegou a ser descrito na dinastia Han como a doutrina mais avançada: seja abertamente, como no texto do pai do grande Cronista-Mor Sima Qian (司馬遷, 145 ou 135 – 86 a.C.), seja implicitamente, como na resenha de Ban Gu à segunda divisão do capítulo bibliográfico do *Livro de Han*. Mesmo depois da queda dos Han, os textos dos mestres taoistas continuaram como o *cutting edge* da história intelectual chinesa – até serem "superados" pelos tratados budistas. Por outro lado, nada obstante, tal estatuto especial do taoismo na dinastia Han não implica sua autoridade absoluta, por dois motivos.

Em primeiro lugar, tanto o taoismo como a Escola dos Ru pertencem à categoria bibliográfica dos *Mestres* 子, doutrinas que vêm em segundo lugar na hierarquia do saber chinês. A ortodoxia política submetia os *Mestres* aos *Seis Clássicos* 經, que eram as maiores autoridades – dir-se-ia textos "sagrados" – das vidas ética e política chinesas: *Mutações, Documentos, Poemas, Ritos, Música* e *Anais da Primavera e Outono*. Além disso, e não menos importante, a escola dos Ru havia recebido a unção política do Imperador Wu (156 – 87 a.C.) da dinastia Han, sendo formalmente apontada como a mais importante. Isso refletia a supremacia social dos Ru como classe, não apenas pelo seu papel na exegese dos clássicos e no monopólio do conhecimento dos precedentes de governo, mas também, o que é relevante, pelo fato de que esse novo "confucianismo" absorvera muito do que era visto no período anterior ou como "taoista", ou como afim ao taoismo. O que lhe identificava como ortodoxo, todavia, era o fato de que esses conteúdos taoistas ficavam submetidos à preeminência dos Ritos e da tradição dos clássicos ortodoxos.

## III. Contexto intelectual: ecletismo dos reinos combatentes (476 – 221 a.C.)

A absorção de doutrinas taoistas pelo confucionismo da dinastia Han exemplifica um padrão recorrente na história das ideias chinesas: purismo nominal e ecletismo de fato. O próprio taoismo dos mestres 道家 é um exemplo da mesma generalização seletiva de elementos heterogêneos, orientada a conquistar a supremacia ideológica sobre doutrinas rivais.[2] Nesse sentido, vale lembrar que até mesmo a preponderância de Laozi e de seu *Dao De Jing* na história do taoismo não é um fato inconteste, como demonstra o capítulo de *Zhuangzi* intitulado "Tudo sob o Céu", 《莊子·天下篇第三十三》, primeiro esboço disponível de uma história do taoismo dos mestres.

Após prelecionar sobre a hierarquia dos Imortais, que indica os diferentes níveis de profundidade dos ensinamentos taoistas, o texto resenha várias linhagens de transmissão. Se analisadas cuidadosamente, percebe-se contudo que se trata de tradições heterogêneas. A primeira delas inicia-se com Mozi, o prógono da escola dita "moísta", tradicionalmente considerada uma adversária do taoismo. Em seguida, vêm duas linhagens paralelas, encabeçadas por Song Xing 宋鈃 (370? – 291? a.C.) e Peng Meng 彭蒙 (370? – 310 a.C.), cuja filiação ao taoismo não é menos polêmica do que Mozi, já que também são vistos como pensadores "legalistas". Cumpre esclarecer que a filiação a uma escola sempre é uma questão controversa: não seria exagero postular que todo pensador desejava fundar sua própria escola na China, característica ainda mais notável no período dos Reinos Combatentes. Além disso, a classificação hoje vista como tradicional é póstuma e eivada de interesses partidários. Nesse sentido, "Tudo sob o Céu" faz cuidadosas ressalvas à pureza das linhagens que antecedem a Laozi, concluindo que nenhuma delas "alcançou o Dao".

Dessa maneira, a seguir vêm Laozi 老子 e Yin Xi 尹喜, o qual, conforme reza a tradição, convenceu Laozi a compor de improviso o *Dao De Jing*. O autor de "Tudo sob o Céu" unge-os com a mais alta das laudas, atribuindo-lhes o estatuto de "Homens Genuínos" 真人, ou seja, a categoria mais elevada de imortais. Contudo, a julgar a ordem de aparição dos mestres no texto, sugere-se que Laozi e Yin Xi são autores do período dos Reinos Combatentes, aparecendo depois das linhagens ecléticas de Song Xing e Peng Meng, contemporâneos de Mêncio (孟子, 372 -289 a.C.). Esse detalhe é importante por negar a precedência por senioridade a Laozi, cujo prestígio de fundador do taoismo dos mestres é uma das bases do culto que lhe estabeleceu a tradição póstuma.

Por conseguinte, "Tudo sob o Céu" não é uma narrativa oficial do taoismo no período dos Reinos Combatentes, nem poderia sê-lo. Nesse período, não havia uma autoridade política centralizada sobre todo o país, radicalizado por embates políticos e militares de um grupo de novas potências, carentes do *pedigree* de Zhou e dos seus feudos mais antigos. Entretanto, é curioso e peculiarmente chinês o fato de que essa situação de anomia engendrou uma poderosa ideologia centralizadora com duas tendências intelectuais principais: em primeiro lugar, fortaleceu-se a imagem e autoridade do soberano – concentrando nele também os atributos de moralidade e sabedoria, tradicionalmente divididos com os servos-conselheiros mais influentes. Em segundo lugar, os valores e tradições de Zhou, fontes de legitimidade do regime político e até então mediadores dos conflitos, perderam seu papel politicamente constitutivo – isto é, de definidores das "regras do jogo" através de costumes e precedentes. Saindo do centro do discurso político, as tradições de Zhou passam a secundar conceitos mais facilmente manipuláveis pelas novas elites, que abraçavam a doutrina de "vontade legisladora", prenúncio do absolutismo imperial. Embora o reforço da vocação autoritária do sistema de governo não pudesse circunscrever-se a uma escola de pensamento, a historiografia chinesa imputa-o aos pensadores conhecidos como legistas 法家.

Contrariando esse entendimento, há indícios de que as doutrinas atribuídas aos legistas não eram exclusivas de sua tradição – já que estavam de certa forma presentes em pensadores de todos os matizes. Dentre os antecedentes históricos dos legistas há pessoas que contam com as simpatias de Confúcio, como Guan Zhong 管仲 (ativo no séc. VII a.C.) e Zichan 子產 (ativo no séc. VI a.C.). Em gerações mais recentes, as duas linhagens chefiadas por Song Xing e Peng Meng, referidas em "Tudo sob o Céu", também possuíam afinidades com o legismo. Eles estavam vinculados à chamada Academia Jixia 稷下學宮, um *think-tank* privado mantido pelo chefe do clã Tian do feudo de Qi, que reunia um grande número de "mestres" pertinentes a "escolas" heterogêneas. Jixia é um exemplo emblemático de como as ideias de diferentes "escolas" podiam absorver doutrinas umas das outras, sem contudo descaracterizar a liderança pessoal exercida pelos líderes de cada grupo. Nesse sentido, é revelador que certas linhagens não sejam lembradas como legistas puras, mas também como taoistas – particularmente os casos de Tian Pian 田駢 e Shen Dao 慎到. Além disso, deve-se realçar que o próprio legismo não é um ensinamento absolutamente original: o mais célebre legista, Han Fei 韓非 (280 – 233 a.C.), foi aluno do igualmente famoso "confuciano" Xun Kuang 荀況 (313 – 238 a.C.), um ortodoxo que, por força das circunstâncias históricas, atribuía grande peso às políticas governamentais de doutrinação e às regras de comportamento inerentes à etiqueta dos Ritos e Música.[3]

## IV. O "primeiro" taoismo: a tradição Huang-Lao

Dado esse contexto, em vez de seguir a leitura tradicional que trata do problema no contexto rígido e limitado dos mestres e das escolas, talvez seja mais válido considerar o recrudescimento das tendências autoritárias no pensamento dos Reinos Combatentes como uma resposta a transformações revolucionárias na governança dos feudos que integravam a China. Estavam em jogo forças impelidas pela transição do equilíbrio populacional e potencializadas por avanços tecnológicos, a que reagiram as classes políticas com abertura de estradas, adoção de novas ferramentas de governança, melhorias no trabalho agrícola e avanço do comércio. Sob o pano de fundo de intercâmbios cada vez mais intensos entre diferentes regiões, tais mudanças impuseram desafios para o modelo tradicional de gestão pública, resolvidos, como era de se esperar, com maior centralização e esforços dirigidos a impor padrões universais, como ilustram as reformas do feudo de Qin. Embora o primeiro imperador da China seja tradicionalmente visto como a mais autoritária das figuras políticas chinesas, ele simplesmente pôs em vigor um conjunto de políticas cuja *rationale* já vinha sendo adotada no século que o antecedeu e que continuaria invariavelmente a sê-lo em dinastias posteriores.

Nessas condições, é possível postular que não há diferenças inconciliáveis entre as mais importantes escolas de que se tem notícia. No que tange ao taoismo e ao legismo, elucida-o o fato de que o mais antigo comentário ao *Dao De Jing* conhecido saiu das mãos daquele mesmo Han Fei, com uma fidelidade desconcertante à letra e ao espírito da obra de Laozi. É igualmente simbólico que a "Série Biográfica" do taoismo dos mestres, organizada por Sima Qian – sobre quem falarei a seguir –, inicia-se com Laozi e conclui-se com o ilustre legista. Comparando-se sumariamente as obras dos dois autores, há uma afinidade marcante entre a Virtude que Laozi ensina (cf. cap. 38, nota 2) e o tipo de legitimidade atribuída ao soberano no regime político propalado por Han Fei. Historicamente, observa-se que a afinidade entre taoismo e legismo aprofunda-se durante a dinastia Han, mediante uma tradição conhecida como Huang-Lao 黄老. Tal doutrina, esposada por colaterais do Imperador e elites regionais, contrabalançava a preferência pela ortodoxia confuciana, predominante junto às dinastias hereditárias de funcionários da corte. Embora o caráter político das preferências seja evidente, isso nunca transparece na narrativa oficial.

Até recentemente, os pensadores e textos filiados à tradição Huang-Lao de que se tinha notícia eram aqueles de linhagens ecléticas representadas pela Academia Jixia, particularmente Shen Dao, e de doutrinas defendidas na corte do Príncipe de Huainan, Liu An 劉安 (179 – 122 a.C.), integradas à obra eclética *Huainanzi* 《淮南子》, de modo que, até recentemente, descreviam-se os pensadores Huang-Lao como mais próximos do legismo. Em 1973, contudo, o importante achado arqueológico de Mawang Dui 馬王堆 trouxe a lume quatro obras batizadas como *Os Quatro Clássicos de Huang Di, o Imperador Amarelo* 《黃帝四經》. Esses textos combinam noções do legismo, tais como as técnicas de governo por dispositivos legais (explícitos) 法 e técnicas de gestão (implícitas) 術; também referem-se a debates característicos da Escola dos Nomes, como a relação entre as coisas e suas denominações 形名 – que remete ao papel disciplinar do Imperador e de sua autoridade como instância última em qualquer questão, política, militar ou legal. No cerne de tais doutrinas, contudo, estão clássicas noções taoistas de governança, particularmente a figura de um soberano iluminado, que não intervém na vida do povo, enquanto governa mediante a Espontaneidade (cf. cap. 1, nota 7) e espelhando uma "Virtude Profunda" (cf. cap. 10, nota 21). Estamos muito próximos da Inação referida pelo *Dao De Jing*.

Se a primeira metade do termo Huang-Lao indica o Imperador Amarelo, a segunda refere-se ao personagem *Laozi* e sua obra, ou pelo menos a uma certa tradição hermenêutica destes dois. Em que pesem seus conceitos, estilo e argumentação, é inegável que os *Quatro Clássicos* compartilham com o *Dao De Jing* uma etiologia comum, ambas as obras deitando raízes no ecletismo da segunda metade da dinastia Zhou. Nada obstante, apesar de ter gozado de grande reputação junto à elite chinesa, a tradição hermenêutica Huang-Lao é limitada no tempo, desfazendo-se paulatinamente a partir do período de fragmentação conhecido como os Três Reinos (220 – 280). Laozi, contudo, permaneceu um texto influente, transcendendo a hermenêutica que lhe fora atribuída pelo Huang-Lao.

Uma razão puramente intelectual para tanto está em que, embora as principais preocupações de *Laozi* sejam eminentemente políticas e militares – reflexo das prioridades da época –, havia também um rico manancial de ideias afetas a outros domínios. O *Dao De Jing* pressupunha também uma cosmologia e uma filosofia, cristalizadas num modelo de autocultivação intelectual e física. Consequentemente, a obra não pode prescindir de uma dimensão prática, concernente a técnicas medicinais de longevidade – especialmente dietética e exercícios respiratórios. Essa apreciação é corroborada por descobertas arqueológicas originárias da dinastia Han, as quais revelam que a elite chinesa não sentia necessidade de diferenciar entre as artes de governo, típicas da tradição Huang-Lao, e de autocultivação, que seriam cada vez mais exclusivamente associadas ao taoismo "religioso". Não deixa de ser significativo o fato de que, enquanto os *Quatro Clássicos* tiveram sua transmissão interrompida, *Laozi* não apenas prosperou, como se consolidou como a fonte de ambas as vertentes do fenômeno que hoje chamamos de taoismo. Para compreender como se desenrolou tal processo, é importante investigar as características essenciais da trajetória do personagem Laozi e de sua obra: correspondendo à ininterrupta consolidação da ortodoxia como ideologia burocrática principal, as tradições hermenêuticas taoistas afastam-se do ecletismo do Reino Combatentes, convergindo para a dicotomia tradicional entre taoismo dos mestres e, ulteriormente, do taoismo religioso.

## V. Laozi e seus três heterônimos: rumores biográficos e uma mitologia

Ao lado de Confúcio (551 – 479 a.C.), Laozi é uma das duas figuras mais marcantes da segunda metade da dinastia Zhou, era de progressiva fragmentação que levou ao estabelecimento de um império centralizado, primeiro pela breve dinastia Qin (221 – 207 a.C.) e, depois, pelo Império Han (202 a.C. – 220 d.C.). Nesse contexto, Laozi e Confúcio são tradicionalmente considerados os marcos do início de um período de profunda reflexão ético-política, especialmente sobre o papel que uma nova elite intelectual deveria exercer no governo. A elite dos Shi 士,[4] de que Confúcio e Laozi eram membros, correspondia a integrantes da baixa nobreza provenientes de famílias que outrora gozaram de alto *pedigree*. Empobrecidos por constantes guerras intestinas, golpes palacianos e também pela vigorosa expansão demográfica da época, os filhos desses clãs viram-se forçados a ganhar a vida como servos das grandes famílias, disponibilizando-lhes os conhecimentos especializados que detinham como privilégio exclusivo da educação aristocrática a que tiveram acesso.

Nesse contexto, Laozi e Confúcio distinguiram-se – junto com Mozi (470 – 391 a.C.) – como os três primeiros grandes pensadores chineses de que se tem nota; perpetuaram-se, ainda, como paradigmas de duas atitudes de vida e de duas visões de mundo que norteariam as preferências intelectuais de sua classe em milênios. Conforme essa tradição, Confúcio simbolizaria o homem de ação, o tradicionalista apegado aos Ritos. Já Laozi era o homem contemplativo, interessado nos arcanos da natureza, um quietista que advogava o retorno da sociedade aos simples tempos primevos. Trata-se de uma generalização muito influente, que todavia passa ao largo de questões importantes, como o estatuto sociocultural de *Shi* para ambas as personagens, e também o complexo desenvolvimento histórico das duas *personae*. No que toca a este último, deve-se atentar para o fato de a imagem dos dois pensadores estar atrelada às interpretações autorizadas de suas obras, que variam conforme o suceder das épocas; segundo, percebe-se em ação uma tendência tipicamente chinesa de progressiva idealização e mesmo idolatria – que hipostasiou Confúcio e Laozi em ídolos. Feita essa ressalva, passo à questão dos pormenores biográficos de Laozi.

Sua mais antiga referência biográfica está recolhida na primeira Crônica Histórica Oficial 正史 da China, os *Registros do Cronista,* compilados por Sima Qian 司馬遷 (139 – 86 a.C.). Na "Terceira Série de Notas Biográficas"《史記·老子韓非列傳第三》, que trata de pensadores taoistas e legalistas, a seção inicial é dedicada ao fundador do taoismo. Nela, Sima cita três pessoas que poderiam ser o Laozi histórico: um funcionário da biblioteca da corte de Zhou, mais velho do que Confúcio, chamado de Li Er 李耳; um outro, contemporâneo do Mestre, que compilou ideias taoistas, chamado de Lao Laizi 老萊子, e o Cronista-Mor Dan 太史儋, ativo cerca de um século após a morte do grande intelectual confuciano. Pelo estilo de composição das notas, Sima parece autorizar Li Er como o autêntico Laozi histórico, manifestando reticência sobre os outros dois candidatos. Além disso, é a Li que se atribui a tradição segundo a qual Confúcio o havia visitado para tirar dúvidas sobre os Ritos, fato que considero mais relevante na "biografia" de Laozi – por razões que ficarão claras em breve.

O triplo testemunho de Sima foi submetido a mais de dois milênios de intenso escrutínio, havendo defensores de todas as teses possíveis e imagináveis no que se refere à "verdadeira" identidade de Laozi.[5] A tradição histórica, sobretudo na dinastia Tang, período de maior relevância política do pensador, teve em Li Er o verdadeiro Laozi. Entretanto, não é possível comprovar nem essa, nem qualquer outra tese, pois, por um lado, o breve texto de Sima é a primeira e mais importante fonte "primária" disponível e, por outro, tudo o que diz está lastreado à sua autoridade enquanto Grande Cronista do Imperador Wu dos Han e à confiabilidade de suas fontes – lamentavelmente anônimas. Há referências esparsas a Li Er e a Lao Laizi em obras pré-Han, tais como dois capítulos dos *Estratagemas dos Reinos Combatentes*, 《戰國策·魏策》 e 《齊策》, bem como dois outros de *Zhuangzi* 《莊子·外物篇第二十六》 e 《天下篇第三十三》 – mas nenhuma das citações vai além do ocasional e anedótico. Consequentemente, em minha opinião, em vez de investir esforços para isolar uma das três personagens como o Laozi autêntico, mais vale primeiro explorar o contexto intelectual de seu pensamento (já esboçado nas seções acima), tentando em seguida compreender como cada um dos três perfis contribuiu para algo muito mais complexo e multifacetado: as mitologias de Laozi. Mais do que o verdadeiro personagem histórico, foram essas mitologias que tiveram um papel dinamizador para o taoismo.

Nesse contexto, as breves anotações de Sima Qian dão relevo a quatro temas, três peculiares a cada um dos "heterônimos" de Laozi e um último, comum a todos. Em minha opinião, esses quatro temas demarcam criteriosamente as grandes vertentes que dão origem ao taoismo. Em sua narrativa, o Grande Cronista fala de Li Er e dos Ritos; de Lao Laizi e das técnicas de longevidade; e do Cronista-Mor Dan e das técnicas esotéricas. Falemos sobre estes três primeiramente.

Dentre os temas de mais profundas consequências para a história das ideias na China há a tradição segundo a qual "Confúcio aprendeu Ritos com Laozi". Para comprová-lo, Sima Qian respalda-se em textos da própria tradição ortodoxa confuciana, como as duas versões canônicas do *Registro dos Ritos*, especialmente o sétimo capítulo da edição de Dai júnior 《禮記·曾子問》. Tudo indica que essa crença já estava firmemente estabelecida no período dos Reinos Combatentes, como ilustra um dos manuscritos das tumbas de Guodian 郭店, desenterrados em 1993. Nele, Confúcio alude repetidamente às lições que recebera: "aprendi de Lao Dan que..." 吾聞諸老聃曰. Nunca é demasiado enfatizar que, no contexto cultural chinês, esse problema é de imensa relevância. Ao prestar uma visita a Laozi, Confúcio coloca-se "às suas portas", isto é, como discípulo dele. Além disso, fica patente que Laozi é mais velho, mais experiente e mais sábio do que Confúcio: eis as conotações do adjetivo "Lao", 老. Sabendo que a autoridade de uma doutrina não raro se fundava em sua antiguidade, a simples alegação de que Confúcio, o grande mestre dos Ritos, era *mais jovem* e tinha sido *aluno* de Laozi reveste-se de inegável simbolismo. Esse detalhe torna-se tão mais importante se considerado o fato de que o *Dao De Jing* veicula abertas críticas ao governo que se fia nos Ritos para pacificar a sociedade – ou seja, a "plataforma política" da doutrina confuciana primitiva.

Mais breve das três, a narrativa sobre Lao Laizi conclui-se com o rumor de que o ancião teria vivido 160 ou mesmo 200 anos, atribuindo o feito à prática de técnicas de longevidade. Esse tema haveria de, paulatinamente, tornar-se o mais caro para o taoismo de épocas vindouras. De fato, o folclore e a crença nos chamados "imortais" 神仙 caracterizariam o desenvolvimento do taoismo a partir da dinastia Han. Zhang Shoujie (張守節, ativo na época da imperatriz Wu Zetian, 624 – 705) cita uma passagem da obra *Série de notas biográficas sobre os imortais taoistas* 列仙傳 – ausente do texto transmitido – mencionando a vida eremítica de Lao Laizi, que se retirou para uma montanha para viver ao léu.[6] Essas poucas linhas de texto esboçam uma das narrativas-padrão acerca dos imortais repetida à exaustão na literatura, mas que, transcrita em termos sociopolíticos, sugere um ideal de autarquia potencialmente subversivo. Pontuemos que o imortal põe-se acima dos nexos de dependência e de subordinação hierárquica que definem a vida em sociedade. As técnicas de longevidade eliminam as necessidades básicas do ser humano – como alimentação, proteção contra as intempéries e mesmo vulnerabilidade física – fazendo que o imortal se distinga dentro do gênero humano como uma espécie superior, além do mundo que ficou abaixo de si.

Em terceiro lugar, Sima Qian afirma que o Cronista-Mor Dan foi um servo da corte de Zhou e era cerca de 130 anos mais jovem do que Confúcio, tendo vivido, portanto, durante o período dos Reinos Combatentes. Sima diz ainda que Dan era escolado nas técnicas de cálculo calendárico e do Yin-Yang, relacionados à categoria de técnicas esotéricas conhecidas como 方術 (fangshu). Com base nesses conhecimentos arcanos, Dan foi capaz de prever a ascensão da dinastia Qin. Enfatizamos que a prognose de eventos importantes era um elemento central para a tomada de decisões políticas e militares, o que prometia uma carreira muito proveitosa e ampla influência política para os especialistas de reputação no campo. Também não é menos importante que, a partir do período dos Reinos Combatentes, fica cada vez mais evidente a ubiquidade dessas técnicas, em que pese o amadurecimento de um sistema de correspondências chamado de Yin-Yang (cf. cap. 1, nota 20) e Cinco Elementos (cf. cap. 28, nota 12) – eixo do pensamento chinês. É curioso anotar que, embora as técnicas esotéricas originalmente não fossem exclusivas do taoismo, elas terminaram sendo absorvidas a este fenômeno cultural com o desenrolar da história chinesa.

## VI. Deixando o mundo: o elemento central da mitologia de Laozi

Para além das trajetórias individuais dos "heterônimos" Li Er, Lao Laizi e Dan, há ainda uma temática comum aos três que permeia o personagem Laozi e, por extensão, o taoismo como um todo: a "saída do mundo". Tanto Lao Laizi como Dan decidem isolar-se da sociedade, indo viver numa floresta ou montanha. Porém, a "saída do mundo" de Li Er é de longe a mais presente na literatura e iconografia sobre Laozi. Sima Qian diz que foi Li Er que partiu "para o Oeste", deixando os Países do Meio para trás montado sobre o lombo de um boi branco. Conta-se que, no último portão antes de sua saída definitiva da China, Laozi foi interpelado por Yin Xi, um burocrata de baixa patente responsável pelo controle do trânsito naquela área. O que acontece em seguida representa o arquétipo da "comunhão mística" entre praticantes do Dao: Yin Xi *percebe* que Laozi também era uma pessoa incomum e, temeroso de que nenhum rastro desse grande Mestre ficasse para trás, impede-o de prosseguir antes de escrever algo para a posteridade.

Subjacente ao abandono do mundo está o possível fato de que, desencantado com a sociedade de seu tempo, Laozi decidira deixar para trás o estatuto que lhe correspondia para ocultar-se da faina político-burocrática, o que somente poderia ocorrer mediante uma ruptura radical com as estruturas da vida coletiva. Aí está o germe do estereótipo segundo o qual o taoista é um contemplativo sem ambições políticas – estereótipo que Sima Qian parece referendar. Nada obstante, isso só confere nos limites de um grupo de Shi, numericamente restrito, que abraçou incondicionalmente esse estilo de vida. Dentre eles, afora os "imortais" das lendas, que por razões óbvias não podem servir como fonte incontroversa, há também as pessoas conhecidas por "eremitas" 隱士 ou 退士, decididas a serem esquecidas pelo mundo e que com tal fim isolam-se em lugares ermos.[7]

O eremitismo é um fenômeno cultural importante na história da China e está implicitamente relacionado com o taoismo; é necessário, todavia, ir além de seus fatores exclusivamente filosófico-religiosos. Em que pesem as evidências disponíveis, o eremitismo é antes de mais nada uma resposta radical a períodos de crise, sejam sociais, sejam individuais, podendo corresponder a um puro desencanto "filosófico" (como se diz de Li Er), a desobediência civil (como os irmãos Bai Yi 伯夷 e Shu Qi 叔齊) ou mesmo a uma utopia primitivista, como comprova a existência de comunidades "ruralistas" ou *nongjia* 農家, que advogavam o fim das distinções sociais pressupostas pelos Ritos e a transformação do Estado num conjunto de comunidades agrícolas autônomas e independentes. Apesar de que, ao se distanciarem da sociedade, muitos eremitas viessem a encontrar a morte, sua decisão misantrópica de "existir fora do mundo" paradoxalmente punha em questão a legitimidade do governo do país enquanto extensão da hierarquia familiar. Isso abria o caminho para que esse grupo de sábios "que derrotaram a sociedade" pudesse não apenas criar comunidades à margem do poder estabelecido, mas também para que, malgrado distanciados da vida política burocrática, pudessem ter um papel ativo de conselheiros e mestres pelo prestígio que gozavam. Sobre o precedente do eremitismo taoista erigiu-se a importante cepa do budismo dito "das montanhas e florestas" 山林佛教, de comunidades monásticas econômica e politicamente autônomas, cujo contributo à vida intelectual (e política) da China foi determinante para a sobrevivência de uma tradição de pensamento separada da cultura ortodoxa, literário-burocrática, a que chamamos usualmente de "confucionismo".

Nada obstante, o eremitismo não é a única categoria de "saída do mundo". Muito mais numerosos são aqueles que, sem abrir mão das conveniências da vida de membros da elite letrada, adotaram esse ideal como um pretexto estético para exercícios literários e uma atitude social orientada a *épater le bourgeois*. A esse grupo, cuja fundação pode ser atribuída ao brilhante literato Zhuang Zhou, o mestre Zhuang da obra *Zhuangzi*, associam-se também os grandes boêmios do grupo heterogêneo conhecido como Sete Sábios do Bosque de Bambu 竹林七賢 e ainda o ilustre poeta da dinastia Jin, Tao Yuanming 陶淵明 (365 – 427), apenas para mencionar nomes que direcionaram a cultura chinesa em mais de meio milênio. Acredito que esse tipo de artistas é responsável por grande parte da produção artístico-literária da China imperial, em toda a sua história.

Uma terceira categoria de "saída do mundo", ainda, inclui aqueles que se retiraram da vida em sociedade como artimanha para que pudessem retornar a ela com as mais elevadas das honras. Embora haja nomes influentes em diversas dinastias, o exemplo clássico é o célebre estrategista general Zhuge Liang 諸葛亮 (181 – 234). Conta a lenda que Zhuge fez uma choupana de palha para si, onde residiu até que sua fama chegou aos ouvidos do caudilho Liu Bei 劉備 (161 – 223), então líder do sudoeste chinês no período de guerra civil conhecido como os Três Reinos 三國 (220 – 280). Liu veio pessoalmente convidar Zhuge para agregar-se às suas fileiras, tendo que suportar a humilhação de ser rejeitado por duas vezes. Ao demonstrar que desprezava o mundo, o taoista era capaz de convencer a sociedade de que suas intenções eram puras e suas virtudes distintas, o que motivava os detentores do poder a tentar atraí-los para a própria causa. Nesse modelo de narrativa, a humilhação do soberano possui traços ritualísticos: por estar "fora do mundo", o sábio taoista não precisava mais responder à estrita hierarquia social existente na China. Isto é, o soberano humilha-se para convencer o sábio de que seu retorno ao mundo era necessário. Comovido, o sábio decide submeter-se ao soberano e retornar como seu fiel conselheiro. Mas sempre paira a dúvida de que todo o processo de deixar e voltar para o mundo seria ou não uma mera artimanha, um tipo de *reculer pour mieux sauter*.

Assim, é no mínimo instigante a diversidade de tipos igualmente definíveis como taoistas, cujas posturas de vida remetem, de fato ou putativamente, aos quatro temas enfeixados pela partida do mundo. Mas nunca é demais lembrar que todas elas dependiam diretamente do personagem Laozi, cuja mística continuou a desenvolver-se nos primeiros séculos da era cristã. Embora não seja possível com algumas linhas fazer justiça ao complexo tratamento dado pela posteridade à sua figura, é importante lembrar que, assim como Confúcio, Laozi também foi integrado ao culto oficial dos grandes homens logo na dinastia Han, recebendo sacrifícios em sua terra natal, o velho feudo de Chen 陳, e tendo um altar erigido em honra de sua mãe, o que condiz plenamente com a ideologia política de estímulo à piedade filial da corte dos Han.[8] É importante enfatizar, ainda, que os sacrifícios a espíritos de grandes personalidades não eram nada de especial ou de extraordinário na história da China imperial; não eram uma verdadeira "deificação" – tendo um sentido muito limitado, idêntico ao que ocorria na religião familiar da antiguidade clássica. Porém, ao passo que Confúcio era tratado como uma espécie de padroeiro dos intelectuais-burocratas, Laozi possuía a mística de alguém que "saiu do mundo". Se Confúcio representava a epítome da erudição – o que não é pouco para a sociedade chinesa –, Laozi corporificava ainda mais: um tipo de sabedoria superior ao feixe de tradições que se encerravam na cultura política de corte. Observemos mais de perto o processo que alçou Laozi a uma estatura sobre-humana.

## VII. A dupla apoteose de Laozi: imortal e deidade

Nesse contexto, há duas noções determinantes no processo em que Laozi transcende seu estatuto de ser humano: enquanto "imortal" e "deidade".

Em primeiro lugar, Laozi começou a ser associado à crença cada vez mais generalizada nos imortais taoistas, respaldando um tipo de narrativa fantástica que ganha certo corpo a partir do período dos Reinos Combatentes. No *Clássico dos Mares e Montanhas* 山海經, obra cujo material remonta ao período dos Reinos Combatentes, encontra-se um tipo de "geografia sagrada" da China, povoada por plantas e animais exóticos, além de espíritos da natureza e criaturas elementais. A essas crenças, muito antigas, veio a somar-se um novo folclore de uma espécie superior dentro do gênero humano. É nesse sentido que, também a partir dos Reinos Combatentes, começam a acumular-se narrativas sobre homens notáveis que deixaram o mundo para irmanar-se ao ritmo das estações; desenvolvendo poderes sobrenaturais, eram capazes de viver por longos períodos sem envelhecerem.

Essa literatura, cujos rudimentos já estão presentes no *Zhuangzi*, torna-se um tema de próprio direito na *Série de notas biográficas sobre imortais taoistas* 列仙傳 e virá a definir um gênero literário a partir das curtas anotações de *Em busca do sobrenatural* 搜神記. Dessa forma, lado a lado com personagens lendárias de um passado imemorial, Laozi começa a ser visto como um dos imortais, emprestando historicidade ao que de outra forma seria pura ficção.

Aliás, o termo folclore seria mais justificado do que ficção, pois, a julgar casos muito conhecidos, uma parte representativa da elite não apenas cria na existência dos imortais, mas também na possibilidade dessas mesmas pessoas transmutarem-se. Essa crença pode ser mais bem compreendida em paralelo à sedimentação do *corpus* de medicina tradicional chinesa. São esclarecedores, particularmente, os desenvolvimentos nos campos da nutrição, fitologia, mineralogia e na compreensão do metabolismo da "energia vital" – o que pode ser ilustrado por uma série de documentos desenterrados em Mawang Dui, mesmo lugar em que se descobriram textos da tradição Huang-Lao. De fato, percebe-se que logo na dinastia Han já estavam delineadas as diversas famílias de técnicas de longevidade que formavam o "Aprendizado dos imortais", incluindo dietética, ginástica, técnicas sexuais etc. De todas essas famílias, dois grupos tinham mais importância intelectual e política.

A primeira delas remetia à "alquimia exterior" 外丹, que apregoava a manipulação de substâncias para composição de "elixires da longevidade". O propósito de tais substâncias era neutralizar o processo de dispersão natural da "energia vital" a circular dentro de e entre os órgãos no corpo humano. A segunda delas, muito mais simples e menos onerosa, era a "alquimia interior" 內丹 dos exercícios de meditação com base em técnicas respiratórias – estes chegaram aos nossos dias com o nome de Qigong 氣功. Para os fins do presente ensaio, importa mais assinalar como tais crenças, a partir de origens modestas, decalcaram-se em tradições escritas ortodoxas, tais como o *Livro das Mutações* e o próprio *Dao De Jing*. Isso explica-se não somente pelo vigor e empenho de gerações de praticantes vindos de camadas populares, mas também pelas hábeis tentativas da elite intelectual de justificar perante si própria práticas e comportamentos, cujo valor não era evidente à luz da estrita e ciumenta ortodoxia. Mais importante ainda eram o interesse e o patrocínio de numerosos imperadores, mesmo em dinastias recentes (Song e Ming).

Paralelamente ao folclore dos imortais, a "saída do mundo" também desdobrou-se numa espécie de teologia mitigada. Esse é um tema difícil, pelas profundas diferenças entre as culturas chinesa e ocidental. A religião chinesa caracteriza-se pelo paralelismo entre o culto particular dos antepassados e o culto "público" do clã governante. Deidades alheias ao culto familiar são toleradas, desde que seja possível integrá-las a uma visão holística em que natureza e sociedade conjugam-se, compartindo uma hierarquia e uma harmonia comuns. Entretanto, não podem restar dúvidas de que o elemento predominante sempre é o papel central do chefe e do sábio de conduzirem a sociedade, de maneira que a ética predomina sobre a metafísica. Por conseguinte, comparativamente à tradição ocidental, a religião chinesa tem uma finalidade eminentemente política – enquanto os elementos escatológico e soteriológico são relativamente desimportantes. Escatologia e soteriologia somente se fazem perceber quando a sociedade espirala em direção ao caos, sendo consideradas um sinal de decadência pela elite ortodoxa – e pela ordem imperial.

É nesse contexto que, com a falência da ordem política dos Han, Laozi aparece cada vez mais como o portador de uma revelação religiosa. Dessa época data a progressiva organização de novas tradições rituais alheias ao culto oficial, contrapondo diferentes fontes de autoridade política. O proselitismo ocorria, contudo, a partir de novas candidatas à hegemonia. Angariavam-se fiéis e convertia-se-os em corporações à margem do império. Eram verdadeiros movimentos sociais, que a historiografia oficial contemporânea põe lado a lado como simples "revoltas camponesas". Contudo, não se pode ignorar que novos clãs arrogavam-se o privilégio exclusivo de mediadores entre as massas e as novas deidades, eram verdadeiras "aristocracias sagradas" que reuniam não apenas generais-médiuns, mas mesmo especialistas em alquimia e artes esotéricas como lideranças políticas. É também interessante fixar que, numa multidão de tradições heterogêneas e distantes geograficamente, Laozi e sua obra permanecem como pedras angulares do novo cânone.

Portanto, não haveria erro ao afirmar-se que o "mestre" Laozi metamorfoseou-se em deidade – por dois caminhos. No primeiro deles, Li Er tornou-se o imortal Laozi,[9] assinalando a possibilidade de que outros também viessem a conquistar os mesmos privilégios. Subsequente ou simultaneamente, Laozi também foi integrado numa tríade de divindades, decalcadas da tradicional crença num vínculo entre o par hierogâmico, Céu (Yang) e Terra (Yin). Ele correspondia ao terceiro elemento – representando o paradigma do Homem que se harmonizou aos poderes cosmológicos do Yin e Yang. Esse Laozi deificado é conhecido no taoismo "religioso" como o Soberano Lao 老君, sendo o grande patriarca das seitas taoistas, destinatário de oferendas e preces. Numa trindade posterior, Laozi também é conhecido como a menor dentre as chamadas Três Deidades Puras 三清, recebendo o nome de Grande Pureza 太清 ou o Honorável Celeste do Dao e sua Virtude 道德天尊. Distintamente do imortal, esse Laozi deificado desloca a figura do imperador, representante do homem face ao Céu e Terra por definição. Portanto, Laozi deixa de exercer um papel politicamente legítimo para tentar sobrepor-se à ideologia política vigente. Em vez de permanecer lado a lado dos "mestres", orientando o cultivo das letras e do saber tradicional, ele serviu de instrumento para os interesses de uma nova elite – paralela à burocracia versada no dogma dos Clássicos confucianos. Nesse sentido, Laozi – ou pelo menos um tipo de leitura do *Dao De Jing* – tornou-se anátema e inimigo da tradição ortodoxa, fazendo do taoismo "religioso" um ramo impuro das letras chinesas.

Não apenas da ortodoxia, o taoismo também foi adversário do budismo pelo favor dos poderosos. A competição iniciou-se com a luta pela supremacia na dinastia Jin (265 – 420) e, sendo dominado no período de fragmentação das dinastias do Sul e do Norte (420 – 589), o taoismo tentou medir forças intermitentemente nos quase 800 anos entre as dinastias Tang (618 – 907) e Yuan (1271 – 1368), sem nunca verdadeiramente ter estado à frente da religião de Gautama. Neste capítulo de sua história, o taoismo é nitidamente uma religião institucional, com clero e alavancagem na burocracia. Contudo, apesar de que tenha sido um importante aliado da ortodoxia nos momentos em que o budismo amealhava privilégios políticos e triunfos intelectuais, o taoismo nunca deixou de dividir com a doutrina vinda da Índia uma situação suspeita aos olhos ciumentos da ortodoxia intelectual confuciana. Sua maior importância continuará a ser profundamente sentida em diversos aspectos da arte e cultura populares, mas sem nunca retomar o prestígio intelectual de que gozara nos seus primeiros tempos.

Por tais razões percebemos ser Laozi uma personagem de muitas facetas – a que vem somar-se os diversos vieses e distorções agregados pela posteridade. Como sói na história das ideias chinesas, a neutralidade não é uma virtude abundante, nem tampouco o que hoje em dia chamamos de "honestidade intelectual". A fama e a autoridade inspiradas pelo nome de alguém atraíam a atenção de comentaristas talentosos, que enxertavam suas ideias e, em casos de maior sucesso, criavam uma espécie de "simbiose" com o texto em que se especializaram. Portanto, devemos agregar um último nível de análise ao presente ensaio: as diversas vidas do *Dao De Jing*.

## VIII. Um *Dao De Jing* ou vários? Texto(s) e tradições hermenêuticas

Tão importante (e controvertido) quanto o personagem Laozi, contudo, é a sua única obra – o *Dao De Jing*, que traduzo por *Escritura do Dao (ou Caminho) e sua Virtude*. Tradicionalmente, propõe-se que Laozi escreveu uma obra de apenas 5 mil palavras (caracteres), dividida em duas partes, supostamente dedicadas ao Dao e à Virtude. Esse entendimento manteve-se relativamente intocado até a dinastia Qing (1644 – 1911), tornando-se alvo de críticas cada vez mais acerbas no século XX. Nesta etapa mais recente do pensamento chinês, uma nova tradição de pesquisa filológica colocou em questão a autoria do trabalho, contrapropondo que o *Dao De Jing* na verdade seria um pastiche de seções independentes, heterogêneo em termos de estilo e, no que toca à linguagem, repleto de emendas. A tênue argamassa que manteria unida essa miscelânea de breves textos seria justamente o tipo de doutrina intelectual postulada por um grupo mais ou menos coerente de intelectuais, integrantes da escola conhecida por "taoismo" – autores cuja historicidade seria mais bem documentada do que a de Laozi. Por conseguinte, o que chamei acima de "mitologias de Laozi" também caiu sob pesadas críticas, de modo que pareceria mais seguro falar não de um único *Laozi*, mas de um conjunto de tradições hermenêuticas baseadas num "patriarca" fictício – um testa de ferro intelectual. Em vez de representar o significado original da obra, essas diferentes leituras registrariam tendências igualmente válidas ou uma ênfase orientada a um uso particular, que no entanto competiriam pelo estatuto de "autenticidade" exclusiva.

No que toca ao texto, duas importantes descobertas do último quartel do século XX enfraqueceram as críticas "revisionistas", apontando para o fato de que o *Dao De Jing* já existia como obra em período próximo àquele em que Laozi supostamente teria vivido. Em 1973, foram descobertos os manuscritos de seda da dinastia Han, em Mawangdui 馬王堆, província de Hubei. Vinte anos depois, chegou a vez dos rolos de bambu remontando ao período dos Reinos Combatentes. Estes foram desenterrados das tumbas de Guodian 郭店 localizadas na cidade de Jingmen, também em Hubei. Ambos os textos não apenas são historicamente muito próximos da datação tradicionalmente atribuída para o *Dao De Jing*, seu conteúdo também é muito similar aos dos *textus recepti*. Os rolos de Guodian, todavia, não estão "completos" – apenas 31 ou 32 dos capítulos da obra como a temos hoje estão presentes. Além disso, a sequência dos capítulos tem importantes diferenças com relação aos textos transmitidos, tanto em Mawangdui, como em Guodian, a principal das quais é que o capítulo sobre a *De* vem antes daquele a respeito do *Dao*. Como era de se esperar, essas duas circunstâncias deram vazão a todo tipo de teorias, havendo mesmo quem advogue certa preferência por Mawangdui em relação aos textos historicamente tidos como principais autoridades. Ao reconhecer o valor acadêmico de tais discussões, permanece o fato de que, por se tratar de obras não transmitidas, é difícil dizer até que ponto os desvios e omissões representam um hipotético "original".

O que está consolidado pelas descobertas arqueológicas, a meu ver, é o viés político e de autocultivação, se não da obra *Dao De Jing*, pelo menos da linha hermenêutica predominante nos tempos prístinos do taoismo. Nesse sentido, revisitemos o fato de que o primeiro comentário disponível sobre a obra de Laozi são dois capítulos incluídos nos *Ensaios do Mestre Han Fei* 韓非子. O 20º, intitulado *Explicando Laozi* 解老, discute a íntegra de 16 capítulos do *Dao De Jing* conforme o modelo de glosa por frase e período 章句. Além disso, o 21º. Ensaio de Han Fei – *Metáforas para Laozi* 喻老 – emprega anedotas históricas para explicar a utilidade (política) dos ensinamentos do sábio taoista. É importante assinalar, mais uma vez, que Han Fei é considerado um pensador "legalista", isto é, de uma tradição diversa e rival do taoismo. Entretanto, o taoismo não apenas contribuiu para a sobrevivência da obra de Han Fei (haja vista estar presente na compilação *Cânone taoista ortodoxo* da dinastia Ming); seu pensamento mantém estreito paralelismo com a cepa Huang-Lao, que consideramos a primeira etapa madura do taoismo.

As ideias de Han Fei guardam profunda similaridade com o comentário do Senhor às Margens do Rio 河上公 – ora traduzido em sua íntegra. Este, que é um personagem tão elusivo (ou fictício) como Laozi, não apenas compôs o comentário mais transmitido do *Dao De Jing*, ele também representa um dos três textos-base mais importantes, sendo o mais aprimorado deles. A datação de tal comentário é uma constante celeuma na história intelectual chinesa, mas parece ser sensato reconhecer que seu estilo e ideias são anteriores ao amadurecimento do budismo na China – não sendo absurdo confirmá-lo como uma obra da dinastia Han, ainda que da segunda metade. A crítica em geral considera o comentário do Senhor do Rio como uma obra do taoismo religioso, especialmente pelo prestígio milenar de que gozou (e goza) em relação às diversas seitas taoistas. Entretanto, uma leitura imparcial do texto confirma que há muito menos de taoismo religioso no Senhor do Rio do que se argumenta. O "Estudo da Imortalidade" 仙學 tem uma posição muito mais discreta do que o "Cultivo da Vida" 養生 (ou "da Saúde") nessa obra; como demonstram as descobertas arqueológicas de sítios da dinastia Han, o "Cultivo da Vida" não era uma questão propriamente religiosa, mas sim uma preocupação comum na elite daquela época, o que isenta o Senhor do Rio de originalidade nesse campo. Nesse sentido, ao insistir na correlação entre o corpo (microcosmo) e o país (macrocosmo), o Senhor do Rio estava seguindo na mesma linha que intelectuais ortodoxos como Dong Zhongshu (董仲舒, 179 – 104 a.C.), ainda que inovasse pelos conhecimentos de medicina e de fisiologia da "Energia Vital".

Outros comentários da dinastia Han, no entanto, têm um conteúdo religioso mais evidente, dentre os quais merecem menção o *Laozi Xiang'er* 老子想爾 atribuído a Zhang Ling (張陵, 34 – 156 ou 178), líder militar-religioso, fundador da seita dos Mestres Celestiais; e o *Laozi Zhigui* 老子指歸 do eremita Yan Zun (嚴遵, ativo na dinastia Han ocidental), um representante da cepa Lao-Zhuang. Diferentemente da tendência Huang-Lao, o Lao-Zhuang passa ao largo de questões políticas, concentrando-se na busca da imortalidade e no cultivo do que eventualmente viria a ser chamado de "Conversações Elegantes" (清談, lit. "Conversações Puras"). A "Conversação Elegante" era uma prática social da elite no período de crise da dinastia Han. Desiludidos com as perspectivas de riqueza e fortuna junto à corte, esse movimento surge como uma espécie de desvio da erudição fundada nos clássicos ortodoxos. Em parte como um tipo de passatempo, discutia-se temas alheios à tradição dos Ritos, normalmente especulações a respeito de textos "esotéricos", como os *Comentários ao Clássico das Mutações* e, especialmente, *Laozi* e *Zhuangzi*. Esses três textos tornaram-se as referências mais importantes da vida intelectual no interstício entre a queda da dinastia Han e a consolidação do budismo. A esse momento da história cultural chinesa convencionou chamar-se de 玄學, ou "Estudo do Mistério". Dele nos foi legado o importante comentário de Wang Bi (王弼, 226 – 249), que hoje em dia é mais valorizado do que o do Senhor do Rio. Na verdade, os comentários de Wang Bi são claramente autorais, servindo como trampolins para reflexões abstratas sofisticadas – muito distantes da cepa Huang-Lao. Wang Bi dá nome também a um dos três principais textos transmitidos do *Dao De Jing*.

O terceiro texto é o de Fu Yi (傅奕, 555 – 639), monge taoista da dinastia Tang que ocupou uma posição de relevo na corte do Imperador Gaozu. Fu Yi é um típico exemplo dos mestres de artes esotéricas que caem (provisoriamente) nas graças dos poderosos, exercendo influência e estabelecendo sua autoridade doutrinária. Diz-se que Fu Yi teve acesso a manuscritos antigos com base em que ele compilou um texto até hoje muito respeitado do *Dao De Jing*. De qualquer maneira, Fu Yi é apenas um caso ilustre de inúmeros eruditos que tentaram produzir um texto ou comentário "definitivos" do *Livro de Laozi*. A quantidade de comentários e colagens obviamente aumenta à medida que nos aproximamos do presente e ninguém é capaz de estimar quantos textos perderam-se no suceder das eras.[10] Há obras muito importantes para a história das ideias em todas as épocas. Poderíamos citar como exemplos as de Cheng Xuanying (成玄英, ativo em meados do século VII), Su Zhe (蘇轍, 1039 – 1112) ou Shi Deqing (釋德清, 1546 – 1623) – cada qual representando um viés analítico ou estético relevante. Persistir nesta análise conduziria não apenas a uma história da crítica do *Dao De Jing*, mas também a um longo percurso intelectual da cultura chinesa em seus mais diversos momentos – pois poucos foram os melhores cérebros que não produziram uma obra sobre o *Dao De Jing*.

Nada obstante, ponderado o nosso interesse de oferecer uma "introdução prática" ao *Livro de Laozi* que seja a um tempo confiável e coerente intelectualmente, pareceu-nos mais seguro cingir-se apenas ao material mais antigo e, como o fizemos, tomar um único comentário como fio condutor. O leitor perceberá que, nas notas, há um certo esmero em relacionar o comentário do Senhor do Rio à cultura intelectual e literatura de sua época. Isso foi realizado por meio de notas explicativas que traduzem um certo volume de textos e referências ainda inéditos em português e, em certos casos, mesmo em outras línguas ocidentais. Torço para que, munido das informações e análises contidas neste ensaio, o leitor possa ter uma experiência de leitura mais proveitosa.

## Agradecimentos

Contraí muitas dívidas de gratidão ao preparar esta obra e, de tão grandes que são, só me resta reconhecer minha insolvência publicamente diante das equipes da Editora Unesp e do Instituto Confúcio na Unesp. Sinceros e profundos agradecimentos aos professores Jézio Hernani Bomfim Gutierre e Luís Antonio Paulino. Mais do que apoio institucional, sou grato pela mais desprendida dedicação e pelo mais desinteressado entusiasmo destes que continuam a contribuir para a criação de um novo nicho para os leitores, escritores e tradutores brasileiros. Reconheço minha dívida também para com quatro pessoas que me ajudaram a encontrar uma nova vida na Região Administrativa Especial de Macau. O artista plástico Ung Vai Meng, estratego do trabalho cultural realizado pelo governo da RAEM; Yao Jingming, que transforma bilinguismo em poesia, um ativista da cultura sino-lusófona; o professor Li Xiangyu, um dos mais importantes divulgadores da língua portuguesa na China; e o historiador de Macau Wu Zhiliang, sempre atento para a contribuição da vertente lusófona na cultura desta terra.

Mais do que um puro interesse acadêmico, a motivação para preparar este trabalho adveio de mais de dez anos trabalhando e estudando na China. Muitas foram as frustrações por resistir às coisas como elas são. Os livros e suas ideias têm carne e osso, têm uma alma e vida próprias – de maneira que todo preconceito e toda idealização que lhes impomos se desfaz com o tempo. Agradeço a todos os parceiros de conversa, professores e colegas, amigos e desconhecidos neste país – por haverem me demonstrado que ideias nada mais são do que os sedimentos de uma cultura.

## Notas

1 Ligeiramente posterior a Confúcio (551 – 479 a.C.), reza a tradição que Mozi (470 – 391 a.C.) fora instruído no aprendizado confuciano, tendo se tornado um dissidente e crítico da devoção excessiva aos Ritos, que obrigavam as pessoas a dilapidar seu patrimônio na realização de elaborados funerais. Mozi representava também os interesses da classe dos artesãos, que tinham um baixo estatuto social, similar ao de escravo em sua época, donde organizarem-se em corporações com um caráter semimilitar. Os moístas, membros dessa escola, defendiam "a guerra para terminar as guerras" – um tipo de pacifismo ativista em que entravam na luta para defender os países mais fracos, impedindo que fossem anexados pelas grandes potências. Apesar de certas seções da obra *Mozi*, ainda existente, o moísmo tinha um caráter religioso mais nítido do que o confucionismo ou o taoismo, centrado no culto ao Céu. Cf. Zheng, Jiewen 鄭杰文. *Zhongguo Moxue Tongshi* 中國墨學通史 *(História geral do moísmo na China)*. 2v. Beijing: Renmin Chubanshe, 2006.

2 Cf. a importante síntese de Graham, Angus. *Disputers of the Dao*. Chicago: Open Court, 2003 (Reimpressão).

3 É importante, à guisa de esclarecimento, abrir um breve parêntese para explicar "doutrinação" e "Ritos e Música", duas pedras angulares do edifício político chinês. Na tradição chinesa, a educação é monopolizada pelo Estado. Ferramenta de engenharia política, ela é utilizada para consolidar a lealdade da população e unificar valores, dessa forma minimizando a necessidade de violência. "Ritos e Música" são um importante elemento da educação clássica chinesa que, sem recorrer a normas "externas" para governar, imbui os indivíduos com uma hierarquia "natural", prescrevendo-lhes formas de pensar e agir cuja coercibilidade faz-se sentir logo no universo psicológico do indivíduo. A ortodoxia confuciana adota esses dois elementos como alicerce de suas doutrinas; o que distingue Xunzi, contudo, é a veemência com que defende a necessidade dos controles sociais – o que é justificável à luz da época em que viveu.

4 Cf. os estudos reunidos em Yu, Yingshi 余英時. *Shi yu Zhongguo Wenhua* 士與中國文化 *(Os Shi e a Cultura Chinesa)*. Xangai: Shanghai Renmin Chubanshe, 1987.

5 Uma das tentativas mais recentes, escudada nos manuscritos de Mawang Dui e Guodian, é Yin, Zhenhuan 尹振環. *Chongshi Laozi yu "Laozi"* 重識老子與《老子》*Reavaliando Laozi: homem e obra*. Pequim: Shangwu Yinshuguan, 2008, especialmente p.1-39. Para Yin, o Laozi histórico é o Cronista-Mor Dan de Zhou, em que pese a evidência da genealogia do final das notas biográficas de Sima Qian. No que toca a obra *Laozi*, trata-se de um texto heterogêneo, de autoria múltipla, que tem nos manuscritos de seda sua mais fiel versão.

6 Essa citação é feita por um comentário à "biografia" de Laozi no *Registros do Cronista*.

7 Distante das hagiografias taoistas, Confúcio referiu-se aos eremitas dubiamente, chamando-os de "o povo esquecido" 遺民, cf. *Analectos* 18.8: "São [parte do] povo esquecido: Boyi, Shuqi, Yuzhong, Yiyi, Zhuzhang, Liuxia Hui e Shaolian. O Mestre disse: 'Não [deixaram] sua determinação esmorecer, não [permitiram que] humilhações [recaíssem] sobre seus corpos: Boyi e Shuqi!'. Disse [também]: "Liuxia Hui e Shaolian [deixaram] sua determinação esmorecer, [permitiram que] humilhações recaíssem sobre seus corpos. [Contudo,] expressavam-se de acordo com [a hierarquia inerente] às relações [humanas], agiam com prudência, mas é isso e apenas isso". Disse [ainda]: 'Yuzhong e Yiyi viveram em lugar ermo e não falavam sobre assuntos mundanos. Seus corpos alcançaram a [marca da] pureza, seu abandono atingiu a [marca dos] poderes de consideração'. Eu, no entanto, sou diferente dessas pessoas: [comigo] não há nada que deva ser assim ou assado". 逸民: 伯夷, 叔齊, 虞仲, 夷逸, 朱張, 柳下惠, 少連。 子曰: "不降其志, 不辱其身, 伯夷, 叔齊與"。 謂: "柳下惠, 少連, 降志辱身矣。言中倫, 行中慮, 其斯而已矣"。謂: "虞仲, 夷逸, 隱居放言。身中清, 廢中權。 我則異於是, 無可無不可"。

8 Cf. tratamento mais detalhado em Seidel, Ana. *La Divinisation de Lao-Tseu dans le taoïsme des Han*.

9 Cf. as notas biográficas sobre Laozi em obra atribuída ao importante erudito ortodoxo Liu Xiang (劉向, 77 – 6 a.C.), *Série de notas biográficas sobre imortais taoistas* 列仙傳.

10 Merece destaque a *Coleção de edições e comentários do Livro de Laozi* 老子集成, publicada em 2012, que reúne 265 comentários à obra, número certamente irrisório em relação aos comentários que se perderam.

# *Breve concordância temática*[1]

**Dao:** Caps. 1, 4, 8, 14, 16, 21, 23, 25, 32, 34, 35, 37, 40-42, 51
**Desejos:** Caps. 3, 19, 34, 37, 57
**Espontaneidade:** Caps. 17, 23, 25, 51, 64
**Evitar conflitos:** Caps. 3, 7-9, 22, 24, 66, 73, 81
**Existência e nada:** Caps. 1, 2, 11, 40
**Fêmea, água, mãe:** Caps. 8, 10, 20, 25, 28, 52, 55, 59, 78
**Fraqueza:** Caps. 10, 22, 36, 40, 43, 52, 76, 78
**Governo:** Caps. 3, 17, 26, 29-31, 57, 60, 61, 65, 74, 75, 80
**Humanidade e dever:** Caps. 18, 19, 38
**Inação:** Caps. 2, 3, 10, 37, 43, 48, 63, 64
**Nome:** Caps. 1, 25, 32, 41
**Relativismo, bem e mal, paradoxos:** Caps. 2, 7, 20, 36, 45, 58
**Retorno:** Caps. 14, 16, 28, 40, 52
**Sabedoria:** Caps. 3, 70, 71
**Simplicidade:** Caps. 19, 28, 32, 37, 57
**Tranquilidade:** Caps. 16, 37, 61
**Unidade:** Caps. 10, 14, 22, 39, 42
**Virtude:** Caps. 10, 21, 23, 38, 51, 65

1 Esta lista, meramente ilustrativa, segue Chan, Wing-Tsit (1963), p. 138.

# 老子道經
# *Escritura do Caminho do Mestre Lao (Laozi)*

## 河上公章句卷一
## Comentário em Sentenças e Capítulos do Senhor às Margens do Rio (Heshang Gong)

*Primeiro Rolo*

# 體道第一

## *Capítulo 1*

## *O corpo[1] do Dao[2]*

**道可道，**

謂經術，政教之道也。

**Os caminhos sobre que se pode discorrer[3]**

*Comentários*

[Laozi] refere-se aos caminhos [ensinados pelas obras] clássicas e técnicas sobre governo e doutrinação.[4]

**非常道。**

非自然長生之道也。常道當以無為養神，「以」無事安民。含光藏暉，滅迹匿端：不可稱道。

**Não são [o Dao[5]] o Caminho Permanente.[6]**

*Comentários*

[Ou seja,] não é o Dao da longevidade e da Espontaneidade.[7] [Aquele que segue] o Caminho permanente deve, por um lado, praticar a Inação[8] para cultivar os espíritos [que existem em seu corpo].[9] Por outro lado, deve dar tranquilidade ao povo, promovendo paz e estabilidade [no país].

*[Da mesma forma, quem deseja palmilhar o Caminho Permanente] deve ocultar seu brilho e esconder-se nas sombras, deve apagar seus rastros e manter suas origens no anonimato: não pode declarar [a outrem] qual o seu Caminho.*[10]

**名可名，**

謂富貴尊榮，高世之名也。

**Os nomes que podem ser denominados**

*Comentários*

É o renome obtido por aqueles clãs [cuja fama] persiste por gerações, seja por sua riqueza, seja por seu berço, seja por honrarias, seja pela prosperidade [que tiveram em vida].[11]

**非常名。**

非自然常在之名也。常名當如嬰兒之未言，雞子之未分，明珠在蚌中，美玉處石閒。內雖昭昭，外如愚頑。

**Não é o Nome[12] Permanente.**

*Comentários*

Não é o Nome que [podemos possuir] em definitivo, [obtido através] da Espontaneidade. O Nome Permanente deve ser como o recém-nascido que ainda não sabe falar, ou como o pinto que não saiu do ovo. É como a pérola que ainda está na ostra, como o belo jade que jaz na rocha bruta. Embora cintile vivamente em seu íntimo, por fora[13] parece um tolo.

**無名，天地之始。**

無名者謂道。道無形，故不可名也。始者道本也，吐氣布化。出於虛無，為天地本始也。

**[O que] não tem nome, eis o início do Céu e da Terra;[14]**

*Comentários*

"O que não tem nome" é referência ao Dao. Já que carece de forma, o Dao não pode receber um nome. "Início" [indica] sua origem, quando [primeiro] se exalou a energia vital,[15] propagando a transformação[16] [pelo Céu e Terra]. [O Dao] surge do que é vazio e oco,[17] representa o princípio do Céu e da Terra.

**有名，萬物之母。**

有名謂天地。天地有形位，有陰陽有柔剛：是其有名也。
萬物母者，天地含氣生萬物，長大成熟，如母之養子也。

**[O que] tem nome, eis a Mãe[18] das dez mil coisas.[19]**

*Comentários*

"O que tem nome" refere-se ao Céu e à Terra. Céu e Terra têm forma e posição, têm Yin e Yang,[20] têm rigidez e maciez:[21] [tais distinções] são o que se quer dizer por "têm nome".[22] "Mãe das dez mil coisas" refere-se [ao fato de] que Céu e Terra acumulam energia vital[23] para dar vida às dez mil coisas.[24] Céu e Terra fazem com que as dez mil coisas cresçam e amadureçam,[25] tal como uma mãe que alimenta seu filho.

**故常無欲，以觀其妙；**

妙，要也。人常能無欲，則可以觀道之要。要謂一也。一出布名道，讚敘明是非也。

**Por isso que [o sábio] se livra dos próprios desejos,**
**para observar suas maravilhas.**

*Comentários*

"Maravilhas" quer dizer profundezas. Aqueles que podem se manter sem desejos conseguirão observar as profundezas do Dao.[26] "Profundezas" quer dizer Unidade.[27] A Unidade produz e propaga o Dao dos nomes; celebrando-o, descreve claramente o que é certo e o que é errado.

**常有欲，以觀其徼。**

徼，歸也。常有欲之人，可以觀世俗之所歸趣也。

**[E permite] que seus desejos [se manifestem],**
**para observar o seu retorno.[28]**

*Comentários*

"Retorno" quer dizer "voltar-se para". As pessoas que preservam seus desejos são capazes de perceber para onde as pessoas comuns se voltam para buscar [satisfação].

**此兩者同出而異名，**

兩者，謂有欲，無欲也。同出者，同出人心也。而異名者，所名各異也。名無欲者長存，名有欲者亡身也。

**Esses dois[29] surgiram de um mesmo [lugar], mas têm nomes diferentes.[30]**

*Comentários*

"Esses dois" referem-se a "suprimir" e "permitir a manifestação" dos desejos [vistos nos versos acima]. "Surgem de um mesmo lugar", quer dizer surgem do coração dos homens.[31] E "têm nomes diferentes" quer dizer que dão nome a coisas diferentes.[32] Aquele que se denomina "sem desejos" tem vida longa. Aquele que se denomina "com desejos" perde sua vida.[33]

**同謂之玄。**

玄，天也。言有欲之人與無欲之人同受氣於天也。

**Esse mesmo [lugar] chama-se Mistério;[34]**

*Comentários*

"Mistério" quer dizer Céu. Tanto a pessoa que tem desejos como a que não os tem recebem energia vital do Céu.[35]

**玄之又玄。**

天中復有天也。稟氣有厚薄，得中和滋液則生賢聖，得錯亂污辱，則生貪淫也。

**Há um Mistério dentro do Mistério:[36]**

*Comentários*

Há um Céu dentro do Céu. [Dentre as pessoas que] tomam energia vital [do Céu], há aquelas que tomam em excesso e há aquelas que tomam insuficientemente. Aquelas que obtêm o fluido vital de forma moderada e harmônica nascem como Sábios e Homens de Valor.[37] Aquelas que obtêm desordenadamente um fluido infecto nascem como pessoas cheias de cobiça e com excesso [de desejos].

**衆妙之門。**

能知天中復有天。稟氣有厚薄，除情去欲，守中和，
是謂知道要之門戶也。

**[E essas são] as portas para uma multidão de Maravilhas.**

*Comentários*

[Refere-se às pessoas] capazes de entender o que significa "há um Céu dentro do Céu". [Embora cada pessoa se distinga por] tomar energia vital [em quantidades diferentes], seja em excesso ou insuficientemente, se formos capazes de regrar nossos desejos e emoções nos preservando em equilíbrio e harmonia,[38] nos tornaremos aqueles que conhecem as portas da essência do Dao.[39]

## Notas

1 *Corpo/Substância:* 體 (ti) significa, etimologicamente, o esqueleto, o "corpo" físico, material de uma coisa. Se usado abstratamente, é um conceito filosófico de certa forma análogo a "substância" na tradição ocidental, correspondendo ao que se julga permanente em ou que define um objeto determinado. Ou seja, os entes em geral possuem um conjunto de atributos sem os quais deixariam de ser o que são, perdendo sua identidade. Nessa acepção, mesmo as coisas abstratas, como "virtude" ou "governo", também possuem uma substância ou corpo.
Não obstante quaisquer tentativas de comparação com o pensamento ocidental, a melhor forma de explicar "substância" talvez seja no quadro do pensamento chinês em que "Corpo" é contraposto a "Uso" ou "Função" (用, yong). Enquanto "Corpo" descreve aquilo que algo "é", envolvendo tanto a aparência externa desse "algo" como o que é intrinsecamente, "Função" discrimina seu modo de existir no mundo, particularmente sua interação com as outras coisas. Cf. *Uso/Utilidade/Função*, cap. 4, nota 2.

2 A versão do Senhor do Rio é a única que possui títulos para cada um dos capítulos, praxe que se consolidou a partir dos manuscritos da dinastia Tang (618-907). Os títulos, portanto, não foram atribuídos pelo(s) autor(es) do comentário.

3 道 (dao) é usado aqui como verbo, querendo dizer "falar", "pôr em palavras". De modo a preservar certa relação com o sentido original de "caminho", adotou-se a tradução de "(dis)correr".

4 As "obras clássicas" são, possivelmente, os seis clássicos ortodoxos (*Mutações, Documentos, Poemas, Ritos, Música, Primavera e Outono*). As "técnicas" provavelmente são uma alusão às seis pequenas artes, disciplinas práticas de preparação da elite

para a administração pública e a guerra (contabilidade, escrita, prática de arco e flecha e carruagem etc.). Cf. tb. *Doutrinação*: cap. 2, nota 9.

5 *Caminho/Dao*: "Caminho" é uma das traduções adotadas neste primeiro capítulo para 道 (Dao), um dos dois termos mais importantes em Laozi, que significa os padrões de mudança da realidade. Literalmente, o termo significa "caminho", "via", "trilha", mas também possui o sentido abstrato de "forma de agir" ou "método" – derivação também possível em português. Um uso inexistente em nossa língua, contudo, é encontrado no primeiro verso deste capítulo, onde 道 é o verbo "falar", "discorrer". Ao longo da obra, 道 será transcrito, na maior parte das vezes, como Dao, hipótese em que indica um termo técnico da história das ideias chinesas – para cuja construção Laozi deu uma contribuição seminal. A partir de Laozi, não seria um exagero argumentar que *todo* o pensamento chinês responde a um esforço de entender e de se chegar a um acordo sobre o que significa esse "Caminho". Disso não decorre que todos reconhecessem os ensinamentos de Laozi. Particularmente no contexto da China pré-unificação imperial, as principais dentre as diversas escolas de pensamento descritas pelo termo "Cem Mestres" (諸子百家, zhuzi baijia) utilizavam a palavra "caminho" para descrever *seus próprios* ensinamentos; mesmo as obras reconhecidas como partes do cânone ortodoxo também empregam o termo – não raro prestando-se a diversas interpretações. Ponderada tal diversidade, é inviável tentar resumir as diferentes nuanças que a palavra assume, mesmo se limitadas ao período diretamente relacionado a este trabalho. Serve como orientação geral, no entanto, o fato de que "dao" possui duas conotações normalmente presentes nas principais escolas do período pré-unificação: alude, primeiro, a um estilo de vida que conduz à sabedoria, correspondendo aos ensinamentos de um mestre; e, segundo, representa um método de governo que pacificaria o país, promovendo sua unificação. Embora o termo em Laozi não fuja a essa regra, ele inovou ao atribuir um sentido abstrato e transcendente à palavra, colocando-a no topo de uma especulação cosmológica que, para todos os efeitos, não era comum à sua época. Laozi tentou afirmar um novo gênero de Dao – agora escrito com maiúscula – que estivesse além de todos os "dao" particulares e, por extensão, das próprias tradições intelectuais ortodoxas de Zhou. Parece-nos que esse esforço intelectual não tinha por único objetivo produzir uma cosmologia, mas pretendia também fundar um projeto político de longo alcance.

6 *Permanência*: 常 (chang) é atributo do Dao. Redigido como 恆 (heng) em MWD e GD, o termo descreve o que há de "constante" ou "permanente" na natureza e, por extensão, na sociedade. Conforme a visão chinesa, o que é "permanente" não é imutável em si, pois tal situação equivaleria à morte. O maior exemplo de "permanência" é a natureza, em que os padrões de mudança são fixos e se repetem em ciclos, permitindo ao homem compreender a estabilidade dela e imitá-la em si próprio. Por esse motivo, não há um sentido de transcendência e eternidade desvinculado da vida cotidiana, dado que o homem existe como parte da natureza. Han Fei explica-o com maestria《韓非子·解老》: "Todos os atributos distinguem-

-se [por meio de opostos] como quadrado e redondo, curto e comprido, grosso e fino, resistente e quebradiço. Dessa forma, só quando os atributos estão definidos é que uma coisa é capaz de buscar o Dao. Dentre esses atributos, há estar vivo e há estar morto, há nascer e há morrer, há maturidade e há decadência. As coisas são assim; num momento estão vivas, num momento estão mortas; de repente nascem, de repente morrem; primeiro amadurecem e depois decaem – a isso não se pode chamar de Permanência. *Somente aquilo que nasce junto com a separação de Céu e Terra e que, mesmo quando estes dois dispersam-se, não morre, nem decai, é que se pode chamar de permanente*. A permanência em si não muda, não possui atributos definidos. Não tendo atributos definidos, não está presa sequer à ideia de permanência – por isso ninguém consegue discorrer sobre ela. O Sábio observa o que ela tem de profundo e de vazio, aprendendo a empregar os seus ciclos – e denomina-a forçosamente de "Dao", para poder discursar sobre ele. É por isso que diz "Os caminhos sobre que se pode discorrer não são o Caminho Permanente". 凡理者，方圓，短長，麤靡，堅脆之分也。故理定而後物可得道也。故定理有存亡，有死生，有盛衰。夫物之一存一亡，乍死乍生，初盛而後衰者，不可謂常。唯夫與天地之剖判也俱生，至天地之消散也不死不衰者謂"常"。而常者，無攸易，無定理。無定理，非在於常，是以不可道也。聖人觀其玄虛，用其周行，强字之曰"道"，然而可論。故曰："道之可道，非常道也.

7 *Espontaneidade*: o conceito taoista 自然 (ziran) pode ser explorado a partir de duas perspectivas. Estaticamente, significa "uma coisa tal como ela é"; e, dinamicamente, quer dizer "segue sua própria forma de ser". O termo português "espontaneidade" transmite ambos os sentidos com sofisticação – sugerindo uma determinada leveza de espírito, a liberdade de amarras e a simplicidade de atuação tão almejadas pelos praticantes do Dao. Na língua chinesa moderna, 自然 significa Natureza (φύσις, *natura*) – por vezes expressa como 大自然, a "grande espontaneidade", para singularizá-la como o modelo para os seres. Alguns leitores de Laozi tendem a dar um peso desproporcional à Natureza, enxergando na Espontaneidade não um mero predicado do Dao, mas sua própria essência. Isso não parece ser correto, contudo, porque o melhor equivalente de "Natureza" em chinês arcaico é "Céu e Terra" – dois conceitos cosmologicamente posteriores ao Dao. O próprio Laozi diz "*[já existia], antes [mesmo de haver] Céu e Terra*" (cap. 25). Nesse sentido, por mais perfeita que pareça, a Natureza deve ser vista como uma manifestação do Dao. Em termos históricos, os chineses assemelharam a Espontaneidade taoista 自然 com o "Tal Qual" 如如 (ruru) budista, ignorando as profundas diferenças epistemológicas entre a cultura indiana e sua própria. Nesses termos, ambos indicam a essência íntima e autêntica das coisas.

8 *Inação*: 無為 (wuwei) é um dos termos mais debatidos na hermenêutica de Laozi. Como atributo do Dao, a Inação também é um conceito cosmológico, mas sua influência é sentida principalmente na ética e na política. 為 refere-se ao tipo de ação, tipicamente humana, criticado pelo taoismo. Segundo essa doutrina, os homens *agem por artifício*: planejam seus atos, dirigindo-os a objetivos preestabelecidos e

dependem das próprias forças para produzir resultados. Para o taoismo, portanto, essa atitude viola a Espontaneidade do Dao, perturbando seu equilíbrio e acabando com sua tranquilidade. A inação opõe-se-lhe, não como simples *far niente*, mas como "seguir o curso das coisas" 順其自然 – adaptar-se às novas situações e dar-se por satisfeito com o que se recebe (ou perde). Confrontado com a crítica de que sua doutrina leva ao conformismo, Laozi replica que o Dao tende ao equilíbrio em todos os momentos (cf. alegoria do arco, cap. 77), de modo que, controlando as próprias expectativas e acomodando-se ao desenrolar dos fatos, toda pessoa é capaz de realizar seus objetivos e de ser feliz. Naturalmente que isso não pode ser garantido individualmente ao praticante do Dao – é necessário que *a sociedade como um todo seja doutrinada* para observá-lo. Dessa maneira, a Inação também possui uma dimensão política: é o método de governo do Sábio. Além de praticar o Dao pessoalmente, o Sábio deve estabelecer-se implícita e silenciosamente como o modelo para seus subordinados. No processo de assimilação do budismo na China, o conceito de Nirvana 涅槃 (niepan) foi primeiramente descrito como idêntico à Inação taoista.

9 *Espírito*: traduz o termo chinês 神 (shen), possuindo uma série de sentidos e conotações que perpassam disciplinas tão diversas como filosofia e medicina, religião e política – todas muito relevantes para o livro de Laozi. 神 pode ser usado como substantivo, adjetivo ou mesmo adverbialmente. Nessa passagem, Laozi e Heshang Gong tomam o substantivo "espírito" (神, shen) por um tipo de energia vital (cf. nota 15, *infra*). Esta é a acepção mais usual do termo em toda a obra. Na medicina tradicional chinesa, "espírito" é um tipo de *emanação sutil que dá vida e regula os cinco principais órgãos* do corpo humano, chamados de "recipientes" (cf. cap. 3, nota 15). Dependendo do recipiente em que estiver, o espírito assume diferentes aspectos, tendo afinidades particulares por certos tipos de alimentos ou cores e também manifestando diferentes emoções e funções intelectuais. Ademais, a cada um desses aspectos do "espírito" é dada uma denominação particular, havendo duas classificações empregadas no comentário do Senhor do Rio: uma classificação dupla (espíritos "hun" e "po"); e outra quíntupla (espíritos "hun", "po", "shen", "jing", "zhi") – cf. anotações específicas no cap. 6. Como adjetivo, 神 pode ser traduzido de três formas. Quando se refere às *funções orgânicas e psicológicas* do termo médico, "espírito" é vertido como "dos espíritos" ou "espiritual" (cf. cap. 7). Também pode ter o sentido de "divino" quando sua influência ultrapassa os limites do corpo humano para *dispersar-se pela natureza* (cf. cap. 16), a exemplo da célebre passagem das *Mutações* 《易·繫辭傳上》: "divino é o aspecto imperscrutável [das mutações] de Yin-Yang" 陰陽不測之謂神. Também pode ser traduzido como "sagrado" (cf. cap. 29) se houver ênfase a um tipo de *autoridade ou dignidade* conferida pelo Dao. Por último, Heshang Gong emprega o termo "brilho dos espíritos" ou "brilho divino" (神明, shenming) cerca de quinze vezes ao longo de seu comentário, a primeira delas no cap. 5 (cf. nota 10). Desenvolve-se nele um sentido diferente para a palavra "espírito", situado na fronteira entre medicina e religião. De um

lado, há uma relação inquestionável com o tipo de energia vital instalada no corpo humano. De outro, há um tipo de influência dessa mesma energia vital, dispersa pela natureza. É nessa medida que se pode falar de "espíritos" como um tipo de existência que sobrevive ao corpo.

10 Esta é a primeira menção ao que se denomina "Dinâmica do Ocultamento" ou filosofia de "Embainhar o brilho e cultivar-se nas sombras" (韜光養晦, taoguang yanghui), cf. cap. 7, nota 1. O taoismo sugere que o sábio deve tomar a natureza como modelo, deve agir sem esperança de recompensa evitando, assim, os conflitos que levam a uma carreira política breve ou, na pior das hipóteses, a uma morte prematura.

11 "Por aqueles clãs [cuja fama] persiste por gerações". O manuscrito *Liu* lê: "Por aqueles clãs que se perpetuam por dez mil gerações" 萬世.

12 *Nome*: atribuir nomes (名, ming) às coisas é a contrapartida humana da transformação cosmológica, tendo profunda sacralidade no pensamento chinês. Neste patamar, o sagrado e o político unem-se numa mesma coisa, pois as narrativas tradicionais atribuem aos "reis sábios" de tempos imemoriais o trabalho civilizador de instruir o povo sobre os Nomes das coisas. Há um interessante *locus classicus* nos "Comentários Anexos" ao *Livro das Mutações* mostrando que cada geração de soberanos contribuiu de modo crescente e substancial para essa obra: alimentação, moradia, vestuário, ferramentas, instituições etc. Além disso, o capítulo 36 da obra *Guanzi* (管子) 《管子·心術上》(p.776) tenta mostrar que o trabalho de nomear as coisas reveste-se de uma importância política permanente. Segundo esse autor, *o poder de denominar as coisas imparcialmente* distingue o soberano de seus súditos. Autores modernos citam uma glosa ao poema "Sete Exortações" (七發, qifa), escrito pelo intelectual-burocrata Mei Sheng (枚乘, ?-140 a.C.), para esclarecer que os nomes têm um papel organizador. A glosa supostamente leria: "atribui-se 'nomes' às coisas e eventos do mundo para comandá-los" 名者，所以命事也. Isso significa que somos capazes de "manusear" verbalmente uma coisa quando lhe definimos um termo ou definição específica, ordenando-a conforme nossas intenções. Na glosa, os ideogramas de "Nome" (名, ming) e "comandar" (命, ming) possuem pronúncia similar; portanto, pareceria natural aos intelectuais chineses associá-los. "Comandar" é uma das traduções possíveis de uma palavra cujo sentido mais eminente na história das ideias na China é "Mandato do Céu" ou "Destino" (cf. cap. 16, nota 8). O capítulo 32 explora o surgimento dos nomes a partir de sua dimensão cosmológica; por meio da "metáfora da carruagem", o final do cap. 39 problematiza a relação entre nomes e coisas.

13 *Dentro/Fora*: uma forma de pensar típica, cristalizada na língua e na literatura chinesas, é o método da contraposição com frases paralelas (em chinês 對句, duiju). É muito comum encontrar pares de sentenças uniformes sintaticamente, discorrendo sobre temas ou aspectos correlatos. Eis aqui um bom exemplo: "*embora cintile vivamente em seu íntimo, por fora parece um tolo*". Essa sentença remete à dualidade "dentro" (內, nei) e "fora" (外, wai) – essencial para o pensamento chinês. Por

"dentro" entende-se o interior do corpo, o ambiente familiar, o mundo psicológico, a escola de pensamento. Por "fora" designa-se a sociedade, o ambiente de trabalho, o mundo das coisas, as escolas adversárias. É importante compreender que, embora haja uma evidente contraposição entre "dentro" e "fora", o temperamento chinês exige a harmonização dessas dicotomias e a procura de termos comuns entre ambos. O melhor exemplo é o comentário do Senhor do Rio, que tenta alinhavar o governo do corpo ao governo do feudo.

14 *Céu e Terra*: 天地 (tiandi) correspondem, ainda que com importantes diferenças, à noção de Natureza (φύσις, *natura*). O contínuo entre Céu e Terra é onde flui a energia vital, substrato do processo de transformação cosmológica (cf. nota *infra*). "Céu" compreende tanto os astros que se movem no firmamento, chamados de "Rio Celeste" ou "Rio de Prata" (天河, tianhe ou 銀河, yinhe), como os fenômenos naturais atmosféricos – indicados pelo termo "Quatro Estações" (四時, sishi). Como contraponto, está a "Terra", que também inclui as águas. Os chineses antigos acreditavam que a "Terra" (na verdade, a China) era um único continente, dividido em nove seções (os chamados "nove continentes", 九州, jiuzhou), cercado pelos quatro mares (四海, sihai). Embora seja a "Terra" que dá a luz aos dez mil seres, a religião autóctone chinesa tinha no Céu e Terra o par hierogâmico por excelência. Céu e Terra eram os autores da grande obra de transformação da vida, sendo encaixados no modelo taxonômico Yin-Yang (cf. nota *infra*).

15 *Energia Vital*: principal contribuição chinesa à história das ideias, 氣 (qi) é o fio condutor do comentário do Senhor do Rio. Há três ideogramas relacionados ao conceito: o primeiro e mais antigo é 气, sobre que SWJZ diz: "névoa, ar [espesso]"; derivado desse é 氣, significando a "energia que se haure do alimento e da água", portanto dos processos orgânicos de obtenção de energia; por último há 炁, um ideograma mais recente que quer dizer "o vazio que está acima do fogo" e designa a energia vital livre no ar. Portanto, *prima facie*, 氣 refere-se ao ar que se respira. Segundo o taoista, o ar contém energias passíveis de absorção pelo organismo humano. Os chineses acreditavam que o 氣 tinha uma função cosmológica, representando um tipo sutil de substância, que compunha e dava forma a todas as formas de "vida" que existem no mundo – orgânicas e inorgânicas. Os próprios Céu e Terra surgiram de um tipo primevo de 氣 (cf. cap. 25), que se dividiu em dois atributos, Yin e Yang (cf. cap. 42). É possível usar o conceito para explicar as quatro estações, produzidas por diferentes disposições da energia vital: manifesta-se na primavera, atinge sua plenitude no verão, recolhe-se no outono e se esconde no inverno. Portanto, é o 氣 que, dentro de cada coisa, determina o ritmo de sua existência. Em segundo lugar, além de ser a matéria-prima, a energia vital também é o "combustível" da existência. Não são apenas as energias do pai e da mãe que engendram o filho; ao longo de toda a vida, o corpo é alimentado por dois tipos de energia: a dita "grosseira" 粗, oriunda da digestão de água e dos grãos, e a "pura" 精, obtida do "ar". É nesse contexto que o taoismo dá tanta ênfase a exercícios respiratórios como forma de otimizar a absorção de 氣 "puro", propondo que é

possível suprimir inteiramente a necessidade de consumir alimento sólido e líquido, técnica chamada de 辟穀 (bigu).

16 *Transformação (Cosmológica)*: 化 (hua) ou "transformação" possui dois níveis: cosmológico e político. Com relação ao primeiro, é necessário distinguir a cosmologia chinesa da ideia de "criação" no Ocidente. O pensamento chinês pode ser descrito como "eternalista", isto é, adota a tese de que o universo não tem início, nem fim. Na verdade, o *mainstream* dos pensadores chineses passa ao largo dos detalhes da questão sem aprofundá-la. Dessa forma, as principais ideias sobre cosmologia antiga chinesa são atribuídas a várias cepas de pensadores relativamente marginais, qualificáveis como "taoistas", particularmente os pensadores da "Escola do Yin-Yang" e um grupo de indivíduos de baixa ascendência social, praticantes das artes mágicas e divinatórias, que podem ser chamados de "Mestres das Artes", os 方士 (fangshi). Na China, o universo é visto como um contínuo fluxo de "transformações da energia vital", processo chamado de 氣化 (qihua) ou 造化 (zaohua). O mundo "começou" com a diferenciação da energia vital em formas e seres – cada um com suas características – devido ao choque de tendências contrárias inerentes à própria "energia vital". Uma parte dela "desejava" mover-se e a outra parte "desejava" parar-se; devido a essa interação surgiu o tempo, com etapas em que uma vence e os seres fazem-se e desenvolvem-se; e etapas contrárias, nas quais as coisas decaem e morrem. Nesse fluxo e refluxo, a energia vital retorna à sua forma livre e pura, para então tornar a dar vida a novos seres. Esse tema, chamado de "dinâmica da energia vital" (動靜屈伸), é paulatinamente desenvolvido ao longo da história das ideias na China, sendo digno de nota a absorção do debate pela ortodoxia durante a dinastia Song (960-1279). O termo 化 também possui uma conotação política, que será investigada oportunamente (cf. cap. 3, nota 6).

17 *Vazio, Oco*: (虛無, xuwu) descrição do estado cosmológico em que a realidade, tal como a percebemos, ainda não se produziu. Os chineses normalmente usam as expressões "Antes do Céu" (先天, xiantian) e "Depois do Céu" (後天, houtian) para distinguir as duas etapas da "transformação" da energia vital.

18 *Mãe*: cf. cap. 52, nota 2.

19 *Precedência Cosmológica/Ontológica do Nada*: atribui-se a Wang Anshi (王安石, 1021-1086), importante intelectual-burocrata da dinastia Song, inovar na pontuação de quatro versos deste capítulo: a parelha "[o que] não tem nome, eis o início do Céu e da Terra; [O que] tem nome, eis a Mãe das dez mil coisas" passa a ser lida *"'Nada' dá nome ao início do Céu e da Terra; 'Existência' dá nome à Mãe das dez mil coisas" 無, 名天地之始; 有, 名萬物之母*; mais adiante, a parelha "Por isso que [o sábio] se livra dos próprios desejos, para observar suas maravilhas; [E permite] que seus desejos [se manifestem], para observar seu retorno" é reelaborada como: *"Por isso, com o Nada permanente, podes observar suas maravilhas; com a Existência permanente, podes observar o seu brilho (ou retorno)" 故常無, 欲以觀其妙; 常有, 欲以觀其徼.* O deslocamento da vírgula um ideograma à esquerda transformou os versos numa instigante proposição filosófica, segundo a qual 無 (Nada) e 有 (Existência)

assumem o papel de conceitos ontológicos. No contexto do pensamento chinês, a precedência do Nada sobre a Existência constituiu-se num dos mais longos debates, de modo que essa pequena alteração daria renovado vigor a uma visão que Laozi claramente defende em outros capítulos. Em que pese a evidência dos manuscritos, a pontuação sugerida por Wang não é natural; especialmente após a descoberta de MWD, que adiciona a marca sintática 也, não faria sentido isolar 無 ou 有 de 欲, ou mesmo 名. Não obstante, a tese filosófica da "Precedência do Nada" reaparece em outros momentos, como nos caps. 2 e 40.

20 *Yin-Yang*: é um dos dois principais sistemas classificatórios na China antiga. Seu sentido literal é o de "lugar ao sol" (Yang) e "lugar à sombra" (Yin). Portanto, Yin 陰 e Yang 陽 são descritos como *um par de princípios opostos, porém harmônicos*. Em seu nível mais elevado, Yin e Yang são princípios cosmológicos, definindo etapas e hierarquias no processo de criação – melhor, transformação – da realidade. Yang é o princípio celeste e masculino; representa movimento, luminosidade, atividade, criação, rigidez. Yin é o princípio telúrico e feminino; representa descanso, escuridão, passividade, recepção (por receber a semente criativa advinda do princípio masculino), maciez. Pela descrição dos conteúdos de cada um, percebe-se que Yang tem prioridade em relação a Yin. Portanto, não se trata de uma dicotomia pura e simples, já que inexiste antagonismo categórico entre ambos. Em geral, pode-se dizer que a relação tende à harmonia, já que a atividade de Yang é, por fim, *aceita passivamente por Yin*. Baseando-se numa "divisão de tarefas" entre os dois princípios, *Yin e Yang cooperam para promover a criação*, e a dualidade se dissolve com a comunhão entre ambos. Nesse contexto, Yin e Yang também são critérios de classificação hierárquica. Céu e Terra, masculino e feminino, alto e baixo, montanha e rio: praticamente qualquer coisa pode ser classificada a partir daquele par de termos. Sendo assim, o Senhor do Rio lembra que a capacidade humana de atribuir nomes às coisas está calcada no poder de estabelecer distinções, de identificar dicotomias e bipolaridades. Tais distinções remetem à dualidade fundamental de Yin e Yang.

21 *Dureza e Maciez*: dureza 剛 (gang) é atributo de Yang e maciez 柔 (rou) é atributo de Yin. Malgrado Yang possuir precedência hierárquica em relação a Yin, a Maciez é particularmente privilegiada em Laozi, que recomenda praticá-la: "Concentra tua energia vital até alcançar [um estado de] *delicadeza*" (cap. 10). Laozi também defende a prevalência da ternura sobre a dureza: "O macio, o fraco vencem o duro, o forte" (cap. 36).

22 "*Eis o que se quer dizer por 'têm* Nome'. O manuscrito *Cânone taoista* lê: "essas distinções são o seu nome" 是其名.

23 "O Céu e a Terra *acumulam* energia vital". O manuscrito *Qiang* traz: "o Céu e a Terra unem suas energias vitais" 天地合氣.

24 *Dez Mil Coisas*: no plano cosmológico, 萬物 (wanwu) indica todos os seres, isto é, tudo que existe materialmente e que pode ser apreendido pelos sentidos – resulta do processo de "transformação" descrito *supra*. Politicamente, 萬物 descreve os

súditos do Rei. Uma das variantes mais comuns é a que substitui "dez mil coisas" 萬物 por "dez mil povos" 萬民.

25 "Cresçam *e amadureçam*". O manuscrito *Cânone taoista*: "cresçam e tomem [forma]" 成就.

26 "Aqueles que podem se manter sem desejos *conseguirão observar as profundezas do Dao*". A edição *Cânone taoista* lê: "poderão usar [o obtido na experiência de conter os próprios desejos] para observar a essência e maravilhas do Dao" 則以觀道之要妙.

27 *Unidade*: literalmente, "Um" (一, yi), é outro item importante no pensamento chinês e especialmente relevante para a tradição intelectual iniciada com o livro de Laozi. Cosmologicamente, a "Unidade" representa o ponto de partida da transformação do Céu e da Terra. Yin e Yang "descendem" da "Unidade", já que têm sua origem no "Caminho constante" (cf. cap. 42). É por meio dessa relação genética entre a Unidade e a Dualidade que o choque de opostos é superado no pensamento chinês. Na "Unidade", os dois princípios da obra da transformação permanecem unidos e interdependentes. *O "Dao" é uno*, congregando todas as dualidades que percebemos na realidade. Autores modernos insistem que "Unidade" é sinônimo de Dao. Esse entendimento não parece de todo correto. Uma explicação mais acurada parece ser a de que "Unidade" é um atributo do "Dao", sem ser absolutamente idêntica a ele. É verdade que Dao e "Unidade" podem ser a mesma coisa cosmologicamente. Contudo, mesmo após o início do tempo é possível que a "Unidade" se manifeste, conquanto precariamente, na harmonia entre as diversas energias vitais do corpo ou na "unidade territorial" do país, em outras palavras, na integridade harmônica entre Sociedade e Estado. Da mesma forma que a longevidade individual e a harmonia social mostram que a "Unidade" pode ser buscada, praticada ou alcançada, a doença no corpo e a desordem no país mostram que ela pode ser perdida. Laozi não parece indicar que isso se aplique ao Dao, que segue imperturbável, em constante mutação. Todo o esforço hermenêutico desenvolvido pelo Senhor do Rio parece estar orientado para mostrar que existe um paralelismo entre corpo e Estado, entre microcosmo e macrocosmo. Esse paralelismo não existiria sem o Dao, definindo regras e padrões absolutos para a criação, desenvolvimento, decadência e destruição das coisas. Nesse contexto, a "Unidade" oferece-se como uma receita, em si limitada, de como buscar o Dao. Nos importantes capítulos 3, 10, 22 e 39 tal receita é referida pelas expressões "abraçar a 'Unidade'" 抱一 ou "trazer a 'Unidade' no punho" 執一 (dependendo do manuscrito). Cf. anotação específica no cap. 3.

28 *Retorno*: O original chinês não diz a que "seu retorno" se refere. Além disso, há um longo debate em torno do próprio sentido da palavra 徼 (jiao), que aqui traduzimos por "retorno". Atualmente, o termo está claramente ratificado pelos três *textus recepti* e por MWD. O sentido etimológico de 徼 (jiao) é "limite", "fronteira" – referendado pelos Comentários do Senhor do Rio e Wang Bi, de que derivam os verbos "retomar" e "chegar ao limite". JDSW também define o termo como 邊 ou "borda". Essa tradução interpreta "retorno" como uma metáfora, a qual sugere um

estágio avançado na prática do Dao. Visto que o verso anterior propusera que o sábio deve "suprimir seus desejos", por que paradoxalmente teria de preservá-los? Uma resposta razoável seria que se deve suprimir apenas os "desejos excessivos". Segundo o Senhor do Rio, Laozi não estaria advogando uma vida ascética no sentido estrito do termo. Em parte trata-se de uma característica geral da cultura chinesa, que vê os desejos e paixões como manifestações não somente inerentes, mas também naturais da condição humana. Outra possibilidade seria a de que o texto apresenta a vivência dos desejos como meios de se compreender a condição humana. Certos desejos, quando satisfeitos, cessam; outros "retornam" com intensidade crescente, potencialmente causando danos, seja materiais, seja morais. Ficará claro a seguir que o Caminho do Sábio presume tolher apenas aqueles desejos que em última instância prejudicarão a vida, física e moral, do indivíduo. Nesse sentido, o ideal chinês aponta mais para a busca de uma vida estável e moderada do que para qualquer tipo de salvação extramundana.

29 O original chinês não especifica a que se refere "esses dois", o que dá margem para um grande número de Comentários e explicações diferentes. Por exemplo, Wang Bi interpreta "esses dois" como "início do Céu e da Terra" e "Mãe das dez mil coisas".

30 Apesar de não adotada nem pelo Senhor do Rio, nem por Wang Bi, essa frase poderia ser pontuada também da seguinte maneira: "Esses dois são a mesma coisa, mas ao se manifestarem assumem nomes diferentes" 此兩者同，出而異名.

31 "Quer dizer '*surgem do* coração dos homens'". O manuscrito do *Cânone taoista* lê: "quer dizer 'é igual ao coração dos homens'" 謂同於人心.

32 "Quer dizer que *dão nome a coisas diferentes*". A edição do *Cânone taoista* lê: "quer dizer que dão o nome: diferentes" 所名曰異.

33 Esta glosa é diferente no manuscrito *Qiang*: "Ter ou não desejos surgem, ambos, do coração dos homens. Aquele que não tem desejos tem vida longa. Aquele que tem desejos perde sua vida. Por isso são diferentes" 有欲無欲，同出人心。無欲長存，有欲亡身，故異也.

34 *Mistério*: cf. cap. 14, nota 1.

35 No pensamento chinês, todas as criaturas recebem dois tipos de energia vital para nascer. Do pai recebem uma porção de energia Yang; da mãe, de energia Yin.

36 *Duplo Mistério*: é um importante termo em Laozi, cujo sentido não é imediatamente compreensível – está provavelmente associado a ensinamentos esotéricos. O Senhor do Rio substitui Mistério 玄 pelo sinônimo 天 (Céu), propondo que o "Segundo Céu" corresponde à "obtenção do Dao" pelo praticante, ou seja, a longevidade (cf. nota *infra*). Wang Bi organiza o trecho de Laozi da seguinte maneira: "Esses dois surgiram de um mesmo [lugar], mas têm nomes diferentes. Esse mesmo [lugar] chama-se Mistério; Há um Mistério dentro do Mistério; [E essa é] a porta para uma multidão de Maravilhas". Segue-se o comentário: "'Esses dois' [são] o 'início do Céu e da Terra' e 'a Mãe das dez mil coisas'. 'Surgiram de um mesmo lugar', ou seja, do Mistério. 'Nomes diferentes', pois o que dispõem

não pode ser igual. Quando no começo, chama-se-o de início. Quando no fim, chama-se-o de Mãe. 'Mistério' é algo abissal, silencioso, não existente. 'Início' é de onde surgiu a Mãe. Não se pode denominá-lo, portanto não pode falar sobre ele – dando-se-lhe a mesma qualificação de 'Mistério'. Mas o fato de se chamar, os dois, de 'Mistério', deve-se à impossibilidade de lhes dar um nome – eis a razão! Dada essa impossibilidade, não se pode estabelecer apenas um único 'Mistério'. Se houver apenas um único 'Mistério', este nome será demasiado impróprio [para um dos dois termos]. Por isso é que Laozi diz: 'dentro de um Mistério há um outro Mistério'. A multidão de maravilhas surge dos 'Mistérios', por isso que Laozi diz: '[esses são] as portas para uma multidão de maravilhas'". 兩者，始與母也。同出者，同出於玄也。異名，所施不可同也。在首則謂之始，在終則謂之母。玄者，冥默無有也。始，母之所出也。不可得而名，故不可言同名曰玄。而言同謂之玄者，取於不可得而謂之然也。「不可得而」謂之然，則不可以定乎一玄而已。「若定乎一玄」，則是名則失之遠矣。故曰，玄之又玄也。眾妙皆從玄而出，故曰眾妙之門也. Posto de uma forma mais simples, Wang Bi argumenta que é impossível unificar a dualidade expressa pelo "início do Céu e da Terra" e "Mãe das dez mil coisas". Contrapostas como início e fim da obra da criação, cada uma é inefável de próprio direito, por isso é necessário diferenciá-las como dois tipos de Mistério.

37 "Sábios" (聖人, shengren) e "Homens de Valor" (賢人, xianren) remetem à hierarquia natural existente entre os homens, definida conforme as diferenças de pureza moral que, a seu turno, dependem do teor de energia pura que cada um obtém ao ser concebido.

38 *Harmonia*: Outra noção fundamental do pensamento chinês, a palavra 中和 é composta por dois conceitos: moderação 中 (zhong) e harmonia propriamente dita 和 (he). Há um ensinamento célebre no Cânone Ortodoxo da *Doutrina do Meio* 《中庸章句》: "*moderação* é quando [emoções] como júbilo, ódio, tristeza e alegria não são manifestadas; se, uma vez manifestadas, estiverem de acordo com a medida, isso chama-se *harmonia*. Moderação é o que há de mais fundamental em Tudo sob o Céu; Harmonia é o Caminho consumado de Tudo sob o Céu. Céu e Terra aproximam-se daquilo que atingiu a harmonia e moderação, e as dez mil coisas também vêm gestar-se nele" 喜怒哀樂之未發謂之中，發而皆中節謂之和；中也者，天下之大本也，和也者，天下之達道也。致中和，天地位焉，萬物育焉。

39 Esta glosa explica o que são os "Dois Céus", que, para o Senhor do Rio, correspondem aos momentos em que se recebem as energias puras de Yin e Yang. O primeiro "Céu" é quando se é concebido a partir das energias dos pais. O segundo "Céu" corresponde às técnicas taoistas de longevidade, quando reequilibramos as energias Yin e Yang. "Aqueles que são capazes de preservar [sua energia vital] em equilíbrio e harmonia são os que *conhecem as portas da essência do Caminho*". O manuscrito *Cânone taoista* lê: "aqueles que são capazes de preservar [sua energia vital] em equilíbrio e harmonia são os que conhecem as portas da essência e das maravilhas do Caminho" 是谓知道要妙之门也. "Os que conhecem *as portas da essência* do Caminho". O manuscrito *Gu* diz: "os que conhecem as portas do Caminho" 是謂知道之門也.

# 養身第二

## *Capítulo 2*

## *Nutrindo o corpo*[I]

**天下皆知美之為美。**

自揚己美，使顯彰也。

**Se Tudo sob o Céu[2] vê o belo como belo,**

*Comentários*

Cada um busca pôr em evidência a beleza das próprias [virtudes] e com isso tornar-se distinto e preeminente [em seu meio].

**斯惡已。**

有危亡也。

**Isso é mau.**

*Comentários*

Há perigo de morte.[3]

**皆知善之為善。**

有功名也。

**Se todos vemos o bom como bom,**

*Comentários*

Quando há [coisas como] mérito e reputação.

**斯不善已。**

人所爭也。

**Isso não é bom.**[4]

*Comentários*

[Pois mérito e reputação] tornam-se objetos de disputa entre as pessoas.

**故有，無相生；**

見有而為無也。

**Pois existência e não existência[5] dão vida uma a outra,**

*Comentários*

Ou seja, ao percebermos algo que existe, concebemos [a ideia de que] algo não existe.

**難，易相成；**

見難而為易也。

**O fácil e o difícil produzem-se,**

*Comentários*

Ao identificarmos algo como difícil, concebemos [a ideia de que] algo é fácil.

**長，短相形；**

見短而為長也。

**O longo e o curto dão-se forma,**

*Comentários*

Ao distinguirmos algo curto, concebemos [a ideia de que] algo é longo.[6]

**高，下相傾；**

見高而為下也。

**O alto e o baixo se contrapõem,**

*Comentários*

Ao definirmos algo como alto, concebemos [a ideia de que] algo está abaixo.

**音聲相和；**

上唱下必和也。

**Som e voz harmonizam-se,**

*Comentários*

Se o superior canta, o inferior tem que acompanhar.

**前後相隨。**

上行下必隨之也。

**O que está à frente e o que está atrás seguem-se.**

*Comentários*

Se o superior vai adiante, o inferior tem que seguir.[7]

**是以聖人處無為之事；**

以道治也。

**Sendo assim, o Sábio[8] deve ocupar-se com a prática da Inação**

*Comentários*

Isto é, usa o Dao para que [as coisas se ponham] em ordem.

**行不言之教。**

以身率導之也。

**[E] deve promover a doutrinação[9] que não tem palavras.**

*Comentários*

Deve liderar e orientar [o povo] por meio de seu exemplo.

**萬物作焉而不辭。**

各自動作，不辭謝而逆止。

**As dez mil coisas surgem dela[10] e não se escusam.**

*Comentários*

Embora cada uma [das coisas que há no mundo] aja por si só, nada se escusa [de seguir o Caminho], seja indo contra [o que ele determina], seja [simplesmente] cessando seu movimento.

**生而不有。**

元氣生萬物而不有。

**Dá vida, mas não existe.**

*Comentários*

A Energia Vital Original dá vida às dez mil Coisas, mas não existe.

**為而不恃。**

道所施為，不恃望其報也。

**Obra, sem expectativas.[11]**

*Comentários*

O Dao não espera nem atenta para recompensas por aquilo que criou e dispôs.

**功成而弗居。**

功成事就，退避不居其位。

**Embora seus méritos rendam frutos, não se detém [com seu gozo].**

*Comentários*

Seus méritos dão frutos, suas obras se realizam, contudo oculta-se [do mundo], não ocupando o lugar [que merece].

**夫惟不居。**

夫惟功成不居其位。

**E é apenas porque não se detém.**

*Comentários*

E é apenas porque seus méritos dão frutos e não ocupa o lugar [que lhe é devido]...

**是以不去。**

福德常在，不去其身也。此言不行不可隨，不言不可知矣。上六句有高下長短，君開一源，下生百端，百端之變，無不動亂。

**Que [seus méritos] não o abandonam.**

*Comentários*

A Sorte e a Virtude[12] estão sempre ao seu lado, não o abandonando nunca. Este [capítulo] propõe que se [o soberano] não agir, não poderá ser imitado; se não se expressar, não poderá ser conhecido. As seis frases acima, que mencionam alto e baixo, comprido e curto, e assim por diante, [querem dizer que] se o soberano cavar um olho-d'água,[13] os seus subordinados farão dele [um rio de] cem braços. E com esses cem braços se desdobrando [em afluentes sem fim], não há nada que não leve à desordem.

## Notas

1 A partir da interpretação de Wang Bi, este capítulo é a pedra de toque da "epistemologia" de Laozi, sendo muito apreciado modernamente.

2 *Tudo sob o Céu*: o termo indica a China e seu mundo cultural.

3 "Há perigo de morte". O texto *Anotações Reunidas* lê: "aparece [a noção de] 'jade grosseiro'" 有粗玉也. Ou seja, o jade, que antes era considerado uma coisa indiscriminadamente bela, agora aparece dividido em categorias – o jade perfeito como belo, o jade grosseiro como feio. Este comentário ratifica a leitura atualmente atribuída a Wang Bi: "Se Tudo sob o Céu vê o belo como belo, *isso torna-se feio*".

4 Os quatro primeiro versos do capítulo são lidos diferentemente em HSG e WB. HSG: "Se Tudo sob o Céu vê o belo como belo, *Isso é mau*. Se todos vemos o bom como bom, *Isso não é bom*". O Senhor do Rio interpreta o texto do ponto de vista do

governante que deseja suprimir razões para conflitos e competição entre as pessoas. Por esse motivo, se todos desejarem as mesmas coisas, belas e boas, necessariamente haverá disputa. WB: "Tudo sob o Céu vê o belo como belo, *eis onde está o feio*. Todos vemos o bom como o bom, *eis onde o não bom está*". Wang Bi oferece uma versão mais "mística" do texto – remetendo à Unidade que jaz além dos opostos: "'Belo' é o que o coração das pessoas se alegra em perseguir. Feio é o que o coração das pessoas rejeita e critica. Belo e feio parecem-se com júbilo e fúria; bom e não bom parecem-se com certo e errado. Júbilo e fúria vêm da mesma raiz, certo e errado surgem das mesmas portas, por isso não se pode privilegiar uma delas. Esses seis pares (existência e não existência; fácil e difícil; curto e longo; alto e baixo; som e voz; frente e trás) descrevem a espontaneidade [das coisas], não podendo ter um de seus termos discriminado em favor de outro" 美者，人心之所樂進也。惡者，人心之所惡疾也。美惡，猶喜怒也；善不善，猶是非也。喜怒同根，是非同門，故不可得偏舉也。此六者皆陳自然不可偏舉之名數也.

5 *Existência/Nada* (*Não Existência*): 有 (you) e 無 (wu) em Laozi podem ser usados como conceitos ontológicos, tal qual o célebre verso: "As dez mil coisas de Tudo sob o Céu adquirem vida do que [já] existe; e o que [já] existe obtém sua vida do Nada" 天下萬物生於有，有生於無 (cap. 40). Cf. *Precedência Cosmológica/Ontológica Do Nada* (cap. 1, nota 19).

6 "Ao distinguirmos algo curto, concebemos [a ideia de que] algo é longo". O texto *Cânone taoista* lê: "Ao vermos algo curto, sabemos que dá forma [a algo longo]" 見短之相形也.

7 "Se o superior vai adiante, o inferior tem que seguir". O manuscrito *Liu* diz: "Se o superior vai à frente, o inferior há de derrubá-lo" 上行下必傾之也.

8 *Sábio*: (聖人, shengren) é o grande ideal de vida e, pode-se dizer sem exagero, o protagonista da cultura chinesa. Seu protótipo é os "reis sábios" de tempos imemoriais, heróis civilizadores que, dizem as lendas, ensinaram o povo a construir casas, trabalhar a terra e assim por diante. Portanto, há duas dimensões preeminentes na figura do sábio: moral-intelectual e política. Sua legitimação como líderes naturais da sociedade deriva, de um lado, de sua moralidade e conhecimento (Virtude); de outro, das insígnias que os distinguem da multidão de pessoas comuns, inclusive riqueza material. É em torno dessas duas dimensões – e sua relação – que gira o debate das escolas de pensamento surgidas com as mudanças sociais do final da dinastia Zhou. Apesar de cada uma das escolas propor sua própria receita de como buscar a sabedoria, pode-se distinguir duas orientações básicas. Uma delas defendia o "engajamento" (入世, rushi), propondo que quem desejasse buscar a sabedoria deveria se submeter a um processo de cultivação moral-intelectual. Uma vez concluído, o Sábio deteria credenciais, em tese, para exercer um papel maior na vida pública. O porta-voz mais notável dessa concepção, obviamente, é Confúcio. A segunda delas propunha um tipo de "retirada" do mundo (出世, chushi), exortando aqueles que desejavam se tornar sábios a suspeitar de qualquer cultivação intelectual e/ou envolvimento formal com a vida política. Conforme

esta linha, o Sábio estaria fora do mundo e isento das regras de convivência social. Porém, há controvérsias sobre o que fazer a partir daí. Havia quem advogasse uma ruptura extrema de laços com a sociedade, como os eremitas; havia aqueles que se dedicavam a conhecimentos arcanos; havia ainda quem pregasse a saída do mundo como forma de purificação, sem excluir a possibilidade de um "retorno ao mundo", como conselheiro apartado da hierarquia burocrática. O paradigma aqui, *grosso modo*, é o pensamento da obra Laozi. Dessas diferenças principais decorrem as diversas atitudes que cada paradigma de Sábio tomaria a respeito do papel da moralidade, do valor atribuído à experiência histórica, bem como das expectativas que se deve ter da vida.

9 *Doutrinação (Política)*: é 教 (jiao). Frequentemente integra a palavra composta 教化 (jiaohua), na qual o segundo termo é "Transformação Política" (cf. cap. 3, nota 6). 教 (jiao) significa "instruir". Instrução e estudo são centrais na construção da ordem social e política chinesa, já que promovem o respeito à hierarquia e a integração do indivíduo à coletividade. Há a tradição de que, na China das três dinastias, as casas reais mantinham escolas para instruir os filhos dos nobres, aceitando também "as melhores" dentre as crianças sem *pedigree*. O ensino parece ter se dividido em dois níveis, o primeiro deles voltado a tarefas domésticas e disciplinas práticas, como preparação para a guerra e outras atividades de governo – trabalho de secretariado, contabilidade, entre outros. A partir dos 15 anos e até a maturidade (20 anos), havia um segundo nível, voltado para a memorização e cultivo dos clássicos: ritos, poemas, música, crônicas históricas e adivinhação – as chamadas seis artes (六藝, liuyi). Uma vez concluída sua preparação, cabia à elite organizar politicamente o povo – o que exigia, naturalmente, plasmá-lo com formas de pensar e valores capazes de garantir a estabilidade social, por um lado, e a reprodução do modelo tradicional de governança, por outro. Essa é a "doutrinação" a que se refere Laozi, em sentido estrito, que era uma das finalidades do trabalho de governo, monopolizado pela elite. Nesse caso, estava em questão o poder do sábio de impregnar tais valores e formas de pensar por meio de seus "poderes morais", por sua erudição e pela aura de autoridade que emitia.

10 "As dez mil coisas surgem *dela* e não se escusam". A passagem usa o pronome indefinido 焉 (yan), donde a tradução "dela". Pela sintaxe dos versos anteriores, tudo indica que corresponda ao Dao, paradigma da "Inação", no plano cosmológico, e "doutrinação sem palavras", no plano político.

11 Significando "depender", o verbo 恃 (shi) é utilizado de maneira pouco usual pelo Senhor do Rio, como 望 (wang), isto é, ter expectativas.

12 *Sorte*: (福, fu) é um tema ubíquo na China e em sua cultura. Etimologicamente (SWJZ), 福 está associado à proteção dos espíritos (祐, you). Contudo, o elemento religioso progressivamente perde vigor, como revelam as anotações de Duan Yucai (SWJZ): "o capítulo 'Tradições Ritualísticas' do *Clássico dos Ritos* diz 《禮記·祭統第二三十五》: 'o sacrifício realizado por pessoas de valor haverá de obter a bênção dos espíritos (福, fu)'. Contudo, não é esse o sentido dado a 福 pela sociedade em geral. *福 significa*

*possuir tudo o que é necessário a uma boa vida* (備, bei), quando dizemos que 'tudo corre bem' (百順, baishun) para alguém. De fato, quando não há nada que não corra bem, chamamos tal situação de 備 (bei) – temos tudo". Duan é um autor do final do século XVIII, cujas convicções confucianas refletem bem as reservas diante de tudo que possa fugir ao imanentismo ético daquela doutrina. No entanto, no que toca à Laozi e ao Senhor do Rio, há um elemento transcendente que não deixa de guardar vínculos com tradições religiosas arcaicas. Cf. *Virtude*: cap. 38 nota 2.

13 *Metáfora do Olho-D'água*: refere-se à adoção de critérios objetivos, seja precedentes, seja leis, para gestão da sociedade. Quando o soberano adota e dá publicidade a um critério objetivo para orientar suas políticas, surge a possibilidade de os subordinados o manipularem, seja para burlá-lo, seja para angariar benefícios próprios. O Senhor do Rio recomenda uma política de inação, segredo e astúcia por parte do governante.

# 安民第三

## *Capítulo 3*
## *Tranquilizando o povo*

**不尚賢,**

—賢謂世俗之賢。辯口明文，離道行權，去質為文也。
不尚者，不貴之以祿，不尊之以官也。

**Se [o soberano] não exaltar homens de valor,**

*Comentários*

"Homens de valor" são os reputados como tal pelas pessoas comuns. Com seus dons de oratória e requintes literários, distanciam-se do Dao ao exercer o poder[1] e abandonam a Naturalidade para dedicar-se ao Refinamento.[2] Com "não exaltar", [Laozi apregoa que] não se deve honrar tais pessoas com cargos públicos, nem se deve, tampouco, dar-lhes títulos de nobreza, sob forma de terras e rendas em grãos.

**使民不爭。**

—不爭功名，返自然也。

**O povo não entrará em disputas.**[3]

*Comentários*

[Desta maneira] não entrarão em disputas por mérito ou fama, retornando[4] [a um estado de] Espontaneidade.[5]

**不貴難得之貨。**

—言人君不御好珍寶，黃金棄於山，珠玉捐於淵也。

**Se não der valor a objetos raros,**

*Comentários*

[Laozi] afirma que o soberano dos homens não aprecia tesouros e raridades. [Ele deve] ignorar os filões de ouro, [desde sempre intocados] em suas montanhas; [deve igualmente] deixar jade e pérolas se desfazerem nas profundezas onde estão.

**使民不為盜。**

—上化清靜，下無貪人。

**O povo não roubará.**

*Comentários*

Se a transformação[6] moral promovida pelo soberano e pelas pessoas superiores pautar-se pela pureza e silêncio,[7] não surgirão indivíduos cobiçosos dentre as pessoas inferiores.

**不見可欲，**

—放鄭聲，遠佞人。

**Se não exibir [coisas que] despertem desejos,**

*Comentários*

[Se o soberano] proscrever os "sons do feudo de Zheng" e banir os servos bajuladores [de seu entorno imediato].[8]

**使心不亂。**

—不邪淫，不惑亂也。

**Os corações[9] não [cairão] em desordem.[10]**

*Comentários*

Não haverá malícia, nem vulgaridade; não haverá perplexidade nem revolta.

**是以聖人「之」治，**

—說聖人治國與治身也。

**É por isso que a governança do Sábio**

*Comentários*

[Estes versos esclarecem que] o Sábio governa tanto seu feudo, como seu corpo.[11]

**虛其心，**

—除嗜慾，去煩亂也。

**Esvazia o coração,**[12]

*Comentários*

[o Sábio] suprime desejos e vícios, elimina aflições e perplexidades.

**實其腹；**

—懷道抱一，守五神也。

**[Mas] enche a barriga;**

*Comentários*

[o Sábio] "traz o Dao em seu seio"[13] e "abraça a Unidade"[14] protegendo seus cinco espíritos [vitais].[15]

**弱其志，**

—和柔謙讓，不處權也。

**Esmorece a vontade,**

*Comentários*

[o Sábio] é moderado e ameno, modesto e transigente, não ocupa posições de poder e influência.

**強其骨；**

—愛精重「氣」，髓滿骨堅。

**[Mas] fortalece os ossos.**

*Comentários*

[o Sábio] zela a sua essência[16] e preza sua energia vital,[17] [por isso] seus ossos permanecem rígidos e cheios de tutano.[18]

**常使民無知無欲，**

—反樸守淳。

**[O Sábio] faz com que o povo não saiba de nada,**
**não deseje nada;**

*Comentários*

[O povo] retorna à simplicidade da tábua rasa, preservando sua simplicidade.[19]

**使夫智者不敢為也。**

—思慮深，不輕言。

**[E] faz com que os que têm conhecimento não ousem agir.**

*Comentários*

[o Sábio] é profundo em seus pensamentos e reflexões, não usando a palavra levianamente.

**為無為，**

—不造作，動因循。

**Agindo sem agir,**[20]

*Comentários*

[Ele] não cria ou produz; segue a ordem natural das coisas.[21]

**則無不治。**

—德化厚，百姓安。

**Não haverá nada fora de seu lugar.**

*Comentários*

A doutrinação pela Virtude [que exerce] é profunda, os cem clãs[22] vivem em paz.

## Notas

1 Cf. *Dao do Poder*: cap. 36, nota 5.

2 *Naturalidade/Refinamento*: Um dos temas mais importantes do debate intelectual chinês encerra-se na dicotomia entre "Naturalidade" (質, zhi) e "Refinamento" (文, wen). Por Naturalidade, entende-se a constituição moral, intelectual e emocional do indivíduo antes de ser transformada pela educação clássica, decalcada pela tradição literária. Refinamento corresponde ao ideograma 文, que aparece na palavra chinesa para "cultura" (文化, wenhua) e expressa "o poder de transformação que a tradição escrita possui". Dessa forma, o debate concerne ultimamente aos limites da influência de uma cultura escrita – e suas instituições sociais. Sobre esse debate, dois pontos merecem ser ressaltados. Primeiro, há amplo consenso entre as diversas escolas de pensamento chinesas de que a cultura escrita não deve exceder o que foi sacralizado por uma "moralidade natural", chamada pelos pensadores chineses de "Dao-De" (道德) ou "Caminho e Virtude". É digno de nota que os pensadores chineses em geral são moralistas estritos, advogando a posição de que há noções naturais de certo ou errado. Segundo, aceita-se a possibilidade de que a "cultura escrita" se legitima a partir do momento em que se torna veículo de "Dao-De". Simbólico das contradições inerentes à tradição chinesa, os mesmos intelectuais que advogavam o retorno às origens (i.e. advogavam a primazia da Naturalidade) eram literatos consumados. Por isso não parece contraditório aos chineses que Laozi se permitisse compor um poema, reconhecido como um feito literário, para exortar os homens superiores a praticarem o estilo de vida taoista. O termo 文 aparecerá mais uma vez com a tradução "virtudes literárias" num binômio composto com as "virtudes marciais" 武 (wu). Cf. cap. 47, nota 9.

3 *Correspondência por Afinidade*: O original chinês oculta o sujeito dos versos 1 ("se não exaltar..."); 3 ("se não der valor...") e 5 ("se não mostrar"). Já que os versos a eles subsequentes têm "o povo" como sujeito, os três devem ser lidos como referências à elite no poder, em geral, e ao soberano, em particular. Laozi sugere que *se os detentores do poder adotarem uma moralidade estrita, os governados corresponder-lhes-ão e a paz social será estabelecida espontaneamente*. A crença de que o comportamento dos "superiores" determina a atitude dos "inferiores" é a consequência da doutrina de "correspondência por afinidade" (感應, ganying) na seara política. Seu âmbito, contudo, é muito mais amplo, fazendo-se presente em diversos domínios da civilização chinesa, desde a religião até as artes. A doutrina tem fundamentos cosmológicos. Segundo o próprio Laozi, o que conhecemos por realidade consiste em particularizações de um princípio universal. Conquanto esse princípio não possa ser conhecido em si pelas relações existentes entre as coisas, é possível asseverar sua eficácia. Nesse contexto, a dinastia Han elaborou uma ideologia em que Céu, Terra e Homem não apenas interagem, mas também são capazes de influenciar-se mutuamente. O *Livro das mutações* afirma: "Enquanto livro, as *Mutações* são gran-

des, são abrangentes – tudo se encontra presente nelas. Há o Caminho do Céu, há o Caminho do Homem: por isso que integra as Três Essências e duplica-as, obtendo seis. Seis não é nada mais do que o Dao das Três Essências" 《易》之為書也，廣大悉備，有天道焉，有人道焉，有地道焉，兼三材而兩之，故六。六者非它也，三材之道也. Esse breve trecho explica por que os hexagramas têm seis linhas, dizendo, primeiro, que sintetizam as verdades existentes no Céu, Terra e Homem, conhecidos como as Três Essências. Em seguida, as três são duplicadas à imagem dos dois Caminhos que existem no universo: um grupo de três para o Caminho do Céu, que rege os fenômenos naturais; e outro para o Caminho do Homem, que disciplina os fenômenos sociais. Desprezando o sentido esotérico da passagem, importa aqui o seu sentido literal, segundo o qual *sociedade e natureza participam-se mutuamente*. Sabendo-se que o *Livro das mutações* destina-se à previsão do futuro, é muito significativo que, para o chinês antigo, não apenas existam termos comuns entre aspectos potencialmente conflitantes da realidade, como também ainda afirmem que homem e natureza correspondem-se segundo um mesmo padrão de mudança. Vale explicar por que isso é possível. Até a entrada do budismo na China, o pensamento chinês assentava-se firmemente sobre o conceito de 氣 ou "energia vital". A correspondência entre Céu, Terra e Homem reflete nada mais do que a ubiquidade de uma mesma energia vital, que permeia os três âmbitos. Ilustra-o uma passagem do 68º capítulo do *Clássico de medicina do imperador amarelo* 《六微旨大論篇第六十八》: "Qi Bo disse: 'No Céu, encontramos o Princípio; na Terra, a posição; no Homem, a união das energias vitais'. O imperador amarelo perguntou: 'O que significa a união das energias vitais?'. Qi Bo respondeu: 'O Céu acima e a Terra abaixo têm posição; as energias vitais unem-se no meio, onde os homens existem', por isso que dizem: 'Acima do Eixo do Céu é o domínio das energias vitais celestes; Abaixo do Eixo do Céu é o domínio das energias vitais telúricas; as energias vitais humanas seguem na direção da faixa onde as energias vitais se unem, todas as dez mil coisas originam-se de lá – é isso que quer dizer união das energias vitais" 岐伯曰：言天者求之本，言地者求之位，言人者求之氣交。帝曰：何謂氣交？岐伯曰：上下之位，氣交之中，人之居也。故曰：天樞之上，天氣主之；天樞之下，地氣主之；氣交之分，人氣從之，萬物由之，此之謂也. A passagem esclarece que não apenas os assuntos humanos e fenômenos naturais são influenciados pelas forças do Céu e da Terra, é a própria vida que é predeterminada pelo fluxo de "energia vital" que preenche o mundo. Conforme esse raciocínio, portanto, a vida ética e política pode ser tratada como um corolário da cosmologia. Animada pela crença na "Correspondência por afinidade", a dinastia Han elaborou um complexo sistema divinatório, no qual a ocorrência de catástrofes naturais atestava falhas políticas – via de regra vistas como falhas na moralidade da corte. Embora essa doutrina tenha, por fim, caído em descrédito, a crença na correspondência por afinidade não deixou de ser amplamente dividida pelos intelectuais chineses e responsável, ultimamente, pela visão de uma natureza "moralizada" em que se valorizava o "comportamento" de animais e plantas nos termos que pudessem ser assemelhados ao homem: piedade filial, carinho para com a prole, fidelidade conjugal, entre outros. Comprovam-no não apenas a citação de animais e plantas como símbolos no *Clássico dos poemas*, mas também toda uma tradição intelectual que vamos encontrar cristalizada nos pensadores da dinastia Song, seja em anedotas sobre Zhou Dunyi (周敦頤, 1017-1073) e seus alunos, seja nas *Conversações com o mestre Zhu organizadas em tópicos* 《朱子語類》. É interessante assinalar que, na visão chinesa, tal moralidade não é exclusiva do ser humano; são padrões encontráveis tanto na Terra (domínio do que chamamos de ecologia) como no Céu (astronomia e astrologia).

4 *Retorno*: cf. cap. 40, nota 3.

5 *Espontaneidade*: cf. cap. 1, nota 7.

6 *Transformação (Política)*: O termo 化 (hua) já havia aparecido no cap. 1, nota 16, com sentido cosmológico. Dessa vez, "transformação" possui uma conotação político-moral, significando a criação de amplo consenso na sociedade a respeito do que é certo e errado, justo e injusto. Não se trata, todavia, de um consenso estabelecido horizontalmente: a passagem enfatiza o protagonismo do soberano, notadamente, em incutir valores e formas de pensar no povo, seja mediante sua conduta pessoal, seja por meio do aparato de governo – trabalho de "doutrinação" (cf. cap. 2, nota 9). Não se deve, todavia, separar radicalmente os dois tipos de "transformação". No pensamento chinês, especialmente no taoismo, postula-se que a ordem política deve espelhar uma ordem natural idealizada. Da mesma maneira que o Céu conduz o processo de "transformação" cosmológica, tendo a Terra como o elemento passivo, também o soberano (e as classes superiores) devem "transformar" o povo, política e moralmente. Além disso, em decorrência da "Natureza inata" (cf. cap. 8, nota 1) do homem, existe também uma moralidade congênita, de modo que a "transformação" moral dos indivíduos não se pretende um trabalho exclusivamente de fora para dentro, mas sim a criação de condições para que as pessoas possam seguir suas inclinações. Subjacente a essa visão, há um forte determinismo dos valores e tradições coletivos.

7 *Pureza e Silêncio*: 清靜 (qingjing) remetem à dimensão mística de Laozi, devidamente explorada pelo Senhor do Rio em seu comentário. Ao descrever a dieta, os exercícios respiratórios e meditativos do praticante taoista, a glosa demonstra que "pureza e silêncio" são um dos meios para atingir-se a longevidade. Além disso, há uma dimensão política correlata. "Pureza" refere-se à pureza de intenções do superior social, que idealmente promove a doutrinação do povo sem o intuito de garantir seus próprios interesses. "Silêncio" indica a maneira como a doutrinação deve ocorrer, sem coação ou violência, preferivelmente pelo exemplo de moralidade e incorruptibilidade dos que estão acima.

8 O Senhor do Rio cita os *Analectos* (15.10): "Yan Yuan perguntou como administrar um feudo. O Mestre disse: 'Utilizar o calendário da [dinastia] Xia; andar no carro "lu" da [dinastia] Yin; usar o chapéu cerimonial da [dinastia] Zhou. Música [deve ser] shao e wu. *[Caso] proíbam os sons do feudo de Zheng, os bajuladores serão mantidos longe.*

*Os sons do feudo de Zheng são abusivos, põem em risco os bajuladores*'" 顏淵問為邦。子曰: "行夏之時, 乘殷之輅, 服周之冕, 樂則韶舞。*放鄭聲, 遠佞人。鄭聲淫, 佞人殆*". A expressão "Sons de Zheng" tornou-se referência à música (e dança) diferente do padrão definido pelos ritos.

9 *Coração*: 心 (xin) é um conceito central para o pensamento chinês, que tem três significados: além de centro da sensibilidade humana, o coração dirige as faculdades intelectuais e psíquicas do homem – a "mente" – e também é a sede de sua "consciência moral". Neste último aspecto, o coração tem peculiaridades chinesas: além da capacidade inata de distinguir entre bem e mal, ainda traz em si um "instinto" para *respeitar as relações sociais e submeter-se às instituições políticas*. A ortodoxia parece ser mais radical neste ponto: Mêncio (3.6) propõe que todas as pessoas ao nascerem já trazem os chamados "Quatro Rebentos" 四端 (siduan) da moralidade, dentre os quais estão formas arquetípicas do senso de dever aos superiores e o que se chama de "propriedade ritual" – termos referidos tautologicamente ao sistema sociopolítico chinês. Um sério problema ocorre quando o confucionismo legitima a propensão humana aos desejos como "natural", propondo que todas as emoções são produtos do coração humano e que, portanto, não haveria nada de intrinsecamente censurável nelas. Confrontados com o fato de que algumas emoções são nocivas, recorreu-se à ideia de que deve haver um equilíbrio entre elas, promovido pela prática das virtudes canônicas e da imitação de modelos. O resultado prático dessa doutrina é uma concentração de exigências sobre o indivíduo, pressionando-o para coerir a padrões socialmente aceitos. Nesse contexto, o coração humano, nominalmente espontâneo, termina estorvado por prescrições tradicionais. Diferentemente da visão ortodoxa, Laozi parece dar mais espaço para o indivíduo. Repetidas exortações ao asceticismo geram o resultado paradoxal de que o praticante do Dao não está submetido ao mesmo tipo de cartilha moral advogada pela ortodoxia. É interessante perceber que, por meio de seu "esvaziamento", o coração torna-se impassível à busca de reconhecimento – o calcanhar de Aquiles do confucionismo. A eliminação dos desejos humanos, segundo tal tese, liberta o indivíduo da sanha de copiar os outros e de lutar para se distinguir no mundo. Nesse ponto, o taoismo primitivo produz um tipo de indivíduo autossuficiente, cujos modelos deveriam ser procurados para além da sociedade humana, antes de seu advento. Coerente com a natureza de seu comentário, o Senhor do Rio utiliza "coração" como conceito da medicina chinesa: principal dentre os cinco receptáculos, sede das faculdades cognitivas, o coração acolhe o espírito vital chamado de 神 (shen).

10 "Os corações não [cairão] em desordem". WB, FY e MWD trazem: "Os corações [do povo] não [cairão] em desordem" 使民心不亂.

11 *Identidade entre governo do corpo e governo do feudo*: Talvez a mais importante tese do Senhor do Rio; sua glosa trata o "governo do feudo" e o "governo de si próprio" como dois temas contínuos e inseparáveis. Como a abordagem social e política é mais evidente em Laozi, o Senhor do Rio trata mais detidamente do ângulo da

autocultivação moral e psíquica do soberano, em especial técnicas de longevidade. Frise-se, contudo, que ambas as dimensões são complementares, enquanto partes de um mesmo projeto de autocultivação. "[Explica que] o Sábio governa tanto seu feudo, como seu corpo". A edição *Zhiyao* lê: "afirma que o Sábio governa seu feudo de modo semelhante ao que governa seu corpo" 說聖人治國猶治身也. A edição impressa *Song* diz: "afirma que o Sábio governa o feudo da mesma forma que governa seu corpo" 說聖人治國與治身同也.

12 De "Esvazia o coração" até "[Mas] fortalece os ossos", o original chinês traz o pronome indefinido 其 (qi) – "dele(s), dela(s)", que abre margem para diferentes interpretações. A leitura do Senhor do Rio propõe que, em todos os casos, 其 indica o Rei Sábio. Outra leitura possível toma "o povo" como objeto dos versos:
*É por isso que a governança do Sábio*
*Esvazia o coração [do povo],*
*[Mas] enche sua barriga;*
*Esmorece sua vontade,*
*[Mas] fortalece seus ossos.*
*[O Sábio] faz com que o povo não saiba nada, não deseje nada;*
*[E] faz com que aqueles que têm conhecimento não ousem agir.*
*[Se o Sábio] praticar a "Inação",*
*Não haverá nada fora de seu lugar.*

13 *Trazer o Dao no Seio*: é tradução literal da expressão 懷道 (huaidao), exprimindo tanto um tipo de anelo e devoção ao Dao enquanto princípio, como também subscrição às doutrinas de governo do corpo e sociedade decorrentes de tal princípio. Cf. o cap. 6 de *Huainanzi* 《淮南子·覽冥訓篇第六》: "Sendo assim, quando ocupar um cargo público, o Sábio deve trazer o Dao oculto em seu seio, cujas bênçãos recairão sobre os dez mil povos" 聖人在位，壞道而不言，澤及萬民.

14 *Abraçar a Unidade*: literalmente 抱一 (baoyi). Também é uma expressão consagrada pela literatura. Atente-se para que "abraçar" e "trazer no seio", "Unidade" e "Dao" são noções correlatas. Contudo, "Unidade" é um termo mais concreto do que "Dao", aludindo, politicamente, à unidade territorial do país, ao consenso político entre soberano e povo e à homogeneidade de valores e crenças. Fica claro pela explanação do Senhor do Rio que "Unidade" também conota práticas taoistas de longevidade. Refletindo clara influência de Laozi, o literato da dinastia Jin, Sun Chuo (孫綽, 314-371), disse em seu "Ensaio sobre as metáforas do caminho" 《喻道論》: "quando os sons abusivos se esvaem nos ouvidos/quando doce e amargo fogem do paladar/quando a mente se aquieta e repousa/quando o coração se livra dos fardos/abraçamos a 'Unidade' em nosso seio" 耳絶淫聲，口忘甘苦，意放休戚，心去於累，胷中抱一.

15 *Cinco Espíritos Vitais/Cinco Recipientes*: (五神, wushen) são cinco tipos de "essências sutis" (精微, jingwei), notadamente: 神 (shen), 魂 (hun), 魄 (po), 意 (yi) e 志 (zhi). Diz-se "essências sutis" porque dos cinco espíritos dependem a regularidade e vigor dos processos orgânicos. Eles animam os cinco recipientes (五藏, wuzang)

a que correspondem e em que estão alojados (cf. cap. 6, nota 6). "Recipiente" (tradução de 藏, a partir de sua leitura alternativa "cang", i.e. "alojar") é o termo chinês mais próximo do que se chama de "órgão" na medicina ocidental. Em sentido estrito, há cinco receptáculos: coração (心, xin), fígado (肝, gan), baço (脾, pi), rins (腎, shen) e pulmões (肺, fei). Esses cinco receptáculos têm a função de estocar "essência" e "energia vital", dando suporte aos processos orgânicos. A "Unidade" mencionada pelo Senhor do Rio, portanto, significa manter os "cinco espíritos" unidos a cada um de seus "recipientes", preservando o equilíbrio e harmonia do corpo como um todo. Os receptáculos são em número de cinco por correspondência à numerologia dos "cinco agentes" ou "cinco elementos" (五行, wuxing) – o sistema de classificação principal da cultura chinesa clássica, ao lado do Yin-Yang. Esse sistema preserva sua relevância, hodiernamente, na medicina tradicional chinesa, no feng-shui, nas técnicas de adivinhação e nas práticas de meditação taoistas. Uma explicação mais detalhada do assunto pode ser encontrada no capítulo 28, nota 12.

16 *Essência*: é a tradução do termo médico 精 (jing), um tipo mais sutil de energia vital, responsável pela produção de uma nova vida. O *Eixo espiritual*, segunda parte do *Cânone de medicina do imperador amarelo* 《黃帝內經》, diz em seu capítulo 30 《內經靈樞·決氣第三十》: "[durante a cópula,] os dois espíritos vitais (i.e. provenientes do pai e da mãe) se interpenetram; sua união cria uma forma [para o nascituro]. O que se chama de 'essência' é aquele tipo de energia vital que, por ser permanente, antecede qualquer organismo e dá-lhe vida" 兩神相搏，合而成形，常先身生，是謂精. Considerando que na cultura chinesa em geral predomina o elemento masculino, a "essência" normalmente é confundida com "sêmen" do pai. Contudo, a passagem demonstra que a fêmea também possui sua "essência", que antes de mais nada é um fluido sutil, uma das formas mais puras de energia vital.

17 Adotou-se a redação do manuscrito *Gu*, devido ao paralelismo de sua estrutura: "[o Sábio] zela a sua *essência* e preza a sua *energia vital*" 愛精重氣. Respaldado pela maioria dos manuscritos, Wang Ka prefere 施 (shi) a 氣 (qi): "[o Sábio] zela sua essência e *atenta para [a forma como a] dispende*, [por isso] seus ossos permanecem rígidos [mesmo na velhice], cheios de tutano" 愛精重施.

18 *Tutano*: Tutano é o mesmo que medula (óssea, cervical, cerebral). Na medicina chinesa, o tutano é subproduto material da essência. Os chineses defendem que a "essência" é produzida pelos rins e que a medula resulta da junção dela à "energia sutil" derivada da digestão de grãos e água. Nesse contexto, o taoismo propõe uma rígida disciplina de continência sexual, bem como exercícios de meditação e ginástica para conduzir o "sêmen" através da medula cervical até o cérebro. Esse "sêmen" é convertido em "essência sutil", que servirá para substituir matéria orgânica perdida com o envelhecimento.

19 *Tábua Rasa*: 樸 (pu) alusão à madeira ainda não trabalhada, símbolo da simplicidade original dos seres.

20 Isto é, "se praticar a Inação".

21 O termo 因循 (yinxun) remete à espontaneidade que define a ordem natural das coisas.

22 *Cem Clãs*: (百姓, baixing) é uma metonímia significando o povo, a plebe. Antes da unificação da China em 221 a.C. sob um regime imperial centralizado, "cem clãs" indicava as famílias dos senhores feudais, o que se contrapunha à "plebe". 姓 significa "nome do clã", o que indica a prerrogativa dos clãs nobres de realizar sacrifícios em favor dos seus antepassados. Com a revolução demográfica e social que levou a unificação do país pela breve dinastia Qin, 百姓 começou a ser utilizado para denominar o povo comum – emprego que continua até nossos dias.

# 無源第四

## *Capítulo 4*

## *A Fonte do Nada*

**道冲而用之，**

—冲，中也。道匿名藏譽，其用在中。

**O Dao é vazio;[1] [mesmo] posto em uso**

*Comentários*

Vazio refere-se "ao que está no meio" [a moderação]. O Dao age no anonimato, esconde-se diante da fama. O uso[2] do Dao está no Meio.[3]

**或不盈。**

—或，常也。道常謙虛，不盈滿。

**Repetidamente,[4] nunca se enche.**

*Comentários*

"Repetidamente" [significa] permanentemente.[5] O Dao é permanentemente modesto e vazio de si,[6] nunca ficará cheio de si.

**淵乎，似萬物之宗。**

—道淵深不可知，似為萬物之宗祖。

**É como um abismo! Parece ser o ancestral das dez mil coisas.**

*Comentários*

O Dao é profundo como um abismo, não podendo ser conhecido. [Por isso] parece ser o patriarca, o ancestral das dez mil coisas.

**挫其鋭，**

—鋭，進也。人欲鋭精進取功名；當挫上之，法道不自「見」也。

**Quebra a tua lâmina!**

*Comentários*

"Lâmina [afiada]" [é uma metáfora para] avançar rapidamente.[7] As pessoas usam todos os seus recursos e energias para obter méritos e fama. [O praticante taoista deve] então quebrantar [essa determinação], inspirando-se no Dao como modelo, sem manifestar qualquer traço de individualidade.

**解其紛；**

—紛，結根也。當念道無為以解釋「之」。

**Desata teus nós![8]**

*Comentários*

[Atar um] "nó" sugere lançar raízes [de apego. O praticante] deve meditar sobre o Dao e a Inação com o fim de se desvencilhar [daquilo que o aflige] e se libertar [de seus desejos].

**和其光，**

—言雖有獨見之明，當如闇昧，不當以曜亂人也。

**Harmoniza o brilho!**

*Comentários*

[Laozi] propõe que mesmo que sejamos dotados de uma clarividência ímpar, temos de nos mostrar sem luzes e tolos às outras pessoas. [A razão está em que] não devemos permitir que nosso brilhantismo ofusque a outrem, produzindo discórdias no grupo.

**同其塵。**

—當與眾庶同垢塵，不當自別殊。

**Iguala-te ao pó...**[9]

*Comentários*

[O praticante] deve se misturar ao vulgo, dividindo com ele o pó e a imundice [do mundo]. Não se mostra diferente [de ninguém], não se destaca [por seus atributos ou feitos].

**湛兮，似若存；**

—言當湛然安靜，故能長存不亡。

**Como águas profundas, oh, parece estar vivo;**

*Comentários*

[O verso] exorta a que sejamos como as águas resplandecentes, [que correm] límpidas e plácidas.[10] Essa é a forma de obtermos a longa vida sem desaparecermos [do mundo].

**吾不知誰之子，**

—老子言我不知道所從生。

**Eu**[11] **não sei de quem é filho,**

*Comentários*

É o próprio Laozi que declara: "eu não sei de onde nasceu o Dao".

**象帝之先。**

—道自在天帝之前，此言道乃先天地生也。至今在者，以能安靜湛然，不勞煩。欲使人修身法道。

**Parece [que já estava aqui,] antes mesmo do [imperador] Di!**[12]

*Comentários*

[Laozi sugere que] o Dao já estava presente antes [mesmo] do imperador do Céu [o Di que está acima de todos]. Disso decorre que o Dao estava vivo antes do Céu e da Terra. E a razão para que tenha permanecido até hoje está em que o Dao se parece com as águas profundas que fluem em silêncio – sem fadiga, sem fastio. [Laozi] quer encorajar as pessoas a se cultivarem, tomando o Dao como modelo.

## Notas

1 HSG, WB e MWD trazem 冲 (chong), redação criticada pelos especialistas, que preferem o termo 盅 (chong) de FY. SWJZ explica que 盅 etimologicamente significa "prato vazio". Conforme os princípios de composição literária em chinês, 盅 ou "vazio" forma par com o ideograma 盈 (ying), "cheio", no verso seguinte. Entretanto, a palavra 冲 não deixa de ser razoável. Corruptela de 沖 (chong), pode qualificar o homem brando e discreto que, embora envolvido na vida pública, é capaz de restar sobranceiro a ela. Cosmologicamente, 冲 é sinônimo de Grande Vazio (太沖, taichong), termo recorrente no pensamento taoista, como no 14º capítulo de *Huainanzi* 《淮南子·詮言訓篇第十四》: "Mesmo que se dê livre jogo à clarividência dos olhos e da mente, *cumpre fazê-los retornar aos espíritos vitais, o que chamo de 'grande vazio'*" 聰明雖用，必反諸神，謂之太沖. 太沖 aplica-se ainda às práticas de longevidade, como o que se vê no sétimo capítulo de *Zhuangzi* 《莊子·應帝王篇第七》: "O que te mostrei há pouco *[foi a técnica] do 'grande vazio que a tudo supera'*, com que eu equilibro as forças e energias vitais em meu corpo" 吾鄉示之以太沖莫勝，是殆見吾衡氣機也.

2 *Uso/Utilidade/Função*: junto com 體 (ti) ou Corpo/Substância (cf. cap. 1, nota 1), 用 (yong) integra um dos pares de conceitos mais importantes do pensamento chinês. Embora somente tenha se tornado um "jargão" filosófico a partir do final da dinastia Han e amadurecido por meio das especulações budistas, obras da literatura pré-unificação como o *Clássico das mutações* ou *Xunzi* já começam a identificar as inter-relações entre o que algo é (corpo) e o que ele faz (função). Marco na história desse desenvolvimento é o importante tratado de alquimia *Zhouyi Cantongqi* (algo como *Tríade das mutações de Zhou*) que, logo no primeiro capítulo, fala de um "corpo interno" 內體 contraposto à "função externa" 外用. Para todos os efeitos, dentre as obras pré-unificação, é Laozi que demonstra maior consciência da relação entre corpo e função – malgrado faltar-lhe a terminologia. Nesse contexto, a relação entre Dao e Virtude serve como um exemplo consumado do que deve ser uma relação Corpo/Função – ainda que, como ilustra perfeitamente o cap. 1º, não se possa dar por certo o que significa o corpo do Dao.

3 *Meio/Moderação*: Conforme a mentalidade chinesa antiga, o ponto ótimo de uma coisa não corresponde ao seu apogeu, mas ao equilíbrio que permitiria preservar a plenitude dessa coisa por um máximo de tempo (graficamente, seria como prolongar o ponto de uma trajetória imediatamente anterior ao seu apogeu). Nesse

sentido, em tese, os objetivos de qualquer ação não estavam dirigidos a obter o máximo de resultados num mínimo de tempo, mas a obter o máximo de resultados com um mínimo de desgaste. Sintomático do tradicionalismo, apreciava-se a permanência de algo, mais do que sua excelência num determinado momento. O mesmo princípio aplica-se à cosmologia, que não defende a supremacia rígida do Yang sobre a Yin, mas um tipo de consenso sobre a divisão de tarefas de cada um – e a aceitação passiva da parte fraca com o que lhe coube. Politicamente, vale a mesma lógica de moderação, embora aqui a teoria mostre suas limitações. Pode-se tentar reconhecer na indisposição de criar conflitos e na busca de soluções de consenso as marcas dessa moderação na vida cotidiana. Ao longo de Laozi todos esses pontos podem ser referendados. "O uso do Dao está no meio" também poderia ser traduzido como "o uso do Dao está dentro", onde "dentro" pode querer dizer "vazio". Nesse caso, anuncia-se a tese desenvolvida pelo cap. 11.

4 Wang Ka chama a atenção para o fato de que o ideograma 或 (huo) não pode ser interpretado como 常 (chang), donde supor que 或 deve ser um erro de grafia da palavra 久. Contudo, essa alteração não encontra guarida em nenhum manuscrito. HSG e WB leem 或, termo que em princípio não significa "repetidamente". FY e MWD substituem-no por 又, que pode significar "novamente".

5 *Permanência*: cf. cap. 1, nota 6.

6 O neologismo "vazio de si" exprime perfeitamente o termo chinês 虛, que se contrapõe a 滿 ou "cheio de si".

7 "'[Lâmina] afiada' [é metáfora para] avançar rapidamente". A edição *Gu* lê: "'quebrar' [a lâmina sugere] conter [os próprios impulsos]" 挫，止也.

8 "Desata teus nós" – "['Atar um] nó' sugere lançar raízes [de apego. O praticante] deve meditar sobre o Dao e a Inação, com o fim de se desvencilhar [daquilo que o aflige] e se libertar [de seus desejos]". O manuscrito *477* lê "desfaz os teus ódios" 解其忿 – "[Por] 'ódios' [Laozi se refere às relações de] ódio que construímos. [O praticante] deve meditar sobre o Dao e a Inação, com o fim de se desvencilhar [dos sentimentos] e desembaraçar-se [dos conflitos]" 忿，結恨也。當念道無為以解釋之.

9 *Mundo De Pó*: Tanto os taoistas como os budistas chineses empregam a expressão "Mundo de Pó" 紅塵 (lit. "poeira vermelha") para descrever a impermanência do mundo, a futilidade dos fins e crenças da sociedade. Ao "Mundo de Pó", o taoismo contrapõe um estado ideal de pureza e tranquilidade, livre das amarras e convenções da sociedade – normalmente perseguido por meio de uma vida nômade ou eremítica. *"Quebra a tua lâmina! Desata teus nós! Harmoniza teu brilho! Iguala-te ao pó!"*. Esses quatro versos, que se repetem no cap. 56, podem ser considerados a cartilha do praticante taoista quando em sociedade.

10 "[O verso] exorta a que devemos ser como as águas resplandecentes, [que correm] límpidas e plácidas". Os manuscritos *477* e *Qiang* trazem a seguinte redação: "[O verso] explica que o Dao é como as águas resplandecentes, [que correm] límpidas e plácidas" 言道湛然安靜.

11 *Eu*: a primeira pessoa 吾 (wu) é utilizada por Laozi como um efeito retórico, enfatizando os argumentos mais pungentes e problemas mais importantes na obra, numa quantidade considerável de capítulos: 13, 16, 21, 25, 29, 37, 42, 43, 49, 54, 57, 66, 69, 70, 74. Por um lado, é como se Laozi tomasse a palavra para personalizar as verdades que está transmitindo; por outro, o "eu" carrega a autoridade e a reputação de Laozi enquanto Sábio por excelência.

12 *[Imperador] Di*: é a tradução normalmente adotada para 帝 (di). Vale ressaltar que, pelo menos na época de Laozi, a dimensão política do termo 帝 estava permeada de conteúdos religiosos e teológicos. A religião chinesa consiste em culto dos antepassados, com fortes traços animistas. Nesse contexto, 帝 é o nome dado ao ancestral deificado, protetor do clã Shang (商) – a segunda das "Três Dinastias" anteriores à unificação do país em 221 a.C. Exemplo do ecletismo característico da história das ideias da China, 帝 foi assimilado à deidade chamada de Céu (天, tian), cujo culto foi adotado pelo clã Zhou, última das "Três Dinastias". Após a unificação do país, o termo 帝 perde paulatinamente sua conotação de culto a um antepassado, tornando-se meramente uma hipóstase do Céu. Dessa forma, 帝 corresponde a "o Di que está acima de todos" 上帝 (shang di), ou 上天 (shangtian), "o Céu que está acima de todos". A tradução manteve o termo "Imperador" para sublinhar o elemento de personificação do Céu – que não deve ser ignorado.

# 虛用第五

## *Capítulo 5*

## *A utilidade do oco*[I]

**天地不仁，**

—天施地化，不以仁恩，任自然也。

**Céu e Terra[2] não têm humanidade,[3]**

*Comentários*

O Céu dispõe [os seres no mundo] e a Terra [os] transforma. [Dão vida às coisas] não por serem humanos e benfazejos, [mas porque] assumem sua Espontaneidade.[4]

**以萬物為芻狗。**

—天地生萬物，人最為貴。天地視之如芻草，狗畜，
不責望其報也。

**Pois tratam as dez mil coisas como se fossem palha ou cães.[5]**

*Comentários*

Céu e Terra geram as dez mil coisas. Dentre elas, os homens são o que há de mais nobre. [Nada obstante,] Céu e Terra tomam os homens por [coisas insignificantes como] palha e mato ou animais de criação, não esperando, nem exigindo recompensa [pelas dádivas que concederam à humanidade].

**聖人不仁，**

—聖人愛養萬民。不以仁恩，法天地行自然。

**O Sábio não deve ser considerado humano,**

*Comentários*

O Sábio cuida dos dez mil povos, provendo-lhes [suas necessidades]. [No entanto,] não o faz por ser humano e benfazejo. Ele [tão somente] toma por modelo o Céu e a Terra, pondo em prática [o mesmo tipo de] espontaneidade.

**以百姓為芻狗。**

—聖人視百姓如芻草狗畜，不責望其禮意。

**Já que trata os Cem Clãs[6] como se fossem palha e cães.**

*Comentários*

O Sábio [também] vê os Cem Clãs como palha e mato ou animais de criação: não esperando, nem exigindo que [retribuam suas dádivas] conforme os Ritos.[7]

**天地之間，**

—天地之間空虛，和氣流行，故萬物自生。人能除情慾，節滋味，清五藏，則神明居之也。

**O espaço entre Céu e Terra**

*Comentários*

O espaço entre Céu e Terra [onde se desenrola a criação] é vazio. Nele há uma Harmonia[8] em que as energias do [Yin e Yang] fluem e interagem, e as dez mil coisas dão origem a si próprias. Se as pessoas forem capazes de suprimir seus desejos e impulsos, moderar seu apetite por iguarias de sabor raro e purificar seus cinco recipientes,[9] o brilho dos espíritos vitais[10] fará neles sua morada.

**其猶橐籥乎。**

—橐籥中空虛，故能有聲氣。

**Não se parecerá com um fole?**

*Comentários*

O fole é oco, vazio por dentro, por isso é capaz de produzir "som e energia vital".[11]

**虛而不屈，動而愈出。**

—言空虛無有屈竭時。動搖之，益出聲氣也。

**É vazio, mas nunca se exaure: quanto mais o pressionamos, mais expele [ar].**[12]

*Comentários*

[Esta passagem diz que o fole] é vazio, oco por dentro, mas [o ar que expele] nunca se esgota. [Ao contrário,] quanto mais pressão [lhe é aplicada], mais "som" e "energia vital" são expelidos.

**多言數窮，**

—多事害神，多言害身。口開舌舉，必有禍患。

**[Já as pessoas,] quanto mais falam, mais [rápido] esgotam [seu fôlego].**

*Comentários*

[Aqueles que se] dedicam a um excesso de afazeres ferem os espíritos [que habitam os cinco recipientes]; [aqueles que] falam em demasia prejudicam sua saúde. [As pessoas cuja] língua [não para] dentro de suas bocas [ou seja, falam em demasia,] atrairão desgraças para si.

**不如守中。**

—不如守德於中。育養精神，愛氣希言。

**[Por isso] melhor lhes vale preservar a moderação.**[13]

*Comentários*

Mais lhes vale preservar sua Virtude[14] [centrada] no Meio, [isto é, manter seu organismo em equilíbrio. É imperativo que se] cultive o espírito puro,[15] [seja adotando técnicas para] preservar a energia vital, [seja] falando pouco [para evitar expirá-la].

## Notas

1 *Oco*: (虛, xu) sinônimo de 無 (wu, "vazio), remete à alegoria do fole *infra*.
2 *Céu e Terra*: cf. cap. 1, nota 14.
3 *Humanidade*: 仁 (ren) é a qualidade moral mais importante no pensamento chinês ortodoxo. A tradução Humanidade justifica-se por duas razões: o ideograma 仁 tem a mesma leitura que 人 (ren) ou "homem"; e sua estrutura significa "dois homens" – sublinhando a natureza relacional dessa virtude. Portanto, "Humanidade" é vista como o *bem inerente ao homem, emanando de sua vocação social*. Isto posto, é difícil associar a Humanidade chinesa a noções mais absolutas de "amor/caridade", "misericórdia", "benevolência" e assim por diante, já que o termo tem por contexto uma sociedade hierárquica e ciosa da primazia do parentesco sobre outras relações. A *Doutrina do meio* demonstra tais dificuldades 《中庸章句》: "'Humanidade' [é a virtude peculiar] do ser humano, *cujo maior cânone é tratar familiares com o afeto devido*" 仁者人也，親親為大. Não se trata, portanto, de um amor universal e uniformemente distribuído aos seres, cujo conteúdo talvez seja mais bem apreendido como "cuidado" – *soin*, *Sorge* ou *care* – objetivamente devido às pessoas conforme seu estatuto, orientado ao fim de zelar pela harmonia e estabilidade da sociedade. Além do sentido comum de Humanidade, cada uma das escolas de pensamento concedia-lhe uma ênfase e prioridade especiais. No caso do confucionismo, era a Virtude por excelência – em cuja prática os homens deviam esmerar-se. Ao longo da dinastia Han, foi associada à virtude cosmológica 元 (yuan) e à primavera, talvez sob influência da visão taoista de Laozi, a qual postula que a autêntica Humanidade deve ser "espontânea", isto é, equivalente ao Dao e sua Virtude. Emblemático da ética taoista, o capítulo 18 propõe que a prática intencional da Humanidade corre o risco de viciar-se, gerando o que Laozi chama de "fraudes" e "falsidade".
4 *Espontaneidade*: cf. cap. 1, nota 7. "[Mas porque] assumem sua Espontaneidade". Manuscrito *Qiang*: "mas porque são espontâneas por Natureza" 性自然也.
5 *Palha e Cães*: há pelo menos duas leituras para 芻狗. O Senhor do Rio e Wang Bi utilizam-no como coordenados sintaticamente – palha e cães. Wang Bi explica: "a Terra não dá vida à palha para benefício dos animais, e mesmo assim os animais comem a palha; a Terra não dá vida aos cães para benefício dos homens, e mesmo assim os homens alimentam-se dos cães" 地不為獸生芻，而獸食芻；不為人生狗，而人食狗. Uma leitura mais cuidadosa do termo revela sua conexão com os costumes sacrificais arcaicos, nos quais "cães de palha" eram usados como substitutos de oferendas reais. JDSW explica: "'cães de palha' são figuras de palha feitas à imagem de cães. Utilizam-nos os funcionários encarregados dos rituais divinatórios e de propiciação"芻狗，結芻爲狗，巫祝用之. O 14º Capítulo de *Zhuangzi* aprofunda-o 《莊子·天運》: "Até que os cães de palha fossem dispostos para o sacrifício, eram guardados com grande cerimônia em estojos quadrados de bambu, envoltos em toalhas bordadas de seda; os médiuns Shi e os sacerdotes tinham grande cau-

tela ao tomá-los nas mãos. *Uma vez realizado o sacrifício, contudo, os passantes pisavam sobre as cabeças e dorsos do que outrora tinham sido preciosas oferendas, e os catadores de palha as recolhiam e punham no fogareiro – esse o seu fim"* 夫芻狗之未陳也，盛以篋衍，巾以文繡，尸祝齊戒以將之；及其已陳也，行者踐其首脊，蘇者取而爨之而已.

6 *Cem Clãs*: cf. cap. 3, nota 22.

7 *Ritos*: 禮 (li) denomina o conjunto de tradições que regulamentavam o cerimonial e etiqueta exigidos da sociedade na China antiga, em especial na elite. Seu conteúdo era abrangente: descrevia minuciosamente as prerrogativas hierárquicas da nobreza, disciplinava a vida econômica, discriminava o comportamento compulsoriamente esperado na esfera civil e religiosa, tanto no privado (vida familiar) como no público (vida político-burocrática). Os Ritos tinham por efeito padronizar emoções, linguagem, valores; isso não significa que sua preeminência fosse incontestável: de fato havia debate sobre os riscos decorrentes da dependência dos Ritos para governar a sociedade. Enquanto escolas de todos os matizes reconheciam um conflito intrínseco entre a Naturalidade e o Refinamento (cf. cap. 3, nota 2), o pensamento ortodoxo (i.e. confuciano) dava maior peso aos benefícios trazidos pelos Ritos – como registra o ensinamento dos *Analectos* (12.1): "O Mestre disse: '*Dominar a si próprio, revigorar os Ritos: isso é humanidade.* Se um dia [as pessoas conseguirem] dominar a si próprias, revigorar os Ritos, então Tudo sob o Céu retornará à humanidade. *Realizar a humanidade cabe à própria pessoa, ou cabe aos outros?*'" 子曰:"克己復禮為仁。一日克己復禮, 天下歸仁焉。為仁由己, 而由人乎哉?". Por outro lado, o taoismo primitivo argumentava contra a eficácia dos Ritos, por serem uma forma de controle externo, a que as pessoas reagiriam com astúcia e fingimento. Sob alegação de que os Ritos descaracterizavam a Naturalidade, o taoismo sugeria formas de Doutrinação (cf. cap. 2, nota 9) mais sutis. Há duas leituras possíveis sobre o conteúdo desta: uma delas, otimista, previa que com um mínimo de intervenção estatal para manutenção da ordem e defesa do bem comum, as pessoas cooperariam espontaneamente com o poder público (cf. cap. 37); a segunda, maquiavélica, advogava uma política de controle ideológico, em que as pessoas prosseguiriam com suas vidas sem ultrapassar os limites do que se poderia chamar de consenso invisível, produzido e gerenciado pelo Estado (cf. cap. 65).

8 *Harmonia do Yin-Yang*: Na cosmogonia de Laozi (cf. cap. 42) e do *Clássico das mutações*, as energias Yin-Yang (cf. cap. 1 nota 20) provêm de uma harmonia original, além do tempo e do espaço, em que se encontravam irmanadas e em perfeito equilíbrio. É a "energia original" (元氣, yuanqi) anterior à divisão do Céu e da Terra. A harmonia referida pela passagem, no entanto, sucede à separação dos dois. Diferentemente da harmonia cosmogônica, é um estado temporário e precário, que o praticante taoista deve manter. Dentro do corpo, essa harmonia promove uma vida longa; fora do corpo, garante a estabilidade e paz no mundo. Por conseguinte, ao sentido original (cosmológico) somam-se duas dimensões – medicinal e política. Embora na passagem haja sido grafado como 和氣 (heqi), o conceito possui sinônimos como

"mistura de energias" (沖氣, chongqi) ou "energia moderada" (中氣, zhongqi) – que têm por base o mesmo princípio.

9 *Cinco Recipientes*: cf. cap. 3, nota 15.

10 *Brilho dos Espíritos/Divino*: O termo 神明 (shenming) alude à influência dos "espíritos", que devem ser compreendidos prioritariamente como emanações inteligentes dos princípios Yin e Yang. A linguagem utilizada pelo Senhor do Rio assemelha-se à do *Livro das mutações* – enquanto enfatiza a acepção típica de medicina chinesa. Nesse contexto, "brilho emitido pelos espíritos" (神明), expressa a relação harmônica, "saudável", entre Yin e Yang. Eis a passagem, da segunda parte dos *Comentários anexos* 《周易·繫辭傳下》: "O Mestre disse: '[os hexagramas] "qian" e "kun", não serão eles as portas para as mutações?' 'Qian' representa todas as coisas [que podem ser classificadas como] 'yang'; 'Kun', tudo [que pode ser visto como] 'yin'. Yin e Yang unem as suas Virtudes, dando substância ao 'rígido' e ao 'macio'. *[A união do Yin e Yang] dá forma [aos padrões] de mudança que ocorrem entre o Céu e a Terra, sendo permeada pela Virtude do 'brilho divino'*" 子曰:"乾坤, 其易之門邪?" 乾, 陽物也; 坤, 陰物也。陰陽合德, 而剛柔有體, 以體天地之撰, 以通神明之德. Analogamente ao descrito nesse trecho, o Senhor do Rio sugere que o praticante taoista faça o mesmo com seu corpo, mantendo o equilíbrio entre Yin e Yang nos cinco recipientes.

11 *Som e Energia Vital*: 聲氣 (shengqi) remete ao *Livro das mutações*, especificamente ao comentário "Wenyan" sobre o primeiro e mais importante hexagrama, 乾 (qian). 乾 representa as forças Yang, o Céu, o princípio masculino e criativo – portanto é o líder do processo natural de transformação. O comentário atine à quinta linha de 乾, que representa o ápice das forças Yang, quando elas se manifestam em sua inteireza para influenciar o mundo. O comentário lê: "a quinta linha do hexagrama 'Qian' diz: 'o dragão voa pelos céus, o momento é oportuno para o surgimento de um grande indivíduo'. O que isso quer dizer? *Sons idênticos se fazem eco, 'energias vitais' semelhantes se perseguem*. [O elemento] água corre [embaixo], [sua propriedade é] úmido; [o elemento] fogo fumega [acima], [sua propriedade é] seco. As nuvens pertencem ao dragão; o vento pertence ao tigre. Quando o Sábio surge [no mundo], as dez mil coisas [param para] contemplá-lo. Aquilo que se origina no Céu tem afinidade com o que está acima; aquilo que se origina na Terra tem afinidade com o que está abaixo. Logo, todas as coisas se encaixam em seu tipo particular" 九五曰"飛龍在天, 利見大人", 何謂也? 子曰: "同聲相應, 同氣相求。水流濕, 火就燥。雲從龍, 風從虎。聖人作, 而萬物睹。本乎天者親上, 本乎地者親下, 則各從其類也. O comentário expressa o seguinte: há tipos essenciais permeando a realidade, a que correspondem animais simbólicos, forças da natureza, fenômenos meteorológicos e, naturalmente, atores políticos. Como primeira dentre as forças criativas da natureza, "qian" é o líder e organizador por excelência: se fizer soar uma nota, o que lhe corresponde no mundo o seguirá; se emanar um tipo de energia vital, ou se tomar a forma de um Sábio, ocorrerá o mesmo. "Qian" é uma das expressões do Dao, não criando como o Deus do *Gênesis*, mas sofrendo

transformações dentro de tipos primordiais inerentes ao esquema cosmológico do Yin, Yang e Cinco Elementos. Por conter em si todas as potencialidades, o Dao tanto precede "Qian" como é capaz de substituí-lo. O Dao não apenas é capaz de produzir "som" e "energia vital", como também, de fato, a produz. Por isso que é o maior.

12 *Alegoria do Fole*: Laozi compara a função cosmológica do Dao ao fole que, sem esforço, contrai-se e distende-se – produzindo ar sem se consumir. Dessa forma, Céu e Terra diferem dos homens já que são capazes de fazer fluir vento e energia vital indefinidamente, por serem vazios. Já as pessoas lentamente esgotam sua energia vital, pois o ar que expelem ao respirar em tese não se renova.

13 "Mais lhes vale preservar a moderação". O texto *Tianlu* lê: "Mais lhes vale apreciar a Virtude moderada" 不如好德於中.

14 *Virtude*: cf. cap. 38, nota 2.

15 *Espírito Puro*: 精神 (jingshen) refere-se aos espíritos puros e sutis que habitam nos cinco receptáculos. O termo corresponde à fusão de duas palavras: "energia pura" (精氣, jingqi) e "espírito original" (元神, yuanshen). "Espírito puro" designa a quintessência da energia vital, existindo informe na natureza. A criança, ao ser concebida, recebe duas essências puras dos pais, como mediadores do Céu e da Terra. Segundo o *Cânone de medicina do imperador amarelo* (素问·上古天真论), essa energia estoca-se nos rins e nos demais "recipientes", respondendo pelo crescimento, maturação, decadência e morte do indivíduo em ciclos cujas etapas duram sete anos para as mulheres e oito para os homens.

# 成象第六

## *Capítulo 6*

## *A formação das imagens*[I]

**谷神不死；**

—谷，養也。人能養神則不死。神謂五藏之神。肝藏魂，肺藏魄，心藏神，腎藏精，脾藏志。五藏盡傷，則五神去矣。

**[O que] alimenta [os] espíritos[2] não morre;**

*Comentários*

[Da palavra] "grãos" [Laozi deriva] "alimentar".[3] Se formos capazes de manter os espíritos vitais[4] bem nutridos, não morreremos. "Espíritos" aqui indica os espíritos dos cinco recipientes:[5] o fígado acomoda o espírito chamado "Hun"; os pulmões acomodam o "Po"; o coração acomoda o "Shen"; os rins acomodam o "Jing"; o baço acomoda o "Zhi".[6] Se os cinco órgãos sofrerem danos irreparáveis, os cinco espíritos deixarão [o corpo].[7]

**是謂玄牝。**

—言不死之道在於玄牝。玄，天也。於人為鼻。牝，地也。於人為口。
天食人以五氣，從鼻入藏於心。五氣清微，為精神聰明，音聲五性。
其鬼曰魂，魂者雄也，主出入人鼻，與天通，故鼻為玄也。
地食人以五味，從口入藏於胃，五味濁辱，為形骸骨肉，

血脈六情。其鬼曰魄，魄者雌也，主出入於口，
與天地通，故口為牝也。

**Eis o que chamo de Fêmea Misteriosa.**[8]

*Comentários*

[Este verso] propõe que o Dao da imortalidade depende da Fêmea Misteriosa. "Mistério"[9] é uma alusão ao Céu. No corpo humano, corresponde ao nariz. "Fêmea" é uma alusão à Terra. No corpo humano, corresponde à boca.

O Céu usa cinco manifestações de energia vital[10] para alimentar os homens, entrando [no corpo] pelo nariz e armazenando-se no coração. Essas cinco energias vitais são límpidas e sutis;[11] elas constituem os espíritos puros[12] [e produzem a] inteligência dos olhos e dos ouvidos [de cada indivíduo. Geram também] os sons e voz [que cada animal é capaz de emitir] e as cinco disposições.[13]

A entidade [produzida pelo Céu chama-se] "Hun";[14] [tudo que lhe é afeto considera-se] masculino. "Hun" é responsável pela [energia vital que] entra e sai do nariz das pessoas, de modo que está em comunhão [contínua] com o Céu. Portanto, o nariz [está associado ao símbolo] "misterioso" [utilizado por Laozi].

[Sob forma de alimento,] a Terra usa os cinco sabores[15] para nutrir os homens, entrando [no corpo] pela boca e armazenando-se no estômago. Os cinco sabores são formas turvas e menos dignas [de energia vital.[16] Contudo, compete a eles formar] o corpo [dos seres, seus] ossos e músculos, sangue e pulso, [bem como] as seis emoções.[17] A entidade [produzida pela Terra chama-se] "Po"; [tudo que lhe é afeto considera-se] feminino. "Po" é responsável pela [energia vital que] entra e sai da boca das pessoas, de modo que está em comunhão [contínua] com a Terra. Portanto, a boca [está associada ao símbolo] "fêmea" [utilizado por Laozi].

**玄牝之門，是謂天地根。**

—根，元也。言鼻口之門乃是通天地之元氣所從往來也。

**As portas da fêmea misteriosa têm o nome de raiz do Céu e da Terra;**

*Comentários*

"Raiz" aqui quer dizer origem,[18] ou seja, [Laozi assinala que] as "portas do nariz e da boca" são os meios de se acompanhar o fluxo e refluxo da energia original[19] provinda do Céu e da Terra.

**綿綿若存，**

—鼻口呼噏喘息，當綿綿微妙，若可存，復若無有。

**Contínua, mas sutilmente [flui] – parece viva:**

*Comentários*

[Ao praticar técnicas de respiração,] nariz e boca são usados para inspirar e expirar, ora naturalmente, ora intensamente. [Em ambos os momentos,] deve-se [promover um fluxo de energia vital] contínuo, mas sutil e profundo: está sempre presente, mas parece que não.

**用之不勤。**

—用氣常寬舒，不當急疾勤勞也。

**Emprega-a, mas sem excesso.**[20]

*Comentários*

[Quem pratica técnicas de respiração,] deve manter-se confortável e relaxado ao usar a energia vital. É vedado [ao praticante] ser precipitado, ter pressa, mesmo zelo ou diligência [excessivos].

## Notas

1 *Imagem*: refletindo o uso da palavra em Laozi, passagem do *Livro das mutações* prescreve um duplo papel para as imagens《周易·繫辭傳》: "*as Imagens são (1) o meio com que os Sábios observam os recônditos do Céu e da Terra e (2) atribuem um sentido às coisas, conforme sua aparência e conteúdo*: eis o que se chama de Imagem" 是故夫象，聖人有以見天下之賾，而擬諸其形容，象其物宜，是故謂之象. O primeiro sentido é cosmológico. O Dao modela a realidade segundo um conjunto de "Imagens" (象, xiang). Dentre elas, o Céu e a Terra (Yin-Yang) são as duas primeiras e mais importantes. Cumpre destacar que o termo Imagem possui um sentido técnico criado pelo *Clássico das mutações*. De fato, um dos capítulos dessa obra é chamado de *Tratado sobre as Imagens*

(象傳, xiangzhuan), que atribui significados simbólicos a cada um dos 64 hexagramas – chamados de "Grandes Imagens", e também a cada uma das seis linhas que compõem os hexagramas – chamadas de "Pequenas Imagens". Sem entrar em particularidades, essas imagens são vistas como um "mapa conceitual" das dez mil coisas e de todas as ocorrências naturais e sociais. O segundo sentido define as imagens como os arquétipos da escrita chinesa. O *Livro das mutações* sugere que os ideogramas chineses teriam se desenvolvido a partir das primeiras Imagens, os oito trigramas de Fu Xi 《周易·繫辭傳上》: "Em tempos passados, ainda quando o Senhor Bao Xi (Fu Xi) reinava em Tudo sob o Céu, ergueram-se os olhos para contemplar as *Imagens no Céu*, baixou-se a vista para observar os *modelos na Terra*. Atentou-se para os contornos das bestas e aves, bem como para tudo aquilo que é produzido pelo solo. Dentre as coisas próximas, buscou-se o que estava próximo do corpo e, dentre as distantes, o que poderia ser percebido nos objetos e seres – e assim foram concebidos os oito trigramas, para que permeassem a Virtude do Brilho Divino e classificassem em tipos as características das dez mil coisas" 古者包犧氏之王天下也，仰則觀象於天，俯則觀法於地，觀鳥獸之文與地之宜，近取諸身，遠取諸物，於是始作八卦，以通神明之德，以類萬物之. Com base em dois tipos de linha, contínuas para representar Yang (–) e quebradas para representar Yin (--), Fu Xi compôs oito "imagens" básicas com três linhas. A essas "imagens" deram-se os seguintes nomes: "qian" (乾), imagem do Céu; "dui" (兌), do pântano; "li" (離), do fogo; "zhen" (震), do trovão; "kan" (坎), da água; "xun" (巽), do vento; "gen" (艮), da montanha; e "kun" (坤), da Terra. Reza a tradição que, no início do segundo milênio a.C., o fundador da dinastia Zhou, rei Wen, combinou os oito trigramas em grupos de dois, produzindo os 64 hexagramas que hoje integram o *Livro das mutações*. Embora não seja uma explicação convincente da origem da escrita chinesa, essa narrativa comprova, por outro lado, o papel religioso dos ideogramas – bem como sua natureza sagrada e transcendente. Ao citar as "Imagens", Laozi certamente pressupõe o papel modelar da linguagem e seu poder de transmitir o Dao, ainda que imperfeitamente.

2 *Alimentar os Espíritos*: há pelo menos três leituras para 谷神 (gushen); "alimentar os espíritos" segue o comentário do Senhor do Rio. JDSW, uma autoridade da dinastia Tang, afirma que o manuscrito HSG lia 浴 (yu) – "lavar" – e não 谷. Independentemente de onde esteja a razão, o sentido de "alimentar" vem de 穀 (grão), falso cognato de 谷 (ou 浴). Nesse contexto, "espíritos" 神 são interpretados como objeto sintático do verbo "alimentar", donde a leitura do verso: *"Quem alimenta seus espíritos não morre; Eis o que chamo de fêmea misteriosa"*. A segunda interpretação tem como modelo Wang Bi, que traduz 谷神 literalmente: "espírito do vale". Sintaticamente os termos formam uma locução. Conforme Wang Bi, portanto, o verso de Laozi deve ser lido: *"o espírito do vale não morre, eis o que chamo de Fêmea Misteriosa"*. A última nota deste capítulo tratará, em detalhes, da leitura de Wang Bi. A terceira trata 谷神 como dois termos sintaticamente coordenados. Ambos qualificam o Dao; 谷 é a locução adjetiva "vazio [como um vale]" e 神

quer dizer "que produz mudanças ininterruptas [tal como um espírito]". O verso de Laozi, portanto, teria uma nova leitura: "*Vazio, mutante, imortal: a isso se chama de Fêmea Misteriosa*". Esta leitura parece ser avalizada pelo capítulo 39, que trata 谷 e 神 separadamente: "com a Unidade, os *espíritos* conseguem transformar-se; com a Unidade, o *vale* consegue preencher-se".

3 "'Grãos' [significa] nutrir". O texto *477* lê: "os grãos alimentam os espíritos [dos receptáculos]" 谷，養神.

4 *Espíritos vitais*: cf. cap. 3, nota 15.

5 *Cinco recipientes*: cf. cap. 3, nota 15.

6 *Espíritos vitais: classificação quíntupla – Hun, Po, Shen, Jing/Yi, Zhi.* Como mencionado no cap. 1, nota 9, há duas classificações para os espíritos vitais. Este verso cita a primeira delas, a classificação quíntupla, conforme os "recipientes" que ocupam. Preferiu-se não traduzir o nome dos cinco espíritos, considerando que a adoção de termos portugueses não contribuiria de forma decisiva para o seu entendimento. É importante atentar para as correspondências entre os Cinco Elementos (cap. 28, nota 12), os cinco espíritos vitais e os cinco temperamentos homólogos à doutrina dos quatro humores esposada pela tradição hipocrática. Na medicina tradicional chinesa, acreditava-se que o desequilíbrio entre tais espíritos influenciava o comportamento e personalidade dos indivíduos. Com base nesse modelo, as práticas taoistas têm por ideal estabelecer e manter um equilíbrio orgânico, emocional e de energia vital.

7 *"Os rins acomodam o espírito chamado 'Jing'; o baço acomoda o espírito chamado 'Zhi'"*. A edição *Cânone taoista* lê: "o baço acomoda o espírito Yi; os rins acomodam a essência e o espírito 'Zhi'" 脾藏意，腎藏精與志.

8 *Fêmea Misteriosa*: 玄牝, xuanpin é um símbolo esotérico utilizado por Laozi, que funde numa mesma palavra os princípios de Yin (牝, fêmea, a Terra) e Yang (玄, "Mistério", o Céu). Embora esta seja a única vez em que os dois ideogramas aparecem juntos no *Dao De Jing*, sua simbologia não foge ao espírito da obra como um todo. Em Laozi, o Dao é relacionado à noção de Mãe (cap. 1, 20, 25, 52 e 59) e "Mistério" é um atributo constantemente citado, em especial para qualificar a Virtude do Dao. Dito isso, cada comentarista explica o termo "Fêmea Misteriosa" de acordo com seu esquema interpretativo. Por exemplo, Wang Bi faz a "Fêmea Misteriosa" remeter ao seu entendimento de Dao como o Nada, "vazio, mutante, imortal"; e o Senhor do Rio interpreta o texto a partir das técnicas taoistas de respiração. Conforme essa tradição, o corpo possui três centros de energia, chamados de "Campos de Cinábrio" (丹田, dantian), um dos quais encontra-se três polegadas sob o umbigo e que recebe a denominaçãode "Mar de Energia Vital" (氣海) ou "Fêmea Misteriosa". Além disso, cumpre registrar a interpretação de uma das tradições taoistas conhecidas por 房中術 (fangzhongshu), que advogava técnicas sexuais para prolongar a duração da vida. "Fêmea Misteriosa", "Porta do Céu e da Terra" são alusões ao órgão sexual feminino, enquanto "contínua, mas sutilmente [se move], parece estar vivo", "emprega-o, mas sem excesso" podem ser

alusões ao coito, cujo objetivo é "capturar a Yin para complementar o Yang" ou vice-versa (采陰補陽 ou 采陽補陰). Uma das cepas de taoismo, não sem reflexos sobre o comentário do Senhor do Rio, recomendava "poupar a essência e roubá-la do parceiro sexual" com o objetivo de prolongar a própria vida.

9 *Mistério*: cf. cap. 14, nota 1.

10 *Cinco Tipos De Ar*: Na natureza, a energia vital toma forma do ar que se respira. Os chineses antigos acreditavam que o ar era vetor e objeto do fluxo de transformações naturais. Além de "alimentar nossa respiração", acreditava-se que o ar também produzia chuva e fazia crescer as plantas. Os "Cinco tipos de ar" 五氣 (wuqi) são cinco aspectos que a energia vital assume com o passar das estações: frio, quente, seco, molhado e ventoso. Um trecho do quinto capítulo do *Clássico do imperador amarelo* pode ajudar a compreender a relevância do assunto 《黃帝內經素問·陰陽應像大論篇第五》: "o Céu usa as quatro estações e os cinco elementos para [transformar as dez mil coisas], dando-lhes vida, fazendo-as crescer, recolhendo-as [na velhice] e ocultando-as [com a morte]. *É a partir [desse processo de transformação] que têm origem [os cinco tipos de energia vital, ou seja,] 'frio', 'quente', 'seco', 'molhado' e 'ventoso'*. Os homens têm cinco recipientes, que processam esses cinco tipos, gerando [cinco disposições,] 'alegria', 'ira', 'tristeza', 'melancolia' e 'medo'" 天有四時五行，以生長收藏，以生寒暑燥濕風。人有五藏，化五氣，以生喜怒悲憂恐.

11 "Essas cinco energias vitais são límpidas e sutis". A edição *Anotações reunidas* lê: "os cinco receptáculos são límpidos e sutis" 五藏清微.

12 *Espírito Puro*: cf. cap. 5, nota 15.

13 *Cinco Disposições*: embora a tradução usual de 性 seja Natureza (cf. cap. 8, nota 1), o termo possui um sentido diferente aqui. O trigésimo capítulo da obra *Baihutong*, síntese do pensamento ortodoxo na dinastia Han, oferece uma definição do termo. No capítulo intitulado "Sobre a disposição e as emoções" 《白虎通義·情性》, as "cinco disposições" são descritas como as cinco virtudes fundamentais do pensamento confuciano: "humanidade", "dever", "propriedade" (isto é, comportamento adequado ao que determinam os Ritos), "sabedoria" e "confiabilidade". Alternativamente, o *Clássico do Imperador Amarelo* diz que as "cinco disposições" 五性 devem ser "alegria", "ira", "tristeza", "melancolia" e "medo".

14 *Espíritos Vitais: Classificação Dupla – Hune Po*. Cf. cap. 10, nota 1. Talvez para evitar coincidência com o termo 神 da classificação quíntupla, o Senhor do Rio utilizou nesta passagem a palavra análoga 鬼 (gui). Vertido como "entidade", indica a classificação dupla dos espíritos vitais que animam o corpo. No 60º capítulo, Laozi utiliza 鬼 no sentido mais usual de espíritos dos mortos, em favor dos quais se realizam os sacrifícios religiosos. Da mesma forma que em outras religiões primitivas, os 鬼 eram objeto de cultos exclusivos, realizados no contexto dos clãs. Ao serem propiciados, esperava-se que essas entidades protegessem a família, provendo-lhe riquezas e saúde. Em retribuição, os familiares vivos ofereciam refeições cerimoniais regularmente, sem as quais os 鬼 sofreriam fome e mesmo uma "morte definitiva".

15 *Cinco Sabores*: Os cinco sabores são "acre", "doce", "amargo", "picante" e "salgado". Eles integram-se ao sistema de classificação dos Cinco Elementos (cf. cap. 28, nota 12).

16 Esta passagem ilustra a crença taoista de que é possível obter nutrição suficiente do ar, por meio de técnicas de respiração. O tipo de energia vital haurida de alimento líquido ou sólido é inferior porque tem de ser digerida. A digestão "fere o espírito dos recipientes", já que eles têm que entrar em ação para processar, transformar e excretar o alimento. A crença taoista indica que se a energia vital for absorvida diretamente do ar, o organismo transforma-se num sistema harmônico fechado, sem "vazamento" de energia vital sob forma de excreção ou doença. Desse princípio advêm outras suposições, de que o Homem Genuíno (cf. cap. 54, nota 6) não envelhece, nem sente fome ou frio.

17 *Seis Emoções*: Enquanto as "cinco disposições" descritas *supra* estão relacionadas ao Céu e a Yang, as "seis emoções" vinculam-se a Yin e a Terra. Conforme mesmo capítulo supracitado de *Baihutong*, as "seis emoções" são: "contentamento", "ira", "tristeza", "alegria", "prazer", "desprazer". As cinco disposições e seis emoções encaixam-se no sistema binário Yin-Yang. Dogmaticamente, todo número ímpar corresponde a Yang, de modo que as cinco disposições são classificadas como "celestes" na glosa do Senhor do Rio. O número seis, ao seu turno, pertence a Yin e deve ser classificado como telúrico. A doutrina explora esse padrão numérico: *Baihutong* propõe que as cinco disposições e seis emoções correspondem à ordem natural de cinco elementos e seis tubos tonais (instrumento empregado como diapasão, regulando os seis tons essenciais da Música litúrgica). A mesma obra menciona uma correspondência orgânica dos dois termos, relatando que o corpo humano possui "cinco recipientes" 五藏 e "seis difusores" 六腑 – também classificados como Yang e Yin. *Seis Difusores*: é a tradução adotada para o chinês 腑, fu, com base na explicação do capítulo 11 da obra *Clássico do imperador amarelo* 《五藏別論篇第十一》. Essa obra diz que, enquanto os "recipientes estocam a 'energia vital'", os "difusores difundem e transformam-na". Os "seis difusores" são intestino grosso, intestino delgado, estômago, bexiga, "três fogareiros" e vesícula biliar.

18 *Origem*: cf. cap. 52, nota 1.

19 *Energia Primordial*: 元氣 (yuanqi) é a energia primordial, criadora de Céu, Terra e dez mil coisas. No corpo humano, é Yin e Yang puros, depositados separadamente em quantidades limitadas nos rins do indivíduo durante a concepção/gestação. Essa "energia primordial" define a longevidade da pessoa. Sua fisiologia depende dos "três fogareiros", que a transmite para os outros órgãos, desencadeando os processos vitais. A crença taoista defende ser possível obter novas quantidades de energia vital diretamente do "Céu e Terra", por meio de técnicas respiratórias, ginástica, alquimia exterior e interior, entre outros. Um tipo de leitura mais radicalmente "naturalista" de Laozi argumenta que Dao é a Energia Primordial.

20 WB oferece uma leitura radicalmente diferente do capítulo: "O espírito do vale nunca morre: eis o que se chama de Fêmea Misteriosa. Suas portas são a raiz do Céu e da Terra. Aparentando existir, continuamente obra seus feitos". O comentário é puramente cosmológico, fazendo com que todas as imagens esotéricas como Espírito do Vale e Fêmea Misteriosa consistam em referências e tentativas de denominação para o Dao: "O 'espírito do vale' é o vazio no meio do vale. Não tem forma, nem sombra; não contraria, nem desobedece; ocupa o lugar mais baixo, sem se mover; preserva o silêncio, mas não decai. Todas as coisas precisam dele para completar-se, mas não exibe sua forma – por isso é o maior dentre os seres. Ocupa uma posição humilde, preserva o silêncio, não pode ser atribuído um nome, por isso apelidam-no de 'Fêmea Misteriosa'. [A raiz do Céu e da Terra funciona sem esforço, continuamente, ininterruptamente]. "Portas" são de onde vem a Fêmea Misteriosa; ela origina-se de onde vem, comungando sua substância com a Suprema Polaridade: por isso chamam-lhe de raízes do Céu e da Terra. Queres dizer que existe? Mas ela não exibe sua forma? Queres dizer que não existe? As dez mil coisas dependem dela para existir! Por isso diz: funciona sem se exaurir" 谷神，谷中央無者也。無形無影，無逆無違，處卑不動，守靜不衰，物以之成而不見其形，此至物也。處卑守靜不可得而名，故謂之玄牝。「天地之根，綿綿若存，用之不勤」。門，玄牝之所由也。本其所由，與「太」極同體，故謂之天地之根也。欲言存邪? 則不見其形；欲言亡邪? 萬物以之生。故綿綿若存也。無物不成，而不勞也。故曰：用而不勤也.

# 韜光第七

## *Capítulo 7*

## *Embainha teu brilho...*[1]

**天長地久。**

—說天地長生久壽，以喻教人也。

**O Céu é longevo, a Terra é eterna.**

*Comentários*

[Este capítulo começa com a] afirmação de que Céu e Terra são eternos e longevos; seu objetivo é instruir e orientar as pessoas [para tomar Céu e Terra como espelho].

**天地所以能長且久者，以其不自生；**

—天地所以獨長且久者，以其安靜，施不求報。不如「世」人居處汲汲，求自饒之利，奪人以自與也。

**Ambos têm esse poder, porque Céu e Terra não dão vida a si próprios:**

*Comentários*

Apenas Céu e Terra são longevos e diuturnos. Isso se deve a que ambos se mantêm tranquilos e em paz,[2] [uma vez que] não busquem recompensa por aquilo que dispuseram [no mundo]. [Dessa forma,] não se parecem com as pessoas [comuns], tão angustiadas em sua azáfama, [sempre] à busca de vantagens, beneficiando-se daquilo que tomam dos outros.

**故能長生。**

—以其不求生，故能長生不終也。

**É por isso que obtêm longa vida.**

*Comentários*

Por não buscarem sobreviver [a todo custo] é que [Céu e Terra] têm uma vida longa, que não se finda jamais.

**是以聖人後其身。**

—先人而後己也。

**[Intuindo-o,] o Sábio coloca-se em último lugar;**

*Comentários*

[Assim como o Céu e a Terra, o Sábio] põe as outras pessoas em primeiro lugar, colocando-se em último.

**而身先。**

—天下敬之，先以為官長。

**Mas [termina] à frente [de todos].**

*Comentários*

Tudo sob o Céu honra o Sábio, colocando-o à frente [da sociedade, como] chefe do [corpo de] funcionários.[3]

**外其身。**

—薄己而厚人也。

**Coloca-se fora [das atenções]**

*Comentários*

[Isto é,] atribui pouco valor a si e grande valor aos outros.[4]

**而身存。**

—百姓愛之如父母，神明祐之若赤子，故身常存。

**E todavia permanece [em seu centro].**[5]

*Comentários*

Os cem clãs[6] o veneram como se fosse seu pai e mãe; o brilho emitido pelos espíritos[7] protege-o como se fosse um recém-nascido,[8] por isso permanece por um longo tempo [no mundo].[9]

**非以其無私耶？**

—聖人為人所愛，神明所祐。非以其公正無私所致乎。

**Isso não advirá de seu desprendimento [das coisas do mundo]?**

*Comentários*

[Como disse acima,] o Sábio é amado pelas pessoas, é protegido pelo brilho dos espíritos. Se não for por ele ser uma pessoa imparcial, correta, [cujas atitudes] não são [motivadas] por seus interesses, por que será?

**故能成其私。**

—人以為私者，欲以厚己也。聖人無私而己自厚，
故能成其私也。

**Eis a forma [de o Sábio] promover seus [interesses] pessoais.**

*Comentários*

O que as pessoas veem como interesses pessoais tem sua raiz na ambição de obter distinções [e honrarias]. Contudo, o Sábio as obtém mesmo sem [agir conforme] seus interesses. É por isso que [Laozi, em aparente contradição, diz que o Sábio] promove seus interesses pessoais.[10]

## Notas

1 *Dinâmica do Ocultamento*: o título remete ao provérbio chinês 韜光養晦 (taoguang yanghui) ou "embainhe seu brilho e cultive-se na escuridão". Trata-se de um conselho dirigido às pessoas de potencial que desejavam ingressar no competitivo e traiçoeiro mundo da política na China antiga. Curiosamente, esse ditado foi escolhido por Deng Xiaoping como diretriz para a inserção internacional chinesa no período de Abertura e Reforma (1979-2008?). A discrição do governo chinês, que ora paulatinamente fica para trás, não pode ser confundida com timidez ou modéstia; é resultado de um cálculo pragmático, que poderia ser descrito como

*reculer pour sauter*. Dentre os *loci classici*, convém discutir duas perspectivas sobre "embainhar o brilho". Primeiramente, merece menção o poema "Oblação", recolhido na terceira seção do *Clássico dos poemas,* 《詩經·周頌·酌》: "Oh, fulgurantes hostes do rei/*marchem na escuridão e conquistem/raiará seu sol, no momento preciso*/E o Céu derramará bons augúrios" 於鑠王師, 遵養時晦。時純熙矣, 是用大介. Esse poema celebra a sedição organizada pela casa de Zhou que, antes de lançar operações armadas, durante um longo período esmerou-se em formar alianças, obviamente com o propósito de tomar o poder. As operações militares somente aconteceram quando "Zhou tinha 2/3 de Tudo sob o Céu". Vale a pena contrastá-lo com outra importante referência, a anedota registrada nos *Analectos* (9.13): "Zigong disse: 'tenho aqui uma bela peça de jade. *[O Mestre] a esconderia num estojo e a guardaria?* Ou procuraria um bom preço e a venderia?'. O Mestre disse: 'Venda-a! Venda-a! Eu esperaria um bom preço'" 子貢曰: "有美玉於斯, 韞匵而藏諸 求善賈而沽諸"。 子曰: "沽之哉！沽之哉！我待賈者也". Zigong usa a peça de jade para aludir a uma pessoa de talentos; ele pergunta se tal pessoa deveria sair em busca de um patrono, alguém que lhe oferecesse uma posição política. Confúcio, que se via nessa posição, responde conforme seus impulsos mais íntimos. Não é necessário dizer que Zhou conquistou a China e o indivíduo Confúcio nunca conseguiu vender seu jade por um bom preço. Mais à maneira do *Clássico dos poemas* e diferentemente de Confúcio, Laozi propõe "guardar o jade no estojo", isto é, propõe que o praticante do Dao primeiro se submeta a um longo processo de autocultivação para que, uma vez desenvolvido seu potencial, ele possa exercer o seu devido papel no mundo. Esse também é o entendimento do Senhor do Rio, que esclarece o pano de fundo moral da receita. Apesar de suas origens promissoras, "embainhar o brilho e cultivar-se na escuridão" tornou-se uma referência àquelas pessoas que, incapazes de aceitar as imperfeições da sociedade chinesa, preferiram distanciar-se da vida político-burocrática para se dedicar ao estudo das tradições literárias e/ou religiosas.

2 "Isso se deve a que ambos se mantêm tranquilos e em paz". A edição *Cânone taoista* traz: "Isso se deve a que ambos se mantêm tranquilos, em paz, conforme a Espontaneidade" 以其安靜自然.

3 Se há um ideal comum ao longo de 2.500 anos de pensamento chinês, esse é o de que os sábios devem ser postos no poder, apesar de que eles pessoalmente não o ambicionem. Na China, a alta cultura clássica consiste em coleções de textos e formas de expressão artística elaborados por e dirigidos a uma elite intelectual extremamente homogênea. Por mais que transformações econômicas e tecnológicas tenham alterado a sociedade chinesa, a cultura clássica manteve-se um subproduto dessa vida político-burocrática. Buscar um cargo público permaneceu o principal caminho para a realização dos ideais filosóficos e espirituais maiores dessa elite, de modo que o Sábio e o funcionário ideal possuem certa equivalência.

4 "[Isto é,] atribui pouco valor a si e grande valor aos outros". O manuscrito *Liu* lê: "[Isto é,] atribui pouco valor a si e coloca-se atrás das pessoas" 薄己而後人也。

5 "Coloca-se fora [das atenções] e todavia permanece [em seu centro]". Uma leitura alternativa seria "coloca-se fora [do mundo] e assim vive [longamente]. O texto original, conciso e dúbio, presta-se a muitas interpretações – contraditórias, inclusive. Tudo depende dos objetivos do leitor e da imagem que ele atribui a Laozi.

6 *Cem Clãs*: cf. cap. 3, nota 22.

7 *Brilho dos Espíritos*: cf. cap. 5, nota 10.

8 "O brilho emitido pelos espíritos protege-o como se fosse um recém-nascido". A edição *Cânone taoista* diz: "respeitam-no como se possuísse um brilho divino, protegem-no como se fosse um recém-nascido" 敬之如神明，祐之若赤子。

9 "Por isso permanece por um longo tempo". O texto *Cânone taoista* diz: "por isso obtém a longa vida para si" 故身而長存也. O texto *Juzhen* lê: "por isso permanece fora [da vida política] e obtém a longevidade para si" 故身外而長存也.

10 *Altruísmo/Egoísmo*: No comentário, o Senhor do Rio modifica o sentido das palavras do texto principal, retificando uma expressão de Laozi que soa incompatível com seu estatuto: "eis a forma de o Sábio promover seus interesses pessoais". Conforme o ideal chinês, o Sábio nunca age conforme seus interesses particulares – é a epítome do altruísmo. A dicotomia entre "altruísmo" (公, gong) e "egoísmo" (私, si) tem uma importante posição no vocabulário político dos chineses antigos. A língua moderna herdou esse atavismo, em que 公 e 私 são base das palavras "público" e "privado", respectivamente. De acordo com o contexto, 公 é traduzida por "imparcialidade", "desprendimento", "às claras"; 私, por "egoísmo", "busca de interesses particulares", "às escondidas" etc. Portanto, é necessário saber que, em chinês antigo, há um juízo de valor absoluto entre os dois: tudo que diz respeito ao indivíduo corre o risco de ser pichado como "egoísta". "Público", ao contrário, exprime o ideal máximo da governança: o altruísmo do Sábio.

# 易性第八

## *Capítulo 8*

## *Transforma tua natureza*[I]

**上善若水。**

—上善之人，如水之性。

**O maior dos bens é como a água.**

*Comentários*

O praticante que [realizou] o maior dos bens [em si possui] uma natureza comparável à da água.

**水善利萬物而不爭，**

—水在天為霧露，在地為泉源也。

**A água gosta de beneficiar as dez mil coisas,**
**sem jamais disputar com elas;**

*Comentários*

No Céu, a água manifesta-se como neblina e orvalho; na Terra, manifesta-se como as fontes e nascentes.

**處眾人之所惡，**

—眾人惡卑濕垢濁，水獨靜流居之也。

**[E] ocupa os lugares detestados pela multidão;**

*Comentários*

A multidão detesta qualquer lugar baixo e úmido, sujo e de águas turvas; apenas a água é capaz de correr tranquila por eles.

**故幾於道。**

—水性幾於道同。

**É por isso que se aproxima do Dao.**

*Comentários*

A natureza da água aproxima-se [das coisas] que são iguais ao Dao.

**居善地;**

—水性善喜於地，草木之上即流而下，
有似於牝動而下人也。

**Gosta de morar [próxima ao] chão;**

*Comentários*

Por natureza, a água gosta [de correr] sobre o chão. De cima das árvores e das ervas ela cai, correndo sempre em direção ao que está embaixo de si. Nisso a água se parece com as fêmeas dos animais que correm para se submeter às pessoas.[2]

**心善淵;**

—水深空虛，淵深清明。

**Gosta de que seu coração[3] [seja como um] abismo;**

*Comentários*

Águas profundas [parecem] vazias, sem nada por dentro; abismos profundos [são iluminados por] um brilho límpido.

**與善仁;**

—萬物得水以生，與虛不與盈也。

**Gosta de conviver com pessoas humanas;[4]**

*Comentários*

As dez mil coisas dependem da água para viver, [elas gostam de] permanecer juntas do que é vazio, e não do que é cheio [de si].

**言善信；**

**—水內影照形，不失其情也。**

**Gosta de ser sincera ao se expressar;**

*Comentários*

A imagem que se forma sobre a água reflete a forma das coisas, nunca deixa [de ser fiel aos] fatos.[5]

**正善治；**

**—無有不洗，清且平也。**

**Gosta de deixar as coisas em ordem;**[6]

*Comentários*

Não há nada que não fique lavado, limpo e sobre [seu lugar].

**事善能；**

**—能方能圓，曲直隨形。**

**Gosta de [demonstrar] sua capacidade ao agir;**

*Comentários*

Assume a forma [do recipiente em que se encontra]: quadrado ou redondo, torto ou direito.

**動善時。**

**—夏散冬凝，應期而動，不失天時。**

**Gosta de se mover oportunamente.**

*Comentários*

[A água] evapora no verão e congela no inverno, movendo-se em correspondência com o tempo.[7] [A água] nunca perde a oportunidade celeste.[8]

**夫唯不爭，**

—壅之則止，決之則流，聽從人也。

**Mas é somente por não entrar em conflito,**

*Comentários*

Quando vê seu caminho obstruído, para. Quando desobstruído, flui. [A água] obedece às pessoas.

**故無尤。**

—水性如是，故天下無有怨尤水者也。

**Que não [recebe] queixas.**

*Comentários*

Sua natureza é assim, não há ninguém em Tudo sob o Céu que tenha mágoas ou queixas da água.

## Notas

1 *Natureza*: (性, xing) descreve o patrimônio de energia vital que se recebe do pai e da mãe ao nascer. O 11º Capítulo de *Mêncio* traz a definição clássica do termo: "Natureza é aquilo que se é ao nascer" 生之謂性. Mais adiante, a mesma passagem coloca um importante problema: "a Natureza de um cão é como a de um boi? A Natureza de um boi é como a de um homem?" 然則犬之性，猶牛之性；牛之性，猶人之性與?, ou seja, até que ponto a vida orgânica, tida em comum pelos seres, prevalece sobre suas diferenças específicas? O fato de todos serem produtos da energia vital elimina as especificidades em geral, e a superioridade humana em particular? Malgrado a questão ficar sem uma resposta explícita no trecho, pode-se dizer que *Mêncio* tem entre seus temas principais a investigação da moralidade humana enquanto corolário dessa origem comum dos seres. Isso reflete o grande projeto intelectual chinês de produzir uma justificação moral do universo. Atesta-o a definição bipartida de Natureza, encontrada no dicionário SWJZ: "Natureza é as energias Yang do homem; a Natureza é boa" 性，人之陽氣；性善者也. No período compreendido entre a composição de Laozi e o comentário do Senhor do Rio, enfatiza-se mais a primeira metade da definição de SWJZ, isto é, a relação entre Natureza e as teorias do Yin-Yang (cf. cap. 1, nota 20) e dos Cinco Elementos (cf. cap. 28, nota 12). Consideradas as convicções morais e religiosas dos chineses antigos, a energia vital de cada ser provinha do Céu e da Terra, através do pai e da mãe. Trata-se das essências (cf. cap. 3, nota 16), recebidas não

pelo que se descreveria no Ocidente como um ato de criação, mas por um estado de Espontaneidade (cf. cap. 1, nota 7). Dessa maneira, através da energia vital, é possível partir do homem e remontar até sua causa primeira. Fica clara, portanto, a dimensão cosmológica da Natureza, como uma contrapartida do Destino ou Mandato do Céu (cf. cap. 16, nota 8). Embora não pertença à tradição taoista, ilustra-o o ensinamento consagrado da *Doutrina do Meio* 《中庸章句》: "*O que se chama de Natureza é o Mandato do Céu*; dar expressão à Natureza é o que se chama de dao (n.d.t.: "dao" aqui deve ser compreendido como um *modus vivendi*); praticar o dao é o que se chama de Doutrinação" 天命之謂性, 率性之謂道, 修道之謂教. É digno de nota que a palavra 性 não aparece uma vez sequer em Laozi. O Senhor do Rio, ao contrário, dá grande relevo ao conceito. Isso não deve ser interpretado como uma intervenção criativa do glosador. A exemplo dos Cinco Elementos, não é necessário que o termo reincida frequentemente para que ele seja importante em Laozi. Uma das razões está em que o vocabulário utilizado por Laozi é deveras limitado; muitas vezes devem se encaixar conceitos mais específicos dentro das grandes teses do livro, estabelecer associações com as metáforas e ler nas entrelinhas. Nesse sentido, Natureza está embutida no tratamento da Virtude e nos momentos em que Laozi usa a alegoria da água, como neste capítulo e no 78º.

2 "Nisso a água *se parece com as fêmeas dos animais,* que correm para se submeter às pessoas". A edição *Anotações reunidas* lê: "[Ao correr] sobre o chão, a água move-se para debaixo das pessoas" 有以於地動而下人也.

3 *Coração*: cf. cap. 3, nota 9.

4 "Gosta de conviver com pessoas humanas". O texto *Cânone taoista* diz: "gosta de conviver com pessoas" 與善人。*Humanidade*: cf. cap. 5, nota 3.

5 "Nunca deixa [de ser fiel aos] fatos". O manuscrito *477* diz: "não contradiz a verdade sobre os seres" 不失其物情也. O manuscrito *Qiang* lê: "não perde sua pureza" 不失其清也.

6 "Gosta de deixar as coisas em ordem". As edições *Cânone taoista* e *Liu* trazem: "No trabalho político, gostam de pôr as coisas em ordem" 政善治.

7 "Movendo-se em correspondência com o tempo". O texto *Qiang* lê: "move-se em correspondência com as afinidades [entre Céu e Terra]" 應感而動.

8 *Oportunidade Celeste*: literalmente "o(s) tempo(s) do Céu", 天時 (tianshi) refere-se às quatro estações do ano. Partindo da observação de que, na natureza, há sempre um tempo propício para que as coisas nasçam, cresçam, envelheçam e morram, atribui-se o mesmo senso de oportunidade aos assuntos humanos. Dessa forma, até os sucessos e fracassos na vida profissional ou afetiva também estão condicionados à chancela celestial. Agir "conforme o 'tempo do Céu'" é um dos critérios para obter sucesso, segundo os chineses antigos. Trecho do comentário "Wenyan" ao hexagrama Qian, uma passagem célebre do *Livro das mutações* 《周易·文言乾》, trata do assunto. Nela, o homem ideal é descrito como aquele que não apenas conhece as revoluções de Céu e Terra, mas também sabe como lhe adequar sua forma de pensar e agir: "o 'Grande Homem' é aquele que adequa sua Virtude ao

Céu e Terra, que une seu brilho ao do sol e da lua, *que disciplina sua ação conforme as quatro estações, que determina sua sorte ou azar segundo os espíritos celestes e telúricos*. Caso se antecipe ao Céu, o Céu não o negará; se agir depois do Céu, servirá às quatro estações. Se nem mesmo o Céu o rejeita, que dizer das pessoas!? Que dizer dos espíritos celestes ou telúricos!?" 夫大人者，與天地合其德，與日月合其明，與四時合其序，與鬼神合其吉凶，先天而天弗違，後天而奉天時。天且弗違，而況於人乎？況於鬼神乎？

# 運夷第九
## *Capítulo 9*
## *Nivelando-se [às pessoas comuns]*

**持而盈之，不如其已。**

—盈，滿也。已，止也。持滿必傾，不如止也。

**Se continuamos [a encher uma vasilha[1]] até transbordar, é melhor parar.**

*Comentários*

"Transbordar" deve ser lido como encher. "Parar" deve ser lido como cessar. Quando seguramos [uma vasilha] que está cheia [além da conta, o líquido] transbordará. Por isso é melhor cessar.

**揣而鋭之，不可長保。**

—揣，治也。先揣「治」之後必棄捐。

**Se martelamos [uma lâmina] para afiá-la [além do ponto], não é possível manter [seu fio].**

*Comentários*

"Martelar" aqui quer dizer [dar forma ao metal].[2] Ora martelamo-lo para que fique pronto, mas logo depois teremos que o jogar fora.

**金玉滿堂，莫之能守。**

—嗜慾傷神，財多累身。

**Quando ouro e jade preenchem os salões, não há ninguém que consiga protegê-los.**

*Comentários*

Desejos e vícios prejudicam nosso espírito; riquezas e abundância são um fardo para nossos corpos.

**富貴而驕，自遺其咎。**

—大富當賑貧，貴當憐賤，而反驕恣，必被禍患。

**Os que enriquecem e adquirem posição a ponto [de transbordarem] de orgulho prenunciam sua própria ruína.**

*Comentários*

As pessoas abastadas devem socorrer os pobres. Os nobres devem compadecer-se dos plebeus. Se ao contrário nos indulgenciamos em nosso orgulho, haveremos de suportar tragédia e dor.

**功成，名遂，身退，天之道。**

—言人所為，功成事立，名跡稱遂，不退身避位，則遇於害，此乃天之常道也。譬如日中則移，月滿則虧，物盛則衰，樂極則哀。

**A obra, completa-se. A fama, conquista-se. O corpo, oculta-se. Caminho do Céu.**[3]

*Comentários*

[Este verso chama a atenção para que] tudo em que as pessoas se esmeram, como realizar obras e estabelecer feitos, como legar um nome e proezas para a posteridade, tudo isso pode terminar em dano, caso não nos ocultemos abrindo mão de qualquer distinção social. Eis a permanência[4] do Caminho do Céu. Por exemplo, o Sol atinge seu apogeu e desce; a lua enche-se e míngua; as coisas atingem sua maturidade e decaem; a alegria atinge seu clímax e torna-se tristeza.

## Notas

1 O sentido do trecho é controverso. Significando primariamente "segurar", o verbo 持 também pode ser vertido como "tomar uma atitude", "persistir", "continuar" e assim por diante. Para manter o paralelismo com a metáfora de amolar uma lâmina no verso seguinte, preferiu-se falar de uma vasilha cheia. O significado, contudo, não muda: não se deve buscar os próprios limites, pois, no momento em que são atingidos, começa a decadência.

2 O Senhor do Rio explica o verbo 揣 (zhui) de forma deficiente, como "pôr em ordem" ou "urdir" 治 (zhi). 揣 originalmente significa "trabalhar o metal". Embora não respaldado por um manuscrito, na passagem 治 poderia ser lido como 冶 (ye) ou "fundir metal". Para garantir a inteligibilidade do texto, pareceu preferível adaptar o comentário à metáfora do texto original de Laozi.

3 Ou, menos literalmente: "[apenas aquele que] se oculta ao completar sua obra e obter a fama [devida é capaz de seguir] o Caminho do Céu". *Caminho do Céu*: cf. cap. 22, nota 2.

4 *Permanência*: cf. cap. 1, nota 6.

# 能為第十

# *Capítulo 10*

# *O poder de agir*

**載營魄。**

— 營魄，魂魄也。人載魂魄之上得以生，當愛養之。
喜怒亡魂，卒驚傷魄。魂在肝，魄在肺。美酒甘肴，
腐人肝肺，故魂靜志道不亂，魄安得壽延年也。

**[Deixa-te] transportar por tua alma Po quando protegida [pelo espírito Hun[1]].**

*Comentários*

[A expressão] "alma Po que está protegida" [em seu entorno] significa [a junção da] alma Po ao espírito Hun. As pessoas que se deixam transportar por sua alma e espírito [quando unidos] obtêm os meios para viver longamente, [por isso] devemos mostrar zelo e cuidado [com os dois. Emoções como] amor e ódio mortificam o espírito Hun e findam por assustar e ferir a alma Po. O espírito Hun está presente no fígado; a alma Po está presente nos pulmões. Coisas como aguardentes finas e manjares apodrecem o fígado e pulmões dos homens, por isso é necessário que o espírito Hun mantenha-se em silêncio e tranquilidade, almejando o Dao, sem nunca cair em desordem. [Também é necessário que] a alma Po permaneça em paz para que se prolonguem os anos que nos são dados e obtenhamos a longevidade.

**抱一，能無離。**

—言人能抱一，使不離於身，則「身」長存。一者，道始所生，太和之精氣也，故曰一。一布名於天下，天得一以清，地得一以寧，侯王得一以為正平。入為心，出為行，布施為德，摠名為一。一之為言志一無二也。

**Abraça a Unidade;[2] sê capaz de mantê-la indivisa.[3]**

*Comentários*

[O texto] propõe que se alguém for capaz de abraçar a Unidade e de fazer com que ela não se afaste de si, tal pessoa obterá a vida longa. Unidade é aquilo que o Dao gerou no princípio [dos tempos], é a energia pura [que preenchia] a Harmonia Suprema[4] – é por isso que se chama de Unidade. Essa Unidade dispõe os Nomes[5] [das coisas] por Tudo sob o Céu: "com a Unidade, o Céu purificou-se; com a Unidade, a Terra tranquilizou-se; com a Unidade, reis e senhores feudais retificaram Tudo sob o Céu".[6] Entrando [nos seres], constitui seus corações;[7] saindo deles, define sua conduta; disperso [em Tudo sob o Céu] dispensa a Virtude[8] [para todos. Tudo isso,] resume-se-o com o nome "Unidade". Unidade expressa uma vontade, sem segundos pensamentos.

**專氣致柔，**

—專守精氣使不亂，則形體能應之而柔順。

**Concentra tua energia vital até alcançar [um estado de] delicadeza,**

*Comentários*

Preservando e concentrando a energia vital, sem permitir que caia em desordem, o nosso corpo é capaz de corresponder-lhe, entrando [num estado de] delicadeza e obediência.

**能嬰兒。**

— 能如嬰兒，內無思慮，外無政事，則精神不去也。

**[Sê] capaz [de tornar-te] um recém-nascido.**

*Comentários*

O poder de sermos como um recém-nascido. Sem pensamentos e ponderações por dentro, sem responsabilidades políticas por fora, o espírito puro não deixa [nossos corpos].

**滌除玄覽，**

—當洗其心，使潔淨也。心居玄冥之處，覽知萬事，故謂之玄覽也。

**Ablui e purifica teu observador profundo,**[9]

*Comentários*

Temos que banhar nossos corações, deixando-os imaculados. O coração ocupa um lugar profundo e recôndito, é capaz de observar e de conhecer as dez mil coisas, por isso que se o chama de observador profundo.

**能無疵。**

—不淫邪也。

**[Sê] capaz de não ter nódoa alguma [nele].**

*Comentários*

Não há excesso ou malícia.[10]

**愛民治國，**

—治身者愛氣則身全。治國者愛民則國安。

**Zela teu povo, governa teu feudo,**

*Comentários*

Aquele que governa o seu organismo zela por sua energia vital, e seu corpo [mantém-se] intacto. Aquele que governa a seu país zela por seu povo e seu feudo [permanece] em paz.

**能無為。**

—治身者呼吸精氣，無令耳聞。治國者布施惠德，無令下知也。

**[Sê] capaz de [praticar a] Inação.**[11]

*Comentários*

Aquele que governa o corpo inspira e expira energia pura [tão sutilmente que] seus próprios ouvidos não ouvem. Aquele que governa um feudo dispensa generosidade e virtude [tão discretamente que] nenhum dos subordinados toma conhecimento.

**天門開闔，**

—天門謂北極紫微宮。開闔謂終始五際也。治身，
天門謂鼻孔，開謂喘息，闔謂呼吸也。

**As portas do Céu abrem-se e fecham-se,**[12]

*Comentários*

"Portas do Céu" referem-se à estrela Polar e ao Palácio das Sutilezas Púrpuras.[13] "Abrir" e "fechar" referem-se aos [momentos em que as energias Yin e Yang] surgem e desaparecem, [chamados de] Cinco Cruzamentos.[14] [Para quem] governa o corpo, as "Portas do Céu" [podem ser associadas às] narinas. "Abrir" quer dizer "respirar vigorosamente". "Fechar" quer dizer "respirar relaxadamente".

**能為雌。**

—治身當如雌牝，安靜柔弱。治國應變，和而不唱也。

**[Mostra teu] poder de agir como uma fêmea.**[15]

*Comentários*

Ao governar o corpo, deve [agir] como se fosse uma fêmea, isto é, tranquila, silenciosa, delicada e fraca. Ao governar um feudo, deve adaptar-se às situações acompanhando a canção, [mas nunca tomando a iniciativa de iniciá-la].

明白四達，

—言道明白，如日月四達，滿於天下八極之外。
故曰視之不見，聽之不聞，彰布之於十方，煥煥煌煌也。

**[Faz com que o] brilho branco atinja os quatro [cantos],**

*Comentários*

[Este verso afirma que] o Dao emite um brilho branco o qual, tal como o sol e a lua, atinge os quatro cantos, preenchendo os Oito Extremos[16] de Tudo sob o Céu e além. Por isso [Laozi] diz: "Aquilo que temos diante dos olhos, mas não conseguimos ver; aquilo que nos chega aos ouvidos, mas não conseguimos entender".[17] Espalha o brilho pelos Dez Cantos,[18] cintilando, pulsando, cintilando e pulsando.

**能無知。**

—無有能知道滿於天下者。

**[Mostra teu] poder de [permanecer] oculto.**[19]

*Comentários*

Pois Tudo sob o Céu não está repleto de pessoas capazes de conhecer o Dao.

**生之，畜之。**

—道生萬物而畜養之。

**Dá-lhes vida, nutre-as:**

*Comentários*

O Dao dá vida às dez mil coisas e vela por seu crescimento, provendo-lhes alimento.

**生而不有，**

—道生萬物，無所取有。

**Dá vida [às coisas], mas não toma posse [delas].**[20]

*Comentários*

O Dao dá vida às dez mil coisas, [mas] não há nada de que se aproprie.

**為而不恃，**

— 道所施為，不恃望其報也。

**Obra, sem expectativas.**

*Comentários*

Ao dispor ou realizar, o Dao não [nutre] expectativas de retorno.

**長而不宰，**

—道長養萬物，不宰割以為器用。

**Faz com que [as dez mil coisas] cresçam, mas não [as] ceifa;**

*Comentários*

O Dao dá alimento e faz com que as dez mil coisas cresçam, não as ceifa nem as corta para [produzir] utensílios ou bens [para consumo].

**是謂玄德。**

—言道德玄冥，不可得見，欲使人如道也。

**Eis o que se diz ser a Misteriosa Virtude.**[21]

*Comentários*

[Este verso] descreve o Dao e sua Virtude como profundos e obscuros,[22] não podendo ser percebidos com os olhos. [Laozi] deseja fazer com que as pessoas cheguem ao Dao.[23]

## Notas

1 *Espíritos Vitais: Classificação Dupla*. Este capítulo começa com a classificação dupla dos espíritos vitais, anunciada no cap. 1, nota 20. Merece ênfase o fato de que "espírito" na tradição greco-cristã é sinônimo de alma definido como um tipo de substância sutil, imaterial, indivisível e inteligente, não sendo o caso nesta passagem. Sabendo-se que a medicina chinesa alicerça-se na doutrina do Yin-Yang, a "Alma" e o "Espírito" mencionados neste verso nada mais são do que emanações da energia vital: uma parte Yin, ligada à Terra, chamada de 魄 (po) e uma parte Yang, ligada ao Céu, chamada de 魂 (hun). Preferiu-se utilizar as palavras "alma" e "espírito" para relacionar Hun e Po, enfatizando que cada uma pertence a um "gênero" específico, correspondentes à Yin e ao Yang. Dentro do corpo humano, o Yin-Yang continua a interagir, dando origem à energia vital e ao sangue, conformando receptáculos e distribuidores, circulando por meridianos específicos, e assim por diante. No caso dos espíritos que habitam os receptáculos, ocorre o mesmo. Portanto, a alma Po representa Yin e o espírito Hun, Yang. Por Po, exprime-se o

espírito telúrico, físico, responsável pelo movimento. Por Hun, tem-se em mente o espírito celestial, inteligente, responsável pela respiração.

2 *Abraçar a Unidade*: cf. cap. 3, nota 14.

3 "Deixa-te transportar pela alma Po, quando protegida [pelo espírito Hun]; Abraça a Unidade; sê capaz de mantê-la indivisa" 載營魄。抱一，能無離. Trata-se de um trecho de interpretação muito difícil, justificando-se uma análise mais detida de seus problemas. HSG pontua após "Deixa-te transportar pela alma Po, quando protegida [pelo espírito Hun]". Esse período é expresso em chinês por meio de apenas três ideogramas, o verbo 載 e a palavra composta 營魄, traduzida por "alma Po, protegida [pelo espírito Hun]". Para entender o seu significado, vale conferir outros *loci classici*. O poema "Jornada longínqua" dos *Cânticos de Chu* 《楚辭章句·遠遊》é uma das mais antigas referências a 營魄. Esse poema fala de viagens xamanísticas, havendo o verso: "*Envolve [minh'] alma* e surge na alvorada!" 營魄而登霞兮, em que "envolve minh'alma" é o mesmo 營魄. O comentário de Wang Yi (王逸, ativo na primeira metade do séc. II d.C.) esclarece que o poema descreve um "voo místico". "[este verso quer dizer] *'abraça a minha alma inteligente e alça voo'*. 'Alvorada' indica as energias vitais rubras e amarelas da alvorada 抱我靈魄而上升也。霞謂朝霞赤黃氣也。 É evidente que o trecho sublinhado equivale ao verso de Laozi, como explica Hong Xingzu (洪興祖, 1090-1155), em glosa ao comentário de Wang Yi 《楚辭補註·遠遊》: "Laozi diz: 'deixa-te transportar pela alma Po, envolta pelo espírito Hun'. Sua explicação é: '*as energias vitais Yang preenchem a alma Po, produzindo o espírito Hun. O espírito Hun é capaz de movimento, por isso faz nascer [o elemento] Metal*'" 老子曰：載營魄。說者曰：陽氣充魄則為魂。魂能運動則生金矣. Este é um comentário influente, que detalha a relação existente entre a alma Po e o espírito Hun – devidamente agregada à tradução do comentário do Senhor do Rio. Complementando, o poema do literato Lu Ji (陸機, 261-303) tem o verso 《文選·贈從兄車騎》: "[Minh'] *alma protegida* anseia terras férteis; Minha essência brilha e flutua [no vazio]" 營魄懷茲土，精爽若飛沈 onde, mais uma vez, 營魄 aparece. Remetendo a Laozi, Zhong Hui (鐘會, 225-264) explica: "載 é uma partícula de realce. 營 quer dizer controlar e proteger; 魄 significa a energia vital que se consolidou num corpo. A expressão 營魄 exprime a junção entre a alma Po e o espírito Hun, que controla e protege o corpo, garantindo sua longevidade" 載，辭也。經護為營，形氣為魄，謂魂魄經護其形氣，使之長存也. Hodiernamente mais influente, o texto de WB apresenta redação e pontuação ligeiramente diversas: "Embarque onde a sua alma Po está protegida, abraçando a Unidade; serás capaz de não deixá-la escapar?" 載營魄抱一，能無離乎？ Wang Bi comenta: "'Embarcar' parece-se com ocupar. 'Alma Po protegida' é o lugar que as pessoas frequentemente ocupam. Unidade é o que há de genuíno no homem. O verso propõe: se as pessoas forem capazes de habitar sua morada permanente, mantendo-se abraçadas aos espíritos puros como se fossem um só, e se ainda puderem persistir assim, sem se separar, as dez mil coisas virão subordinar-se a si" 載，猶處也。營魄，人之常居處也，一人之真也。言人能處常居之宅，抱一清神，能常無離乎，則萬物自賓矣.

4 *Harmonia Suprema*: 太和 (taihe) na cosmologia chinesa, simboliza a situação antes que Céu e Terra se separaram, em que havia uma perfeita convivência entre a Yin e o Yang. Depois do surgimento dos dois, significa um estado em que Yin-Yang estão em perfeito equilíbrio.

5 *Nome*: cf. cap. 1, nota 12.

6 Cf. cap. 39.

7 *Coração*: cf. cap. 3, nota 9.

8 *Virtude*: cf. cap. 38, nota 2.

9 *Observador Profundo*: traduz 玄覽 (xuanlan), redação adotada em HSG, WB e FY. Wang Bi comenta: "'Profundo' [conota] o limite das coisas. [O verso] propõe que se forem capazes de purificar suas imperfeições e de suprimir os adereços inúteis, as pessoas alcançarão o limite de sua [capacidade] de observar [a realidade], e o brilho [de seu entendimento] não será mais tolhido pelas coisas. Eis as excrescências no espírito de cada um, sem as quais até o fim estaremos em comunhão com os [mistérios] profundos" 玄，物之極也，言能滌除邪飾，至於極覽，能不以物介其明。疵之其神乎，則終與玄同也. MWD, no entanto, redige 玄鑒 (xuanjian) ou "espelho profundo". Esse termo aparece na literatura taoista como *Zhuangzi* ou *Huainanzi*, também para indicar o coração, isto é, a consciência e juízo humanos.

10 "Não há excesso ou malícia". As edições *Song* e *Tianlu* acrescentam: "Puro, será capaz de manter-se sem defeitos e excessos?" 淨能無疵病乎. Possivelmente é uma interpolação.

11 *Inação*: cf. cap. 1, nota 8.

12 *Portas do Céu*: Wang Bi: "'Portas do Céu' são o ponto por onde Tudo sob o Céu vem e vai. 'Abrem e fecham' indicam os momentos em que há ordem ou não. Às vezes abrem-se, às vezes fecham-se, fazendo com que as coisas circulem por Tudo sob o Céu. Por isso Laozi diz: 'as Portas do Céu abrem-se e fecham-se'" 天門，天下之所從由也。開闔，治亂之際也，或開或闔，經通於天下，故曰，天門開闔也. Possivelmente Wang Bi está falando do movimento das estrelas sobre o Céu, objeto também da explicação do Senhor do Rio. Na verdade, o Senhor do Rio trata 天門 (tianmen) como um conceito esotérico, dividindo-o, como de praxe, em dois níveis. Por um lado, fala do governo do feudo, aludindo à correspondência entre fenômenos celestes e vida política. Por outro, refere-se ao governo do corpo, tratando de técnicas de respiração. Nessa mesma linha, o texto *Clássico das imagens interiores do pátio amarelo* 《黃庭內景經》, voltado ao ensino de técnicas de meditação, diz que as "Portas do Céu" são o ponto entre as duas têmporas.

13 *Estrela Polar/Palácio Das Sutilezas Púrpuras*: remetem a crenças chinesas antigas na correspondência entre fenômenos celestes e humanos. Os chineses antigos chamavam a rota percorrida pelo Sol de Caminho Amarelo (黃道, huangdao) e, pelas estrelas, de Nove Caminhos (九行, jiuxing). O espaço celeste era dividido em três partes, chamadas de Três Cercos Celestes (三垣, sanyuan), sobre as quais se dispunham as 28 Casas Celestiais (二十八宿, ershiba xiu) – as constelações chinesas. Os três cercos chamam-se: Sutilezas Púrpuras (紫微, ziwei), Supremas Sutilezas (太微, taiwei) e

Mercado Celestial (天市, tianshi). Os chineses viam o Céu como um reflexo, físico e moral, da capital imperial – como detalha o capítulo "Funcionários Celestes" dos *Registros históricos* de Sima Qian 《史記·天官書》. Nesse contexto, cada um dos Três Cercos representava uma parte da capital: o mercado, os prédios de governo e a corte – esta chamada de Sutilezas Púrpuras. Conforme a ideologia chinesa, as Sutilezas Púrpuras situam-se no centro do Céu, refletindo o papel central da corte, em que o rei ou imperador é o foco. Representa-o a estrela polar, "eixo do Céu" que, parte do Cerco das Sutilezas Púrpuras, era considerada a estrela mais importante na China antiga.

14 *Cinco Cruzamentos*: trata-se de uma doutrina esotérica ainda existente na dinastia Han, utilizada para prever as grandes mudanças que ocorreriam no plano político. Segundo ela, havia grandes mudanças cíclicas no mundo, que se repetiam em anos contados com os "Ramos Terrestres" 卯 (mou), 酉 (you), 午 (wu), 戌 (xu) e 亥 (hai). Os "Ramos Terrestres" identificavam um pequeno ciclo de 12 anos, correspondente à trajetória de Júpiter. Na China antiga, os anos eram contabilizados não segundo uma sequência numérica linear, como atualmente, mas através de uma sequência dupla de termos conhecidos como dez "Troncos Celestes" e doze "Ramos Terrestres". Os dois termos avançavam uma casa a cada ano, mas como há uma diferença de dois entre os "Troncos" e os "Ramos", havia um grande ciclo de 60 anos, chamado de "Sessenta Jia-zi" 六十甲子. Os chineses atribuíam grandes consequências a esses dois ciclos.

15 "[Mostra teu] poder de agir como uma fêmea". WB lê: "[Serás] capaz de não ser como uma fêmea?". Entretanto, o comentário de Wang Bi corrobora a redação tradicional.

16 *Oito Extremos*: *Zhuangzi* e *Huainanzi* também citam o termo "oito extremos", que significa os oito pontos cardeais e seus intermediários.

17 Cf. cap. 14.

18 *Dez Cantos*: 十方 (shifang) é um termo budista que inclui os quatro pontos cardeais, os quatro pontos intermediários, acima e abaixo. Com base nessa expressão, há quem defenda que as glosas do Senhor do Rio são uma obra tardia da segunda metade da dinastia Jin (256-420).

19 WB lê: "O brilho branco atinge os quatro [cantos, serás] capaz de não agir com esforço ou intenção?" 明白四達, 能無為乎? O comentário de Wang Bi: "Se o brilho supremo atingir os quatro cantos, não haverá erro, não haverá perplexidade; serás capaz de não agir com esforço ou intenção? Assim as coisas se transformarão. É a isso que se refere 'o Dao nunca age'. Se o rei e os senhores feudais puderem preservá-lo assim, as dez mil coisas transformar-se-ão por si sós" 言至明四達, 無迷無惑, 能無以為乎, 則物化矣。所謂道常無為, 侯王若能守, 則萬物自化.

20 "Dá vida [às coisas], mas não toma posse [delas]" também poderia ser traduzido como "dá vida [às coisas], mas não existe", já que 有 possui o sentido de "ter" e "existir". O comentário do Senhor do Rio exprime essa dubiedade ao acrescentar o verbo 取, que significa "tomar nas mãos", "escolher" ou "estar sob a posse de".

Tal leitura distancia-se de Wang Bi, para quem a "não existência" é o mesmo que "vazio" (cf. comentário na próxima nota).

21 *Misteriosa Virtude*: qualifica a eficácia do Dao. Além deste capítulo, o termo 玄德 aparece também nos caps. 51 e 61. O capítulo 51 fala da Misteriosa Virtude vista "de fora" – é a função cosmológica do Dao. Por meio dela, os seres adquirem vida, crescem, amadurecem, decaem e morrem. Cap. 51: "A Virtude benéfica que o Dao exerce [sobre Céu e Terra] é escura, [tamanha a sua] profundidade, que [ninguém] é capaz de avistá-la". Nessa glosa, o Senhor do Rio explora a polissemia do termo 玄: "escuro", "profundo", "difícil de ver". No capítulo 65, a Misteriosa Virtude é observada "por dentro". Embora o texto fale do Dao do governo, é possível estabelecer paralelos também com a dimensão cosmológica dele. Desse ângulo, o capítulo explica de que forma o Dao, sem transformar diretamente o mundo, é capaz de influenciá-lo como um modelo. No comentário, o Senhor do Rio esclarece que a "Misteriosa Virtude" é a "Virtude do Céu", de modo que o praticante taoista que a possui atinge um estado de Comunhão com o Céu e Terra. Complementarmente, a glosa de Wang Bi esclarece: "Não obstrui suas fontes e assim as coisas dão-se vida: qual o seu mérito? Não impõe tabus à Natureza das coisas e elas progridem: dependem de quê? Os seres crescem e bastam-se; não são definidos, nem padronizados por outro: há Virtude, mas não um senhor: se não for um Mistério, que será? Tudo o que se refere à Virtude Profunda sabe que há Virtude, mas não conhece seu dono – pois parte de um lugar muito recôndito, muito obscuro" 不塞其原, 則物自生, 何功之有? 不禁其性, 則物自濟, 何為之恃? 物自長足, 不吾宰成, 有德無主, 非玄如何? 凡言玄德, 皆有德而不知其主, 出乎幽冥.

22 "[Este verso] descreve o Dao e sua Virtude como profundos e obscuros". A edição impressa *Song* lê: "[Este verso] diz que o Dao pratica sua Virtude de forma profunda e obscura" 道行德玄冥.

23 "[Laozi] deseja fazer com que as pessoas *cheguem ao* Dao". As edições *Liu* e *Cânone taoista* trazem: "[Laozi] deseja fazer com que as pessoas conheçam o Caminho" 欲使人知道也.

# 無用第十一

## *Capítulo 11*

## *A utilidade[1] do Nada[2]*

**三十輻共一轂，**

—古者車三十輻，法月數也。共一轂者，轂中有孔，故眾輻共湊之。治身者當除情去欲，使五藏空虛，神乃歸之。治國者寡能，摠眾弱共扶強也。

**Trinta aros juntos [formam] uma roda;**

*Comentários*

Na antiguidade, os carros tinham trinta aros por tomarem o número [de dias de um] mês como modelo. [Os raios] somente podem [compor] juntos uma roda porque há um orifício [no centro do cubo da roda]. É assim que o grupo de aros se une [a um único eixo]. Aquele que governa seu corpo deve eliminar emoções e desejos; seus cinco [órgãos, os] receptáculos, devem permanecer vazios, para que os espíritos[3] [que habitam cada um deles] possam retornar [e preenchê-los]. Aquele que governa um feudo tem capacidades limitadas, mas ao reunir a multidão de fracos, junta ela o apoiará, fortalecendo [seu domínio].[4]

**當其無，有車之用；**

—無謂空虛。轂中空虛，輪得轉行。轝中空虛，人能載其上也。

**Devido ao Nada é que existe a utilidade do carro.**[5]

*Comentários*

"Nada" indica o espaço vazio e oco [do cubo da roda]. Já que [o cubo da] roda é oco, vazio no centro, a roda consegue girar e [fazer o carro] mover. Dado que a carreta é vazia por dentro é que os passageiros podem acomodar-se nela.

**埏埴以為器，**

—埏，和也。埴，土也。和土以為飲食之器。

**Ao moldar o barro produz-se uma vasilha;**

*Comentários*

"Moldar" quer dizer misturar. "Barro" [é o mesmo que] terra. Ao misturar a terra [com água, o artesão] faz vasilhas para comer e beber.

**當其無，有器之用。**

—器中空虛，故得有所盛受。

**Devido ao nada é que existe a utilidade da vasilha.**

*Comentários*

A vasilha é oca, vazia em seu centro; por isso pode conter o que é posto em si.

**鑿戶牖以為室，**

—謂作屋室。

**Ao perfurar janelas e portas [numa parede] constrói-se uma casa;**[6]

*Comentários*

[O verso] fala da construção de aposentos ou casas [de morar].

**當其無，有室之用。**

—言戶牖空虛，人得以出入，觀視。室中空虛，人得以居處。是其用。

**Devido ao Nada é que existe a utilidade da casa.**

*Comentários*

Ou seja, por serem vazias é que as pessoas podem olhar através da janela e entrar e sair pela porta.[7] [Além disso,] os aposentos de uma casa também são vazios, por isso é que as pessoas podem habitá-los. Eis a sua utilidade.

**故有之以為利，**

—「利，物也。」利形於用。器中有物，室中有人，恐其屋破壞。腹中有神，畏其形消亡也。

**Logo, o que existe produz benefícios,**

*Comentários*

Os benefícios [correspondem] aos objetos. Os benefícios tomam forma a partir dos usos que lhes são dados. Os objetos dentro de uma vasilha ou as pessoas dentro de uma casa temem que a casa se arruíne. [Da mesma maneira,] no abdômen estão os espíritos vitais, que se apavoram diante da morte de seu corpo.

**無之以為用。**

—言虛空者乃可用盛受萬物，故曰：虛無能制有形，道者空也。

**[Dependem do] Nada que lhes cria uma utilidade.**[8]

*Comentários*

O que é vazio pode ser usado para conter as dez mil coisas, por isso é que se diz: "o oco e o nada controlam o que possui corpo: o Dao é [o mesmo que] vazio".[9]

## Notas

1 *Uso/Utilidade*: cf. cap. 4, nota 2.

2 *Nada*: cf. *Existência/Nada* cap. 2, nota 5. Vale considerar aqui o apelo artístico e literário do Nada e de noções negativas na tradição chinesa de pensamento; ilustram-no o minimalismo na poesia, na pintura e a noção de "iluminação instantânea" (頓悟, dunwu) no Budismo Chan (Zen).

3 *Cinco Espíritos/Cinco Receptáculos*: cf. cap. 3, nota 15.

4 "Devido ao nada é que existe". Por meio de um paradoxo, Laozi tenta comprovar a interdependência entre o que existe e o nada. Cosmologicamente, Laozi fá-lo-á no cap. 40, argumentando sobre o que se chamaria atualmente de "precedência lógica" do que não existe sobre o que há. Neste capítulo, contudo, lança mão de três exemplos (roda, vasilha, casa) para comprovar que do Nada depende a utilidade dos corpos. "Aquele que governa um feudo *tem capacidades limitadas, mas ao reunir a multidão de fracos*, junta ela o apoiará, fortalecendo [seu domínio]". O manuscrito 477 lê: "Aquele que governa um feudo declara publicamente seus poderes e convence a multidão de fracos a reunir-se para apoiá-lo" 治國者宣能，挩眾弱共扶強也.

5 Wang Bi comenta: "é devido ao Nada que se pode receber as coisas, [preenchendo-o]. Por isso os poucos são capazes de dar ordem [e governar sobre] os muitos" 以其無能受物之故，故能以寡統眾.

6 Este verso é reminiscente das casas escavadas no solo, colinas ou montanhas, características da China arcaica e mesmo modernamente, em certas áreas do noroeste do país.

7 "Ou seja, por serem vazias é que as pessoas podem olhar através da janela e entrar e sair pela porta". A edição *Cânone taoista* lê: "ou seja, por serem vazias é que as pessoas podem entrar e sair pela porta ou janela" 言戶牖空虛，得以出入.

8 Wang Bi comenta: "o que existe somente pode produzir benefícios porque, sem exceção, depende do Nada para que lhes produza uma utilidade" 有之所以為利，皆賴無以為用也.

9 *Vazio*: (空, kong) é uma das noções centrais do Budismo chinês e o principal conceito da tradição de sutras conhecida como *Prajña* (般若, bore) ou "Sabedoria". Segundo tais obras, o que chamamos de realidade é algo ultimamente "vazio", desprovido de consistência face à verdade última das Quatro Verdades Nobres (四聖諦, sishengdi), reveladas pelo Buda. Disso decorre que toda forma de conhecimento baseada nos sentidos é provisória e condicionada a um arranjo precário de elementos que se combinam ou se separam conforme uma cadeia de "causas e efeitos". Trata-se de uma psicologia, epistemologia e soteriologia tipicamente indianas. Nesse contexto, embora Laozi preceda a chegada do Budismo à China por alguns séculos, o taoismo filosófico foi o meio por excelência para que noções tipicamente indianas fossem apresentadas e aclimatadas ao país. Apesar de que na obra Laozi o ideograma 空 não apareça uma vez sequer, os monges e intelectuais associaram-no à noção de 無 (wu) ou "Nada", que é um dos alicerces do *Dao De Jing*. Antes do Budismo, aliás, 無 mais parecia um enigma para os chineses – aferrados a uma visão intuitivamente materialista do mundo. O Senhor do Rio emprega 空 frequentemente como binômio – por exemplo, acompanhado de 虛 (xu, i.e. "oco", cf. cap. 5, nota 1). Esta, contudo, é a única vez em que 空 aparece sozinho em todo o livro – mas seu sentido continua idêntico a seus cognatos 無 (wu) e 虛 (xu). Fora uma ou outra menção acidentalmente comparável ao Budismo, o Senhor do Rio está estribado numa forma de pensar e de se expressar essencialmente "chinesa". 空 descreve um estado de coisas em que, de fato, não há nada – dife-

rindo da "impermanência" budista. Ademais, 空 deve ser interpretado de maneira relacional: é do vazio que se deriva a noção de "cheio" e vice-versa. Usando uma linguagem filosófica ocidental, a precedência do "vazio" problematiza o fato de que as coisas, limitadas por sua extensão no tempo e espaço, estão abraçadas por uma imensidão "em que não há nada": "*[Aquilo que a] Magna Virtude [pode] abranger [dentro de si] procede unicamente do Dao*" (cap. 21).

# 檢欲第十二
# *Capítulo 12*
# *Minorando os desejos*

**五色令人目盲；**

—貪淫好色，則傷精失明，「不能視無色之色」。

**As cinco cores[1] cegam os olhos;**

*Comentários*

Quem cobiça belas imagens termina ferindo a essência [de sua energia vital[2]] e perdendo o brilho [dos espíritos de seus receptáculos[3]]. Eis alguém incapaz de ver a cor do que não tem imagem.

**五音令人耳聾；**

—好聽五音，則和氣去心。不能聽無聲之聲。

**Os cinco sons ensurdecem os ouvidos;**

*Comentários*

Quem se deleita com os cinco sons vê a energia vital harmônica deixar o seu coração. Eis alguém incapaz de ouvir o som do que não tem som.

**五味令人口爽。**

—爽，亡也。人嗜於五味則口亡。言失於道也。

**Os cinco sabores adormecem o paladar;**

*Comentários*

"Adormecer" quer dizer perder [o paladar]. Quem se empanturra com os cinco sabores termina por perder seu paladar.[4] Isso porque [tal pessoa] se perdeu do Caminho.[5]

**馳騁田獵，令人心發狂。**

—人精神好安靜。馳騁呼吸，精神散亡，故發狂也。

**Cavalgadas e festas de caça põem o coração em tumulto;**

*Comentários*

O espírito puro [presente nos] seres humanos preza [uma vida de] silêncio e tranquilidade. Quem respira como um cavalo em disparada expele o espírito puro, que morre. É por isso que põe [seu coração] em tumulto.

**難得之貨，令人行妨。**

—妨，傷也。難得之貨謂金銀，珠玉。心貪意欲，
不知厭足，則行傷身辱也。

**Objetos difíceis de obter prejudicam a conduta humana;**

*Comentários*

"Prejuízo" significa causar dano. Objetos raros são aqueles como ouro e prata, pérolas e jade, e assim por diante.[6] Se os corações e a vontade estão [maculados de] ambição e cupidez, não se dando nunca por satisfeitos, eis quando a [boa] conduta é prejudicada e humilhações recaem sobre o corpo.

**是以聖人為腹，**

—守五性，去六情，節志氣，養神明。

**É por esse motivo que o Sábio age [para satisfazer] seu ventre,**

*Comentários*

Preserva as cinco disposições,[7] purga as seis emoções,[8] tempera as volições, nutre o brilho dos espíritos.[9]

**不為目。**

—目不妄視，妄視泄洩精於外。

**Não [para satisfazer] seus olhos.**[10]

*Comentários*

Os olhos não devem se projetar [sobre as coisas] com cupidez. Olhares cúpidos fazem a essência[11] vazar para fora.[12]

**故去彼，取此。**

—去彼，目之妄視。取此，腹之養性。

**Assim, adota esta [atitude], abrindo mão daquela.**

*Comentários*

"Abre mão daquela (atitude)" refere-se a ver as coisas com cupidez; "escolhe isto" significa nutrir sua natureza por meio de seu ventre.[13]

## Notas

1 *Cor/Forma/Beleza exterior*: as Cinco Cores 五色 (wuse) são azul (ou verde), vermelho, branco, preto e amarelo – conforme o sistema de classificação dos *Cinco Elementos*: cf. cap. 28, nota 12. 色 é um conceito importante na história do pensamento chinês. SWJZ explica que, etimologicamente, 色 é "a cor que a energia vital manifesta no rosto das pessoas" 顏氣也. Analogamente, as expressões portuguesas "branco de medo", "roxo de inveja", "vermelho de ódio" etc. O sentido básico de "cor" é alargado para incluir tudo aquilo que se vê, donde a acepção "forma" ou "imagem". Especialmente com a entrada do budismo na China, 色 torna-se um jargão filosófico, como tradução do sânscrito "rúpa", isto é, "forma". "Rúpa" é a primeira das cinco "skandhas" (em chinês 蘊, yun), ou seja, "monte" (no sentido de "aglomeração"). As "skandhas" são grupos de elementos por meio dos quais se analisa a realidade. Afora o sentido de "cor" e "imagem", em certas ocasiões, 色 pode significar também "mulher", particularmente a "beleza feminina" e, ainda, somente "beleza". O Senhor do Rio explora essa associação em suas glosas, de modo que a passagem "quem cobiça belas imagens termina por prejudicar sua essência, fazendo com que perca sua pureza" pode ser subentendida como "quem cobiça belas mulheres termina por desperdiçar seu sêmen, fazendo com que perca sua pureza" ("essência" e "sêmen" são expressos pelo mesmo termo chinês, 精, jing).

2 *Energia Vital*: cf. cap. 1, nota 15.

3 *Cinco Espíritos*: cf. cap. 3, nota 15.

4 "Quem se empanturra com os cinco sabores *termina por perder seu paladar*". A edição *Zhiyao* lê: "Quem se empanturra com os cinco sabores, finda por expressar ideias absurdas" 人嗜於五味則口妄言. "*Absurdas*" traduz o ideograma 妄 (wang), que também pode significar "desastradamente", "alucinadamente". Esse é um ideograma muito utilizado no Budismo, onde conota "heterodoxia", "absurdo", "excesso", estando em oposição à doutrina do Buda, que por sua vez é "correta", "iluminada", equivalendo ao "Caminho do Meio".

5 "Isso porque [tal pessoa] se perdeu do Caminho". A edição impressa *Song* lê: "isto é, distancia-se do sentido [real] do Caminho" 言失於道味也.

6 "Ouro e prata, pérolas e jade". A edição *Gu* amplia a lista de tesouros: "o disco de jade Zhao, a pérola Sui, objetos preciosos e de grande valor, como ouro, prata, pérolas e jade..." 趙璧隋珠，珍貴金銀珠玉等.

7 *Cinco Disposições*: cf. cap. 6, nota 13.

8 *Seis Emoções*: A obra *Baihu Tong* 《白虎通·情性》esclarece: "O que são as seis emoções? Júbilo, ódio, tristeza, alegria, apetência e repugnância são o que se chama de seis emoções" 六情者何謂也？喜，怒，哀，樂，愛，惡謂六情.

9 *Brilho dos Espíritos*: cf. cap. 5, nota 10.

10 "É por esse motivo que o Sábio age [para satisfazer] seu ventre, não [para satisfazer] seus olhos". Wang Bi comenta a passagem: "quem satisfaz o ventre usa as coisas para alimentar-se; quem satisfaz os olhos usa as coisas para fatigar-se" 為腹者以物養己；為目者以物役己.

11 *Essência*: cf. cap. 3, nota 16.

12 "Olhares cúpidos fazem a essência vazar para fora". "Cúpido" traduz livremente o chinês 妄, mencionado na nota 4 *supra*. "Olhar exageradamente" ou "abusivamente" seria mais literal – porém menos idiomático. A edição *Anotações Reunidas* lê "Olhares cúpidos fazem as emoções vazarem para fora" 妄視泄洩情於外.

13 *Nutrir A Natureza*: no comentário do Senhor do Rio, 養性 (yangxing) pode tanto significar "alimentar o corpo" para sustentar a própria vida, ou, menos óbvio, "prolongar a vida por meio de exercícios respiratórios" – já que o taoismo ensina técnicas de respiração profunda utilizando a musculatura da barriga. Nesse caso, o termo pode ser equiparado a "cultivar a vida" 養生 para buscar a longevidade – um dos grandes temas da literatura taoista. Em *Wenzi* encontramos uma passagem representativa, atribuída a Laozi 《文子·符言》: "Laozi disse: 'remontar ao Mandato do Céu, praticar as Técnicas do Coração, ordenar gostos e antipatias, ajustar inclinações e temperamento; quem realizar essas quatro coisas, terá sucesso na prática do Dao. Quem remonta ao Mandato do Céu não fica perplexo diante de fortunas ou reveses. Quem pratica as Técnicas do Coração não demonstra desordenadamente nem júbilo, nem ódio. Quem ordena gostos e simpatias não cobiça coisas inúteis. Quem ajusta inclinações e temperamento não ultrapassa os limites do decoro com seus próprios desejos. Quem não fica perplexo diante de fortunas ou reveses consegue agir ou abster-se conforme o que é correto. Quem

não demonstra desordenadamente nem júbilo, nem ódio não pode ser coagido nem por prêmios, nem por punições. Quem não cobiça coisas inúteis não ferirá sua Natureza com seus desejos ou hábitos. *Quem não ultrapassa os limites do decoro com os próprios desejos consegue cultivar sua vida e sabe dar-se por satisfeito*. Quem for capaz dessas quatro coisas não buscará nada fora de si e não precisará de outras pessoas; retornando a si, encontrará tudo do que necessita'" 老子曰："原天命，治心術，理好憎，適情性，即治道通矣。原天命，即不惑禍福；治心術，即不妄喜怒；理好憎，即不貪無用；適情性，即欲不過節。不惑禍福，即動靜順；理不妄喜怒，即賞罰不阿；不貪無用，即不以欲用害性；*欲不過節，即養生知足*。凡此四者，不求於外，不假於人，反己而得矣". Esta passagem é idêntica a uma de *Huainanzi*, sendo que "cultivar a vida" 養生 é substituído ali por "nutrir a Natureza" 養性. Em que pese o tratamento da expressão em obras como *Zhuangzi*, *Huainanzi*, *Primavera e Outono do senhor Lü*, entre outras, pode-se dizer que esse é o sentido de "nutrir a Natureza" na literatura taoista mais antiga. No contexto maior da tradição intelectual chinesa, contudo, "nutrir a natureza" assume uma conotação diversa, como ilustram as palavras célebres de *Mêncio* 《孟子·盡心上》: "Mêncio disse: 'quem empenha plenamente o próprio coração conhece a própria natureza. Se conhecemos a nossa própria natureza, conheceremos o Céu por decorrência. Quem preserva o próprio coração, *alimenta a sua própria Natureza* – tal é a forma de servirmos ao Céu. *Indiferentemente de que a vida que nos cabe seja curta ou longa,* temos que cultivar a nós mesmos para esperar a morte – tal é a forma de cumprirmos nosso destino'" 孟子曰："盡其心者，知其性也。知其性，則知天矣。存其心，養其性，所以事天也。殀壽不貳，修身以俟之，所以立命也. As palavras de Mêncio, parte da tradição confuciana, fazem com que "alimentar a natureza" distancie-se da busca de uma vida tranquila e das fórmulas de longevidade. Em sua nova acepção, inclui-se agora a autocultivação moral e intelectual, bem como a realização das ambições profundas do indivíduo. Nesse sentido, ficam claras as fronteiras entre taoismo e confucionismo como diferentes opções de vida.

# 厭恥第十三

## *Capítulo 13*

## *Aversão à vergonha*

**寵辱若驚,**

—身寵亦驚，身辱亦驚。

**Favor e desgraça geram inquietação [em mim],**[1]

*Comentários*

Se favorecido, manifesta inquietação; se preterido, manifesta inquietação.

**貴大患若身。**

—貴，畏也。若，至也。畏大患至身，故皆驚。

**[pois] considero os grandes sofrimentos que recairão sobre minha pessoa.**

*Comentários*

"Considerar" é usado aqui no sentido de ter medo. "Recair" é o mesmo que ser atingido. [O superior social] tem medo de ser atingido por grandes sofrimentos, por isso é que [tanto o sucesso, como o fracasso] geram inquietação [nele].[2]

**何謂寵辱？**

—問何為寵，何為辱？寵者尊榮；辱者恥辱。
及身還自問者，以曉人也。

**O que querem dizer favor e desgraça?**

*Comentários*

[Laozi] pergunta o que é favor, o que é desgraça. Favor é quando somos honrados e prosperamos; desgraça é quando somos submetidos a vergonhas e humilhações. [Apesar de] ter sentido [favor e desgraça] na própria pele [e que portanto saiba o que são, Laozi] nada obstante lança esse questionamento com o objetivo de fazer com que as pessoas reflitam.

**「寵為上」，辱為下。**

—辱為下賤。

**Favor significa receber uma elevada posição social; desgraça é ser rebaixado a uma posição inferior.**[3]

*Comentários*

Tornar-se um plebeu, parte da baixa sociedade, eis o que significa desgraça.

**得之若驚,**

—得寵榮驚者，處高位如臨深危也。貴不敢驕，富不敢奢。

**Sucesso gera inquietação,**

*Comentários*

A inquietação de alguém que é favorecido com posição social ou riquezas deve ser a mesma de uma pessoa que, do alto de um penhasco, está prestes a cair num precipício. Tornando-se parte da nobreza, não ousa manifestar arrogância; se enriquecer, não ousa ostentar suas posses.

**失之若驚:**

—失者，失寵處辱也。驚者，恐禍重來也。

**Fracasso gera inquietação:**

*Comentários*

Fracasso aqui quer dizer cair em desgraça e sofrer humilhações. A inquietação [a que Laozi se refere] é o pavor de que novas tragédias ocorram.

**是謂寵辱若驚。**

—解上得之若驚，失之若驚。

**Eis o que quero dizer por "favor e desgraça geram inquietação".**

*Comentários*

[Laozi] explica que o superior [social] manifesta inquietação, seja ao ter sucesso, seja ao fracassar.

**何謂貴大患若身?**

—復還自問：何故畏大患至身?

**Por que digo que prezo os grandes sofrimentos que recairão sobre minha pessoa?**

*Comentários*

[Laozi] pergunta-se novamente: por que [o superior] tem medo de ser atingido por grandes sofrimentos?

**吾所以有大患者，為吾有身。**

—吾所以有大患者，為吾有身。有身「則」憂其勤勞，念其飢寒，觸情縱欲，則遇禍患也。

**Porque os meus maiores sofrimentos advêm do fato de eu ter um corpo.**[4]

*Comentários*

"Meus maiores sofrimentos advêm do fato de eu ter um corpo". Por termos um corpo, preocupamo-nos com o excesso de labores, inquietamo-nos com o perigo de sofrer com frio e fome, de nos entregarmos aos desejos uma vez que sejamos assaltados pelas paixões: eis a razão para encontrarmos tragédias e sofrimento.

**及吾無身，吾有何患?**

—使吾無有身體，得道自然。輕舉升雲，出入無間。與道通神，當有何患?

**Se não tivesse um corpo, de quais sofrimentos padeceria?**

*Comentários*

[Se fosse] possível deixarmos de ter um corpo e realizarmos o Dao da Espontaneidade, [transformando a matéria de nossos corpos] e voando às nuvens, atingiríamos um estado de total liberdade em nossas ações.[5] Se estivermos em comunhão de espírito[6] com o Dao, de que sofrimentos padeceríamos?

**故貴以身為天下者，則可寄於天下。**

—言人君貴其身而賤人，欲為天下主者，則可寄立，不可以久也。

**Sendo assim, pode-se confiar a Tudo sob o Céu aquele que se enobrece para governá-lo;**

*Comentários*

[Este verso trata da situação em que] o soberano de homens vê [a si mesmo] como [o único] nobre, considerando [todos os outros] como plebeus – e assim deseja tornar-se senhor de Tudo sob o Céu. [Laozi] diz que é possível confiar o seu governo [a uma pessoa assim],[7] mas [ela] não conseguirá permanecer [no trono] por muito tempo.

**愛以身為天下者，乃可以託於天下。**

—言人君能愛其身，非為己也，乃欲為萬民之父母。以此德為天下主者，乃可以託其身於萬民之上，長無咎也。

**Mas Tudo sob o Céu [somente] pode ser confiado àquele[8] que se cultiva[9] para governá-lo.**

*Comentários*

[Já este verso] propõe que o soberano de homens é capaz de cultivar seu corpo, não o fazendo em benefício próprio, mas por desejar ser pai e mãe dos dez mil povos.[10] Se alguém empregar essa virtude para se alçar à condição de senhor de Tudo sob o Céu, pode-se colocá-lo acima dos dez mil povos e [reinará] por um longo tempo sem reveses.

## Notas

1 As palavras de Laozi neste capítulo são as de um alto funcionário a serviço na corte. Favor e desgraça, portanto, referem-se ao tipo de tratamento que o funcionário recebe de seus superiores.

2 "[O superior social] tem medo de ser atingido por grandes sofrimentos, *por isso é que [tanto o sucesso, como o fracasso] geram inquietação [nele]*". JDSW lê: "[O superior social] tem medo de ser atingido por grandes sofrimentos. *Por serem vazios*, [ambos sucesso e fracasso] geram inquietação [nele]" 畏大患至身，空也，故皆驚. Apesar de essa redação ter desaparecido dos manuscritos recentes, ela é importante por refletir a influência do pensamento budista sobre o taoismo da dinastia Tang. "空" (kong), literalmente "vazio", é a tradução chinesa do sânscrito "sunya". Dizer que alguma coisa é "vazia" no pensamento budista significa que ela não tem uma identidade ou natureza próprias – portanto tal coisa é transitória. Conforme esse raciocínio, sucesso e fracasso são "vazios" porque são transitórios, não devem ser buscados como um objetivo em si. Cf. *Vazio* (cap. 11, nota 9).

3 Este verso também poderia ser traduzido como "[embora] seja melhor receber favores e cair em desgraça seja pior (...)". É nesse contexto que devem ser lidas as variantes de WB, FY, MWD e GD (com diferenças menores): "é pior receber favores" 寵為下. Vale considerar WB mais detidamente. Nele, o texto principal de Laozi é: "O que quer dizer favor e desgraça geram inquietação? Se pessoas inferiores são favorecidas [pelo soberano], isso [deve] gerar inquietação" 何謂寵辱若驚？寵，為下得之若驚. Apesar de gramaticalmente desastrada, a passagem é ratificada pelo comentário de Wang Bi: "[períodos de] favor serão sempre sucedidos por desgraça; [períodos de] prosperidade serão sempre sucedidos por sofrimento. [Dessa forma,] favor e desgraça, prosperidade e sofrimento são iguais. Se recebermos com inquietação o fato de pessoas inferiores vivenciarem favor e desgraça, prosperidade e sofrimento, nada então será capaz de trazer a desordem para Tudo sob o Céu" 寵必有辱，榮必有患，驚辱等，榮患同也。為下，得寵辱榮患若驚，則不足以亂天下也.

4 *Corpo*: 身 (shen) tem conotações mais amplas do que sua contraparte em português. Além de referir-se à presença física e à vida orgânica, "corpo" também alude às circunstâncias sociais da vida, indicando o *status* social (chinês moderno 身份, shenfen).

5 Este trecho resume os ideais religiosos taoistas, assentados em copiosas lendas de eremitas que alcançaram a condição de imortais, os chamados 神仙 (shenxian). Seja por meio de uma estrita disciplina alimentar, exercícios respiratórios e meditação; seja por meio de experimentação de "elixires de longevidade"; seja por meio do intercâmbio com espíritos-guardiães, o imortal taoista visa prolongar sua existência e obter "superpoderes" como um corpo sutil (que lhe permite desaparecer), a capacidade de voar ou de viajar no tempo. Os termos 輕舉 (qingju) e 出入無間 (churu wujian) que aqui traduzimos, respectivamente, por "transformar a matéria dos corpos" e "estado de total liberdade em nossas ações" indicam esse tipo de faculdade espiritual.

6 *Comunhão Espiritual*: 通神 (tongshen) Neste caso, "espírito" talvez deva ser entendido como "sopro" ou "emanação" da "energia vital original" que criou o Céu e a Terra – uma das noções mais claras de Dao em Laozi.

7 "[Laozi] diz que *é possível confiar* o seu governo [a uma pessoa assim]". *Guang Hongming Ji*: "é possível confiar o seu governo provisoriamente [a uma pessoa assim]" 欲為天下主者，則可暫寄.

8 No verso anterior, "confiar a Tudo sob o Céu" indica o soberano "que se enobrece", o qual almeja governar a China com suas credenciais sociais. Inversamente, "Confiar Tudo sob o Céu a", neste verso, especifica o regime político estabelecido pelo monarca "que se cultiva". A escolha de termos justifica traduções diferentes; entendemos o termo 託 (tuo) como ligeiramente mais significativo do que seu sinônimo 寄 (ji). 託 enfatiza a confiança e mesmo dependência da parte de quem delega. Respaldado pela equivalência semântica das duas passagens, Wang Bi vê "quem se enobrece" e "quem se cultiva" como o mesmo tipo de pessoa, diferentemente do Senhor do Rio. Para Wang Bi, "enobrecer-se" não significa se ver como mais alto do que os outros, mas apenas como "dar valor à sua própria vida", emprego facultado pelo ideograma 貴 (gui). De fato, nessa acepção, é um sinônimo de "cuidar de si".

9 "Cultivar" é uma tradução livre adotada para o termo 愛 (ai), que vernaculamente significa "amar", no sentido de cuidar devidamente de algo que se preza em especial. "Cultivo" é uma tradução usual para denominar o tipo de práticas propostas por qualquer um dos ramos do pensamento chinês, dentre os quais o taoismo se distingue pelo valor atribuído a práticas físicas (Taiji, Kung fu etc.) bem fundadas na medicina tradicional chinesa. Neste contexto, o Senhor do Rio defende que o soberano ideal deve praticar técnicas de longevidade.

10 *Pai e Mãe dos Dez Mil Povos*: 萬民之父母 é um lugar-comum no pensamento chinês, defendido pela maioria dos clássicos confucianos. Pode ser interpretado como formulação teórica do absolutismo estatista naquele país.

Na experiência política europeia, verifica-se, desde os primeiros tempos, a existência de freios e contrapesos a limitar a concentração de poder nas mãos dos governantes. Mesmo nos momentos de maior centralização administrativa, as monarquias helenísticas, os impérios romano-bizantino ou a tentativa carolíngia de organizar uma burocracia universal não foram capazes de eliminar forças centrípetas, como a autonomia *de iure* dos poderes locais, a independência da vida econômica e a legitimidade de doutrinas intelectuais e instituições (religião, direito, costumes, idiomas) que reforçavam o pluralismo. Uma profunda hostilidade dirigida contra a acumulação do poder na mão de poucos permanece viva no Ocidente, a exemplo da ideologia liberal que ataca o Estado, defende as minorias e integra as maiorias pelo mercado globalizado.

Apesar de poderosas forças políticas centrípetas existirem também na China e de podermos até improvisar um sucedâneo para a doutrina de freios e contrapesos, a verdade é que o estatismo é regra, tendo o absolutismo como consequência necessária. De que outra forma poderíamos explicar a manutenção de unidade num território tão extenso e com tamanha diversidade linguística e regional? Nesse sentido, o pensamento chinês está contraposto, desde suas raízes, àquela separação radical entre governo da família e governo do "Estado" como lemos no pensamento político greco-romano. A ideologia do imperador chinês como "pai (e mãe) do povo" afirma que não há intermediação à titularidade absoluta que o imperador exerce sobre o povo, mesmo que a China tenha existido (e continue a existir) de fato como uma oligarquia de clãs burocráticos. Malgrados os conflitos de interesses entre esses clãs, é simbólico que promovam a figura do imperador (ou do secretário-geral do PCC) como um elemento de aglutinação e identidade do país. Mais do que uma metáfora, o termo "pai e mãe" indica que os laços de autoridade e obediência absolutas vigentes na família chinesa transmitem-se à relação entre governantes e governados, de maneira que o Estado não é visto como arena abstrata para conflitos de interesses legítimos, mas como ator concreto que compõe e concilia diferenças, segundo uma ideologia de harmonia e estabilidade.

# 贊玄第十四
## *Capítulo 14*
## *Elogio do mistério*[I]

**視之不見，名曰夷；**

—無色曰夷。言一無采色不可得視而見之。

**Aquilo que temos diante dos olhos, mas não conseguimos ver: eis o que chamo de "indício";**[2]

*Comentários*

O que não tem cor[3] é chamado de indício. [Este verso] propõe que a Unidade não assume [uma imagem com] cor ou cores: por isso que [as pessoas] olham para ela, sem a ver.

**聽之不聞，名曰希；**

—無聲曰希。言一無音聲，不可得聽而聞之。

**Aquilo que nos chega aos ouvidos, mas não conseguimos entender: eis o que chamo de "silêncio".**[4]

*Comentários*

O que não tem som é chamado de "silêncio". [Este verso propõe que] a Unidade não emite som ou voz: por isso que [as pessoas] a ouvem, sem percebê-la.

**搏之不得，名曰微；**

—無形曰微。言一無形體，不可摶持而得之。

**Aquilo que cerramos nas mãos, mas não conseguimos deter: eis o que chamo de "pequenez".[5]**

*Comentários*

O que não tem forma[6] é chamado de "pequenez". [Este verso propõe que] a Unidade não possui nem forma, nem corpo: por isso que [as pessoas] a cerram no punho, mas não conseguem detê-la.

**此三者不可致詰，**

—三者，謂夷，希，微也。不可致詰者，夫無色，無聲，無形，口不能言，書不能傳，當受之以靜，求之以神，不可詰問而得之也。

**Essas três coisas não podem ser exploradas pelo discurso,**

*Comentários*

As três [tentativas de qualificar o Dao mencionadas por Laozi] são "sinal", "silêncio", "pequenez". Já que [o Dao] não tem imagem, som, ou forma, não é possível explorá-lo pelo discurso. Se falamos sobre ele, não conseguimos comunicá-lo; se escrevemos sobre ele, não conseguimos expressá-lo. [O sábio] deve acolher [o Dao] em silêncio, buscá-lo com seu espírito. Não será capaz de compreendê-lo se usar palavras para perquirir a seu respeito.

**故混而為一。**

—混，合也。故三名合而為一。

**Por isso que se misturam e tornam-se uma [só].[7]**

*Comentários*

"Misturar" quer dizer jungir-se. Dessa forma, esses três nomes [características do Dao] jungem-se para produzir a Unidade.

**其上不皦，**

—言一在天上，不皦皦光明。

**Acima de si não há brilho;**

*Comentários*

[O verso] diz que a Unidade está no Céu acima, porém não reluz, branca e pura.

**其下不昧。**

—言一在天下，不昧昧有所暗冥。「明道上下無窮極」。

**Abaixo de si não há escuridão.**

*Comentários*

[Também] aponta que a Unidade permeia Tudo sob o Céu, mas não se esconde [sob um manto] de sombras.

**繩繩「兮」，不可名：**

—繩繩者，動行無窮極也。不可名者，非一色也，不可以青，黃，「赤」，白，黑別。非一聲也，不可以宮，商，角，徵，羽聽。非一形也，不可以長，短，大，小度之也。

**[Vede como] rodopia, enovelando-se![8] Não podemos lhe dar um Nome,**

*Comentários*

"Rodopiar, enovelando-se" descreve [a forma como o Dao] se move e age, sem ter fim, sem se esgotar. [Laozi diz que] "não podemos lhe dar um Nome". [O Dao] não assume nenhuma [das cinco] cores; não podemos distinguir [nele] nem verde, nem amarelo, nem vermelho, nem branco, nem preto. [Ele] não emite nenhuma [das cinco] notas; não entendemos nem "gong", nem "shang", nem "jiao", nem "zhi", nem "yu".[9] [Ele] não assume nenhuma forma; não pode ser mensurado nem como longo, nem como curto; nem como grande, nem como pequeno.

**復歸於無物。**

—物，質也。復當歸之於無質。

**[pois] sempre há de retornar[10] ao que não é coisa.**

*Comentários*

"Coisas" [é o mesmo que seu] material. [O Dao] sempre há de retornar ao que não tem matéria.

**是謂無狀之狀，**

—言一無形狀，而能為萬物作形狀也。

**É o que chamo o aspecto do que não tem aspecto,**

*Comentários*

[O verso] diz que apesar de a Unidade ser desprovida de forma ou aspecto, é capaz de dá-las, ambas, às dez mil coisas.

**無物之象，**

—「言」一無物質，而「能」為萬物設形象也。

**A imagem do que não é coisa,**

*Comentários*

[Este verso] explica que a Unidade carece de matéria ou substância. Porém, pode elaborar forma e imagem para as dez mil coisas.

**是謂忽恍。**

—「言」一忽忽恍恍，若存若亡，不可見之也。

**É o que chamo de fugidio, elusivo.**

*Comentários*

[Este verso] propõe que a Unidade é fugidia, elusiva, [transformando-se] celeremente. É como se ora estivesse presente, ora não, de modo que não é possível [mantê-la] diante de nossos olhos.

**迎之不見其首。**

—一無端末，不可預待也。除情去欲，一自歸之也。

**Se [caminharmos] em sua direção, não veremos onde se inicia;**

*Comentários*

A Unidade não tem nem início, nem fim. É inútil [tentar] prever [onde ela estará ou] esperar [que venha a nós. Portanto devemos] eliminar as emoções e suprimir os desejos, [e] a Unidade[11] recolher-se-á espontaneamente [em nós].

**隨之不見其後。**

—言一無影跡，不可得而看。

**Ao [seguirmos] em seu encalço, não saberemos onde se termina.**

*Comentários*

[Este verso] declara que a Unidade não projeta sombra nem deixa rastros. É impossível avistá-la.

**執古之道，以御今之有。**

—聖人執守古道，生一以御物，知今當有一也。

**[Mas] se tivermos o Dao dos Antigos nas mãos, cavalgaremos sobre tudo o que há em nossos dias;[12]**

*Comentários*

O Sábio toma em suas mãos e preserva o Dao dos Antigos, dá vida à Unidade [em si e em Tudo sob o Céu] com o fim de imperar sobre tudo, sabe que hoje deve prevalecer a Unidade.

**以知古始，是謂道紀。**

—人能知上古本始有一，是謂知道綱紀也。

**Eis como conhecemos o início dos tempos. Eis o que chamo de "Rédeas do Dao".**

*Comentários*

As pessoas são capazes de descobrir que a Unidade sempre esteve presente [no mundo], desde a mais alta antiguidade. Eis o que se chama conhecer as malhas do Dao.[13]

## Notas

1 *Mistério*: SWJZ esclarece que 玄 descreve "[a aparência de algo que se encontra] em um lugar *profundo e distante*. [Tem] *cor negra, misturada com tons de vermelho*, [ou seja, a cor do céu noturno]. Parece-se com uma coisa escura, quase indistinta, e ainda coberta por outra" 幽遠也。黑而有赤色者爲玄。象幽而入覆之也. 玄 também indica o Céu, a direção norte (onde se "é mais escuro") e aquilo que é menos nítido e evidente – "mistério" deve ser compreendido nesse contexto. Por representar o Céu, 玄 também alude ao princípio masculino e criativo das forças Yang. Na obra de Laozi, a palavra é empregada como metáfora para o Dao, com toda sua aura de mistério, profundidade e ininteligibilidade. A partir de Laozi, o texto influenciou profundamente a história do pensamento chinês. 玄 deu nome a um movimento intelectual muito influente, de que Wang Bi foi um dos mais importantes representantes: a "Escola do Mistério" (玄學, Xuanxue). Essa tendência surgiu no período de esfacelamento da ordem política da dinastia Han (202 a.C.-9; 23-220) e pode ser vista como uma reação ao *mainstream* intelectual daquele período, marcado pelo "Estudo dos Clássicos" e dominado pelos clãs de "doutores" (博士, boshi). Ao passo que "doutores" era um cargo hereditário e fazia parte do aparato intelectual e ideológico do Estado, os membros da tradição da "Escola do Mistério" em geral não se encaixavam no perfil de "intelectuais orgânicos". Em contraste aos *Cinco clássicos* confucianos (*Documentos, Mutações, Poemas, Primavera e Outono, Ritos*), tal tradição prezava a leitura dos chamados "Três Mistérios" (三玄, san xuan), ou seja, o livro de Laozi, o *Clássico das mutações* (易經, Yijing) e o *Livro de Zhuangzi* (莊子). Mais tarde, o conceito de "玄" também foi central para uma escola taoista do início da dinastia Tang (618-907), a "Escola do Duplo Mistério" (重玄之學, chongxuan), cernida na figura de Cheng Xuanying (成玄英, 608 - ?) – o qual também escreveu um influente comentário para o *Dao De Jing*.

2 *Indício*: esta acepção é muito rara, quase única, para o termo 夷 (yi). SWJZ segue a estrutura do ideograma, que junta "grande" (大, da) a "arco" (弓, gong), em referência aos povos belicosos, de cultura não sínica, que viviam a leste do território ocupado pelos chineses antigos. Talvez devido ao relevo das terras habitadas pelos 夷, derivou-se o sentido de "plano" e, daí, o de "pacífico" (平, ping) para o ideograma. Na passagem, ZQZ defende que 夷 é corruptela de "幾" (ji). 幾, por sua vez, é um conceito importante para o pensamento chinês em geral, e para o *Livro das mutações* (易經, Yijing) em particular. "幾" significa "sinal", "augúrio",

"portento". Etimologicamente, representa algo de dimensões reduzidas, portanto difícil de se ver. Contudo, esse algo haverá de crescer e de tomar corpo, adquirindo relevância. Na visão chinesa, aquele que apreende tais sinais é capaz de prever o futuro. Logo, "幾" é o fundamento da "arte divinatória" chinesa. A segunda parte do capítulo "Comentários anexos" ao *Livro das mutações* explica 《周易·繫辭傳下》: "'sinal' (幾) representa a tendência do acontecer; é a primeira manifestação do que consideramos auspicioso" 幾者，動之微。吉之先見者也. A essa passagem, Han Kangbo (韩康伯), da dinastia Jin do Leste (317-420), acrescenta: "os 'sinais' (幾) indicam o que será de um acontecimento ao deixar aquilo que consideramos inexistente para se integrar ao que vemos como existente. Nos sinais distinguimos as linhas daquilo que virá a ser, embora os acontecimentos careçam ainda de qualquer forma. Não é possível capturar os sinais por meio de qualquer nome. Não é possível atribuir formas para enxergá-los" 幾者，去無入有，理而未形者。不可以名尋，不可以形覩也. Na dinastia Tang, Kong Yingda (574-648), outro comentarista canônico, disse: "'sinais' são sutis, são a tendência dos acontecimentos que tomaram seu curso. Por acontecimento devemos entender não apenas fatos, mas também o que se passa em nossas mentes e corações. Quando os acontecimentos começam a tomar seu curso, ainda não há padrões discerníveis para o que ocorrerá: há apenas a sutileza dos sinais" 幾，微也，是已動之微。動，謂心動，事動，初動之時，其理未著，唯纖微而已。

3 *Cor*: cf. cap. 12, nota 1. Aqui significa as formas visíveis.

4 *Silêncio*: cf. "*De poucas palavras* é a Espontaneidade" 希言自然 (cap. 23).

5 Na obra *Guang Hongming Ji* 《廣弘明集》, compilada pelo monge Dao Xuan (道宣, 596-667), encontramos referência ao Monge Fa Lin (法琳, ativo na primeira metade do séc. VII), que atribuiu os seguintes Comentários ao Senhor do Rio:

*視之不見，名曰夷;*
*—夷者，精也。*
*Aquilo que temos diante dos olhos, mas não conseguimos ver: eis o que chamo de "sinal";*
"Sinal" indica essência.
*聴之不聞，名曰希;*
*—希者，神也。*
*Aquilo que nos chega aos ouvidos, mas não conseguimos entender: eis o que chamo de "silêncio";*
"Silêncio" indica "espírito".
*搏之不得，名曰微。*
*—微者，氣也。*
*Aquilo que cerramos nas mãos, mas não conseguimos deter: eis o que chamo de "pequenez".*
"Pequenez" indica "Energia Vital".

É digno de menção que "Essência" (精, jing), "Espírito" (神, shen), "Energia Vital" (氣, qi) são três noções fundamentais da medicina chinesa. Isso sugere uma das "trilhas hermenêuticas" para explorar o livro de Laozi.

6 *Forma*: (形, xing) enquanto 色 (se) remete a uma impressão visual e, por extensão, à forma visível das coisas, 形 alude à forma tátil, tangível de um objeto.

7 *Um Ou Unidade?* O ideograma 一 (yi, "um") repete-se no texto principal e na glosa. A tradução tratou-o como termo comum em Laozi e como Unidade (cf. cap. 1, nota 27) no *Senhor do Rio*. Assim distinguem-se duas atitudes a respeito do Caminho. Laozi explora, poeticamente, a inefabilidade do Caminho. O Senhor do Rio, enquanto comentarista, desenvolve a tese do Caminho como uma "totalidade amorfa".

8 "Rodopia, enovelando-se" traduziu 繩繩 (shengsheng, "corda-corda"), que lança mão da imagem de duas cordas trançando-se para formar uma maior. "Corda" é uma metáfora para as metamorfoses do Caminho. Embora apareça abruptamente, ela será desenvolvida na parte final do capítulo (cf. *Rédeas do Dao*, 道紀, daoji, *infra*). MWD lê 尋尋, que corresponde à explicação de JDSW: "o aspecto do que não tem limites" 無涯際之貌.

9 *Cinco Notas Musicais*: Como parte do sistema de classificação quíntupla (cf. *Cinco Elementos*, cap. 28, nota 12), na China antiga distinguiam-se cinco notas musicais: 宮 (gong, correspondendo a dó), 商 (shang, a ré), 角 (jiao, a mi), 徵 (zhi, a sol), 羽 (yu, a lá) – que possuíam estreita correlação com cores, pontos cardeais, sabores etc.

10 *Retorno*: cf. cap. 40, nota 3.

11 *Unidade*: cf. cap. 1, nota 27. Neste capítulo, e especialmente nos quatro últimos versos, "Unidade" assume um sentido particular, de "Unidade entre o Caminho e o praticante taoista". Passível de incorporação mística pelo praticante, a Unidade possui também uma dimensão política: a unificação do país sob um imperador.

12 *Tomar Nas Mãos/Cavalgar*: os verbos 執 (zhi) e 御 (yu) sugerem uma metáfora para a relação de dominação política. Veja-se, por exemplo, a passagem do capítulo nono da coletânea *Huainanzi*, coligida por intelectuais a serviço do Príncipe de Huainan, Liu An (劉安, 179-122 a.C.) 《淮南子·主術訓》: "Leis e regulamentos, pesos e medidas são os meios através dos quais o 'senhor dos homens' controla nas mãos (執) os que estão abaixo de si. Se abnega o seu poder e não faz uso de tais instrumentos, isso é o mesmo que sair a galope (馳, chi) sem atar as rédeas às cambas do freio" 故法律度量者，人主之所以執下，釋而不用，是猶無轡銜而馳也.

13 *Rédeas/Malhas do Dao*: Laozi havia citado 紀 (ji), que diz algo similar à expressão portuguesa "fio da meada". Entretanto, considerando o contexto, a tradução "rédeas" pareceu mais adequada. O Sábio que apreende a ordem fundamental subjacente à realidade é capaz de controlar seu ciclo vital e de reinar sobre o mundo. O Senhor do Rio usa o termo 綱紀 (gangji) para explicar aquele empregado por Laozi. Se 紀 era o fio, 綱紀 representa a meada inteira, ou seja, toda a ordem, a coerência subjacente ao mundo. Embora as pessoas comuns percebam apenas multiplicidade e desordem, o Sábio intui que a realidade assenta-se sobre as "malhas do Dao", literalmente uma estrutura de cordas em forma de rede.

# 顯德第十五

## *Capítulo 15*

## *Ilustrando a Virtude*

**古之善為士者，**

—謂得道之君也。

**Aqueles que no passado se distinguiram como [grandes] Shi[1]**

*Comentários*

[Laozi] refere-se aos soberanos que alcançaram o Dao.

**微妙玄通，**

—玄，天也。言其志節玄妙，精與天通也。

**[eram] sutis e inteligentes, permeavam os mistérios;[2]**

*Comentários*

"Mistérios" refere-se ao Céu. Este verso sugere que os ideais e escrúpulos desses "shi" pautavam-se pelos mistérios e inteligência [celestes], já que se mantinham em completa comunhão com o Céu.

**深不可識。**

—道德深遠，不可識知。內視若盲，反聽若聾。莫知所長。

**Tal era a sua profundidade que não podiam ser compreendidos.**

*Comentários*

Tal era a profundidade e o alcance de seus poderes morais[3] que não podiam ser conhecidos, nem compreendidos. Quando contemplavam [sua beleza] interior, pareciam ser cegos; quando ouviam a voz [de sua consciência] pareciam ser surdos. Nenhum deles conhecia sua própria excelência.

**夫唯不可識，故強為之容。**

—謂下句也。

**Conquanto sejam incompreensíveis,**
**tentarei declamar seu aspecto:**

*Comentários*

[Laozi anuncia] os versos que se seguirão.

**與兮，若冬涉川。**

—舉事輒加重慎。"與與兮，若冬涉川"，心難之也。

**Como são prudentes![4] Parecem-se [com aqueles que] cruzam um rio no inverno.[5]**

*Comentários*

Mostram cuidado redobrado em cada ato. [O verso diz:] "Como são prudentes! Parecem-se [com aqueles que] cruzam um rio no inverno". [Essa metáfora indica que viam] as dificuldades das coisas em seus corações.

**猶兮，若畏四鄰。**

—其進退猶猶如拘制。若人犯法，畏四鄰知之也。

**Como são reservados! Parecem temer os vizinhos**
**das quatro direções.**

*Comentários*

Mostram reserva em cada gesto, manifestando grande timidez e reserva. Assemelham-se às pessoas temerosas de que os vizinhos ao seu redor descubram o crime cometido.[6]

**儼兮，其若客。**

—如客畏主人，儼然無所造作也。

**Como são cerimoniosos! Parecem-se com um hóspede.**

*Comentários*

Da mesma maneira que um hóspede trata seu anfitrião com reverência, [os grandes Shi] agiam cerimoniosamente, nunca tomando a iniciativa de nada.

**渙兮，若冰之將釋。**

—渙者解散；釋者消亡。除情去欲，日以空虛。

**Como são dispersos! Parecem-se com o gelo que está prestes a se fender.**

*Comentários*

"Disperso" [é uma metáfora] para aquilo que está prestes a se fragmentar. "Fender" é uma metáfora para aquilo que desaparecerá e terá fim. [É dessa maneira que] suprimiam suas emoções e eliminavam seus desejos, passando seus dias a buscar o Vazio.

**敦兮，其若樸。**

—敦者質厚；樸者形未分。內守精神，外無文采也。

**Como são austeros! Eles são como a madeira [ainda não trabalhada].**

*Comentários*

Por "austero" [Laozi quer dizer] as pessoas francas por natureza; [Laozi compara a pessoa íntegra à] madeira ainda não trabalhada, isto é, a matéria-prima que ainda não foi dividida. Em seus corpos, [os grandes Shi] protegem a essência e espíritos [dos recipientes[7]]. Em sociedade,[8] [eles] não [manifestam] refinamento, nem requintes literários.[9]

**曠兮，其若谷。**

—曠者寬大，谷者空虛。不有德功名，無所不包也。

**Como são vastos![10] Eles são como os vales [das montanhas].**

*Comentários*

"Vastidão" enfatiza a largueza e grandiosidade [dos grandes Shi]; "vale" [é uma metáfora para seu aspecto] vazio e oco. [Laozi quer dizer que] apesar de não terem autoridade moral, méritos ou fama, [tais pessoas são grandes a ponto] de conter todas as coisas em si.

**渾兮，其若濁。**

—渾者，守本真。濁者，不照然。與眾合同，不自尊也。

**Como são opacos! Eles são como [águas] turvas.**

*Comentários*

São "opacos" [porque] preservam a sua condição original, que é genuína.[11] "[Águas] turvas" não têm o aspecto brilhante [das águas cristalinas. Essa metáfora sugere que os grandes Shi] mostram-se iguais às pessoas do grupo em que estiverem, não [granjeiam] respeito para si próprios.[12]

**孰能濁以「止」靜之，徐清？**

—孰，誰也。誰能知水之濁止而靜之，徐徐自清也?

**O que será capaz de, sendo turvo, conter seu movimento e aquietar-se para, lentamente, [revelar sua] translucidez?**

*Comentários*

[Neste e no próximo verso] "o que" quer dizer "quem". [Laozi perquire:] quem é capaz de entender que, quando cessam [seu curso e deitam-se] plácidas, as águas turvas pouco a pouco [retornam à sua natureza] translúcida?

**孰能安以久動之，徐生？**

—誰能安靜以久，徐徐以長生也。

**O que é capaz de, estando em repouso, permanecer assim por um longo tempo e gerar movimento para, lentamente, [produzir] vida?**

*Comentários*

[Laozi indaga:] quem é capaz de [ao meditar] manter-se em tranquilidade e silêncio por um longo tempo e, pouco a pouco, alcançar a longevidade?

**保此道者，不欲盈。**

—保此徐生之道「者」，不欲奢泰盈溢。

**Aqueles que se mantêm neste Caminho não se entregam a excessos.**

*Comentários*

Aqueles que se mantêm neste caminho de incremento da Longevidade não se entregam a luxo, soberba, excesso ou abuso.

**夫唯不盈，故能蔽不新成。**

—夫唯不盈滿之人，能守蔽不為新成。蔽者匿光榮，新成者貴功名。

**E é só porque não há excessos que são capazes [de usar o que têm de] velho, sem precisar de novos feitos.**[13]

*Comentários*

E é só porque se trata de [um Shi] sem vaidade ou excessos que é capaz de preservar o que tem de velho, sem precisar de novos feitos. Por "proteger" [Laozi] entende [que o Shi] se mantém no anonimato, escondendo seu brilhantismo e as glórias [que conquistou].[14] Por "novos feitos" [Laozi] quer dizer títulos de nobreza, méritos [militares] ou renome.

## Notas

1 *Shi*: 士 é o elemento humano por definição da cultura chinesa. Etimologicamente, o ideograma 士 designa o jovem adulto, recém-ingresso na maturidade que, na China antiga, começava aos vinte anos. Outro sentido etimológico característico é o de soldado. Nesse particular, os shi eram a elite protegida por armadura, enquanto os zu 卒, membros da infantaria leve, marchavam sem proteção. Oportunamente, o termo Shi foi consagrado como uma das "quatro classes" (四民, simin) em que se dividia a população na Ásia do Leste, tradicionalmente descrita acima dos agricultores (農, nong), artesãos (工, gong) e comerciantes (商, shang); logo o sentido principal da palavra também pode ser o de erudito a serviço na burocracia real. Como esclarece SWJZ, "士 é aquele que serve" 士, 事也 – "etimologia" posteriormente especializada com o termo 仕 (servir como burocrata). SWJZ continua, dizendo que "os números começam com um e terminam com dez"

數始於一，終於十, tentativa malograda de etimologia que, no entanto, reflete a formação do ideograma: dez 十 acima; um 一 abaixo. O que é mais pertinente nessa hermenêutica é a ênfase dada à *natureza civil* do Shi: ele é o encarregado de todos os atos de governo (os "números" da definição), especialista nas coisas simples (o "um") e nas complexas (o "dez"). Tal visão "civilista" do Shi não é recente: mesmo num texto antigo como o *Comentário Guliang ao clássico da Primavera e Outono* 《春秋穀梁傳·成公元年》, os Shi são definidos como os que "estudam e praticam o dao (doutrinas de governo) e as artes (disciplinas práticas úteis para a guerra e para a administração pública)" 學習道藝者. Em glosa feita à mesma passagem, o *literatus* do final da dinastia Han, He Xiu (何休, 129-182) dá ainda menos importância ao papel militar: "Shi é aquele cuja virtude lhe possibilita aceder a um cargo público" 德能居位曰士. Em Laozi, contudo, o termo não superou sua dubiedade original. Durante a dinastia Zhou (metade do séc. XI– 771 a.C.), os Shi eram os representantes da baixa aristocracia e tinham um papel eminentemente militar, não deixando de integrar a elite política, econômica e cultural do país. Eles possuíam terra, participavam do culto dos antepassados e se distinguiam por uma série de insígnias sociais (roupas e adereços, objetos e utensílios, etiqueta e cerimoniais). Portanto, Shi pode ser lido como uma referência geral à alta sociedade chinesa, aos superiores sociais (上, shang), a quem se dirige Laozi com tanta frequência. Com a fragmentação da ordem de Zhou e a estratificação social dela decorrente, os Shi perderam parte de sua conotação aristocrática e militar – processo simbolizado pela trajetória de Confúcio. Na metade final da dinastia, isto é, nos períodos chamados de Primavera e Outono (770-476 a.C.) e dos reinos combatentes (476?-221 a.C.), os Shi começaram a assumir o papel de especialistas na tradição escrita e nos diversos setores da arte de governo (estratégia militar, doutrinação política, diplomacia, regulamentos etc.). Com a falência das velhas aristocracias, os Shi tornaram-se mão de obra à venda para as novas potências da época, de modo que a sua identidade de grupo conseguiu libertar-se das lealdades pessoais a que antes estavam vinculados. Nesse contexto, Laozi oferece uma visão quase que emancipada da tradição, na qual o Shi pode buscar seus objetivos no plano maior de Tudo sob o Céu. Há dois tipos de redação para a passagem. HSG, WB e GD: "Aqueles que no passado se distinguiram *como [grandes] Shi*". FY e MWD trazem uma redação alternativa: "Aqueles que no passado se distinguiram como praticantes do Dao" 古之善為道者. Comparar com o cap. 65: "Aqueles que no passado se distinguiram como *praticantes do Dao* não o usavam para dar luzes ao povo, mas para mantê-lo ignorante" 古之善為道者，非以明民，將以愚之. Há quem sugira, ainda, que 士 deve ser lido como 上, "superior social".

2 "[Eram] sutis e inteligentes, *permeavam os mistérios*". MWD e GD leem: "[Eram] sutis e inteligentes, tinham um entendimento completo dos mistérios" 微妙玄達.

3 *Poderes Morais*: é uma das leituras possíveis da palavra composta 道德 (daode), particularmente onde são um apanágio do indivíduo. Quando se refere abstratamente ao Dao, pode ser vertida como "Dao e sua Virtude".

4 Seguindo o texto do *Cânone taoista* e 477, 與 é lido como corruptela de 豫.

5 *Cruzar Um Rio No Inverno*: metáfora para indicar o máximo de cautela e prudência. No poema "Pequeno Céu de Outono", recolhido no *Clássico dos poemas*, há o trecho《詩經·小雅·小旻之什》: "treme, treme, treme, treme; como defronte do abismo; como sobre o gelo fino" 戰戰兢兢，如臨深淵，如履薄冰. E também no *Clássico das mutações*, no qual é relativamente frequente o "Julgamento" (i.e. comentário sobre a "sorte" de uma linha), "é propício para que se cruze um grande rio" 利涉大川, ou, ainda, a famosa segunda linha do hexagrama Kun《周易·坤六二》: "palmilhando o granizo, o gelo firme virá" 履霜，堅冰至.

6 Na China antiga a responsabilidade penal era solidária, de modo que os vizinhos que sabiam de um crime e não o denunciavam às autoridades também eram apenados.

7 *Cinco Recipientes*: cf. cap. 3, nota 15.

8 "Em seus corpos" e "em sociedade" no original são 內, 外. Cf. *Dentro/Fora* (cap. 1, nota 13).

9 *Refinamento*: cf. cap. 3, nota 2.

10 Não há um termo equivalente para 曠 (kuang) em português. Seu sentido essencial é a grandeza e vastidão típicas das paisagens "vazias", como planaltos, pradarias, onde abunda luz. Por esse motivo, é pertinente a associação de 曠 a um grande vale. Além disso, da ideia de "vazio" também decorre um certo tom de desolação e estranhamento – que complementa a descrição dos grandes Shi.

11 *Condição Original E Genuína*: é uma tradução aproximada do sentido mais prosaico dos dois caracteres 本真 (benzhen). Contudo, trata-se de um termo prenhe de conotações religiosas. 本真 é composto por duas palavras. 本 é "origem". No taoismo, o tempo (e, indiretamente, a vida) está dividido em duas dimensões: (1) "antes do Céu" (先天, xiantian), o momento em que Céu e Terra ainda não haviam sido divididos e as energias vitais primordiais ainda se encontravam unidas num todo caótico; e (2) "depois do Céu" (後天, houtian), quando as energias Yin e Yang, divididas, obraram a criação de vida material, com o fluxo dos Cinco Agentes (cf. cap. 28, nota 12). Portanto, 本 alude a um estado "natural", sem distinções de "eu" e "outro" etc. A seu turno, 真 quer dizer "aquilo que é real". Como já se mencionou, o praticante taoista busca produzir um estado de Unidade com o Dao. Aqueles que atingem esse objetivo são chamados de "真人", ou "homem genuíno". Eles são os protagonistas do folclore taoista, os imortais dotados de poderes sobrenaturais que vez por outra aparecem no mundo das pessoas comuns, seja para mudar o curso da história, seja apenas para deixá-las perplexas (cf. cap. 54, nota 6). Segundo o taoismo, são as pessoas que realizaram todo o potencial humano e que conseguiram retornar ao Dao.

12 "Mostram-se iguais às pessoas do grupo em que estiverem, *não [granjeiam] respeito para si próprios*". A edição *Tianlu* traz "Mostram-se iguais às pessoas do grupo em que estiverem, não se encarregam de tudo" 與眾合同，不自專也.

13 HSG, WB e GD possuem redações similares. MWD não traz este verso. Não obstante, baseados em "*[e dos] escombros* se refazerem" 弊則新 (cap. 22), alguns especialistas propõem a redação: "por isso são capazes de refazer o que tem de velho e roto" 故能蔽而新成. Na redação adotada, Laozi afirma que os praticantes do Dao são capazes de viver longamente, utilizando o corpo que têm. Ele usa a metáfora de um objeto velho (como uma roupa), que, mesmo puída, ainda pode ser usada sem prejuízo.

14 *Dinâmica do Ocultamento*: cf. cap. 7, nota 1.

# 歸根第十六
## *Capítulo 16*
## *Voltando às raízes*

**至虛極，**

—得道之人，捐情去欲，五內清靜，至於虛極。

**Alcance o vazio infinito,**[1]

*Comentários*

Aqueles que realizaram o Dao desbastam suas emoções e eliminam seus desejos. Eles mantêm suas cinco entranhas[2] puras e plácidas, alçando-se [a um estado de comunhão com] o vazio infinito.

**守靜篤，**

—守清靜，行篤厚。

**Preserve o silêncio e seriedade,**[3]

*Comentários*

[Laozi recomenda que o praticante deve] preservar a pureza e silêncio. [Em sociedade,] deve agir de forma austera e séria.[4]

**萬物並作：**

—作，生也。萬物並生也。

**[E] todas as dez mil coisas surgirão:**

*Comentários*

"Surgir" quer dizer obter vida. Todas as dez mil coisas ganharão vida.

**吾以觀其復：**

—言吾以觀見萬物無不皆歸其本，人當念重「其」本也。

**É assim que contemplo o retorno[5] delas.**

*Comentários*

[O verso] diz que "as pessoas também devem anelar o retorno à própria origem, uma vez que eu tenha visto que, dentre as dez mil coisas, não há uma sequer que não o faça".

**夫物芸芸，**

—芸芸者，華葉盛也。

**As coisas são abundantes e frondosas,[6]**

*Comentários*

[Laozi usa] "frondosas" [porque as dez mil coisas assemelham-se a] uma guirlanda de vastas flores e folhas.

**各復歸其根。**

—言萬物無不枯落，各復反其根而更生也。

**Cada uma volta a sua raiz.[7]**

*Comentários*

[O verso diz que cada uma das] dez mil coisas [tal como flores e folhas] seca e cai. [Apesar disso,] cada uma retorna à sua raiz e nasce de novo.

**歸根曰靜，**

—靜謂根也。根安靜柔弱，謙卑處下，故不復死也。

**Voltar à raiz denomina-se de silêncio,**

*Comentários*

"Silêncio" qualifica a raiz. As raízes [permanecem em seu lugar] tranquilas e em silêncio; elas são delicadas e frágeis. Humildes e submissas, ocupam o lugar mais baixo: é por isso que não voltam à morte.

**是謂復命。**

—言安靜者是為復還性命，使不死也。

**É o que chamo voltar ao Destino.**[8]

*Comentários*

[O verso propõe que] os praticantes tranquilos e silentes são aqueles que restauram sua Natureza Dada,[9] fazendo com que não morram.[10]

**復命曰常，**

—復命使不死，乃道之所常行也。

**Voltar ao Destino chama-se de permanência,**[11]

*Comentários*

[Quem] "volta ao Destino" não morre: eis a [forma] permanente como o Dao obra [suas maravilhas].

**知常曰明。**

—能知道之所常行，則為明。

**Conhecer a permanência nomeia-se brilho.**[12]

*Comentários*

São capazes de apreender a forma permanente de o Dao obrar; por isso têm brilho.

**不知常，妄作凶。**

—不知道之所常行，妄作巧詐，則失神明，故凶也。

**[Quem] não conhece a permanência, age desastradamente e traz a ruína [para si].**[13]

*Comentários*

[As pessoas que] não conhecem a forma permanente do Dao [obrar suas maravilhas] agem atabalhoadamente, [fiam-se] na astúcia e empregam meios especiosos. Consequentemente, perdem o brilho divino,[14] fato de que advém sua ruína.

**知常容，**

—能知道之所常行，「則」去情忘欲，無所不包容也。

**Quem conhece a permanência, tolera;**

*Comentários*

Por conhecerem a forma constante de o Dao obrar [suas maravilhas, tais pessoas] são capazes de eliminar suas emoções e olvidar seus desejos. [Por isso é que] não há nada que encerrem dentro de si.[15]

**容乃公。**

—無所不包容，則公正無私，眾邪莫當。

**Por tolerar, é imparcial;**[16]

*Comentários*

Não há nada que não consiga conter dentro de si, logo é imparcial e reto – sem qualquer traço de egoísmo. Nenhum dos diversos tipos de defeito[17] aplica-se a ele.

**公乃王，**

—公正無私，可以為天下王。治身正則形一，神明千萬，共湊己躬也。

**Sendo imparcial, torna-se Rei;**

*Comentários*

[O homem] imparcial, reto e sem qualquer traço de egoísmo tem o condão de se tornar Rei de Tudo sob o Céu. Quem governa seu corpo [até a marca da] retidão consegue dar forma à Unidade.[18] O brilho divino [que carrega dentro de si espraia-se sobre os] dez mil milhares [de súditos] que se unem ao redor de seu corpo.[19]

**王乃天。**

—能王，「則」德合神明，乃與天通。

**Uma vez Rei, [modela-se pelo] Céu;**[20]

*Comentários*

A virtude [do homem que] tem o poder de se tornar Rei une-se ao brilho divino, fazendo com que entre em comunhão com o Céu.

**天乃道，**

—德與天通，則與道合同也。

**[Caso se modele pelo] Céu, [unifica-se com o] Dao.**

*Comentários*

A virtude [do Rei] une-se ao Céu, entrando em comunhão com ele. Por isso é possível igualar-se ao Dao.

**道乃久。**

—與道合同，乃能長久。

**[E unificando-se com o] Dao, perdurará.**

*Comentários*

Somente ao se igualar com o Dao é que conseguirá perdurar [por eras].

**沒身不殆。**

—能公能王，通天合道，四者純備，道德弘遠，無殃無咎，乃與天地俱沒，不危殆也。

**[Mesmo que] seu corpo pereça, não sofrerá perigo.**

*Comentários*

É capaz de ser imparcial, tem o poder de ser Rei; permeia o Céu, une-se ao Dao: quem possuir essas quatro marcas incorporará a pureza em sua plenitude. A amplidão de seus poderes morais[21] se estenderá aos lugares mais distantes, seu reino não vivenciará reveses ou tragédias. Até que Céu e Terra se acabem, [sua memória] não sofrerá revés.

## Notas

1 O comentário de Wang Bi esclarece: "'vazio infinito' aponta o máximo de austeridade que as coisas conseguem atingir" 至虛，物之極篤. Portanto, "vazio" aqui

não parece conotar cosmologia, indicando ao contrário um tipo de estado mental e emocional do indivíduo. O Senhor do Rio reforça, contudo, que esse estado psicológico não deixa de ter uma correspondência com o corpo, já que, por estarem "vazios e tranquilos", os órgãos não se desgastam com emoções excessivas.

2 *Cinco Entranhas*: 五内 (wunei) sinônimo de *Cinco Recipientes* (cf. cap. 3 nota 15).

3 Wang Bi explica: "'preservar o silêncio' significa preservar o que é genuíno e correto nos seres" 守靜，物之真正. "*Alcance o vazio infinito, Preserve o silêncio e seriedade*". Redação alternativa de GD: "vazio infinito é a permanência; preservar a moderação é seriedade" 至虛，恆也；守中，篤也.

4 Linguagem similar em *Analectos* (15.5): "Zizhang perguntou como ter êxito. O Mestre disse: '[Se] ao falar você é leal e confiável, *seu agir será franco e respeitoso*; mesmo em países bárbaros do Norte ou do Sul, você terá êxito'" 子張問行。子曰: "言忠信, 行篤敬, 雖蠻貊之邦行矣".

5 *Retorno*: cf. cap. 40, nota 3.

6 *Frondosas*: traduz a locução geminada 芸芸 (yunyun). 芸 é o nome chinês da planta "arruda" (*ruta graveolens*). A arruda tem forma de arbusto, com uma grande quantidade de ramos densamente arranjados, folhas espessas e igualmente numerosas. Laozi emprega essa imagem para descrever o aspecto das dez mil coisas.

7 *Raiz*: (根, gen) é um termo análogo a 本 (ben), com ele formando a palavra composta 根本. Embora também traduzível como raiz, etimologicamente, 本 significa o tronco de uma planta (cf. *Raiz/Ramos*: cap. 38, nota 27). "*[Apesar de que] todas as coisas [pareçam] frondosas,* Cada uma retorna a sua raiz". GD lê: "o Caminho do Céu reproduz-se em ciclos, cada coisa retorna a sua raiz" 天道員員，各復其根.

8 *Destino/Mandato (do Céu)*: duas das traduções mais intuitivas da palavra 命 (ming), cujo sentido etimológico é "proferir uma ordem, mandar". É relativamente conhecida a doutrina política chinesa, segundo a qual qualquer mudança dinástica corresponde à transmissão do "Mandato do Céu" (天命, tianming). A doutrina advoga que uma dinastia cai ao perder os favores da deidade, que dependem da lidimidade das ações do monarca. Essa teoria é uma das constantes do *Livro dos documentos*, obra que deu corpo à teoria em sua forma primitiva, ao narrar a conquista de Tudo sob o Céu pela casa de Zhou. Em Laozi, todavia, não há menção direta a Mandato do Céu, cujo papel político é substituído pela prática do Dao. Laozi segue a tendência do grupo de pensadores da primavera e outono e dos reinos combatentes, que expandem o âmbito de aplicação da palavra. Se antes o Mandato do Céu era monopólio da corte de Zhou, agora ele aplica-se também a todo e qualquer candidato a Sábio. Dessa forma, Confúcio, Mozi, Mêncio, Zhuangzi e tantos outros investigam o 命 no contexto de suas próprias vidas, não mais como exclusivamente referido ao primeiro entre homens, o Filho do Céu da casa de Zhou. Nesse sentido, a palavra merece ser traduzida como um termo mais comum, análogo a "destino", em português. Mas há algo especificamente chinês no termo 命, digno de nota. Nos *Comentários de Zuo* à obra canônica *Clássico da Primavera e do Outono*, encontra-se uma anedota que explicita tal acepção

《春秋左傳·成公十三年》: "*o povo recebe [a energia] moderada do Céu e da Terra para obter vida, isso é o que se chama de destino* 命. *Disso decorrem os princípios dos Ritos e suas determinações, todas as regras de protocolo e suas disposições, que disciplinam os comportamentos e atos dos homens – com a finalidade de delimitar o destino de cada um.* Àqueles que têm capacidade, deve-se garantir seu sustento para que aproveitem sua Fortuna; os que não têm, devem fracassar para que sofram com seu Azar. Por tal motivo, os Homens Nobres esforçam-se na prática dos Ritos, os Homens Mesquinhos, esgotam sua força em trabalhos braçais". 民受天地之中以生, 所谓命也是以有动作礼义威仪之则, 以定命也。能者养以之福, 不能者败以取祸。是故君子勤礼, 小人尽力. A passagem enfatiza que a cada um cabe um lugar no mundo, não necessariamente agradável; esse é o sentido usual da palavra "destino". Para além disso, contudo, o destino está vinculado à energia vital que se recebe do Céu e da Terra. Nesse caso, há um determinismo quase que "biológico" no termo, que ganha tanto mais força quanto menos exclusivo 命 se torna. Particularmente em Laozi e no comentário do Senhor do Rio, esses desenvolvimentos são facilmente observáveis, pois neles se empregam as doutrinas de Yin e Yang (cf. cap. 1, nota 20) e dos Cinco Elementos (cf. cap. 28, nota 12) para explicar o funcionamento do "Destino". "É o que chamo voltar ao Destino". As edições *Qiang* e *Cânone taoista* leem: "O silêncio é o que se chama voltar ao Destino" 靜曰復命". FY e MWD corroboram essa redação.

9 *Natureza Dada*: 性命 (xingming) é um termo composto por dois ideogramas. 性, traduzido por *Natureza* (cf. cap. 8, nota 1.) e 命, que quer dizer *Destino/Mandato* (cf. nota *supra*). O fato de os dois termos serem reunidos numa única palavra enfatiza a relação entre ambos. De fato, "Destino" assinala *a atribuição* das energias vitais pelo Céu e Terra, enquanto "Natureza" declara o *recebimento* delas pelos indivíduos.

10 "[O verso propõe que] os praticantes tranquilos e silentes são aqueles que restauram sua Natureza Dada, fazendo com que não morram". O manuscrito *Gu* acrescenta o trecho: "essa é a permanência do Dao" 乃道之常也".

11 *Permanência*: cf. cap. 1, nota 6.

12 *Brilho*: cf. *Brilho Sutil* (cap. 36, nota 2).

13 *Agir Desastradamente*: traduz o verbo 妄作 (wangzuo). Tanto em termos de redação, como de conteúdo, este verso de Laozi apresenta reminiscências do *Clássico das mutações*. Nessa obra, há um hexagrama chamado de 無妄 (wuwang), ou "que não se aja desastradamente" (se lido como 毋妄). Conforme a simbologia das *Mutações*, 無妄 é representado com o Céu no trigrama superior e o Trovão abaixo; sem entrar em detalhes, dessa simbologia advém a exortação para que as pessoas "ajam conforme as forças da natureza". É interessante notar, entretanto, que "agir conforme as forças da natureza" é harmonicamente transcrito em termos morais, donde o comentário chamado "Julgamento" 《周易·無妄彖》: "Se não fores reto, sofrerás reveses. [Em situações descritas como 無妄,] não é propício que se tome atitudes" 其匪正有眚, 不利有攸往. Portanto, agir desastradamente não significa unicamente falhar na escolha dos meios; no pensamento chinês, significa também *ignorar a moralidade esperada da própria conduta*. Vale considerar a explicação do Senhor

do Rio: "agem atabalhoadamente, *[fiam-se] na astúcia e empregam meios especiosos*". "Age desastradamente e traz a ruína [para si]". A edição impressa *Song* lê: "[deixar as raízes] secarem dá origem a catástrofes" 萎作凶.

14 *Brilho Divino*: cf. cap. 5, nota 10.

15 Embora o sentido fulcral no verso seja "tolerar", 容 (rong) tem também a conotação de "conter", donde a palavra ter sido traduzida por "encerrar dentro de si" no final do verso, o que é tão representativo do ideal chinês de perfeição.

16 公 (gong), o termo ora vertido por "imparcial" é idêntico ao que se traduziu por altruísta (cf. *Altruísmo/Egoísmo*: cap. 7, nota 10).

17 *Defeito*: 邪 (xie) significa "defeito, mácula"; é uma das palavras chinesas para "mal". Todavia, na cultura chinesa não existe um dualismo tão pronunciado como o da filosofia e religião ocidentais. Com efeito, "mal" não deve ser visto como uma força cosmológica, muito menos sob forma de hipóstase de um princípio contraposto ao bem. No pensamento chinês, o "mal" frequentemente nada mais é que um erro, uma mera imperfeição – no contexto de uma grande harmonia original.

18 "Quem governa seu corpo [até a marca da] retidão consegue dar forma à Unidade". O texto *Cânone taoista* acrescenta a expressão: "e manifesta tranquilidade" 治身正則形一而靜.

19 Não é raro descrever-se a realeza em termos cósmicos. Cf. *Analectos* 2.1: "O Mestre disse: 'Usar a Virtude para governar um país pode ser comparado com a Estrela do Norte, *que ocupa seu lugar enquanto as outras estrelas giram ao seu redor*'" 子曰: "為政以德, 譬如北辰, 居其所而眾星共之".

20 *Tríade entre Céu, Terra e Homem*: cf. cap. 32, nota 9.

21 *Poderes Morais*: cf. cap. 15, nota 3.

*Segundo Rolo*

# 淳風第十七
## *Capítulo 17*
## *Vento puro*

**太上，下知有之；**

—太上謂太古，無名之君也。下知有之者，下知上有君，而不臣事。質樸也。

**Na mais alta [das antiguidades],[1] as pessoas inferiores [tão somente] sabiam que ele existia;[2]**

*Comentários*

"A mais alta [das antiguidades]" refere-se ao período Taigu,[3] [quando reinavam] os soberanos que não tinham nome.[4] [Ao dizer que] "as pessoas inferiores [tão somente] sabiam que ele existia", [Laozi sugere que] o povo sabia da existência de um soberano acima de si, mas não o serviam como súditos. [Isso demonstra] a Naturalidade [das pessoas, simples como] uma tábua rasa.[5]

**其次親之，譽之；**

—其德可見，恩惠可稱，故親愛而譽之。

**Em seguida, [veio o tempo em que] o amavam, o veneravam;[6]**

*Comentários*

[O povo] via por seus olhos a Virtude do [soberano], podendo louvar [sinceramente] as generosas dádivas [que recebiam]: tal a razão para amá-lo e venerá-lo.

**其次畏之；**

—設刑法以治之。

**Após, [veio o tempo em que] o temiam.**[7]

*Comentários*

[Nessa etapa o soberano] determinou regulamentos e penas para governar a sociedade.

**其次侮之，**

—禁多令煩，不可歸誠，故欺侮之。

**E, por último, [veio o tempo em que] o ludibriam:**[8]

*Comentários*

[Em nossos dias,] proliferam as proibições, os éditos são redundantes. [Malgrado sua opulência, a lei] é incapaz de fazer o povo retornar à sua Sinceridade[9] – donde [a tendência de o vulgo buscar todas as formas de] trapacear e ludibriar [a lei].

**信不足焉，「有不信焉」。**

—君信不足於下，下則應之以不信，而欺其君也。

**[Como] ele não lhes parecia confiável, não lhe davam crédito;**

*Comentários*

[Laozi explica que] o soberano não é digno de confiança aos olhos do povo, que reage [aos seus atos], desacreditando-o e [recorrendo a] fraudes.

**猶兮，其貴言。**

—說太上之君，舉事猶「猶」，貴重於言，恐離道失自然。

**[Tão apegado à] etiqueta, oh, como dá valor às palavras!**[10]

*Comentários*

[Laozi] se refere ao soberano da mais alta antiguidade,[11] que pautava sua conduta [pelo elaborado cerimonial dos Ritos[12]] e que tinha tanto apreço pelas [belas] palavras.[13] [O vaticínio de Laozi exprime] seu medo de que [o soberano] se distancie do Dao e perca sua Espontaneidade.[14]

**功成事遂；**
—謂天下太平也。
**[Já o verdadeiro Rei,] sua obra se completa, os seus atos se cumprem;[15]**

*Comentários*

[Laozi se refere à obra de] promover a Grande Paz[16] em Tudo sob o Céu.

**百姓皆謂我自然。**
—百姓不知君上之德淳厚，反以為只自當然也。
**Os cem clãs[17] são unânimes, creem que meu [reino] é o da Espontaneidade.**

*Comentários*

Os cem clãs não sabem que [a ordem de Tudo sob o Céu deve-se] à Virtude austera e pura do soberano que jaz acima [de todos]. Ao contrário, eles creem que as coisas apenas se causam espontaneamente.

## Notas

1 *"Na mais alta das antiguidades"*. A edição *Anotações reunidas* lê: "o maior dos soberanos" 大君. Esse é o entendimento de parte substancial da crítica, avalizada pelo comentário de Wang Bi: "[Quando Laozi fala do] maior dos superiores, refere-se ao maior dos homens. A era em que o maior dos homens está acima de todos, eis o que se chama de 'o maior dos superiores'. Se o maior dos homens estiver numa posição de supremacia, e comportar-se segundo a Inação, praticando a doutrinação sem palavras, as dez mil coisas surgirão e não terá início qualquer ação intencional ou forçosa. Por isso, os inferiores apenas sabem [que o maior dos homens está no poder] e nada mais. Esse verso explica que tudo vem de cima" 大上，谓大人也。大人在上，故曰大上。大人在上，居无为之事，行不言之教，万物作焉而不为始，故下知有之而已，言从上也.

2 "Na mais alta [das antiguidades], as pessoas inferiores [tão somente] sabiam que ele existia". Conforme o primitivismo de Laozi, esta é a era dourada em que

a sociedade não possuía qualquer distinção social – ou pelo menos não tinha consciência dela.

3 *Taigu*: 太古, literalmente, "maior das antiguidades". Embora não se trate de um período historiográfico determinado, os chineses antigos usavam o termo para se dirigir ao início de sua civilização, que consideravam uma era de ouro, marcada pela estabilidade e harmonia social.

4 "[Quando reinavam] *os soberanos sem títulos*". O manuscrito 477 diz: "[quando reinavam] os soberanos que praticavam a Inação" 無為之君. As edições *Qiang* e *Cânone taoista* leem: "[quando reinavam] os soberanos sem nomes ou títulos" 無名號之君.

5 A edição *Qiang* acrescenta um breve trecho: "Como se nada soubessem, morriam sem que lhe fosse dado um nome póstumo, concedendo-lhe apenas um termo genérico de Huang (augusto)" 若不知者，沒而無謚法者，號之曰皇. Cf. *Três Huang*: cap. 19, nota 6.

6 O comentário de Wang Bi propõe: "incapazes de tratar de seus assuntos mediante a Inação, de usar a doutrinação sem palavras, eles estabeleciam um critério de bom e de correto, praticando-o e pondo-o em vigor. Por isso faziam com que as pessoas sentissem afeto familiar por ele, louvando-o" 不能以无为居事，不言为教，立善行施，使下得亲而誉之也.

7 Wang Bi explica: "incapaz de continuar a empregar a humanidade e benesses para comandar os seres, passou a depender da autoridade e do poder" 不能復以恩仁令物，而賴威權也.

8 Wang Bi: "sendo impossível utilizar os éditos reais para padronizar e retificar o povo, passou a utilizar a própria inteligência para pôr as terras em ordem. Os inferiores começaram a evitar suas investidas, desobedecendo a suas determinações. Por isso Laozi diz: 'ludibriam-no'" 不能法以正齊民，而以智治國，下知避之，其令不從，故曰，侮之也.

9 *Sinceridade*: é possível que 誠 (cheng) possua um significado comum nessa passagem – falar a verdade e não ludibriar o rei. Contudo, o termo desenvolveu-se historicamente, tornando-se primeiro um conceito da ética, e subsequentemente da cosmologia ortodoxas, dando grande contributo para a história das ideias chinesas. Por meio dele, a ortodoxia confuciana conseguiu urdir um princípio de moralização da natureza com que justificou sua doutrina do Bem absoluto. O *locus classicus* por excelência é o vigésimo parágrafo da obra *Doutrina do meio* 《中庸章句》, que trata dos chamados "Nove Cânones" para governo de Tudo sob o Céu, 九經: "cultivar a si próprio; respeitar homens de valor; tratar os parentes com afeto familiar; venerar os Grandes Servos (i.e. os burocratas a serviço da corte imperial que legaram exemplo de incorruptibilidade); participar da multidão de servos (ou seja, ingressar no serviço público); tratar o povo como seus próprios filhos; atrair os Cem Artesãos (quer dizer, os especialistas dos diversos ofícios); dar acalento às pessoas que vêm de longe" 修身也，尊賢也，親親也，敬大臣也，體群臣也，子庶民也，來百工也，柔遠人也，懷諸侯也. Conquanto esse

plano ainda pertença à mais tradicional ética confuciana, a passagem continua: "Apesar de que tudo necessário para governar Tudo sob o Céu, as terras e clãs sejam os Nove Cânones, *o meio de praticá-los é apenas Um* (...) *A Sinceridade é o Caminho do Céu; o que torna [o ser humano] Sincero é o Caminho do Homem*" 凡為天下國家有九經, 所以行之者一也「。。。」誠者, 天之道也; 誠之者, 人之道也. Esta passagem deu grande liberdade para que pensadores de gerações posteriores, de tendência confuciana, assimilassem o conceito taoista de Unidade (cf. cap. 1, nota 27) ao plano do autocultivo moral ortodoxo (cf. *Caminho do Homem*, cap. 47, nota 3). Com isso, a Unidade passou a ser descrita em função da Sinceridade. Nessa engenhosa transmissão de conceitos, a Espontaneidade de Laozi tornou-se um conceito compreensível em termos da sensibilidade e moralidade humanas – e não mais como algo anterior à sociabilidade. Por fim, a Sinceridade impôs-se atributo do Caminho do Céu (cf. cap. 22, nota 2).

10 "[Tão apegado à] etiqueta, oh, como dá valor às palavras!". WB lê: "Tão à vontade [com sua forma de ser], como valoriza suas palavras!" 悠兮, 其貴言. Apesar de esta leitura ser o exato oposto do Senhor do Rio, é importante considerar também o contexto geral do capítulo. Prevalecendo a leitura de Wang Bi, a descrição do soberano ideal começaria a partir deste trecho; no Senhor do Rio, a partir do próximo.

11 O Senhor do Rio parece estar manipulando o texto de Laozi, ao utilizar seu comentário para desviar a crítica para os soberanos dos tempos distantes – e não do presente. Todos os manuscritos parecem confirmar essa redação, portanto, não é o caso de erro textual.

Numa tentativa de interpretação, vemos que este capítulo de Laozi reflete um mito da era dourada, em que o soberano da mais alta antiguidade é um governante ideal, que não se impõe aos seus súditos como superior. Nesse contexto, ele é descrito como tão inocente e puro como o povo que governa. Não se trata de uma ideia exclusiva de *Laozi*, por exemplo, *Mêncio* e *Hanfeizi* também são acordes ao dizer que o trabalho de governar era um fardo na mais alta antiguidade, pois não trazia benefícios e distinções àquele que assumia a tarefa.

Sendo assim, não se pode negar que a "filosofia da história" chinesa, emblematicamente inscrita nesse capítulo, prefere o passado ao presente. Mas isso dá margem para gafes e situações desconfortáveis, como vilipendiar aquelas pessoas cujo patrocínio os intelectuais disputavam. Isso até que poderia funcionar com elites de mentalidade mais aberta, que valorizavam a independência e sinceridade de seus clientes. Contudo, os textos canônicos do pensamento chinês normalmente seguiam a cartilha dos elogios à ordem, pois foram elaborados por "intelectuais orgânicos", pessoas cuja carreira e interesses em larga medida dependiam de sua relação com o poder.

12 *Ritos*: cf. cap. 5, nota 7.

13 "Que tinha tanto apreço pelas [belas] palavras". A edição *Comentários reunidos* lê: "dava valor ao sábio conforme suas palavras" 貴聖於言.

14 *Espontaneidade*: cf. cap. 1, nota 7.

15 "Sua obra se completa, os seus atos se cumprem" tornou-se um provérbio chinês que esclarece o significado da Espontaneidade. O soberano cumpre desinteressadamente o seu papel.

16 *Grande Paz*: o termo 太平, Taiping remete à cepa do taoismo que se desenvolveu como uma tradição religiosa milenarista. Ilustram-no os importantes movimentos políticos do final da dinastia Han, dentre os quais inclusive há um que adotou o nome "Dao da Grande Paz" 太平道. Apesar de se organizarem separadamente em partes diferentes da China, esses movimentos tiveram como ponto de partida a divinização de Laozi, a elaboração de liturgias com aplicações político-militares, uma doutrina de ciclos celestiais para as sucessões dinásticas e o surgimento de uma coleção de textos considerados revelações sagradas. Impulsionados pela miséria do povo e pelo vácuo institucional deixado pela decadência dos Han, os movimentos afirmaram-se como poder paralelo ao clã imperial dos Liu, alistando multidões com a promessa de uma vida estável e segura. A partir do crescimento dos números de fiéis, as seitas desenvolveram-se em exércitos regionais que passaram a disputar a legitimidade do poder político que ora já exerciam de fato. A tradição intelectual chinesa desmerece como "taoismo religioso" toda a contribuição intelectual surgida desses movimentos – talvez pelo instinto legitimista da ortodoxia confuciana.

17 *Cem Clãs*: cf. cap. 3, nota 22.

# 俗薄第十八
## *Capítulo 18*
## *Da leviandade do vulgo*[1]

**大道廢，有仁義；**

—大道之時，家有孝子，戶有忠信，仁義不見也。
大道廢不用，惡逆生，乃有仁義可傳道也。

**Quando o Grande Dao[2] é abolido é que surgem**
**[as noções de] humanidade[3] e dever;[4]**

*Comentários*

Na era em que vigia o Grande Dao, [em todos os] lares os filhos cuidavam de seus pais; [em todas as] vizinhanças as pessoas eram leais [a seus superiores] e confiavam [em seus iguais.[5] As noções de] humanidade e dever não pareciam [necessárias. E então os governantes] aboliram o Grande Dao, deixando de usá-lo. [A partir daí] brotaram más intenções e desobediência e, com elas, a necessidade de empregar [noções de] humanidade e dever como maneiras de transmitir o Dao.

**智慧出，有大偽。**

—智慧之君，賤德而貴言；賤質而貴文。下則應之，
以為大偽姦詐。

**Quando a sabedoria e a inteligência[6] aparecem [no mundo]**
**é que têm início as grandes fraudes.**

*Comentários*

Soberanos [que se distinguem por] sua inteligência e sabedoria dão menos importância à Virtude[7] do que às belas palavras. [Isso se dá porque] têm menos consideração pela Naturalidade do que pelo Refinamento.[8] [O povo,] que está abaixo de si, corresponde [à sua forma de pensar], entregando-se a [toda forma de] fraudes e maquinações.

**六親不和，有孝慈；**

—六紀絕，親戚不和，乃有孝慈，相牧養也。

**Se os Seis [tipos de] Parentesco[9] não estão em concórdia é que se fazem necessárias a piedade filial e o carinho paterno;[10]**

*Comentários*

Quando as Seis Guias se partem,[11] quando os parentes estão em desarmonia: eis o momento em que surgem [distinções entre os que agem ou não conforme] a piedade filial ou o carinho paterno. [Entretanto, por mais que se valorize esses dois valores, eles não consistem em nada mais do que] se alimentar e se cuidar mutuamente.[12]

**國家昏亂，有忠臣。**

—政令不行，上下相怨。邪僻爭權，乃有忠臣，匡正其君也。此言天下太平，不知仁；人盡無欲，不知廉；各自潔己，不知貞。大道之世，仁義沒，孝慈滅。猶日中盛明，眾星失光。

**Se o feudo e o clã sofrem turbulências e mergulham no caos é que [se precisa de] servos[13] fiéis.**

*Comentários*

[Mesmo que o soberano profira] éditos e regulamentos, [os seus subordinados] não os executarão, pois ódios [secretos] permeiam relações entre superiores e subordinados. [Com a proliferação de pessoas] dissimuladas e maliciosas a disputar o poder é que [aparece a noção de] servo fiel – o que retifica o seu soberano.[14] Este capítulo defende que se a Grande Paz reinar em Tudo sob o Céu, [as pessoas] não saberão o que é humanidade ou senso de dever. Se todas as pessoas purgarem completamente seus desejos, não distinguirão o que é honestidade.[15] Se cada um se mantiver imaculado [em suas filiações políticas], não [haverá necessidade de] escrúpulos.[16] Numa era em que [prevalece] o Grande Dao, a humanidade e o senso de dever perecem, a piedade filial e o carinho paterno se exaurem. Nisso assemelha-se ao sol meridiano que, manifestando a plenitude de seu fulgor,[17] faz uma multidão de estrelas perderem o brilho.

## Notas

1 *Vulgo*: 俗 (su) aqui não se refere exclusivamente ao povo. Neste capítulo, Laozi desmerece particularmente alguns membros da elite, aqueles que, sendo parte do séquito do soberano, arrogam o título de Sábio, disputando-o entre si.

2 *Grande Dao*: aqui enfatiza sua conotação política, indicando o governo dos reis que praticam o Dao. Vale como exemplo uma passagem do nono capítulo do *Clássico dos Ritos* 《禮記·禮運》: "O Mestre Kong (Confúcio) disse: '[A era em que] se praticava o Grande Dao e os grandes homens das Três Dinastias, ah, Qiu não conseguiu alcançá-los – mas lá está meu ideal'" 孔子 曰: '大道之行也, 與三代之英, 丘未之逮也, 而有志焉'.

3 *Humanidade*: cf. cap. 5, nota 3.

4 *Dever*: é a tradução adotada para 義 (yi), umas das quatro (ou cinco) virtudes fundamentais do pensamento chinês. A definição mais sintética do termo é: "*['senso de] dever' [implica corresponder ao] exigido [em cada situação]*" 義, 宜也. Embora traduções usuais incluam, por exemplo, "justiça", a palavra "dever" é melhor por duas razões. Em primeiro lugar, o termo enfatiza o conteúdo relacional da virtude ao sublinhar o jogo de expectativas sociais que a determina, isto é, o vínculo entre um subordinado e o seu superior. Em segundo, o termo assinala a natureza eminentemente moral e explícita dessa virtude. Nesse ponto, parece mais apropriado do que justiça, dado que essa transmite a ideia de algo mais institucional e explícito.

5 "*[Em todas as] vizinhanças as pessoas eram leais a seus superiores e confiavam em seus iguais*". A edição *Cânone taoista* lê: "[em todas as] terras as pessoas eram leais [aos seus superiores] e confiavam [em seus iguais]" 國有忠信. A edição *Qiang* lê: "[em todas as] terras há servos fiéis" 國有忠臣.

6 *Sabedoria*: 智 (zhi) é outra das virtudes canônicas que, nessa passagem, vem acompanhada do ideograma 慧 (hui). Embora os dois termos possuam significados idênticos, na tradução tentou-se explorar duas dimensões da sabedoria: de um lado, a habilidade teórica de lidar com conhecimentos (inteligência) e, de outro, uma faculdade prática de julgar baseado na experiência (sabedoria).

7 *Virtude*: cf. cap. 38, nota 2.
8 *Naturalidade/Refinamento*: cf. cap. 3, nota 2.
9 *Seis Tipos de Parentesco*: Há diversas explicações para o conteúdo dos "seis tipos de parentesco" 六親 (liuqin). Por exemplo, o comentário de Wang Bi explica que os seis tipos de parentesco são: pai e filho; irmão mais velho e irmão mais novo; marido e mulher. É importante atentar-se para a natureza relacional dos seis termos – eles são descritos em pares, e também para a relação hierárquica entre eles, orientada por idade e/ou sexo.
10 *Piedade Filial/Carinho Paterno*: respectivamente 孝 (xiao) e 慈 (ci), são duas espécies de dever (cf. nota 4, *supra*). A ênfase quase religiosa dada ao dever dos filhos de servir aos pais – e dos pais de cuidar dos filhos – chama a atenção no cotidiano chinês (e na Ásia do Leste como um todo). Não se trata, contudo, de um afeto puramente privado, ou seja, restrito à vida das famílias tomadas individualmente; também as relações políticas de respeito e submissão ao governante modelavam-se no dever de piedade filial. Na China antiga, havia a doutrina de que o imperador era "pai e mãe do povo" (民之父母, minzhi fumu) e que a burocracia agia em seu nome. Embora abusos não sejam raros, também não se pode alegar que a ideologia não tinha contrapartidas: o soberano teria a responsabilidade de satisfazer as necessidades do povo – donde o forte teor paternalista das relações entre governantes e governados no país até hoje.
11 *Seis Guias*: Numa tradução bastante próxima do original chinês (紀, ji), a palavra "guia" aqui significa a corda atada à cabeça de um cavalo, usada para controlá-lo e dar-lhe direção. "Guia" é uma metáfora para o fato de que todos os tipos de relação familiar (inclusive parentesco colateral) utilizam essas seis formas como referencial. Os clãs chineses do passado, de dimensões exageradas na perspectiva da família nuclear do presente, possuíam um emaranhado complexo de relações de parentesco. Considerando que a hierarquia social se baseava na hierarquia familiar, as Seis Guias apresentavam um modelo simplificado para organizar o clã e, em última instância, o grupo social como um todo. O Senhor do Rio usa a expressão Seis Guias para glosar os seis tipos de parentesco mencionados por Laozi no texto principal. Dentre diversas explicações possíveis e igualmente relevantes, a obra *Baihutong*, no capítulo intitulado "Três Relações Políticas Cardinais e Seis Guias do Parentesco" 《白虎通·三綱六紀》, descreve-as como pai, irmãos (subentendida a disposição conforme hierarquia de idade/sexo), membros do clã paterno, membros do clã materno, mestre e colegas seniores, amigos e conhecidos. Atente-se para os dois últimos elementos da lista, que expande a família para compreender relações próximas, porém não consanguíneas, como o ambiente de estudos e trabalho.
12 Comparar com *Analectos* (2.7): "Ziyou perguntou sobre a filialidade. O Mestre disse: 'A pessoa filial de hoje em dia quer dizer *[apenas alguém] que pode cuidar [dos pais]. Mesmo cães e cavalos também conseguem alimentar [seus pais]*. Se não houver respeito, como se diferenciar [homens e animais]?'" 子遊問孝。子曰: "今之孝者, 是謂能養。至於犬馬, 皆能有養; 不敬, 何以別乎".

13 *Servo*: 臣 (chen) contrapõe-se a "soberano" (君, jun). Trata-se, todavia, de uma categoria bastante restrita, denotando o topo da elite político-burocrática, aqueles que estão pessoalmente próximos à fonte de poder – o imperador. Dessa maneira, "servo" não pode ser visto como um termo demeritório, antes um símbolo da etiqueta de corte na China antiga. No contexto maior da vida política, "servo" contrapõe-se a "povo" (民, min), reproduzindo – de maneira invertida – o mesmo tipo de distância e preferência hierárquica que existe entre si e "soberano". A palavra 臣 etimologicamente refere-se aos prisioneiros de guerra que se tornavam escravos pessoais dos conquistadores Shang (1556-1046 a.C.). Contudo, o termo é usado frequentemente como um pronome de tratamento, em que o subordinado refere a si próprio diante de seu superior. Ao depreciar-se a si próprio, punha-se em relevo a majestade do soberano a quem se servia. Enquanto substantivo, 臣 também pode ser traduzido por "ministro" – em sua origem latina (de *munus,-eris*), *ministro* significa "servir (para cumprir suas obrigações)" – o que assinala que as funções públicas não são exercidas em próprio nome, mas por delegação.

14 "*[Com a proliferação de pessoas] dissimuladas e maliciosas a disputar o poder é que [aparece a noção de] servo fiel – o que retifica o seu soberano*". Este trecho dá relevo a uma questão delicada em qualquer ambiente em que a hierarquia é importante. Como reconhecer a possibilidade de um soberano errar, considerando-se que entre ele e seus servos abria-se um abismo? Já que ao servo competia diminuir-se diante de seu soberano, como poderia o inferior advertir o superior de seus erros? O pensamento chinês empenha seus melhores esforços para resolver esse conflito. Entra então em cena o conceito de "Virtude", que idealmente se superporia às distinções de berço – colocando-se o imperativo de que até o superior estaria constrangido a reconhecê-lo. Mesmo a Virtude não deixa de ter suas próprias dificuldades: como identificar o indivíduo virtuoso? Como fazer com que a oposição avalize a "Virtude" do adversário e se lhe submeta? O jogo político na China antiga era um eterno conflito de facções que disputavam os favores do soberano. Tanto o peso de interesses concretos como as sutilezas e dubiedades do discurso moral minavam essas pretensões. O projeto de Laozi, tal como compreendido pelo Senhor do Rio, tenta resolver esse dilema de forma radical – "unificando as mentes para o bem".

15 "*Se todas as pessoas purgarem completamente seus desejos não saberão o que é honestidade*". O manuscrito *Qiang* diz: "Se os superiores e inferiores forem capazes de preservar a confiança de uns aos outros, não reputarão necessária a lealdade" 上下各自潔己. O manuscrito *Gu* lê: "Se todas as pessoas preservarem a confiança umas nas outras, não reputarão necessária a lealdade" 各自守信不知忠也.

16 *Escrúpulo*: 貞 (zhen) é um termo afeto a 正 (zheng), ou Retidão. Tendo por contexto o dia a dia de trabalho na corte, a palavra alude à fortaleza moral do indivíduo, que, apesar dos reveses, não sacrifica sua lealdade ao grupo a que está filiado.

17 "Nisso assemelha-se *ao sol meridiano que*, manifestando a plenitude de seu fulgor". O texto *Cânone taoista* diz: "Nisso assemelha-se ao vigor pleno do sol e da lua" 猶日月盛明.

# 還淳第十九

## *Capítulo 19*

## *Retorno à pureza*

**絶聖**

—絶聖製作，反初守元。五帝畫象，蒼頡作書，
不如三皇結繩無文。

**Se abolida [a noção de] Sábio**[1]

*Comentários*

[Laozi propõe] abolir as obras [civilizatórias] dos [grandes] Sábios, fazendo com que [a sociedade] retorne ao seu início, preservando suas origens.[2] Os Cinco Di[3] conceberam as Imagens[4] e Cang Jie[5] as transformou em caracteres, mas [nada do que fizeram] se compara com a sociedade [mais primitiva dos] Três Huang[6] que, [sem sentir a necessidade de] desenvolver a escrita, dava nós em cordas.[7]

**棄智，**

—棄智惠，反無為。

**E descartada [a sua] Sapiência,**[8]

*Comentários*

[Deve-se] abandonar [toda expressão de] inteligência ou sabedoria, retornando[9] a [um estado de] Inação.[10]

**民利百倍。**

—農事修，公無私。

**O povo sairá beneficiado cem vezes mais.**

*Comentários*

As tarefas da lavoura serão realizadas com empenho, [seus frutos] beneficiando a todos, sem privilegiar particulares.[11]

**絶仁棄義，**

—絶仁之見恩惠，棄義之尚華言。

**Se eliminada a Humanidade[12] e despojado o dever,[13]**

*Comentários*

Deve ser abolida a Humanidade que transparece como favores e graças [concedidos a outrem]; deve ser descartado o senso de dever que exalta palavras floridas.

**民復孝慈。**

—德化淳也。

**O povo voltará [a observar a] Piedade filial e o carinho paterno.[14]**

*Comentários*

[Pois o poder de] transformação[15] moral da Virtude [do Rei] é puro.

**絶巧棄利，**

—絶巧者，詐偽亂真也。棄利者，塞貪路，閉權門也。

**Se extinguidos os artifícios e esquecidos os privilégios,**

*Comentários*

Por "extinguir os artifícios" [Laozi quer dizer todo tipo de] trapaça, fraude e distorção da verdade. Por "esquecer os privilégios", [propõe-se] fechar os caminhos das pessoas ambiciosas e trancar as portas dos que buscam o poder [para si].

**盜賊無有。**

—上化公正，下無邪私。

**Não haverá mais ladrões e malfeitores.**

*Comentários*

Se os superiores [forem capazes de] transformar [o povo] em pessoas retas e imparciais, [será extirpada] toda forma de comportamento egoísta ou malicioso.

**此三者，**

—謂上三事所棄絕也。

**Estas três [medidas],**

*Comentários*

[Laozi] se dirige às três coisas [acima], que devem ser abolidas e esquecidas.

**以為文不足，**

—以為文不足者，文不足以教民。

**Não adianta transcrevê-las [em lei];**

*Comentários*

Não adianta transcrevê-las [em leis], porque [leis] escritas não são capazes de doutrinar o povo.

**故令有所屬。**

—當如下句。

**É necessário que [as pessoas] se incorporem [ao Dao]:**

*Comentários*

Têm que se submeter aos seguintes [princípios]:

**見素抱樸，**

—見素者，當抱素守真，不尚文飾也。抱樸者，當抱其質樸以示下，故可法則。

**"Manifestai a [pureza] da seda não tingida; abraçai a [simplicidade] da tábua virgem".**

*Comentários*

[A metáfora] "manifestar a [pureza] da seda não tingida" urge [os praticantes do Dao] a abraçar [um ideal de vida] como o da seda não tingida e a preservar a sua condição genuína.[16] Não se deve celebrar o refinamento artístico e os dons literários.[17] [A metáfora] "abraçar a [simplicidade] da tábua virgem" convoca [os praticantes do Dao] a abraçar a natureza da madeira não trabalhada para exibi-la a quem está abaixo [de si,[18] conseguindo], dessa maneira, constituir-se num modelo e princípio [para o comportamento de outrem].

**少私寡欲。**

—少私者，正無私也。寡欲者，當知足也。

**"[Agi] menos em benefício próprio, restringi [vossos] desejos a um mínimo".**

*Comentários*

[Exortando a "agir] menos em benefício próprio", [Laozi estimula] retidão e desprendimento. [Encorajando a] "restringir desejos a um mínimo", [Laozi sublinha que] é necessário saber dar-se por satisfeito [com o que se tem].

## Notas

1 *Sábio*: cf. cap. 2, nota 8.

2 "Fazendo com que [a sociedade] retorne ao seu início, *preservando suas origens*". A edição *Anotações reunidas* diz: "Fazendo com que [a sociedade] retorne ao seu início, preservando o Vazio" 反初守無.

3 *Cinco Di*: "Cinco Di" (五帝) ou "Cinco Imperadores" indica um grupo de figuras legendárias que governaram o povo da "China" antes de Xia (夏), a primeira dinastia "histórica" da China. A era dos Cinco Di assinala a "idade de ouro" do país,

pelo menos na perspectiva dos chineses antigos. Há pelo menos quatro versões diferentes sobre quem eram os "cinco imperadores". Na mais conhecida delas, o *Livro das mutações* menciona Fu Xi (伏羲) – o criador das "Oito Imagens" (ver nota *infra*); Shen Nong (神農), que ensinou o povo chinês a cultivar a terra; Huang Di (黃帝), o "Imperador Amarelo", que se destacou como líder militar, atribuindo-se-lhe também o desenvolvimento dos Ritos, o cerimonial político-religioso que está na raiz do excepcionalismo chinês; Tang Yao (唐堯) e Yu Shun (虞舜), duas figuras que permaneceram referências de Virtude pessoal e cívica para o período imperial chinês. Outra versão, também bastante influente, é a do cronista Sima Qian (司馬遷, 145 ou 135-86 a.C.). Sima compilou a primeira crônica do país no período imperial, que se tornou o modelo para as 21 histórias oficiais das dinastias seguintes. A lista de Sima é idêntica à da tradição de Dai De (戴德, ativo no século I a. C.) do *Clássico dos Ritos*, chamada de *Registro dos Ritos de Dai Sênior* 《大戴禮記》: Huang Di, Zhuan Xu (顓頊), Di Ku (帝嚳), Tang Yao e Yao Shun.

4 *Imagem*: cf. cap. 6, nota 1.

5 Cang Jie (倉頡) é uma figura lendária, de quem se diz ter sido servo de Huang Di, o Imperador Amarelo. A Cang se atribui a criação dos ideogramas chineses. Há menções à sua lenda dispersas em obras como *Hanfeizi*, *Huainanzi*, *Primavera e Outono de Lü Buwei* e no posfácio a *SWJZ*.

6 *Três Huang*: Os "Três Huang" (三皇) ou "Três Augustos" são reis sábios da alta antiguidade chinesa, anteriores aos "cinco imperadores". Seu *locus classicus* mais antigo talvez seja o recolhido no capítulo "Funcionários da Primavera" dos *Ritos de Zhou* 《周礼·春官》: Fu Xi, Shen Nong e Huang Di – nomes que repetem figuras previamente descritas como "Di". Outras listas importantes trazem Fu Xi, Nü Wa (女媧) e Shen Nong – sendo Fu e Nü um par hierogâmico – como a da *Primavera e Outono do Senhor Lü*. Uma tradição diferente é representada por Sima Qian, que diz serem eles o "Augusto da Terra" (地皇), o "Augusto do Céu" (天皇) e o "Augusto magnífico" (泰皇) – o que acena para o panteão taoista, nessa época ainda em formação.

7 Cf. o cap. 80: "Faze com que o povo volte a dar nó em cordas e que adote [essa e outras práticas do passado]".

8 "Se abolida [a noção de] Sábio e descartada [a sua] Sapiência". GD propõe: "Se abolida a sapiência e descartada a eloquência" 絶知棄辯.

9 *Retorno*: cf. cap. 40, nota 3.

10 *Inação*: cf. cap. 1, nota 8.

11 "*As tarefas da lavoura devem ser realizadas com empenho, [seus frutos] beneficiando a todos, sem privilegiar particulares*". A edição *Anotações reunidas* lê: "As tarefas da lavoura devem ser praticadas com abnegação" 農事無私.

12 *Humanidade*: cf. cap. 5, nota 3.

13 *Dever*: cf. cap. 18, nota 4.
"Se abolida a Humanidade e descartado o dever". GD diz: "Se abolida a falsidade e descartadas as maquinações (ou trapaças)" 絕偽棄慮（詐）.

14 *Piedade Filial/Carinho Paterno*: cf. cap. 18, nota 10.
15 *Transformação (Política)*: cf. cap. 3, nota 6.
16 *Preservar a Genuinidade*: cf. "Naturalidade" cap. 15, nota 11.
17 *Refinamento Artístico e Dons Literários*: é a tradução de 文飾 (wenshi) mais adequada a esse contexto. O primitivismo ético e religioso de Laozi acentua uma das polaridades da cultura chinesa, de que decorre a crítica ao outro pendor, o culto às letras e artes. Em termos filosóficos, ao discutir dois estilos de vida, Laozi revela a tensão intrínseca entre Naturalidade e Refinamento (cf. cap. 3, nota 2). Em outros contextos, 文飾 também pode ser traduzido como "insígnias e adereços de distinção social" (cf. cap. 64).
18 "[A metáfora] 'abraçar a [simplicidade] da tábua virgem' *convoca [os praticantes do Dao] a abraçar a naturalidade da madeira não trabalhada para exibi-la a quem está abaixo [de si]*". A edição impressa *Song* lê: "Convoca [os praticantes do Dao] a exibir sua honestidade e naturalidade da madeira virgem, para exibi-la a quem está abaixo [de si]" 當見其篤樸以示下. O texto *Gu* lê "Convoca [os praticantes do Dao] a exibir sua honestidade e naturalidade da madeira virgem, para exibi-la a Tudo sob o Céu" 當抱其質樸以示天下.

# 異俗第二十
## *Capítulo 20*
## *Distinguindo-se do vulgo*[1]

**絶學，**

—絶學不真，不合道文。

**Se rejeitado o aprendizado,**[2]

*Comentários*

[Deve-se] rejeitar todo aprendizado que não for verdadeiro, que não estiver de acordo com as tradições escritas do Dao.

**無憂。**

—除浮華，則無憂患也。

**Terão fim as preocupações.**[3]

*Comentários*

Já que assim se elimina toda sorte de artificialidade e adorno desnecessário, [o Dao prevalecerá,] não havendo preocupações ou reveses.

**唯之與阿，相去幾何。**

—同為應對而相去幾何。疾時賤質而貴文。

**Anuir [ao soberano[4]] por obediência ou bajulação, qual a sua diferença?**

*Comentários*

[Por lealdade ou servilismo,] a anuência é a mesma. Onde estará sua diferença? [Laozi] lamenta o seu tempo quando as pessoas desprezam a Naturalidade e atribuem grande peso ao Refinamento.[5]

**善之與惡，相去何若。**

—善者稱譽，惡者諫諍，能相去何如。疾時惡忠直，用邪佞也。

**Agradá[-lo] ou aborrecê[-lo], qual a sua medida?**

*Comentários*

[Com] "agradar" [Laozi se refere às pessoas aduladoras que] louvam [seu superior]; [com] "aborrecer", [às pessoas corretas que] censuram [os erros do soberano]. Qual será a sua medida? [Laozi] queixa-se de seu tempo, em que [as pessoas] detestam a lealdade e a retidão, recorrendo à malícia e bajulação.

**人之所畏，不可不畏。**

—人謂道人也。人所畏者，畏不絶學之君也。不可不畏，近令色，殺仁賢。

**Aquilo de que as pessoas têm medo, não há como não temer.**[6]

*Comentários*

"Pessoas" [neste verso] são aqueles que cultivam o Dao. "Aquilo de que as pessoas têm medo" refere-se ao medo do soberano, que não rejeitou [as formas impuras de] aprendizado. "Não há como não temer", [subentendem-se] a influência exercida por pessoas de "belas palavras e aparência agradável"[7] e o morticínio [de servos] humanos[8] e valorosos.

**荒兮，其未央哉。**

—言世俗「之」人荒亂，欲進學為文，未「有」央止也。

**Oh, [mundo] desolado! [Tão imenso é que] lhe falta um centro.**[9]

*Comentários*

[Laozi] dirige-se a uma sociedade de pessoas ordinárias em seu tumulto e degeneração [usuais]. São pessoas que [meramente] desejam progredir em seu aprendizado, elaborando criações literárias – sem nunca se dar por satisfeitas.

**眾人熙熙，**

—熙熙，淫放多情欲也。

**As pessoas da multidão [seguem,] numa alegria [tola],**

*Comentários*

A "alegria [tola]" [a que Laozi se dirige] é [a das pessoas que] se entregam a um excesso de desejos e impulsos.

**如享太牢，**

—如飢思太牢之具，意無足時也。

**Como se fossem [buscar seu] quinhão[10] no "grande sacrifício" [das três oferendas],[11]**

*Comentários*

[A "alegria tola" das pessoas comuns] parece-se com a situação de alguém que, tendo fome, lembra-se da abundância do "grande sacrifício". [O verso exprime] apetências que nunca podem ser satisfeitas.

**如春登臺。**

—春陰陽交通，萬物感動。登臺觀之，意志淫淫然。

**Como se subissem ao altar durante a primavera.[12]**

*Comentários*

Na primavera, [as energias] Yin e Yang se misturam, entrando em conjunção; [por sua afinidade com o Yin e Yang,] as dez mil coisas correspondem-lhe. [As pessoas comuns] sobem ao altar para observar [a renovação da natureza], o que atiça seus apetites.[13]

**我獨「泊」兮，其未兆，**

—我獨「泊」然安靜，未有情欲之形兆也。

**Só eu me mantenho sereno, oh, sem qualquer prenúncio[14] [dessa alegria],**

*Comentários*

Somente eu me mantenho sereno, tranquilo, em silêncio. Não há qualquer indício de [que em mim despertam os mesmos] desejos e impulsos [das pessoas comuns].

**如嬰児之未孩，**

—如小兒未能答偶人時也。

**Como o bebê que ainda não se tornou criança;[15]**

*Comentários*

Pareço-me com a criança que ainda [não cresceu o bastante para] interagir com seus brinquedos.[16]

**乘乘兮，若無所歸。**

—我乘乘如窮鄙，無所歸就。

**Recolhido em minhas hesitações, oh, como quem não tem para onde voltar.[17]**

*Comentários*

Eu me recolho em minhas hesitações, à guisa de [alguém que se fixa] num lugar isolado e ermo, sem ter [uma casa] para onde voltar.

**眾人皆有餘，**

—眾人余財以為奢，余智以為詐。

**Todos têm em abundância,**

*Comentários*

Tendo dinheiro em abundância, as pessoas da multidão [não resistem ao impulso de] ostentação; tendo conhecimentos em abundância, [empregam-nos] para fraudar [os incautos].

**而我獨若遺，**

—我獨如遺棄，似於不足也。

**Eu sozinho pareço ser o esquecido,**

*Comentários*

Apenas eu resto como o que foi esquecido e abandonado, assemelhando--me às pessoas que carecem [de bens ou dons].

**我愚人之心也哉，**

—不與俗人相隨，守一不移，如愚人之心也。

**[Esse é] o meu coração, [o coração] de um tolo,**

*Comentários*

Não me misturo à turba, seguindo e sendo seguido [em futilidades].[18] Preservo a Unidade, inquebrantável,[19] [donde a simplicidade de] meu coração [parecer-se com a] de um tolo.

**沌沌兮。**

—無所分別。

**Oh, um néscio!**

*Comentários*

[Não produzo] distinções de qualquer forma.

**俗人昭昭，**

—明且達也。

**As pessoas do vulgo [ofuscam-se umas às outras com] seu brilho,**

*Comentários*

[Esses indivíduos arrogam para si] um claro entendimento [das verdades últimas].

**我獨若昏。**

—如闇昧也。

**Apenas eu resto, como [homem de] poucas luzes.**

*Comentários*

[Visto pelos outros como] ignaro, estúpido.

**俗人察察，**

—察察，急且疾也。

**Essas pessoas vulgares, com seus critérios, com suas distinções!**

*Comentários*

"Critérios e distinções" [remetem às pessoas que tentam se distinguir por sua inteligência; [Laozi critica-as, mostrando que], por sua precipitação, incorrem em falta.[20]

**我獨悶悶。**

—悶悶，無所割截。

**Eu, o único estólido.**

*Comentários*

"Estólido" [ou seja, a pessoa que] não fere [os outros] com as próprias distinções.

**忽兮，若海。**

—我獨忽忽，如江海之流，莫知其所窮極也。

**Repentino, oh, como a maré,**

*Comentários*

Apenas eu sou o repentino. Como o movimento [caudaloso] de um rio ou da maré, ninguém sabe até onde alcançará [meu ímpeto].

**漂兮，若無所止。**

—我獨漂漂，若飛若揚，無所止也。志意在神域也。

**Flutuando [pelo vazio], sem [saber] onde pousar.**[21]

*Comentários*

Somente eu pairo [pelo vazio, sem raízes]. Ora em voo [com minhas forças], ora planando [sobre o vento], não tenho lugar para pousar. Isso porque minhas volições [me impelem ao] domínio do divino.[22]

**眾人皆有以，**

—以，有為也。

**As pessoas da multidão, todas têm seus meios;**

*Comentários*

"Ter meios" significa agir intencional ou forçosamente.[23]

**而我獨頑似鄙，**

—我獨無為，似鄙，若不逮也。

**Eu, o único que teimo em [expressar] minha baixeza.**

*Comentários*

Apenas eu [pratico a] Inação.[24] Pareço ser o baixo. Dou a impressão de que não estou à altura [dos outros].

**我獨異於人，**

—我獨與人異也。

**Singular, diferente de todos,**

Somente eu, o único que sou diferente de todos.

**而貴食母。**

—食，用也。母，道也。我獨貴用道也。

**[Ainda] busco o alimento em minha Mãe.**[25]

*Comentários*

"Buscar o alimento" quer dizer adotar [o Dao também como ponto de partida e meio. Dessa maneira,] Mãe é [uma metáfora] para o Dao. Somente eu prezo utilizar o Dao [da Espontaneidade e Inação].

## Notas

1 *Vulgo*: cf. cap. 18, nota 1. Neste capítulo, merecem atenção as referências ao "grande sacrifício" e a "subida ao altar", privilégios de uma classe muito restrita. Literariamente, o capítulo toma forma do lamento de um conselheiro desprestigiado na corte. Sem contar com o favor de seu benfeitor e incapaz de se submeter às doutrinas dos outros mestres, lamenta a falta de clarividência dos indivíduos, refugiados no estilo de vida adestrado e artificial dos "Ritos". Por fim, lança seu apelo à busca do Dao, que representa uma realidade mais simples e primitiva da que prevalece na China de seu tempo.

2 *Aprendizado/Estudo*: A palavra "aprendizado" possui um contexto cultural muito específico. Na China antiga, os soberanos buscavam cercar-se de conselheiros de todas as inclinações intelectuais. Dessa forma, abriam o governo a diferentes correntes de opinião. Ao mesmo tempo, tais potestades colocavam as diversas tendências de pensamento em conflito, o que valorizava seu papel de mediadores e sumo-árbitros, enquanto cultivavam a imagem de pessoas esclarecidas. Em contraponto ao soberano, a perspectiva de Laozi é a de um dos conselheiros que disputava a atenção do detentor do poder. Ao longo da história intelectual chinesa, verifica-se o interessante fenômeno de que embora as diferentes escolas se inspirassem nas ideias umas das outras – muitas vezes sem reconhecê-lo, elas arrogavam para si a legitimidade exclusiva do "aprendizado dos sábios". Cf. *Estudo*: cap. 48, nota 1.

3 Comparar com o capítulo 48: "[Quem se] empenha no Estudo agrega, dia após dia; [Quem] pratica o Dao míngua, dia após dia".

4 Neste e no próximo verso, o original chinês não menciona a quem se anui, agrada ou aborrece. Segue-se a interpretação geral do capítulo (cf. nota 1, *supra*), segundo a qual Laozi estaria criticando os adversários de sua doutrina.

5 *Naturalidade /Refinamento*: cf. cap. 3, nota 2.

6 "Aquilo de que as pessoas têm medo, não há como não temer". MWD sugere uma leitura diversa: "Aquilo que as pessoas temem [deve ser temido, e também não se pode deixar de temer as próprias pessoas" 人之所畏, 亦不可不以不畏人

7 Cf. *Analectos* (1.3): "O Mestre disse: '[aquelas] pessoas [que usam] *belas palavras e aparência agradável* raramente são Humanas'" 子曰: "巧言令色, 鮮矣仁.

8 *Humanidade*: cf. cap. 5, nota 3.

9 Este lamento de Laozi sobre a condição humana (e sua própria) aumenta a carga emocional do texto, preparando a quebra do poema em duas partes. A primeira parte apresentou a crítica do soberano que não rejeitou o aprendizado e, em seguida, passa à comparação de Laozi com as outras pessoas, lastimando-se de sua superioridade incompreendida.

10 *Quinhão*: O verbo 享 (xiang) aqui parece referir-se à parte final do "grande sacrifício" (cf. nota *infra*). No final da cerimônia, diz-se que o espírito "fez bom proveito" (享) da carne que lhe foi oferecida. Essa carne é por último "dividida" (享) entre

os presentes, simbolizando a solidariedade do ato religioso e a supremacia do soberano, a quem cabe distribuí-la aos presentes. Também seria possível explicar o verbo como o ato de oferecer a carne ao espírito (獻, xian), mas nessa hipótese não ficaria tão evidente *a ânsia por benefícios e vantagens do séquito do soberano*, a crítica que Laozi deixa subentendida nas entrelinhas. Além disso, a oferenda de carne não era realizada diretamente pelos presentes, o que comprometeria o entendimento da passagem.

11 *Grande Sacrifício*: Na China antiga, havia um elaborado sistema de rituais, dirigidos à proteção das famílias nobres e de seus domínios. Os destinatários desses rituais eram os espíritos celestes (神, shen), os espíritos terrestres (祇, qi) e as almas dos líderes do clã (鬼, gui), de quem se esperava obter benefícios sob forma de propiciação. O "grande sacrifício das três oferendas" (太牢, tailao) era um dos mais elaborados, envolvendo a consagração de um boi, uma ovelha e um porco, tendo lugar no primeiro dia de cada mês – conforme a 2ª parte do capítulo Quli, *Clássico dos Ritos* 《禮記·曲禮下第二》. Conforme o capítulo "Ordenanças do Rei", também do *Clássico dos Ritos* 《禮記·王制第五》, esse sacrifício era prerrogativa do Filho do Céu da Casa de Zhou (o imperador), que o realizava em favor dos espíritos dos altares da terra e dos grãos (社稷, sheji), os protetores da integridade territorial e das colheitas. Todavia, com o esboroamento da ordem política de Zhou, as novas forças arrogaram para si os privilégios rituais antes exclusividade do filho do Céu, como forma de legitimar seus regimes. Dessa maneira, o "grande sacrifício das três oferendas" passou a ser realizado pelos grandes senhores feudais, ao arrepio do que ditava a tradição. Essa é a nova situação, que prevaleceria na época de Laozi, mencionada pelo capítulo "Disposições diversas" do *Clássico dos Ritos* 《禮記·雜記上第二十》.

12 Os comentaristas chineses lançam a maior parte dos seus esforços para definir a ordem dos caracteres na frase; trata-se de subir ao altar da primavera ou subir ao altar na primavera? A tradução segue o consenso de que "primavera" é um adjunto adverbial. Outras duas questões parecem ser também importantes. Primeiro, qual o significado da expressão? "Subir ao altar" refere-se a um hábito do chinês antigo, de que é evidência uma temática-padrão na poesia, chamada de "subida às alturas" (登高, denggao). Especialmente durante a primavera, os chineses tinham o hábito de subir até lugares elevados, como altares (plataformas), promontórios, torres, pagodes, entre outros, com o objetivo de contemplar a natureza, que servia de vetor para suas próprias emoções. Há um número de poemas famosos, como o intitulado "subindo a torre da cegonha" (登鸛鵲樓, deng guanque lou), de Du Fu (杜甫), no qual a subida em si é vista como uma alegoria para o processo de cultivo moral-intelectual do indivíduo. O comentário do Senhor do Rio segue essa linha. Segundo, qual a relevância do verso para o capítulo como um todo? Laozi refere-se à subida ao altar depois de citar o "grande sacrifício". Por um princípio de composição literária em chinês, haveria uma relação entre ambos. Vem à mente uma longa passagem de *Os Analectos*, em que Confúcio discute com seus alunos

qual o melhor ideal de vida (11.25): "Zeng Xi diz: 'No terceiro mês da primavera, as roupas da estação já estariam sobre o corpo. [Com] cinco ou seis pessoas com o chapéu [da maioridade] e seis ou sete crianças nos abluiríamos no rio Yi. *O vento sopraria [frio] no altar da dança da chuva Yu, onde entoaríamos [hinos] e voltaríamos para casa*'". Trata-se de uma das poucas passagens de *Os Analectos* em que o sentimento religioso é explícito.

Apesar de tal pano de fundo solene, Laozi faz pouco dos burocratas adeptos do ritualismo oficial. Em vez de considerar Laozi como uma exceção, parece-me mais útil considerar sua atitude como um sinal dos tempos. A segunda metade da dinastia Zhou corresponde a uma etapa de profunda crise das instituições tradicionais, o que inclui a crença nas deidades e liturgias oficiais de Zhou – de que Confúcio, do alto de seu conservadorismo, era um firme defensor. Portanto, o termo "vulgar" não é termo ofensivo a denotar vileza ou abjeção, mas simples corriqueirice e ordinarismo.

13 Talvez uma referência a rituais de fertilidade, realizados na primavera – cujos cânticos possuem amostras preservadas no *Clássico dos Poemas*.

14 *Prenúncio*: o termo 兆 (zhao) possui uma etimologia interessante. Na dinastia Shang (cerca de 1600-1059 a.C.), as atividades divinatórias eram muito importantes para a vida política. Um de seus tipos era realizado com a carapaça de uma tartaruga, sobre a qual se perfuravam orifícios, posteriormente aquecidos até que surgissem rachaduras. De acordo com tais rachaduras, distinguiam-se os prognósticos a questões relevantes. Nesse contexto, o ideograma 兆 representa o casco da tartaruga com suas rachaduras – donde seu significado: "prognóstico", "augúrio", "sinal".

15 "Como o bebê que ainda não se tornou criança". Autores modernos interpretam o ideograma 孩 (hai) como 咳 (hai), cujo significado é "riso de criança" (SWJZ). Conforme esse entendimento, o verso deveria ler: "como o bebê que ainda não aprendeu a rir". Independentemente da alteração, Laozi alude a um estado de pureza original, em que o homem encontrava-se mais próximo da Espontaneidade.

16 "Brinquedo" é tradução aproximada do termo "偶人" (ouren), que em chinês significa "boneco" ou "marionete". Não se pôde descobrir referências consagradas pelo uso nem *loci classici* que orientem a interpretação do termo. "Pareço-me com a criança que ainda [não cresceu o bastante para] interagir com seus brinquedos". A edição *Gu* lê: "Pareço-me com a criança que ainda não é capaz de responder aos brinquedos" 未能言答偶時人也.

17 "Recolhido em minhas hesitações, oh, como quem não tem para onde voltar". O texto *Gu* diz: "Eu sozinho, oh, como quem não tem para onde voltar" 魁然如窮鄙.

18 A linguagem do comentário sugere o provérbio *"fluir com a corrente, unindo-se a sua imundice"* (同流合污, tongliu hewu), que revela quão complexa é a psicologia do sábio chinês. Sua origem remete ao último capítulo do *Livro de Mêncio*, em que o erudito discute uma passagem dos *Analectos*. Nela, Confúcio critica o paradigma do "bonzinho", aquela pessoa que se esforça para produzir uma imagem de virtude franca, na verdade motivado por sua vaidade e autointeresse. Laozi aqui enfrenta um problema similar.

19 Uma variante de *Abraçar a Unidade*: cf. cap. 3, nota 14.

20 "Por sua precipitação, incorrem em falta". O manuscrito *Gu* lê: "Por sua precipitação, incorrem em falta, estabelecendo um regime de éditos [reais]" 急且疾也，立法制也.

21 "Flutuando [pelo vazio], sem [saber] onde pousar". A edição *Qiang* sugere: "Apático, sem saber onde parar" 寂兮，似無所止. JDSW propõe: "como um abismo, sem saber onde parar" 淵兮，似無所止. WB possui a melhor redação: "como o vento do oeste, sem saber quando cessar" 飂兮，似無所止.

22 *Domínio do Divino*: é tradução literal do termo chinês 神域 (shenyu), descrito como um nível de desenvolvimento espiritual e moral (境界, jingjie) em que o praticante taoista tornava-se capaz de contemplar a inconstância e mutabilidade da natureza, o processo de constante transformação representado pelo Dao.

23 *Agir intencional ou forçosamente*: cf. cap. 75, nota 2.

24 *Inação*: cf. cap. 1, nota 8.

25 *Mãe*: cf. cap. 52, nota 2.

# 虛心第二十一
## *Capítulo 21*
## *Esvaziando o coração*

**孔德之容，**

—孔，大也。有大德之人，無所不容。能受垢濁，處謙卑也。

**[Aquilo que a] Magna Virtude [pode] abranger[1] [dentro de si]**

*Comentários*

"Magno" [qualifica a] grandeza [da Virtude]. Dessa forma, o homem de Magna Virtude é capaz de abranger tudo [dentro de si].[2] [Consequentemente,] ele pode suportar o que há de sórdido e abjeto [na sociedade], agindo com a humildade de uma pessoa baixa.

**唯道是從。**

—唯，獨也。大德之人，不隨世俗。所行獨從於道也。

**Procede unicamente do Dao.**

*Comentários*

"Unicamente" significa exclusivamente. [As atitudes do] homem de Magna Virtude não procedem [dos costumes e convenções] da sociedade. Todas as suas ações são exclusivamente determinadas pelo Dao.

**道之為物，唯怳唯忽。**

—道之於萬物，獨怳忽往來，而無所定也。

**[Se assemelhado a] uma coisa, o Dao seria fugidio, seria elusivo.**[3]

*Comentários*

[Se comparado] às dez mil coisas, o Dao seria a única delas [a ter um aspecto] fugidio, elusivo. Ora estando aqui, ora indo ali, [sem nunca parar num mesmo lugar,] não assume [uma forma precisa].[4]

**忽兮怳兮，其中有象。**

—道唯忽怳無形，其中獨有萬物法象。

**Elusivo! Fugidio! Dentro dele estão presentes as imagens.**[5]

*Comentários*

Embora o Dao seja elusivo e fugidio, sem uma forma [fixa], apenas dentro dele é que podemos encontrar as imagens-modelo[6] das dez mil coisas.[7]

**怳兮忽兮，其中有物。**

—道唯怳忽，其中有一，經營生化，因氣立質。

**Fugidio! Elusivo! Dentro dele existem [todas as] coisas.**

*Comentários*

Apesar de o Dao ser fugidio e elusivo, ele [está permeado] pela Unidade.[8] [É o Dao que] planeja e executa [a obra de] criar e transformar,[9] valendo-se da energia vital para produzir matéria.[10]

**窈兮冥兮，其中有精，**

—道唯窈冥無形，其中有精實，神明相薄，陰陽交會也。

**Abismal! Obscuro! Dentro dele encontra-se a essência.**[11]

*Comentários*

Embora o Dao seja abismal e obscuro, sem uma forma [fixa], dentro dele há a essência plena.[12] O brilho emitido pelos espíritos interpenetra-se [sem dano][13] e [as forças] Yin e Yang[14] misturam-se, entrando em conjunção.[15]

**其精甚真，**

—言道精氣神妙甚真，非有飾也。

**A sua essência é muito verdadeira,**

*Comentários*

[O verso] propõe que a essência e energia vital [oriundas do] Dao são divinas, maravilhosas [e por isso] muito verdadeiras – não possuem adornos [de qualquer tipo].[16]

**其中有信。**

—道匿功藏名，其信在中也。

**Dentro dele há [algo em que se pode] acreditar;**

*Comentários*

O Dao [permite que] seus méritos [caiam no] anonimato e se esconde de sua reputação: sua credibilidade está dentro de si.

**自古及今，其名不去，**

—自，從也。自古至今，道常在不去。

**Desde a antiguidade até os nossos dias, seu Nome[17] nunca se perdeu,**

*Comentários*

"Desde" quer dizer a partir [do início dos tempos]. [Laozi fala] "desde a antiguidade até os nossos dias" porque o Dao sempre esteve presente, nunca deixou [de estar entre nós].

**以閱眾甫。**

—閱，稟也。甫，始也。言道稟與，萬物始生，從道受氣。

**[Pois] com ele [sempre] se passou em revista a procissão de genitores.**[18]

*Comentários*

"Passar em revista" [sugere] tomar [energia vital]. "Genitor" aqui sugere [a noção de] começo. [Este verso] quer dizer que é o Dao quem transmite [a energia vital] dada [às coisas]. As dez mil coisas começam a ter vida a partir do recebimento de energia vital proveniente do Dao.

**吾何以知眾甫之然哉。**

—我何以知從道受氣。

**[E] como foi que eu aprendi a respeito da "procissão de genitores"?**

*Comentários*

[E] como descobri que a energia vital é recebida do Dao?

**以此。**

—此，今也。以今萬物皆得道「之」精氣而生。
動作，起居，非道不然。

**Com isto.**

*Comentários*

"Isto" [é uma referência aos] nossos dias. [Também] hoje em dia, as dez mil coisas obtêm energia pura do Dao para nascer. [Quando cada coisa] se move, se ergue, se ajoelha, se senta, nada seria possível sem o Dao.

## Notas

1 *Abranger/Atividade*: Embora apareça uma única vez no primeiro verso, da palavra 容 (rong) dependem as diversas leituras do capítulo. Etimologicamente significando "cheio", o termo possui outras conotações. O Senhor do Rio parte do sentido de

"abranger [dentro de si]", e explora a polissemia da palavra, incluindo "aspecto" e "tolerar". Diversamente, o comentário de Wang Bi ao trecho lê: "[O que há de] maior [é o] vazio. Somente aquele que adota o Vazio como sua Virtude é capaz de, subsequentemente, *receber movimento e ação* do Dao" 孔，空也。惟以空為德，然後乃能動作從道. Obviamente, Wang Bi sobrepõe suas ideias a Laozi, cuja tese principal é a de que o Vazio é superior a todas as coisas e dele dependem *o movimento e a atividade*. No caso de Wang Bi, 容 é relacionado a 動 (dong), "movimento" – ou seja, o que dá conteúdo ao vazio.

2 "*Desta forma, o homem de magna virtude* é capaz de abranger tudo [dentro de si]". O manuscrito *Qiang* diz: "A abrangência (容) da Magna Virtude é capaz de tudo envolver" 大德之容，無所不容.

3 "*[Se assemelhado a] uma coisa,* o Dao seria fugidio, seria elusivo". MWD lê "as coisas do Dao são fugidias, elusivas" 道之物，唯恍唯忽.

4 "Ora estando aqui, ora indo ali, [sem nunca parar num mesmo lugar,] não assume [uma forma precisa]". Os manuscritos *Qiang* e *Gu* leem: "ora estando aqui, ora estando ali, vem e vai em seu lugar" 獨恍忽往來，於其所也.

5 *Imagem*: cf. cap. 6, nota 1.

6 *Imagem-modelo*: a locução original 法象 (faxiang) significa, literalmente, "tomar a imagem (象) como modelo (法)". Essa locução aparece algumas vezes no *Clássico das mutações*, podendo ser traduzida como "arquétipo" ou "imagem arquetípica", sendo digno de nota um trecho da primeira parte dos *Comentários anexos*: "consequentemente, não há *imagens arquetípicas* maiores do que Céu e Terra" 是故法象莫大乎天地. Como ressaltado no cap. 6, nota 1, Imagem possui um sentido técnico, oriundo das *Mutações*, segundo o qual os 64 hexagramas da obra são um código de símbolos, hauridos da Natureza (i.e. Céu e Terra) pelos Reis Sábios, capazes de representar toda a realidade e também de orientar as comunidades humanas no que é certo e errado. Por exemplo, o termo "imagem-modelo" aparece no contexto dos hexagramas "fosso" (坎, kan) e "caldeirão" (鼎, ding), assim denominados porque o arranjo de linhas Yin-Yang sugere uma imagem estilizada desses objetos. A seu turno, da primitiva associação visual deriva-se um tipo de intuição sobre o significado simbólico dessas figuras, como ao fosso associa-se a noção de perigo (em que se pese o risco de se cair dentro dele) e, ao caldeirão, a ideia de transformação moral dos indivíduos (já que o caldeirão pode ser usado para cozinhar – transformar – coisas.

7 "Apenas dentro dele *é que podemos encontrar as imagens-modelo das dez mil coisas*". O manuscrito *Gu* diz: "Apenas dentro dele é que as dez mil coisas criam imagens--modelo" 其中獨有萬物設法像.

8 *Unidade*: cf. cap. 1, nota 27.

9 "[É o Dao que] planeja e executa a [obra de] criar e transformar". A edição impressa *Song* lê: "[É o Dao que] planeja, executa e se responsabiliza pela Transformação" 經營主化. A edição *Anotações reunidas* lê: "[É o Dao que] planeja e executa a [obra de] produzir e transformar" 經營造化.

10 *Matéria/Coisa*: O conceito físico "matéria" diz-se 物質 (wuzhi) em chinês moderno, que corresponde a duas palavras usadas separadamente na língua arcaica. 物 (wu) significa "coisa" e 質 (zhi) significa o "material" de que são feitas essas coisas. Conforme a visão tradicional dos chineses, tudo presente no mundo é composto por energia vital, seja visível ou invisível. O Senhor do Rio é coerente ao dizer que a matéria nada mais é do que energia vital consolidada.

11 *Essência*: cf. cap. 3, nota 16.

12 *Essência Plena*: (精實, jingshi) poderia ser traduzido como "essência cheia". Considerando as inclinações do Senhor do Rio, talvez haja aqui uma interessante metáfora remetendo a "cheio" e "vazio", dois conceitos usados na medicina chinesa para explicar o comportamento da energia vital. Nesse sistema, a saúde é descrita como um equilíbrio de energia vital, em que cada um dos cinco recipientes (cf. cap. 3, nota 15) idealmente deve permanecer "cheio" de energia vital. Ao "esvaziar-se", surgem desequilíbrios que o médico compensa com remédios, massagem ou acupuntura. Dado esse contexto, o Dao é descrito por Laozi como algo mutável, fugidio e, em certa medida, "vazio". Paradoxalmente, é esse "vazio" que dá origem e suporta a "essência" (de energia vital). Enquanto o Dao é "vazio", o corpo humano é "cheio". Portanto, há uma interação e mesmo interdependência entre "Dao" e "homem", de modo que a passagem remete ao "fato" de que "cheio e vazio", "Dao e homem" se sustentam.

13 Nesse trecho, o Senhor do Rio usa linguagem reminiscente do *Livro das mutações* para, suponho, descrever a interação entre o brilho emitido pelos espíritos [dos cinco recipientes] (cf. cap. 5, nota 10). Heshang Gong parece estar sugerindo que a essência encontra-se no seu estado ótimo no momento em que os cinco recipientes cooperam para fazer circular a energia vital, sem desperdiçá-la. Ao explicar como os 64 hexagramas surgem dos oito trigramas básicos, o comentário intitulado "explicação dos hexagramas" do *Livro das mutações* diz o seguinte《周易·說卦》: "[Pela interação entre] Céu (o trigrama 'Qian') e Terra (o trigrama 'Kun'), seus territórios são delimitados, [embora um seja nobre e o outro, humilde]; o mesmo ar flui entre a Montanha (o trigrama 'Gen') e o Pântano (o trigrama 'Dui') [embora um seja alto e o outro baixo]; *o Trovão (o trigrama 'Zhen') e o Vento (o trigrama 'Xun') se interpenetram [sem dano]*; Fogo (o trigrama 'Li') e a Água (o trigrama 'Kan') [se misturam] sem se atacar: [eis como os] oito trigramas se emaranham [para conceber o grupo de 64] (...)" 天地定位，山澤通氣，*雷風相薄*，水火不相射。八卦相錯 (...). O ponto mais importante desse trecho é o ideal, tão peculiarmente chinês, de que os opostos não necessariamente possuem uma relação destrutiva, uma vez rigidamente delimitados seus espaços e estabelecida alguma forma de convivência harmônica que canalize os antagonismos individuais para um fim comum, que beneficie o conjunto.

14 *Yin-Yang*: cf. cap. 1, nota 20.

15 "[As forças] Yin e Yang misturam-se, entrando em conjunção". A edição *Gu* lê: "[As forças] Yin e Yang misturam-se, entrando em conjunção, para estabelecer os corpos e os espíritos" 陰陽交會，以立形神.

16 "[O verso] propõe que a 'essência' e 'energia vital' [oriundas do] Dao são divinas, maravilhosas [e por isso] muito verdadeiras – não possuem adornos [de qualquer tipo]". A edição impressa *Song* diz: "[o verso] propõe que acumular energia pura leva a maravilhas, é muito genuíno, não possuindo adereços 言存精氣其妙, 甚真非有飾也.

17 *Nome*: cf. cap. 1, nota 12.

18 *Procissão dos Genitores*: MWD redige "multidão dos pais" 眾父, Wang Bi comenta o termo, dizendo: "é a origem dos seres" 物之始. No contexto do verso, "procissão dos genitores" afirma a antiguidade do Dao, pois esteve presente em todas as gerações de seres. Em segundo lugar, reforça o ponto de que sua transmissão não se interrompeu desde os tempos mais imemoriais.

# 益謙第二十二

## *Capítulo 22*

## *Mais humildade*

**曲則全，**

—曲己從眾，不自專，則全其身也。

**[O que é] curvo, [protege sua] integridade,**

*Comentários*

[Quem] se curva para se conformar ao grupo, abrindo mão de suas [veleidades, protege sua integridade] pessoal.

**枉則直，**

—枉，「屈也」。屈己而伸人，久久自得直也。

**[O que é] torto, [preserva sua] retidão.**

*Comentários*

"Torto" [alude ao ato de] dobrar [o próprio orgulho]. [Aquele que] dobra [o próprio orgulho] para estender [seus respeitos e reverência] aos outros, com o passar do tempo adquire [reputação de pessoa] correta.

**窪則盈，**

—地窪下，水流之。人「謙」下，德歸之也。

**[É da natureza] de uma vala preencher-se,**

*Comentários*

[Assim como] uma vala se diminui [para dentro da] terra e a água flui para dentro de si, [quando] um homem, por modéstia, diminui-se [diante de outrem,] a Virtude[1] se rende a ele.

**弊則新，**
**—自受弊薄，後己先人。天下敬之，久久自新也。**
**[E dos] escombros se refazerem.**

*Comentários*

[Similarmente, aquele que vê seu patrimônio] em escombros deve pôr os outros à frente de si. [Dessa forma,] Tudo sob o Céu o honrará e, com o passar do tempo, conseguirá se refazer.

**少則得，**
**—自受取少，則得多也。天道佑謙，神明托虛。**
**[Os que receberem] pouco terão [sucesso];**

*Comentários*

[Se ao reclamar o que nos cabe, preferirmos] receber pouco, obteremos muitos [outros benefícios. Por exemplo,] o Caminho do Céu[2] dá guarida aos humildes, o brilho dos espíritos[3] abençoa [com sorte] os modestos.[4]

**多則惑。**
**—財多者惑於所守；學多者惑於所聞。**
**[E os que receberem] muito ficarão perplexos.**

*Comentários*

As pessoas que têm muitas posses não saberão como proteger [seu patrimônio]; os que têm um aprendizado muito diversificado não saberão [discernir certo e errado] no que ouviram.[5]

**是以聖人抱一，為天下式。**

—抱，守「也」。法，式也。聖人守一，乃知萬事，故能為天下法式也。

**Por [tais razões] o Sábio abraça a Unidade[6] e se torna o modelo para Tudo sob o Céu:**

*Comentários*

"Abraçar" tem o sentido de preservar. Forma é o significado da palavra "modelo", [ou seja, algo a ser imitado]. O Sábio preserva a Unidade e [somente assim é que consegue] conhecer as dez mil coisas.[7] [Esse Sábio] é [a pessoa] capaz de se constituir no modelo, na forma de [que deve sair] Tudo sob o Céu.

**不自見，故明；**

—聖人不以其目視千里之外，乃因天下之目以視，故能明達也。

**É por não atentar para si[8] que vê [tudo com] clareza;**

*Comentários*

O Sábio não usa seus olhos para ver o que está a mais de mil *li*[9] de distância; ele toma emprestado os olhos de Tudo sob o Céu para saber [o que se passa]. É daí que vem sua iluminada ciência [das coisas].[10]

**不自是，故彰；**

—聖人不自以為是而非人，故能彰顯於世。

**É por [nunca] se dar razão que se notabiliza;**

*Comentários*

O Sábio não [tem o hábito] de dar razão a si próprio em detrimento dos outros, logo [obtém reputação de alguém] notável e ilustre na sociedade.

**不自伐，故有功；**

—伐，取也。聖人德化流行，不自取其美，故有功於天下。

**É por não arrogar [nada] para si que colhe méritos;**

*Comentários*

A arrogância [é típica de quem] se apropria [de algo alheio]. Na pessoa do Sábio a "Virtude" e a "Doutrinação" fluem e interagem, não [lhe é necessário] arrogar-se uma bela [reputação], já que seus méritos [estão dispersos por] Tudo sob o Céu.

**不自矜，故長。**

—矜，大也。聖人不自貴大，故能「長」久不危。

**É por não se [cantar] glórias que é longevo;**

*Comentários*

[Cantar-se] glórias [exprime a intenção] de se engrandecer [aos olhos dos outros]. O Sábio não vê grandeza nem distinção em si. Como resultado, não se coloca em perigo e consegue viver longamente.

**夫唯不爭，故天下莫能與之爭。**

—此言天下賢與不肖，無能與不爭者爭也。

**E é por não lutar [por objetivo algum][11] que nada [ou ninguém] em Tudo sob o Céu consegue disputar com ele.**

*Comentários*

Este verso propõe que nem pessoas de valor, nem pessoas malcriadas,[12] ninguém em Tudo sob o Céu é capaz de disputar com aquele que não luta.

**古之所謂曲則全者，豈虛言哉。**

—傳古言曲從則全身。此言非虛妄也。

**Os antigos dizem "[o que é] curvo, [protege sua] integridade";[13] serão essas palavras vazias?**

*Comentários*

[Laozi cita] um ditado antigo propondo que as pessoas que dobram [sua própria vontade] para seguir [os que estão acima de si] conseguem [evitar conflitos e] preservar sua integridade física. Essas palavras não são falaciosas.

**誠全而歸之。**

—誠，實也。能行曲從者，實其肌體，歸之於父母，

無有傷害也。

**De fato, [protege] sua integridade até o momento em que a darão de volta.**[14]

*Comentários*

"De fato" [é um termo de] reforço. [Somente] as pessoas que têm o poder de subjugar suas próprias vontades para obedecer [a alguém preservam] a integridade de carne e ossos. [E assim,] dão [seu corpo] de volta ao seu pai e sua mãe, não havendo nem dano, nem perda.[15]

## Notas

1 *Virtude*: cf. cap. 38, nota 2. Neste capítulo, Virtude tem o sentido de "poder moral" obtido pelo praticante do Dao.

2 *Caminho do Céu*: Nas autoridades mais antigas, Caminho do Céu (天道, Tiandao) remete à religião e às superstições chinesas, sendo empregado em estreita conexão com Mandato do Céu ou Destino (天命, Tianming, cf. cap. 16, nota 8). O primeiro *locus classicus* talvez seja o *Livro dos documentos* (書經, Shujing ou 尚書, Shangshu), coletânea de textos históricos atribuída a Confúcio e um dos clássicos ortodoxos da tradição confuciana. Nele, o Caminho do Céu é a razão para que os favores celestes recaiam sobre a pessoa virtuosa, ou para que se receba o castigo divino – incorrido, por exemplo, pelo rei que abusou de suas prerrogativas. O termo aparece um número de vezes, especialmente nos capítulos "Anúncio do Grande Yu" 《大禹謨》, "Anúncio do Rei Tang" 《湯誥》 e na segunda parte de "Discurso sobre o Destino" 《說命中》. Mas a exemplo de outros conceitos importantes, o que antes era privilégio exclusivo do Rei ou da mais alta aristocracia, com o passar do tempo foi apropriado por uma nova elite intelectual, que não necessariamente detinha as mais altas posições de governo. Como resultado desse processo, nota-se que no capítulo oito de *Hanfeizi* 《韓非子·揚權第八》, uma influente obra do final do período dos Reinos Combatentes, o âmbito de influência do "Caminho do Céu" é expandido para contemplar todo e qualquer homem (particularmente os que se lançam na vida política). Caminho do Céu possui uma relação íntima com o Caminho do Homem (cf. cap. 47, nota 3). Passagens esparsas dos *Comentários de Zuo à crônica da Primavera e Outono* 《春秋左傳》, outra obra canônica, descrevem o Caminho do Céu como algo distante, além da compreensão das pessoas. Em contraste, o Caminho do Homem é apresentado como próximo da vida cotidiana, porque permeia a vida política e cultivação moral dos indivíduos em sociedade.

Fica implícita, assim, a recomendação de que os melhores esforços sejam lançados para explorar o Caminho do Homem, o que se tornou a orientação doutrinária do confucionismo ortodoxo. Comprovam-no dois ditos dos *Analectos*: "Zigong disse: '[Sobre] o Refinamento e a Erudição do Mestre, pode-se ouvir [falar. *Já] o que o Mestre disse sobre a Natureza Humana e o Caminho do Céu, não se pode ouvir falar*'" 子貢曰: "夫子之文章, 可得而聞也; 夫子之言性與天道, 不可得而聞也" (5.12) e "Ji Lu perguntou sobre [como] servir aos espíritos. O Mestre disse: '*Não pôde servir às pessoas, como servir aos espíritos?*'. [Ji Lu disse:] 'Ouso perguntar sobre a morte.' [O Mestre] disse: 'Não sabe o que é a vida, como saber o que é a morte?'" 季路問事鬼神。子曰: "未能事人, 焉能事鬼 " 敢問 死。曰: "未知生, 焉知死" (11.11). Mêncio e Xunzi, dois confucianos angulares de gerações posteriores, adotam uma postura similar à do Mestre, negando a relevância do Caminho do Céu, se o mesmo permanecer desvinculado de uma busca moral que lhe dê sentido. Foi na tradição de Mêncio que se produziu o célebre texto *Doutrina do Meio*, contendo a "posição final" sobre o assunto. Nele, o "Caminho do Céu" está vinculado ao "Caminho do Homem". Por um lado, o Céu é descrito como a fonte de toda moralidade e dele decorre o impulso natural de cultivação das pessoas 《中庸章句·第二十章》: "Nesse sentido, o Homem Nobre não pode deixar de cultivar a si próprio. Se desejar cultivar-se, não pode deixar de servir aos seus pais. Se desejar servi-los, não pode deixar de conhecer o ser humano. Se desejar conhecê-lo, não pode deixar de compreender o Céu" 故君子不可以不修身; 思修身, 不可以不事親; 思事親, 不可以不知人; 思知人, 不可以不知天. Na prática, o Caminho do Céu da ortodoxia parece nada mais ser do que a justificativa para que um tipo de moralidade, peculiar à sociedade chinesa, seja visto como natural e portanto sacralizado. O taoismo segue uma abordagem diferente do pan-eticismo confuciano. Outra passagem dos *Comentários de Zuo* assinala interesse de alguns em entender o funcionamento do Caminho do Céu, relacionando-o aos fenômenos celestes, a que se atribui a sorte dos eventos sobre a Terra. Não é por acaso que os funcionários especializados em astrologia, cálculo calendárico e Yin e Yang foram os responsáveis pela formulação da doutrina que explicou o que é o Caminho do Céu, cuja influência se espraiou por todo o período imperial. Na interseção dessas três áreas – astrologia, calendário e Yin--Yang –, os Comentários ao *Livro das Mutações* representam o primeiro esforço de tratar formalmente do "Caminho do Céu". Laozi filia-se a essa corrente, embora não contenha um tratamento detido do tema. Coube a obras taoistas posteriores, como *Zhuangzi* ou *Guanzi*, e às "enciclopédias" *Primavera e Outono do Senhor Lü* e *Huainanzi* desenvolver o assunto. A cultivação moral no taoismo primitivo haure seu conteúdo do elemento "celeste", consistindo na imitação da Natureza ou Espontaneidade. É importante enfatizar que a distinção entre ortodoxia confuciana e taoismo primitivo não é peremptória. Um importante confuciano da primeira metade da dinastia Han, o famoso sistematizador Dong Zhongshu (董仲舒, 179-104 a.C.), absorveu ideias de Yin Yang e Cinco Elementos ao quadro tradicional da ortodoxia.

3 *Brilho dos Espíritos*: cf. cap. 5, nota 10.

4 "O Caminho do Céu dá guarida aos humildes, o brilho dos espíritos abençoa [com sorte os] modestos". O texto *Cânone taoista* lê: "O Caminho do Céu dá guarida aos humildes, as entidades espirituais presenteia aos vazios de si" 天道佑謙, 鬼神益虛.

5 *Aprendizado Diversificado* 雜學 (zaxue): é um hábito na tradição chinesa prezar a pessoa fiel às doutrinas de uma única escola, embora os mestres de cada tendência habitualmente tomem ideias emprestadas de outrem – muitas vezes sem reconhecê-lo. Talvez esse hábito se deva ao fato de os chineses antigos proporem haver uma única "origem" ou "raiz" (本, ben) para todas as doutrinas. Em termos sociológicos, o debate intelectual na China imperial girava em torno de quem seria o mestre avalizado pelo regime, isto é, quem seria o intérprete ou comentarista autorizado, cujo pensamento representava essa "raiz". Diferentemente da pedagogia moderna, o ensino chinês tradicional não visava a preparar o indivíduo para construir uma visão de mundo própria, julgando ou escolhendo autonomamente. Em última análise, isso talvez se deva ao fato de que não havia uma noção de "indivíduo", de personalidade separada do grupo ou independente das relações sociais.

6 *Abraçar a Unidade*: cf. cap. 3, nota 14. "Preservar a Unidade" (守一, shouyi) é um sinônimo.

7 "O Sábio preserva a Unidade e [somente assim é que consegue] conhecer as dez mil coisas". O manuscrito *Qiang* traz: "O Sábio preserva a Unidade e as dez mil obras concluem-se" 聖人守一, 萬事畢.

8 Outra leitura possível de "É por não atentar para si que [vê tudo com] clareza" seria "é por não se ostentar, que se reveste de lustre", hipótese em que 見 (jian) é lido como "xian".

9 "里" (li) é uma medida chinesa de comprimento. Embora seu valor varie de dinastia a dinastia, hoje em dia conta com cerca de 500m.

10 "É daí que vem sua iluminada ciência [das coisas]". O texto *Qiang* lê: "Por isso é capaz de saber claramente [o que Tudo sob o Céu] deseja" 故能明愿也.

11 "E é por não lutar [por objetivo algum]". O manucrito *Cânone taoista* traz: "E é por não se jactar" 夫唯不矜.

12 *Pessoa de Valor/Pessoa Malcriada*: os termos 賢 (xian) e 不肖 (buxiao) são inerentes ao sistema moral e social chinês. Traduzido por "pessoa de valor", 賢 é aquele que se distingue por seus poderes morais (道德, Daode), através dos quais constrói uma reputação de sólidas credenciais éticas e talento (才, cai). Na China antiga, "talento" está associado, sobretudo, às belas-letras, que era associado à aptidão para o trabalho burocrático. As "pessoas de valor" não representavam o ápice da perfeição humana no sistema chinês, contudo, sendo os louros devidos à figura rara do sábio (聖人, shengren, cf. cap. 2, nota 8). Diferentemente do sábio, cujas listas usuais incluem apenas homens, havia "mulheres de valor", das quais a primeira talvez seja Ban Zhao (班昭, 45?-117? d.C.). Zhao era irmã de Ban Gu (班固, 32-92 d.C.), compilador da segunda história dinástica da China, o *Livro de Han*. Vale menção à obra *Biografias das mulheres notáveis* (列女傳, lienüzhuan), de Liu Xiang

(劉向, 77-6 a.C.), que imortaliza uma série de figuras a partir de um catálogo de virtudes morais adequadas à posição e ao papel exercido pelas mulheres na sociedade chinesa antiga. No extremo oposto do espectro vêm as "pessoas malcriadas" (不肖, buxiao), tradução que, embora aparentemente inusitada, tenta refletir o original chinês. Uma das explicações do termo especula que, por 肖 ser uma corruptela de "parecer", "不肖" é alguém que "não se parece com o próprio pai", ou seja, que não seguiu os ensinamentos do pai ou que não respeitou sua memória. Isso basta para demonstrar que a "piedade filial" (孝, xiao) – uma profunda reverência (e submissão) à autoridade dos pais – é o valor maior da sociedade chinesa. Portanto, 不肖 também pode ser lido como 不孝, ou seja, aqueles que cometeram a maior das faltas, não estar à altura da criação que receberam dos pais, ofendendo sua imagem e seu nome.

13 No quarto capítulo de *Zhuangzi* 《莊子·人間世篇第四》, há uma anedota que remete ao ditado "o que é curvo protege sua integridade". Um marceneiro chegou às terras de Qi, onde havia uma multidão a observar uma grande árvore frondosa. O artesão passou como que despercebido por ela, para perplexidade de seu discípulo. O mestre explicou-se, alertando que a árvore era torta e sua madeira não tinha aplicação nenhuma – donde a moral da história, que a árvore somente conseguira preservar-se por tanto tempo porque não atraía a cobiça de ninguém. Como diz um ditado taoista: "a maior das utilidades está em ser inútil" 無用而大用.

14 *Retorno*: cf. cap. 40, nota 3.

15 Este verso remete a convicções quase religiosas dos chineses. A "piedade filial" assenta-se numa dupla dívida do filho para com os pais. Mais do que retribuição aos cuidados recebidos na infância, trata-se de um dever natural, pois, segundo os chineses, a própria vida é devida aos pais. Na China antiga havia o tabu de que qualquer dano ao corpo (mesmo cortar o cabelo) seria uma ofensa ao "presente" recebido dos pais. Considerada essa crença, o sistema penal chinês antigo tinha na mutilação (p.ex. marcar com o ferro, serrar o nariz ou a patela dos joelhos) um elemento dissuasório bastante eficaz.

# 虛無第二十三
## *Capítulo 23*
## *O vazio e o nada*

**希言自然：**

—希言者，謂愛言也。愛言者，自然之道。

**De poucas palavras é a Espontaneidade:**[1]

*Comentários*

"De poucas palavras" exprime o cuidado com as palavras. Quem tem cuidado com as palavras [que profere segue] o Dao da Espontaneidade.

**飄風不終朝，驟雨不終日。**

—飄風，疾風也。驟雨，暴雨也。言疾「風」不能長，暴「雨」不能久也。

**Nenhum vendaval persiste por uma manhã, pancadas d'água não duram sequer um dia.**

*Comentários*

[Durante um] vendaval, o vento uiva, ligeiro. As pancadas d'água são como os temporais, [só que não se estendem por um longo período. Este verso propõe que] o vento, que uiva, ligeiro, não é capaz de soprar por muito; nem as pancadas d'água conseguem demorar-se.

**孰為此者？天地。**

—孰，誰也。誰為此飄風，暴雨者乎？天地所為。

**O que os fez assim? Foram o Céu e a Terra.**

*Comentários*

[Ao dizer] "o que", [Laozi pergunta-se sobre] "quem" [os fez. Dito de outra forma,] quem é o artífice deste vendaval, desta pancada d'água? São obra do Céu e da Terra.

**天地尚不能久，**

—不「能」終於朝暮也。

**[Porém] mesmo o Céu e Terra não podem fazê-los durar para sempre,**

*Comentários*

Não são capazes de fazer com que [o vendaval ou a pancada d'água] durem mais do que uma manhã ou um dia.

**而況於人乎？**

—天地至神，合為飄風，暴雨，尚不能使終朝至暮，何況「於」人，欲為暴卒乎？

**Quanto mais o homem?**

*Comentários*

[Mesmo] Céu e Terra, que possuem os maiores [poderes] espirituais e unem-se para produzir a ventania ou pancada d'água, não são capazes de fazer [vento e chuva] durarem mais do que um dia inteiro, da manhã ao entardecer. Quanto mais o homem! [Ao tentar fazer com que as coisas não sejam como elas são,] não terá ele o desejo de provocar sua morte prematura?[2]

**故從事於道者，**

—從，為也。人為事當如道安靜，不當如飄風驟雨也。

**Quem se pauta pelo Dao em seus afazeres**

*Comentários*

"Afazer" [aqui corresponde a] todo ato [presumindo intenção ou esforço]. Em qualquer ato, a pessoa deve se mostrar como o Dao, tranquila e silenciosa. Não deve ser como o vendaval ou a pancada d'água.

**道者同於道,**[3]

—道者謂好道「之」人也。同於道者，所為與道同也。

**[É praticante do] Dao, [e, assim,] irmana-se ao Dao.**

*Comentários*

"[Praticante do] Dao" é toda pessoa que tem afinidade [com sua doutrina]. "Irmanar-se ao Dao" equivale a comportar-se de modo a entrar em comunhão com ele.

**德者同於德，**

—德「者」謂好德「之」人也。同於德者，所為與德同也。

**[Pautando-se pela] Virtude,[4] une-se à Virtude;**

*Comentários*

"Quem se pauta pela Virtude" é todo aquele que tem afinidade [com sua prática].[5] "Unir-se à Virtude" implica agir de maneira a se igualar a ela.

**失者同於失。**

—失謂任己「而」失人也。同於失者，所為與失同也。

**[Pautando-se pelo] fracasso, nivela-se ao fracasso.**

*Comentários*

"Fracasso" é quando se dá expressão às próprias veleidades e se desperdiçam as pessoas.[6] "Nivelar-se ao fracasso" significa buscá-lo nas próprias ações.

**同於道者，道亦樂得之。**

—與道同者，道亦樂得之也。

**Aquele que se irmana ao Dao, o Dao regozija-se ao acolhê-lo;**

*Comentários*

Quando alguém está em comunhão com o Dao, este regozija-se em acolhê-lo.

**同於德者，德亦樂得之。**

—與德同者，德亦樂得之也。

**Aquele que se une à Virtude, a Virtude jubila-se ao acolhê-lo;**

*Comentários*

Quando alguém está unido à Virtude, esta jubila-se em acolhê-lo.

**同於失者，失亦樂失之。**

—與失同者，失亦樂失之也。

**Aquele que se nivela ao fracasso, o fracasso exulta ao arruiná-lo.**[7]

*Comentários*

Quando alguém se coloca ao pé do fracasso, este exulta ao causar sua ruína.

**信不足焉，有不信焉。**

—君信不足於下，下則應君以不信也。此言物類相從，同聲相應，「同氣相求」，雲從龍，風從虎，水流濕，火就燥，自然之數也。

**Já a quem não é digno da confiança, não lhe oferecerão lealdade.**[8]

*Comentários*

Quando o soberano não é digno de confiança aos olhos de seus subordinados, estes reagem com deslealdade. [Este capítulo desenvolve conselhos práticos com base no princípio geral de que] "as coisas seguem seus tipos; vozes iguais se acompanham; energias vitais similares se buscam; dragões bufam e as nuvens [se condensam]; os tigres rugem [fazendo soprar] o vento; a água flui [para baixo, conforme sua natureza], molhada; o fogo lança [suas chamas para cima, conforme sua natureza,] seco: eis os números [produzidos pela] Espontaneidade".[9]

## Notas

1 *Espontaneidade*: cf. cap. 1, nota 7.

2 "*[Mesmo] Céu e Terra, que possuem os maiores [poderes] espirituais e unem-se para produzir a ventania ou pancada d'água, não são capazes de fazer [vento e chuva] durarem um dia inteiro, da manhã ao entardecer. Quanto mais o homem! [Ao tentar fazer com que as coisas não sejam como elas são,] não terá ele o desejo de provocar sua morte prematura?*". A edição *Fan Yingyuan* lê: "O Céu e Terra são o que causa ventania ou pancada d'água, num instante que seja; mas mesmo assim não são capazes de fazê-las durar um dia inteiro, da manhã ao entardecer. Quanto mais o homem, que deseja fazer coisas que provocam sua morte prematura?" 天地至神，合為飄風，暴雨，尚不能使終朝至暮，何況「於」人，欲為暴卒乎？"范應元本作"天地所以忽為飄風暴雨，尚不能使終朝至暮，何況於人，欲為暴卒事也.

3 "Quem se pauta pelo Dao em seus afazeres, *[É praticante do] Dao,* [e, assim,] irmana-se ao Dao". MWD e *Huainanzi* 《淮南子·道應訓》apresentam redação alternativa: "quem se pauta pelo Dao em seus afazeres irmana-se ao Dao" 故從事於道者，同於道.

4 *Virtude*: cf. cap. 38, nota 2.

5 "'Quem se pauta pela Virtude' é todo aquele que tem afinidade [com sua prática]". As edições *Cânone taoista* e *Qushan Ji* leem: "Virtuoso é aquele que tem Virtude" 德「者」謂有德之人。

6 *Desperdiçar A Pessoa*: 失人 (shiren): possivelmente é referência a *Analectos* (15.7): "O Mestre disse: 'Poder falar e não dialogar, isso é *desperdiçar a pessoa*. Não poder falar e dialogar, isso é desperdiçar a palavra. O sábio não desperdiça a pessoa nem a palavra'" 子曰："可與言而不與之言，失人；不可與言而與之言，失言。知者不失人，亦不失言". Nesse contexto, "desperdiçar a pessoa" significa deixar de construir uma relação de confiança com alguém que possui credenciais intelectuais, morais e, possivelmente, distintas socialmente. O Senhor do Rio certamente herda essa concepção, lembrando que o praticante do Dao não deve necessariamente estar sozinho. É preciso que oportunidades sejam dadas a todos aqueles que podem contribuir para a sua finalidade de realizar o Dao.

7 *Acolher/Arruinar (Sucesso/Fracasso)*: o original chinês contrapõe "得" (de) a "失" (shi). Mais do que "acolher", "得" tem o sentido mais profundo de "obter algo", "ter sucesso". "失", por sua vez, significa "perder", "fracassar", "errar". O pensamento chinês é utilitário e pragmático; logo porção considerável sua volta-se, nas entrelinhas, à descoberta de métodos ou técnicas para obtenção do sucesso. Um bom exemplo são as crônicas históricas chinesas que, mais do que um relato objetivo e factual do passado, dedicam-se à descrição dos 得失 das dinastias anteriores, ou

seja, do que deu certo e errado no passado. Logo, é importante que o leitor esteja atento a uma leitura possível, menos exotérica do Dao e de sua Virtude, que devem ser entendidos como o método e a capacidade de obter sucesso na sociedade – ainda que essa noção de sucesso esteja permeada de condições morais. "Aquele que se irmana ao Dao, o Dao *regozija-se ao acolhê-lo*. Aquele que se une à Virtude, a Virtude *jubila-se ao acolhê-lo*. Aquele que se nivela ao fracasso, o fracasso *exulta-se ao arruiná-lo*". Há pequenas diferenças entre as diversas edições, como, por exemplo, o manuscrito *Qiang* adota: "Aquele que se irmana ao Dao, o Dao também o acolhe. Aquele que se une à Virtude, a Virtude também o acolhe. Aquele que se une ao fracasso, o fracasso também o acolhe" 同於道者，道亦得之；同於德者，德亦得之；同於失者，失亦得之.

8 *"Já a quem não é digno da confiança, não lhe oferecerão lealdade"*. Ausente de MWD, esse verso repete frase similar do cap. 17. Há quem proponha que se trate de interpolação.

9 *"Eis os números* [produzidos pela] Espontaneidade". A edição impressa *Song* lê: "eis os tipos produzidos pela Espontaneidade" 自然之類也. O Senhor do Rio improvisa sobre passagem do capítulo "Wen Yan" do *Livro das mutações* 《周易·乾文言》. A passagem comenta a quinta linha do hexagrama Qian (乾). Qian é o primeiro e mais importante hexagrama dentre os 64 que compõem o *Livro das mutações*, representando o Céu ou o soberano ideal. As seis linhas de Qian compõem uma narrativa em que o dragão, alegoria do Rei Sábio, surge de origens humildes, prepara-se para assumir suas responsabilidades, recebe o apoio dos detentores do poder, torna-se o líder de Tudo sob o Céu e, por fim, entra num conflito destrutivo com novos competidores. A quinta linha representa o apogeu da carreira desse indivíduo, num momento em que a ordem natural e política – Céu e Terra, soberano e sociedade – estão em seu mais perfeito equilíbrio. Eis uma tradução tentativa do trecho original: "Nove [i.e. o número que representa a energia Yang pulsando, pronta para transformar-se] na quinta posição: 'O dragão [finalmente] alça voo pelo Céu, o momento é apropriado para que surjam grandes homens'. O que significa esta frase? O Mestre diz: *'Vozes iguais se acompanham; 'energias vitais' similares se buscam; a água flui [para baixo, conforme sua natureza], molhada; o fogo lança [suas chamas para cima, conforme sua natureza,] seco; [é por isso que] os dragões bufam e as nuvens [se condensam]; os tigres rugem [fazendo soprar] o vento'*. Surge o Sábio e as dez mil coisas o contemplam. O que tem sua origem no Céu aproxima-se do que está acima; o que tem sua origem na Terra aproxima-se do que está abaixo – cada uma das coisas segue seu tipo." 九五曰"飛龍在天，利見大人"，何謂也？子曰："同聲相應，同氣相求。水流濕，火就燥。雲從龍，風從虎。聖人作，而萬物睹。本乎天者親上，本乎地者親下，則各從其類也". A passagem descreve a obra do soberano, mantenedor de uma ordem em que as dez mil coisas, cada uma delas, encontra-se em seu lugar. Essa Harmonia depende de uma série de fatores. Primeiramente, cada coisa possui seu lugar no mundo, por definição (cf. metáfora do fogo e da água). Em segundo lugar, também por natureza, existem dois tipos de poder e autoridade absolutos,

fundados num ideal de moralidade e bondade. Na natureza, esse poder é exercido pelo Céu; na sociedade, por um soberano perfeito. Dragão e tigre são uma alegoria do poder desses dois soberanos de colocar as coisas em seu lugar, Céu acima, soberano abaixo. Nuvem e vento podem ser entendidos como representação das dez mil coisas, que se submetem ao poder do Céu e do soberano. O Sábio é aquele capaz de intuir tais verdades, surgindo na sociedade com o papel de instruir o povo a seu respeito. Apesar de ser largamente fiel ao original, o Senhor do Rio propõe ligeira inversão na sequência dos termos (provavelmente acidental) e introduz uma nova conclusão, que transfere o foco das atenções para a "Espontaneidade". Em vez de "surge o Sábio e as dez mil coisas o contemplam", dependendo da versão adotada lê-se "eis os números" ou "eis os tipos produzidos pela 'Espontaneidade'". "Número" (數, shu) é um dos fundamentos do *Livro das mutações*, segundo o qual a realidade, composta por uma combinação de Yin-Yang e Cinco Elementos, pode ser representada por símbolos numéricos. Segundo as *Mutações*, é pela existência dos "números" que se é possível usar técnicas divinatórias para se conhecer as tendências do futuro. Esses "números" representam principalmente qualidades (tais como ordem, posição, temperamento, cor etc.).

# 苦恩第二十四
# *Capítulo 24*
# *As amarguras de quem pleiteia favor*

**跂者不立，**

—跂，進也。謂貪權慕名，進取功榮，
則不可久立身行道也。

**Quem se põe na ponta dos pés não para de pé;**

*Comentários*

"Pôr-se na ponta dos pés" [é uma metáfora para a pessoa que deseja] progredir [na sociedade. Logo, este verso] fala da pessoa que cobiça o poder, que aspira fama para si;[1] [é aquele] que agarra [qualquer oportunidade de] obter mérito ou glória. Sendo assim, nunca consegue estabelecer-se em definitivo, nem consegue praticar o Dao.

**跨者不行；**

—自以為貴而跨於人，眾共蔽之，使不得行。

**Quem dá um passo maior do que a perna não [consegue] avançar.**

*Comentários*

["Dar um passo maior do que a perna" indica] a pessoa que se julga distinta, um passo além dos outros; porque é desprezada pelos que estão à sua volta, não consegue [continuar a] avançar.

**自見者不明，**

—人自見其形容以為好，自見「其」所行以為應道。
殊不自知其形「容」醜，「而」操行之鄙。

**Aquele que só vê a si próprio não brilha;**

*Comentários*

É a situação dos que ao verem a sua própria imagem, [perdem-se] em autoaprovação [fútil], crendo que suas ações correspondem com o Dao.[2] Não se dão conta, absolutamente, de quão feio é seu semblante, nem de quão abjeta é sua conduta.

**自是者不彰；**

—自以為是而非人，眾共蔽之，使不得彰明。

**Aquele que [sempre] dá razão a si não se sobressai.**

*Comentários*

[É o caso da pessoa] que se crê sempre certa e que [só] vê erro nos outros. [Contudo, e talvez por isso mesmo, ela é] desprezada pelos que estão à sua volta, o que [termina por] impedi-la de se destacar.

**自伐者無功，**

—所為輒自伐取其功美，即失有功於人也。

**O homem que se arroga méritos termina sem eles;**

*Comentários*

Todo homem presunçoso, que se jacta de realizações e de belas [virtudes], perde qualquer mérito que [porventura] haja obtido junto a alguém.

**自矜者不長。**

—好自矜大者，不可以長久。

**O homem que se vangloria não perdura.**

*Comentários*

Não será permanente o [renome] de quem gosta de cantar vanglórias da própria grandeza.

**其於道也，曰餘食贅行。**

—贅，貪也。使此自矜伐之人，在治國之道，
日賦斂餘祿食「以」為貪行。

**Esses são os que o Dao alcunha de "sobras de comida", de "excrescências".**[3]

*Comentários*

"Excrescências" [alude a] cobiça. No que atine ao dao do governo de um feudo, é por ter cobiça que a pessoa que se vangloria exige, dia após dia, [mais] corveias e [mais] impostos, com o fim de ter mais do que sua renda fixa em grãos.

**物或惡之，**

—此人在位，動欲傷害。故物無有不畏惡之者。

**As [dez mil] coisas os odeiam...**

*Comentários*

Quando esse homem está no poder, [basta que] seus desejos se agitem [dentro de si] para que ele [comece a] ferir e prejudicar [os que estão à sua volta]. É por tal motivo que não há coisa que não o tema, que não o odeie.

**故有道者不處也。**

—言有道之人不居其國也。

**É por isso que quem possui o Dao em si não se coloca [nessa posição].**

*Comentários*

[O verso] propõe que a pessoa que possui o Dao em si não permanece em terras assim.

## Notas

1 "[Este verso] fala da pessoa que cobiça o poder, *que aspira fama para si*". A edição *Cânone taoista* lê: "[Este verso] fala da pessoa que cobiça o poder e que fabrica fama para si" 謂貪權冒名.

2 "[Perdem-se] em autoaprovação [fútil], *crendo que suas ações correspondem com o Dao*". "[Perdem-se] em autoaprovação [fútil], crendo que praticam o Caminho do Homem" 作 自見「其」所行以為人道.

3 *Excrescências*: É possível que 贅行 deva ser lido como 贅形, literalmente "tumor", "excrescência", já que 行 (xing, ação) e 形 (xing, forma) são palavras etimologicamente relacionadas e há uma longa tradição hermenêutica segundo a qual a palavra original deve ser substituída – inclusive o comentário de Wang Bi.

# 象元第二十五
## *Capítulo 25*
## *Imagem primordial*

**有物混成，先天地生。**

—謂道無形，混沌而成萬物，乃在天地之前。

**Há uma coisa[1] indiferenciada, porém completa;**
**[ela já existia] antes [mesmo de haver] Céu e Terra.**

*Comentários*

[Este verso] explica que o Dao não tem forma; é [a partir] do Hundun[2] que se produzem as dez mil coisas: logo, [o Dao é] anterior ao Céu e à Terra.

**寂兮寥兮，獨立而不改。**

—寂者無音聲，寥者空無形。獨立者無匹雙。
不改者化有常。

**Oh, [sempre em] quietude! Oh, [nunca] assume forma**
**[definida]! Não depende de nada; não muda jamais.**

*Comentários*

[Laozi discorre sobre quatro atributos do Dao:] com "Quieto", descreve o que não tem nem som, nem voz. "Informe" é o que é vazio, sem forma. "Independente" porque não possui um par que combine consigo.[3] "Imutável" é o que há de permanente[4] no processo de transformação.[5]

**周行而不殆，**

—道通行天地，無所不入。在陽不焦，託陰不腐。
無不貫穿，「而」不危殆也。

**Ubíqua é sua influência, mas nunca corre perigo;**[6]

*Comentários*

A influência do Dao permeia Céu e Terra, não há lugar em que não se faça presente. Sob o sol, não queima; à sombra, não apodrece.[7] A tudo permeia, impregna a tudo; consequentemente, nunca periclita, nunca sofre dano.

**可以為天下母。**

—道育養萬物精氣，如母之養子。

**Daí seu condão de se tornar mãe de Tudo sob o Céu.**[8]

*Comentários*

O Dao concebe e alimenta a energia pura[9] [que gera e sustenta] as dez mil coisas; é como a mãe que amamenta o filho.

**吾不知其名，字之曰道。**

—我不見道「之」形容，不知當何以名之。
見萬物皆從道所生，故字之曰道也。

**Eu não conheço o seu nome. Dao é [apenas] um apelido que lhe dei.**

*Comentários*

Nós não conseguimos ver nem a forma, nem o aspecto do Dao; não sabemos como denominá-lo. [Contudo,] ao percebermos que todas as dez mil coisas recebem sua vida do Dao, usamos [tal termo] como apelido, o Caminho [a que tudo segue].

**強為之名曰大；**

—不知其名，強「名」曰「大」。大者，高而無上，
羅而無外，無不包容，故曰大也。

**Se forçado a dizer seu nome, chamá-la-ei de "Grande";**[10]

*Comentários*

Não sabemos como se chama. Dizemos "Grande" [meramente enquanto] denominação forçosa. [Tal] "grande" [define algo] tão alto que não tem cimo; cobre [as coisas de uma forma tal] que nada fica de fora, não havendo nada que não esteja dentro de si. Eis a razão por que [Laozi] diz "grande".

**大曰逝；**

—其為大，非若天常在上，非若地常在下，乃復逝去，無常處所也。

**[Ao explicar] "Grande", direi que é "o que está de passagem";**

*Comentários*

A grandeza [do Dao a que Laozi se refere] é diferente da do Céu, que está sempre acima; também difere da grandeza da Terra, que está sempre abaixo. [O Dao] continuamente deixa o lugar em que está, não possui um paradeiro permanente.

**逝曰遠；**

—言遠者，窮乎無窮，布氣天地，無所不通也。

**"O que está de passagem", diz-se, "chega ao longe";**

*Comentários*

O "chegar ao longe" [de Laozi significa] alcançar o fim daquilo que não tem fim. [O Dao] propaga a energia vital,[11] não há nada que não permeie.

**遠曰反。**

—言其遠不越絶，乃復「反」在人身也。

**[E] "o que chega ao longe", diz-se, "[há de] retornar";**[12]

*Comentários*

[Este verso] diz que não se pode ir além da distância [que o Dao atinge],[13] de modo que [a menção a] "há de retornar" [indica] o corpo humano.

**故道大，天大，地大；王亦大。**

—道大者，包羅諸天地，無所不容也。天大者，無所不蓋也。地大者，無所不載也。王大者，無所不制也。

**Sabendo disso, [vê-se que] o Dao é Grande, o Céu é Grande, a Terra é Grande; o Rei[14] também é Grande.[15]**

*Comentários*

A grandeza do Dao abarca Céu e Terra, não há nada que não possa ser contido por ele. A grandeza do Céu é tamanha que não existe nada que não cubra. A grandeza da Terra é tal, que não há nada que não suporte. A grandeza do Rei é tanta, que não há nada que não controle.

**域中有四大，而王居其一焉。**

—八極之內有四大。王居其一也。

**No espaço[16] [onde vivemos] há quatro Grandezas,[17] e o Rei é uma delas.**

*Comentários*

Dentro dos Oito Extremos[18] existem Quatro Grandezas. O Rei ocupa uma delas.

**人法地；**

—人當法地，安靜柔和也。種之得五穀，掘之得甘泉。勞而不怨，有功而不制也。

**O Homem modela-se[19] pela Terra;**

*Comentários*

O homem deve tomar como modelo a terra, [imitar] sua placidez e tranquilidade, sua ternura e afabilidade. Se nela plantarmos, colheremos os cinco grãos; se a escavarmos, encontraremos fontes de água doce. [A Terra] moureja sem queixas, tem méritos, mas não talha [a tábua virgem].[20]

**地法天；**

—天澹泊不動，施而不求報。生長萬物，無所收取。

**A Terra modela-se pelo Céu;**

*Comentários*

Imóvel, o Céu transmite a [mesma] serenidade de águas em repouso; quando dispõe [algo no mundo, contudo], não espera recompensa. Dá vida e faz crescer as dez mil coisas, não há nada que espere receber delas.

**天法道：**

—道清淨不言。陰陽運行精氣，萬物自成也。

**O Céu modela-se pelo Dao;**

*Comentários*

Silente, o Dao é puro e límpido. Yin e Yang fazem com que a energia pura revolva[21] e, neste processo, as dez mil coisas dão forma a si mesmas.[22]

**道法自然。**

—道性自然，無所法也。

**O Dao modela-se pela Espontaneidade.**[23]

*Comentários*

A natureza[24] do Dao é espontânea,[25] não havendo nada em que se modele!

## Notas

1 O termo 物 (wu), coisa, é substituído nos manuscritos de Guodian pelo ideograma composto pelas partes 爿 e 首, sobre cuja leitura ainda pairam dúvidas. Embora a posição majoritária recomende 狀 (zhuang), "aspecto", não se pode excluir a possibilidade de que seja lido como 道 (Dao). Cf. Li Ling (2007), p.7.

2 *Hundun*: transcrição fonética do termo 混沌 que, no taoismo, está associado a um mito cosmogônico. Embora o *Comentário de Zuo ao Clássico da Primavera e Outono* seja a mais antiga autoridade, a breve lenda contida no sétimo capítulo de *Zhuangzi* é mais relevante para o taoismo《莊子·應帝王篇第七》: "O imperador dos mares do sul chamava-se de Shu, o desleixado; o dos mares do norte, Hu, o desatento; *no centro havia o imperador Hundun, o confuso*. Shu e Hu à época encontravam-se nos

domínios de Hundun – que os tratava com grande generosidade. Shu e Hu discutiam como recompensar as benesses de Hundun: 'todos os homens têm sete orifícios para ver, ouvir, comer e respirar, somente Hundun não os possui – que tal tentarmos furá-los nele?' A partir de então, a cada dia perfuravam um novo orifício no imperador do centro; sete dias depois, Hundun morreu" 南海之帝為儵，北海之帝為忽，中央之帝為渾沌。儵與忽時相與遇於渾沌之地，渾沌待之甚善。儵與忽謀報渾沌之德，曰："人皆有七竅以視聽食息，此獨無有，嘗試鑿之"。日鑿一竅，七日而渾沌死. Posto à parte o que há de insólito na narrativa, é importante considerar a simbologia da passagem. Hundun simboliza uma etapa no desenvolvimento cosmológico em que não há distinção, em que todas as coisas estão confusas num todo indiviso. Os dois outros imperadores representam Yin e Yang, a procissão de opostos que dá origem à realidade tal como a percebemos. Perfurar sete orifícios significa o momento em que o todo indiviso torna-se capaz de estabelecer conceitos organolépticos, ou de se dar conta de sua própria existência. Com a consciência da interação dos opostos, Hundun divide-se, perdendo sua existência para dar vida ao que se chama de "realidade dividida".

3 Em outras palavras, já que não assume uma forma fixa, o Dao pode ser assemelhado à Unidade (cf. cap. 1, nota 27 e cap. 42). Diferentemente do Dao, tudo que possui forma definida é capaz de ser confrontado com um oposto (cf. cap. 2: "longo e curto", "alto e baixo" etc.). Segundo o pensamento taoista, os opostos nascem da Unidade, Yin-Yang são concebidos pelo Dao.

4 *Permanência*: cf. cap. 1, nota 6.

5 "'Imutável' é o que há de permanente no processo de transformação". O texto *Anotações reunidas* lê: "Imutável é a permanência do Homem Nobre" 不改者君子常. *Transformação (Cosmológica)*: cf. cap. 1, nota 16.

6 *"Ubíqua é sua influência, mas nunca corre perigo"* não aparece nem em MWD, nem em GD.

7 *Yin-Yang*: cf. cap. 1, nota 20. "Sob o sol" e "à sombra" no original são, respectivamente, os sentidos etimológicos de Yang e Yin. "Sob o sol, não queima; *à sombra, não apodrece*". Na edição *Anotações reunidas* há: "sob o sol não queima, marcando-se a sombra não há dano" (*sic*) 在陽不焦，記陰不竊。

8 "Daí seu condão, de se tornar *mãe de Tudo sob o Céu*". MWD lê: "mãe do Céu e da Terra".

9 *Energia Pura*: cf. cap. 5, nota 15.

10 *Grande*: Os versos posteriores demonstrarão que, na cultura chinesa, "Grande" conota muito mais do que simples dimensões físicas ou temporais. Laozi reforça a importância cosmogônica da "Grandeza", dizendo que "o Dao é Grande, o Céu é Grande, a Terra é Grande; o Rei também é Grande". O dicionário de sinônimos *Er'ya*, um dos treze clássicos confucianos, dedica seu terceiro verbete a essa ideia《爾雅·釋詁第一》, listando nada menos que quarenta sinônimos para "Grande", dentre os quais têm relevo os termos descrevendo a grandeza do Rei e seus feitos.

11 *Energia Vital*: cf. cap. 1, nota 15.

12 *Retorno*: cf. cap. 40, nota 3.

13 "[Este verso] diz que não se pode ir além da distância [que o Dao atinge]". O manuscrito *Qiang* lê: "[Este verso] diz que a distância [do Dao] é impossível de se ultrapassar, uma distância que ninguém pode cruzar" 其遠不超然絕遠.

14 FY traz "homem" no lugar de "rei", possivelmente baseado no verso "o homem modela-se pela Terra". Atualmente, muitos comentaristas substituem "rei" por "homem" para acentuar uma leitura possível da obra – de que o gênero humano distingue-se como o que há de mais inteligente (靈, ling) dentre as dez mil coisas, o que lhe garante uma posição própria após Céu e Terra como uma das Três Potências (三才). Não obstante, é inegável que os 81 capítulos de Laozi fundam um projeto político: tanto o elemento cosmológico, como o projeto de transformação moral-espiritual do indivíduo estão vinculados à personalidade ideal do Sábio taoista. Esse Sábio não existe fora de um arranjo sociopolítico que, por sua vez, tem um rei em seu topo. Por exemplo, o comentário de Wang Bi reconhece o lugar especial do homem na natureza, mas dá um passo além, dizendo que o rei é o primeiro entre homens.

15 "Sabendo disso, [vê-se que] o Dao é Grande, o Céu é Grande, a Terra é Grande; o Rei também é Grande". De uma cosmologia fundada no Dao, absoluto e indeterminado, atravessam-se os fenômenos naturais, celestes e telúricos, para se chegar a uma justificativa do poder total que o rei possui sobre seus domínios. Mais do que uma justificativa, Laozi constrói um sistema de "correspondências por afinidade" entre o domínio do inefável, a natureza visível e a sociedade que aparece aqui e abaixo como um corolário desse todo.

16 "*No espaço* [onde vivemos] há quatro grandezas". MWD traz: "Nas terras [onde vivemos] há quatro grandezas" 國中有四大.

17 A edição impressa *Song* intercala o comentário de Wang Bi a esta passagem: "as Quatro Grandezas são o Dao, o Céu, a Terra e o Rei. Todos esses possuem uma denominação, um nome próprio, por isso não atingiram a Polaridade, o limite. Se dizemos Dao, há um ensejo para tanto; tendo um ensejo para tanto é que podemos dizer algo dele, chamá-lo de Dao. No entanto, apesar de o 'Dao' ser a maior das denominações, não é tão Grande como o que não tem nome. O que não tem denominação é algo a que não podemos dar um nome, por isso que Laozi diz 'o espaço [onde vivemos]'. Dao, Céu, Terra e Rei, todos estão dentro desse algo inefável; por isso Laozi diz 'dentro desse espaço há Quatro Grandezas'" 四大，道，天，地，王也。凡有稱有名，則非其極也。言道則有所由，有所由，然後謂之為道。然則「道是」稱中之大也。不若無稱之大也。無稱不可得而名，「故」曰域也。道，天，地，王皆在乎無稱之內，故曰"域中有四大"者也.

18 *Oito Extremos*: cf. cap. 10, nota 16.

19 *Modelo/Moldar*: é a tradução da palavra "法" (fa), próxima de seu sentido etimológico, "forma" (ô). Dele deriva o sentido de regra, ou lei – muito mais importante na perspectiva da história das ideias. Apesar de se situar num período além do que mais interessa a esta tradução, o mesmo termo foi adotado também para

descrever o Dharma budista. 法 não é empregado no sentido de "lei" em Laozi, mas o termo aparece com alguma frequência nas glosas do Senhor do Rio. Trata-se de um fato muito curioso que atesta a antiguidade da obra Laozi, uma vez "法" tenha se tornado o conceito central do pensamento e da política chinesa no século imediatamente anterior à unificação do país em 221 a.C. A principal voga intelectual daquela época é chamada de "escola dos "legalistas" (法家, fajia), que vaticinava o respeito estrito à vontade do monarca, manifestada em um conjunto de mandamentos escritos, válidos *erga omnes* (as 法, fa) e em um conjunto de receitas de governo, regras práticas sobre administração e protocolo, finanças, guerra, entre outros (chamadas de 術, shu). O objetivo dessa ideologia era concentrar o poder e unificar a fonte de legitimidade na figura do imperador, o que parecia uma solução razoável para o eterno vício de origem do sistema político chinês: a partilha do poder entre clãs, que ultimamente degringolava em guerra por influência e controle. Independentemente de Laozi utilizar o termo na acepção específica, pode-se argumentar que dispersos na obra – e particularmente neste capítulo – já há argumentos sólidos para revestir o Rei de uma autoridade universal e absoluta. Diferentemente das tradições políticas de Zhou, o Rei do Dao possui uma ideologia abstrata, sem condicionantes de tempo ou espaço, que o coloca como o autor por excelência da sociedade que rege. Embora os Legalistas viessem a especificar e aprofundar questões específicas de governo, em Laozi já estão alinhavados os princípios gerais de sua teoria. Não é de gerar surpresa que o primeiro grande cronista da China, Sima Qian, haja reunido as biografias de Laozi com as dos primeiros grandes pensadores Legalistas, nem que as obras dos Legalistas tenham sido recolhidas no *Cânone taoista*.

20 "Não talha [a tábua virgem]", cf. *Grande Artesão*: cap. 28, nota 14. Esta glosa tem afinidades com um trecho da primeira parte dos "Comentários Anexos" ao *Clássico das mutações* 《周易·繫辭傳》: "[A terceira linha do hexagrama 'Qian' lê:] 'Diligente e Respeitoso, o Homem Nobre o é do início ao fim; bons auspícios [para aquele que sorteia esta linha]'. O Mestre disse: '*moureja sem se jactar, não reivindica para si os méritos que tem*; eis o clímax da austeridade. Ao se expressar, usa seus méritos para se colocar abaixo dos outros.' Virtude quer dizer prática da Magnanimidade; a adequação aos Ritos quer dizer adotar maneiras polidas. O hexagrama Qian, [símbolo da modéstia, presume que] se aja [sempre] de modo cortês para que se possa preservar sua posição na sociedade". "勞謙, 君子有終, 吉"。子曰: "勞而不伐, 有功而不德, 厚之至也。語以其功下人者也。" 德言盛, 禮言恭。謙也者, 致恭以存其位者也. Se de fato for uma paráfrase intentada pelo Senhor do Rio, a referência ao hexagrama Qian (謙, "Modéstia") é muito adequada, já que os dois trigramas que o compõem representam "montanha em baixo e terra em cima". Existe aí um significado alegórico: uma montanha que se esconde sob a terra. Uma leitura atenta da glosa de Heshang Gong revela, ainda, que esse traço de modéstia jaz sob todas as características apontadas para a Terra. Atente-se para que o comportamento da Terra deve-se a sua inferioridade e passividade em relação ao Céu.

21 "Yin e Yang fazem com que a energia pura revolva". A edição Wang Ka diz: "Yin faz mover as energias puras" 陰行精氣.

22 "As dez mil coisas dão forma a si mesmas". A edição *Gu* diz: "As dez mil coisas não se transformam, dão-se forma" 萬物不化自成也. O *Cânone taoista* diz: "as dez mil coisas ganham vida e crescem espontaneamente" 萬物自然生長也.

23 *Espontaneidade*: cf. cap. 1, nota 7.

24 *Natureza*: cf. cap. 8, nota 1.

25 "A natureza do Dao é espontânea". A edição *Anotações reunidas* diz: "o Dao nasce e cresce espontaneamente" 道生長自然.

# 重德第二十六
## *Capítulo 26*
## *A virtude grave*

**重為輕根，**

—人君不重則不尊，治身不重則失神。草木之華輕故零落，根重故長存也。

**[Quem é] pesado se torna a raiz dos que são leves.**[1]

*Comentários*

Se não tiver [uma atitude] grave, o soberano de homens não será respeitado. [O mesmo vale para] aquele que cultiva seu corpo; se não for grave, perderá [o equilíbrio de seus cinco] espíritos.[2] Flores [que brotam] de árvores e arbustos são leves; logo caem e decompõem-se [sobre o chão]. As raízes [ao contrário estão] pesadamente [firmadas ao solo], donde serem longevas.

**靜為躁君。**

—人君不靜則失威，治身不靜則身危。龍靜故能變化，虎躁故夭虧也。

**[Quem é] sereno se torna o soberano da [multidão de] inquietos.**

*Comentários*

Se não [se mantiver] sereno, o senhor de homens perderá sua autoridade.[3] [O mesmo serve para quem] cultiva o corpo; sem serenidade, correrá perigo.

O dragão é sereno, donde o seu poder de adquirir diferentes formas; o tigre é inquieto, por isso míngua e morre antes do tempo.[4]

**是以聖人終日行，不離輜重。**

—輜，靜也。聖人終日行道，不離其靜與重也。

**Sendo assim, o Sábio[5] marcha por dias inteiros, mas nunca deixa [de atentar] para os seus mantimentos;[6]**

*Comentários*

"Mantimentos" [nesta passagem] significam "tranquilidade". O Sábio empenha-se em praticar o Dao o dia inteiro, mas não deve perder a tranquilidade, nem se afastar do que tem peso.

**雖有榮觀，燕處超然。**

—榮觀謂宮闕。燕處，后妃所居也。超然，遠避而不處也。

**Mesmo quando em prédios magníficos, permanece sentado relaxadamente, alheio [aos seus desejos].**

*Comentários*

"Prédios magníficos" aludem a palácios reais. ["Sentado à vontade", na verdade, quer dizer o] "pouso das andorinhas", ou seja, [o harém] onde vivem a esposa e as concubinas. [De] "alheio [aos seus desejos]" decorre que ele se mantém distante [de tentações], evita-as a qualquer custo e nunca se coloca [em situações de risco].

**奈何萬乘之主，而以身輕天下？**

—奈何者，疾時主傷痛之辭。萬乘之主謂王。王者至尊而以其身行輕躁乎。疾時王奢恣輕淫也。

**Quanto mais um senhor de dez mil carruagens [de guerra], cujo peso faz Tudo sob o Céu parecer leve?[7]**

*Comentários*

"Quanto mais" [sugere] crítica aos grandes senhores da época [de Laozi], são palavras cheias de dor e tristeza. "Senhor de dez mil carruagens" refere-se ao rei. [Laozi talvez queira dizer que] apesar de o Rei ser o primeiro em honras, seu comportamento é leviano e precipitado. É uma crítica aos reis da época, inebriados com ostentação, depravados por luxúria.[8]

**輕則失臣，**

—王者輕淫，則失其臣。治身輕淫，則失其精。

**[Do contrário, quem] é leviano, perde [o apoio de] seus ministros.[9]**

*Comentários*

Se o rei for leviano e depravado, ele perderá [o apoio de] seus ministros. Se o mesmo se dá com aqueles que cultivam seus corpos, eles perderão sua essência.[10]

**躁則失君。**

—王者行躁疾，則失其君位。治身躁疾，則失其精神。

**[Quem é] precipitado, perde [sua posição de] soberano.**

*Comentários*

Se as ações do rei demonstram precipitação ou inquietação, ele perderá sua posição de soberano. [Na perspectiva de quem] cultiva o corpo, isso leva à perda de sua energia pura e espírito original.[11]

## Notas

1 Além de significarem "grave" e "leviano", "pesado" e "leve" em chinês possuem conotações peculiares, como "importante" e "insignificante".

2 *Cinco Espíritos/Cinco Recipientes*: cf. cap. 3, nota 15.

3 "Se não [se mantiver] sereno, o soberano de homens perderá *sua autoridade*". A edição *Anotações reunidas* lê: "se não [se mantiver] sereno, o soberano de homens perderá [o equilíbrio dos] espíritos [em seu corpo]" 人君不靜則失神.

4 *Dragão/Tigre*: Esses dois animais mitológicos têm conotações importantes para o taoismo. No plano político, o Dragão simboliza as virtudes do soberano; o tigre, as do herói das armas ou o ministro valoroso. Na simbologia das técnicas meditativas e de longevidade, o dragão simboliza o leste, a energia Yang, a primavera; já o tigre simboliza o oeste, a energia Yin, o outono. Na alquimia taoista, dragão

e tigre simbolizam os dois elementos fundamentais; o dragão denota o hexagrama Kan (坎), água e chumbo; o tigre, o hexagrama li (離), fogo e mercúrio (cf. Zhu Xi, *Investigação textual da tríade das mutações de Zhou* 《周易參同契考異》). O Senhor do Rio utiliza os dois termos aparentemente sem significado esotérico para manifestar preferência pelo que o dragão simboliza.

5 "Sendo assim, *o Sábio* marcha por dias inteiros". FY e MWD substituem "Sábio" por "Homem Nobre".

6 *Mantimentos*: (輜重, zizhong), refere-se ao carro ou comboio de carros que transportavam os mantimentos e munições numa campanha militar. Postula-se, contudo, que "輜重" seja corruptela de "輕重" (qingzhong), a "medida do que é pesado ou leve", onde "pesado ou leve" quer dizer "importante ou não". Embora este capítulo concirna, de fato, à "medida do que é importante", os quatro principais textos de Laozi, sem exceção, trazem "mantimentos". É possível preservar a redação original e respeitar a mensagem geral do capítulo. Laozi estaria empregando uma metáfora. Um dos ideogramas da palavra "mantimentos" significa "pesado" ou "importante". Desse modo, o praticante taoista não deve se distanciar do que é fundamental, mesmo no momento de maior diligência – da mesma forma que a investida de um exército deve ocorrer nos limites de suas provisões.

7 Também seria possível traduzir esse verso como *"quanto mais um senhor de dez mil carruagens [de guerra], para quem mesmo Tudo sob o Céu parece menos importante do que sua vida?"*. Embora não referendada pelo contexto, essa leitura aproxima-se muito das teses de Yang Zhu (楊朱, ativo durante o tempo de Mêncio). Yang Zhu é um dos mais antigos pensadores relacionáveis ao taoismo, que propunha um declarado desinteresse das coisas do mundo em benefício da própria integridade física, saúde mental e espiritual. Yang pretendia assim resolver todos os conflitos e necessidades humanas, suprimindo quaisquer motivos para competição. Cf. *Os que valorizam a vida*, cap. 75, nota 6.

8 "É uma crítica aos reis da época, inebriados com ostentação, depravados por luxúria". Os textos *Gu* e *Cânone taoista* acrescentam-lhe: "que assim perdem sua essência" 疾時王奢恣輕淫，失其精也. Sobre *Essência*: cf. cap. 3, nota 16.

9 "[Do contrário, quem] é leviano, perde *[o apoio] de seus ministros*". WB, FY e MWD trazem "Quem é leviano perde a Raiz de vista" 輕則失本. *Raiz*: cf. cap. 38, nota 27.

10 "Se quem cultiva o corpo é leviano *e depravado*, perderá sua essência". O texto *Cânone taoista* diz: "Se quem cultiva o corpo é leviano e precipitado, perderá sua essência" 治身輕躁，則失其精.

11 *Energia Pura/Espírito Original*: cf. cap. 5, nota 15.

# 巧用第二十七
## *Capítulo 27*
## *Destreza nos meios*

**善行，無轍迹，**

—善行道者，求之於身。不下堂，不出門，故無轍跡。

**[Quem] sabe se mover [pelo mundo] não deixa rastros;**

*Comentários*

O praticante habilidoso do Dao busca-o em seu próprio corpo. Ele não desce do salão, nem sai da porta [de sua casa]: eis por que não deixa rastros.

**善言，無瑕讁，**

—善言謂擇言而出之，則無瑕疵讁過於天下。

**[Quem] é bom com palavras não é como o jade imperfeito;**

*Comentários*

Quem sabe usar palavras somente as profere após [cuidadosa] escolha; assim, Tudo sob o Céu não [percebe] seus erros [tal como se veem] as manchas sobre o jade.

**善計，不用籌策。**

—善以道計事者，守一不移。所計不多，
則不用籌策而可知也。

**[Quem] entende de contas[1] não precisa das varetas de bambu.[2]**

*Comentários*

Quem é hábil em usar o Dao para traçar [grandes] feitos preserva a Unidade[3] com decisão inquebrantável. [Os planos] que traça não são muitos, por isso não precisa das varetas de bambu para se lembrar deles.[4]

**善閉，無關楗而不可開；**

—善以道閉情欲，守精神者，不如門戶有關楗可得開。

**[Quem se] sobressai [na arte de] trancar [portas]**
**prescinde de ferrolho ou trava – [o que fechou,]**
**ninguém consegue abrir;**

*Comentários*

[A pessoa] que se destaca no uso do Dao para trancar seus desejos e impulsos, bem como para preservar a energia pura e o espírito original[5] [em seu corpo], não se parece com uma porta ou uma janela, [no sentido de que] possui [algo como] um ferrolho ou trava que possa ser aberto [contra a própria vontade].

**善結，無繩約而不可解。**

—善以道結事者，乃可結其心，不如繩索可得解也。

**[Quem é] especialista em nós dispensa cabo ou corda –**
**[o que prendeu,] ninguém consegue desatar.**

*Comentários*

O homem experiente em usar o Dao para amarrar coisas é capaz de atá-las ao seu coração, [nisso] não se parece com fio ou corda que podem ser desatados [contra sua vontade].

**是以聖人常善救人，**

—聖人所以常教人忠孝者，欲以救人性命。

**Dessa maneira, o Sábio sabe como socorrer os outros,**
**não importa a hora;**

*Comentários*

O Sábio sempre ensina as pessoas a serem fiéis [com relação a seus superiores] e pias com relação a seus pais,[6] porque quer salvaguardar a Natureza dada[7] [pelo Céu].

**故無棄人。**

—使貴賤各得其所也。

**E, por isso, não abandona ninguém.**

*Comentários*

[Não abandonar ninguém quer dizer] pôr cada um dos nobres e plebeus em seu [próprio] lugar.

**常善救物，**

—聖人所以「常」教民順四時「者」，
「欲」以救萬物之殘傷。

**Ele sabe como socorrer as coisas, a qualquer momento;**

*Comentários*

O Sábio sempre ensina o povo a seguir as quatro estações, porque quer salvar as dez mil coisas de [qualquer] ferimento ou dano.[8]

**故無棄物。**

—聖人不賤石而貴玉，視之如一。

**E, por isso, não abandona nenhuma delas.**

*Comentários*

O Sábio não despreza as pedras para dar valor ao jade: ambos são a mesma coisa aos seus olhos.

**是謂襲明。**

—聖人善救人物，是謂襲明大道也。

**Isso é o que chamo de herdar o brilho.**[9]

*Comentários*

O Sábio sabe como socorrer pessoas e coisas, [Laozi] chama a isso de herdar o brilho do Grande Dao.[10]

**故善人者，不善人之師；**

—人之行善者，聖人即以為人師。

**Por tal motivo, o homem de bem é mestre dos que não o são;**

*Comentários*

Boas ações; é por praticá-las que o Sábio é mestre dos homens.

**不善人者，善人之資。**

—資，用也。人行不善「者」，聖人猶教導使為善，得以給用也。

**E os homens não bons são referência para os homens de bem.**

*Comentários*

"Referência" [aqui] significa experiência. Se alguém pratica atos que não são bons, o Sábio ensina-os e dá-lhes orientação para que se tornem bons, de maneira que [aqueles atos] servem de experiência.

**不貴其師，**

—獨無輔也。

**Quem não dá valor ao mestre,**

*Comentários*

[Quem permanece] sozinho, sem apoio.

**不愛其資，**

—無所使也。

**Nem tem apreço pelas referências,**

*Comentários*

Não as emprega [para seu crescimento pessoal].

**雖智大迷。**

—雖自以為智，言此人乃大迷惑。

**Mesmo tendo sabedoria, [continua a ser] um grande perdido.**

*Comentários*

Mesmo que se julgue uma pessoa de sabedoria, [Laozi] diz que essa pessoa é um grande perdido nas próprias ilusões.

**是謂要妙。**

**—能通此意，是謂知微妙要道也。**

**Essa [é mais uma verdade] profunda e maravilhosa.**

*Comentários*

Quem for capaz e compreender esta mensagem é [o praticante] que conhece as sutilezas das maravilhas e o caminho profundo.

## Notas

1 WB, FY e MWD preferem 數 (shu) a 計 (ji). Embora ambos signifiquem "contabilizar", HSG prefere 計, que também possui o sentido de "planejar".

2 *Varetas De Bambu*: Antes do desenvolvimento da escrita e enquanto havia poucos burocratas instruídos na arte de escrever, empregavam-se técnicas de dar nós em corda ou de usar varetas de bambu para registrar fatos e contabilizar coisas.

3 *Unidade*: cf. cap. 1, nota 27.

4 "*[Os planos] que traça não são muitos*, por isso não precisa das varetas de bambu para se lembrar deles". O manuscrito *Gu* lê "Apesar de [seus planos] serem numerosos, não usa vareta de bambu para se lembrar deles" 所計雖多，則不用籌策而可知也.

5 *Energia Pura/Espírito Original*: cf. cap. 5, nota 15.

6 *Fidelidade/Piedade Filial*: 忠孝 (zhongxiao), virtudes frequentemente citadas em conjunto na língua chinesa. Por um princípio de formação de palavras, os dois termos possuem conteúdo análogo. Enquanto "fidelidade" descreve o tipo de devoção, respeito e submissão que um servo deve ter por seu superior, "piedade filial" (cf. cap. 18, nota 10) denota uma relação de mesmo conteúdo, mas entre filhos e pais. "O Sábio sempre ensina as pessoas a serem fiéis [com relação a seus superiores] e pias com relação a seus pais". O manuscrito *Qiang* lê: "O Sábio sempre ensina as pessoas a serem fiéis e corretas" 聖人所以常教人忠正者.

7 *Natureza*: cf. cap. 16, nota 9.

8 Essa passagem lembra o capítulo "Ordenações Mensais" dos *Registros dos Ritos* 《禮記·月令》, que prescreve regras de comportamento para cada uma das estações e meses do ano. O pensamento subjacente às "Ordenações" é a Correspondência por Afinidade (cf. cap. 3, nota 3). Conforme esse raciocínio, na primavera fica proibido caçar ou pescar certos tipos de animais, assim como no inverno os camponeses devem permanecer dentro de seus lares e os criminosos devem ser executados. Ao seguir o ritmo da natureza, o compilador das "Ordenações" acreditava estar protegendo as dez mil coisas de dano.

9 *Herdar o Brilho*: Há várias traduções possíveis para o termo 襲明 (ximing), dentre as quais "herdar o brilho" parece ser a melhor. Etimologicamente, a palavra tem parentesco com o verbo 習, que significa "praticar", "imitar" e "seguir", sentidos também presentes na locução. A tradução "herdar" sugere algo que se recebeu sem esforço, sem merecimento. Ao "herdar" o brilho, recebe-se-o tal como é; contudo, depois de possuí-lo, é necessário colocá-lo em uso, praticá-lo e preparar-se para transmiti-lo. "Brilho" não é algo que se produz em si próprio; é algo que se herda do Dao. Laozi dá muita atenção a essa ideia, como ilustram passagens importantes da obra, por exemplo "Voltar-se para o Destino chama-se de permanência; Conhecer a permanência chama-se de brilho" (cap.16) ou "[Quem] conhece a permanência emite brilho todos os dias" (cap. 51). O "brilho dos espíritos" ou "brilho divino", mencionado tantas vezes pelo Senhor do Rio (cf. cap. 5, nota 10), também serve como ilustração. MWD redige o verso de modo diferente: "Quando as coisas não desprezam o material que lhes dá forma, eis o que se chama de herdar o brilho" 物無棄財，是謂曳明.

10 "[Laozi] chama a isso de 'seguir o brilho *do Grande Dao*'". Os manuscritos *Qiang* e *Gu* trazem: "[Laozi] chama a isso de seguir o brilho do Caminho do Céu" 是謂襲明天道也.

# 反樸第二十八
## *Capítulo 28*
## *Retornando à tábua rasa*

**知其雄，守其雌，為天下谿。**

—雄以喻尊，雌以喻卑。人雖自知「其」尊顯，當復守之以卑微。去「雄」之強梁，就雌之柔和。如是則天下歸之，如水流入深谿也。

**Conhece o masculino e protege o feminino,[1] [eis como] te tornas o córrego [que atravessa] Tudo sob o Céu.[2]**

*Comentários*

[No verso,] "masculino" é uma metáfora para o que é nobre e distinto, enquanto "feminino" representa o que é [socialmente] baixo e humilde. Mesmo que o [grande] homem se saiba de alta e distinta dignidade, é preciso preservar o feminino; seja assumindo uma posição inferior, seja manifestando debilidade. [Consequentemente,] deve-se suprimir a virilidade e força masculinas, substituindo-as com a delicadeza e maciez femininas. Tudo sob o Céu se submeterá a alguém assim, da mesma forma que as águas fluem para o riacho que corre nas profundezas do vale.

**為天下谿，常德不離，**

—人能謙下如深谿，則德常在，不復離於己。

**Se fores como o córrego [que atravessa] Tudo sob o Céu,**
**a Virtude permanente[3] nunca te deixará,**

*Comentários*

Se esse [grande] homem for capaz de se rebaixar, assumindo uma atitude modesta [como a] do riacho que corre pelo vale, a Virtude sempre estará [ao seu lado] e não o deixará.

**復歸於嬰兒。**

—常復歸志於嬰兒。惷然而無所知也。

**E voltarás a ser um bebê.**

*Comentários*

[Tal pessoa] voltará a anelar [as mesmas coisas que] uma criancinha. Inocente e puro – [como se] não tivesse ciência de nada.

**知其白，守其黑，為天下式；**

—白以喻昭昭，黑以喻默默。人雖自知昭昭明白，當復守之以默默，如闇昧無所見。如是則可為天下法式，其德常在。

**Conhece tua brancura, preserva tua pretura:[4] torna-te o modelo para Tudo sob o Céu;**

*Comentários*

"Branco" é uma metáfora para [a pessoa] brilhante, [enquanto] "preto" significa [aqueloutra, ignara,] sem luzes. Mesmo que o [grande] homem saiba possuir [um entendimento] que refulge com brancas luzes, ele deve manter o aspecto [de alguém] insensato, como se, em meio à escuridão, não conseguisse ver nada. É dessa maneira que se torna o modelo de Tudo sob o Céu: a Virtude Constante permanecerá ao seu lado.

**為天下式，常德不忒，**

—人能為天下法「式」，則德常在於己，不復有差忒。

**Se fores o modelo para Tudo sob o Céu, a Virtude Constante [que te acompanha] não mudará[5] [de aspecto],**

*Comentários*

O [grande] homem logra constituir-se em modelo e padrão para Tudo sob o Céu; a Virtude Constante permanece em seu íntimo, não havendo mais [ocasião em que] erre [sua medida].

**復歸於無極。**

—德不差忒，則長生久壽，歸身於無窮極也。

**Retornando à Não Polaridade.**[6]

*Comentários*

Se sua virtude não viola [a justa medida, o praticante] alcança a longevidade, entregando-se ao infinito.

**知其榮，守其辱，為天下谷；**

—榮以喻尊貴，辱以喻污濁。「人能自」知己之有榮貴，當「復」守之以污濁。如是則天下歸之，如水流入深谷也。

**Conhece tuas glórias,[7] preserva-te de humilhações: torna-te o vale de Tudo sob o Céu;**

*Comentários*

"Glórias" referem-se às [coisas que garantem] riquezas e alta posição social; "humilhações" referem-se [àquilo que] macula indelevelmente [a reputação de alguém]. Se o [grande] homem está seguro de suas glórias e seu estatuto social, ele deve garanti-los, rebaixando-se [em sua dignidade]. É dessa maneira que Tudo sob o Céu se lhe submeterá, como a água que flui [da montanha] para o vale profundo.

**為天下谷，常德乃足，**

—足，止也。人能為天下谷，「則」德乃「常」止於己。

**Se fores o vale de Tudo sob o Céu,**
**a Virtude permanente bastará a si própria,**

*Comentários*

"Bastar a si própria" quer dizer parar-se, [manter-se junto a alguém. Por conseguinte,] se o [grande] homem for capaz de se tornar o Vale de Tudo sob o Céu, a Virtude parar-se-á junto dele.

**復歸於樸。**

—當復歸身於質樸，不復為文飾。

**E retornarás [à condição de] tábua rasa.**

*Comentários*

[O grande homem] tem de retornar a [um estado de simplicidade original,] característico da madeira que ainda não foi trabalhada, da Naturalidade[8] [inerente ao ser humano. Ele] não mais produzirá emblemas ou gravuras[9] [que o distingam das outras pessoas].

**樸散則為器。**

—「器，用也。」萬物之樸散，則為器用也。
若道散則為神明。流為日月，分為五行也。

**Se, [contudo,] a tábua for trabalhada, tornar-te-ás [um mero] instrumento.**[10]

*Comentários*

"Instrumento" quer dizer utensílio. As dez mil coisas [possuem uma simplicidade original, análoga ao estado de] tábua rasa. Uma vez perdida [tal simplicidade,] transformam-se em [meros] objetos ou utilidades. Quando o Dao se dispersou, ele surgiu como o brilho divino.[11] Ao se expandir, [esse brilho] produziu o sol e a lua; dividindo-se, gerou os cinco elementos.[12]

**聖人用之，則為官長。**

—聖人並用，則為百官之元長也。

**O Sábio [sabe como] dar uso [a cada instrumento]; é por isso que se torna o chefe dos funcionários.**

*Comentários*

O Sábio [é capaz de] dar o uso devido a cada coisa.[13] [É por tal razão que] ele é a cabeça do corpo de funcionários, o primeiro [dentre todos].

**故大制不割。**

—聖人用之，則以大道制御天下，無所傷割。
治身則以天道制「御」情慾，不害精神也。

**Com razão, o maior dos artesãos não talha [a tábua].[14]**

*Comentários*

O sábio dá o uso [devido] a cada coisa; dessa forma, adota o Grande Dao para reger Tudo sob o Céu e nada sofre violência.[15] [Analogamente,] quem governa o próprio corpo tem suas emoções e desejos sob controle, sem contudo ferir o espírito puro.[16]

## Notas

1 *Masculino/Feminino*: correspondem aos termos 雄 (xiong) e 雌 (ci), referências aos princípios Yin-Yang (cf. cap. 1, nota 20) e às suas manifestações: duro e macio, movimento e descanso etc. Ao explicar o texto de Laozi, nem o Senhor do Rio, nem Wang Bi parecem estar interessados no que masculino e feminino querem dizer separadamente, mas sim na relação de preferência hierárquica entre ambos (o masculino prevalece sobre o feminino) e ao equilíbrio que pode ser alcançado pela harmonização dos dois (o masculino adota elementos do feminino).

2 *Córrego que atravessa Tudo sob o Céu*: é uma alegoria construída sobre as ideias de "água" e de "passividade", metáfora para o melhor dos praticantes taoistas. Em Laozi, água é metáfora para a "Virtude" perfeita (cf. cap. 8). O córrego representa o lugar para onde tudo conflui – estando abaixo de todas as coisas, torna-se o fundamento da ordem.

3 *Virtude Permanente*: é a tradução de 常德 (changde), termo análogo a Dao permanente e a Nome permanente (cf. cap. 1). É a Virtude por definição, absoluta, defendida por Laozi. Por ser fruto da "inação", é indiferente a individualidade ou intencionalidade de quem a pratica. É espontânea e sintoniza-se à natureza das coisas. Pode-se dizer que é permanente, também, porque se coaduna à medida perfeita, ao meio-termo.

4 *Branco/Preto*: são também referências a Yang (brilho) e Yin (escuridão). "Branco" representa luzes, entendimento. "Preto" significa ocultação, modéstia.

5 *Metáfora do Alvo*: No texto de Laozi, 忒 (te) foi traduzido de acordo com seu sentido etimológico de "mudar", "transformar-se" (SWJZ). Já o comentário do Senhor do Rio explica o termo na acepção comum de "errar". As duas leituras, texto principal e comentário, podem ser conciliadas. Laozi concebe a virtude humana como passível de mudança, diferentemente daquela que é contrapartida do Dao. Expostas à sociedade, as pessoas hoje são boas; amanhã, não necessariamente. Nesse contexto, a Virtude permanente é um ideal para a prática moral cotidiana, de perseverar para que todas as atitudes estejam de acordo com a justa medida. Obviamente, há momentos em que o ideal descrito não é factível: daí ser possível falar-se em "erro". A metáfora do tiro com arco e flecha explica bem esse raciocínio. A Virtude permanente é o centro do alvo, perenemente à disposição como referencial do que é bom e correto. Na vida do dia a dia, entretanto, há muitos momentos em que a flecha não atinge o centro do alvo. Portanto, ao "errar a marca", a virtude de um indivíduo afastou-se de seu ponto ótimo.

6 *Não Polaridade*: 無極 (wuji) é um dos mais importantes conceitos da cosmologia chinesa. "極" (ji) etimologicamente significa a cumeeira, viga-mestra dos prédios chineses, que cruza o ponto mais alto do telhado. Por analogia, o céu também possuía sua "viga-mestra", associada à constelação de Ursa Menor e, mais especificamente, à Estrela Polar (Polo Norte). Na literatura do período pré-unificação imperial, "Não-Polaridade" é usada com o sentido de "infinito". Por exemplo essa é a conotação dada ao termo em obras como *Os comentários de Zuo ao Livro da Primavera e Outono*, *Zhuangzi* ou *Xunzi*, em que aparece, sempre, como adjetivo ou advérbio. Nessa passagem de Laozi, contudo, "Não Polaridade" é empregada como substantivo. Trata-se de um termo bastante raro, relacionado a Suprema Polaridade ou 太極 (taiji). Suprema Polaridade é um conceito muito importante para a cosmologia chinesa que se consolidou na dinastia Han. Ele aparece provavelmente pela primeira vez nos "Comentários anexos" ao *Livro das mutações*: "O *Livro das mutações* traz em si a 'Suprema Polaridade', esta dá vida aos 'Dois Cânones', os 'Dois Cânones' parem as 'Quatro Imagens', as 'Quatro Imagens' engendram os 'Oito Trigramas'; os 'Oito Trigramas' fixam a sorte ou o azar, que decidem uma grande empreitada" 易有太極，是生兩儀，兩儀生四象，四象生八卦，八卦定吉凶，吉凶生大業. Embora haja uma intensa discussão sobre o que significam exatamente os termos "Suprema Polaridade" (太極, taiji), "Dois Cânones" (兩儀, liangyi) e "Quatro Imagens" (四象, sixiang), pelo menos até a dinastia Song (iniciada em 960) os três são explicados em função do conceito de energia vital. Dessa forma, Suprema Polaridade representa a "Energia Vital Original", em que os princípios do Yin-Yang estavam unidos. É essa "Energia Vital Original" que produz Céu e Terra, símbolos tangíveis dos princípios Yin-Yang. Da junção entre Céu e Terra nascem as "Quatro Imagens", que podem ser interpretadas como as quatro estações ou, no contexto da gênese do *Livro das Mutações*, da combinação de Yin e Yang em pares (Yang-Yang, Yang-Yin, Yin-Yang, Yin-Yin). Não há controvérsia a respeito do sentido de "Oito Hexagramas", que correspondem a combinações de Yin-Yang

em três posições: Qian (乾), três linhas Yang, símbolo do Céu ou do pai; "Kun" (坤), três linhas Yin, símbolo da Terra ou da mãe; "Zhen" (震), uma linha Yang, na primeira posição de cima para baixo, símbolo do trovão ou do filho mais velho; "Xun" (巽), uma linha Yin, também na primeira posição, símbolo do Vento ou da filha mais velha; "Li" (離), uma linha Yang na posição do meio, símbolo do Fogo ou do irmão do meio; "Kan" (坎), uma linha Yin também na posição do meio, símbolo da Água ou da filha do meio; "Gen" (艮), uma linha Yang na posição superior, símbolo da Montanha ou do filho caçula; e "Dui" (兌), uma linha Yin, também na posição superior, símbolo do Lago ou da filha caçula. Essas imagens, originalmente empregadas em técnicas de adivinhação, com o tempo passaram a ser aplicadas também na medicina chinesa, na geomancia (Feng-Shui), em técnicas de meditação etc. Nesse contexto, qual a relação entre a "Não Polaridade" de Laozi e a "Suprema Polaridade" do *Clássico das mutações*? No que concerne a autores de tendência taoista, Não Polaridade parece ser uma tentativa de superar a concepção de um mundo originado pela separação entre Céu e Terra, a partir de algo preexistente, chamado de Suprema Polaridade. Por exemplo, o sexto capítulo de *Zhuangzi* lê《莊子·大宗師篇第六》: "Os fatos, a verdade encontram-se no Dao. Agindo sem agir, manifestando a forma do que não tem forma, o Dao é algo que podemos transmitir; mas qual o discípulo apto a recebê-lo? Mesmo que consiga apreendê-lo, qual será capaz de vislumbrá-lo? Desde o início dos tempos, desde as raízes mais profundas do mundo; desde quando não havia Céu, ou Terra, desde a mais longínqua das antiguidades – o Dao já estava lá. Foi a força sobrenatural dos espíritos dos mortos, não, foi a força sobrenatural do Imperador do Céu que deu origem ao Céu e Terra. *O Dao antecedeu a Suprema Polaridade, mesmo que não se considere o que há de mais elevado*" 夫道有情有信，無為無形；可傳而不可受，可得而不可見；自本自根，未有天地，自古以固存；神鬼神帝，生天生地；在太極之先而不為高. Tudo indica que Dao poderia ser substituído por Não Polaridade nessa frase.

7 Aparentemente a partir de Yi Shunding, (易順鼎, 1858-1920), autores modernos defendem que o seguinte trecho de Laozi é uma intercalação, estranha ao texto original: "conheça o preto: torne-se o modelo de Tudo sob o Céu/ Sendo o modelo do Tudo sob o Céu, a 'Virtude Constante' [que carrega em si] não mudará [de aspecto]/ E retornará à 'Não Polaridade'./ Conheça suas glórias". Alegam-se duas razões para excluí-lo. A primeira delas é formal; uma citação do capítulo final de Zhuangzi reproduz a passagem de Laozi sem o trecho em questão. A segunda concerne a um princípio estilístico. Os caracteres chineses "branco" e "humilhação" podem compor um par, tornando supérfluas as alusões a preto e glória, "justificando" que se suprimisse tudo o que está compreendido entre esses dois termos. Na verdade, essa opinião contraria todos os manuscritos mais importantes de Laozi, inclusive os manuscritos de seda de Mawangdui, cuja data não estaria muito distante da composição do texto original. Em todos eles, há o trecho em questão, com diferenças despiciendas. Além disso, a passagem de Zhuangzi não parece ser uma citação criteriosa e exaustiva do original, mas apenas uma alusão

ao seu argumento principal, de modo que não seria recomendável usar *Zhuangzi* como autoridade, a preço de reduzir o capítulo inteiro a quatro versos. Mais do que um simples debate bibliológico, a passagem remete a um problema relevante para a história intelectual chinesa como um todo. Caso fosse retirada de Laozi, com ela iria a única menção à Não Polaridade no livro, que por séculos justificou a defesa de que o mundo tem origem no Nada e que o Nada tem precedência sobre o que existe. Isso parece ser um problema arcano, mas em jogo está também a autoridade da tradição taoista no pensamento (e na política) da China. Aliás, não apenas taoista. Foi pelo interesse em compreender esse Nada que monges budistas conseguiram integrar-se à elite chinesa, adquirindo influência e prestígio. Sem descer aos detalhes da questão, a partir da dinastia Song, uma reação à influência já milenar do budismo e do taoismo estigmatizou essas duas doutrinas como excessivamente "negativas" e "pessimistas" – propondo uma versão revista de confucionismo como a verdade por excelência. Entre os alvos das críticas estava a precedência do Nada taoista ou do Vazio budista sobre "o que existe", isto é, os valores que baseiam a tradicional hierarquia e ordem sociais chinesas.

8 *Naturalidade*: cf. cap. 3, nota 2.

9 Na China antiga, havia um rigoroso sistema de prerrogativas para cada nível da hierarquia social. Essas prerrogativas envolviam vestuário e indumentária, descendo a detalhes como cor, desenho e gravuras com que se fazia representar o próprio estatuto. É uma das teses de Laozi que a sociedade que cultua o Dao e sua Virtude dispensa regimes e instituições políticas dessa natureza.

10 *Instrumento*: 器 (qi) possui dois sentidos principais. O primeiro deles é *sociopolítico*. Etimologicamente, o ideograma representa um cão guardando objeto(s) precioso(s) (SWJZ). No sistema social da China arcaica, determinados objetos possuíam o papel de emblemas do *status* de uma pessoa. Dado que os Ritos possuíam uma dimensão religiosa, os objetos em questão estavam sacramentados por crenças de tempos imemoriais. A perda ou cessão deles equivalia à perda de poderes políticos e até mesmo ao desaparecimento do clã. Portanto, o termo indicava uma classe de objetos dos mais desejados pela sociedade. Nesse contexto, "Instrumento" é utilizado pelos pensadores chineses para conotar uma pessoa de talento, que se põe a serviço de uma potestade. É famosa a citação dos *Analectos* (5.13): "Zigong perguntou: '[E o que o Mestre acha de] Ci, [este seu discípulo]?'. O Mestre disse: 'És [como] um instrumento'. [Zigong] perguntou: 'Que tipo de instrumento?'. [O Mestre] disse: '[És como um vaso cerimonial] hulian'" 子貢問曰: "賜也何如"。子曰: "女器也"。 曰: "何器也"。曰: "瑚璉也". Não obstante, há uma certa dubiedade na expressão, que pode ser intuída em português: um instrumento não é um fim em si, existindo meramente para cumprir uma função a que se destina. Confúcio está consciente desse problema, como ilustra *Analectos* (2.12): "O Mestre disse: 'O Homem Nobre não é uma ferramenta'" 子曰: "君子不器". Com essa frase, o pensador expressa um ideal de sapiência, em que o grande homem não pode ser reduzido às funções que exerce – não pode ser reificado. Tudo indica que Confúcio

não resolveu a contradição ínsita à noção de Instrumento, possivelmente porque ele mesmo ansiava por tornar-se o maior deles. Laozi, todavia, por vislumbrar um Dao além da sociedade e além da política, podia colocar o problema em seus devidos termos. O verso "se a tábua é trabalhada, torna-se um mero instrumento" significa que todo aquele que deseja tornar-se alguém importante na sociedade terá que sacrificar sua Naturalidade – seja por sacrificar valores para progredir na carreira, seja por limitar-se ao trabalho que exerce na burocracia. Para Laozi, o ideal de desenvolvimento humano é preservar a Naturalidade original, próxima da Espontaneidade do Dao. Por conseguinte, "Dao" e "Instrumento" formam uma dicotomia. Nesse ponto, percebe-se que Instrumento também possui um sentido *cosmológico*. Os "Comentários anexos" ao *Livro das mutações* confirmam-no: "*O que está além das formas é chamado de Dao; o que está aquém das formas é chamado de 'instrumentos'*" 形而上者謂之道, 形而下者謂之器. Este é um ensinamento compatível com certas cepas do pensamento taoista, que fixam seus olhos além da sociedade e do mundo tangível. No mundo de "aquém da forma" somente há o dia a dia, a vida familiar e as relações entre governantes e governados. Os indivíduos somente podiam ser compreendidos a partir dos papéis que exercem na sociedade – metaforicamente, dos instrumentos que são ou que possuem. O Dao, contudo, estabelece um novo referencial, fora do que cada um representa respectivamente à coletividade. Resgatada, a Naturalidade exprime um conceito absoluto, "além da forma", podendo ser valorizada como um tipo primordial de perfeição objetiva. Nesse sentido, os capítulos cosmológicos de Laozi (10, 14, 40, 42, 51, entre outros) subsidiam a realidade superior, fundamentando sua visão de homem e de sociedade.

11 *Brilho Divino*: cf. cap. 5, nota 10. O contexto deixa claro que o "brilho divino" é apenas uma manifestação (instrumento) do Dao.

12 *Cinco Elementos*: também traduzido como cinco agentes (五行, wuxing), o termo refere-se a cinco princípios fundamentais da concepção de mundo mantida pelos chineses antigos: "metal" (金, jin), "madeira" (木, mu), "terra" (土, tu), "água" (水, shui) e "fogo" (火, huo). Esses princípios compõem um sistema de pensamento mecanicista, que usa as interações entre os "cinco elementos" para explicar por que as coisas são e como se dão os fenômenos naturais. Já se mencionou em outro momento que na dinastia Han se consolidou uma classificação quíntupla com fulcro nos cinco elementos, abrangendo inclusive as cinco virtudes constantes (五常, wuchang), os cinco órgãos vitais (ou "receptáculos", 五藏, wuzang), as quatro estações (acrescidas de uma quinta, chamada de "longo verão", 長夏, changxia), os quatro pontos cardeais (na verdade, cinco, a que se somou o "centro") etc. Acreditava-se que os "cinco elementos" representavam padrões existentes na natureza, donde sua utilidade. Conforme a relação entre os "cinco elementos", os geomantes chineses (especialistas em Feng-shui) alegam ser capazes de definir qual a posição mais auspiciosa para construções ou mesmo a disposição ideal para objetos. Os especialistas em medicina chinesa também empregam o sistema para diagnosticar e tratar de doenças. Na China antiga, especialmente na dinastia Han, acreditava-se

inclusive que os cinco elementos exerciam um papel importante na vida política. Não por coincidência, o *locus classicus* mais antigo sobre os "cinco elementos", o capítulo "Grande Plano" do *Livro dos documentos* 《尚書·洪範》 trata de política. Malgrado seja um texto apócrifo, de antiguidade menos digna de referência do que se propala, é uma das mais importantes referências para o pensamento chinês. Esse texto reproduz uma conversa, falsamente histórica, entre o fundador da dinastia Zhou, rei Wu, e o seu servo e conselheiro, Jizi (箕子). Wu pergunta a Jizi como obter o auxílio do Céu na obra de pacificar Tudo sob o Céu. O servo então explica que o Céu havia confiado a Yu (o fundador de Xia, a primeira das "Três Dinastias" pré-unificação) o "Grande Plano", que continha nove pontos que deveriam balizar as políticas de governo, as chamadas "Nove Medidas" (九疇, jiuchou). Os "cinco elementos" aparecem como a primeira medida, a partir de que se constroem todas as instituições e objetivos do Estado e sociedade chineses. Além de citar o nome e ordem dos cinco elementos (água, fogo, terra, metal, madeira), a passagem do clássico atribui-lhes características cosmológicas (água: molhada, move-se para baixo; fogo: seco, move-se para cima; madeira: torta ou direita; metal: moldável; terra: deseja ser trabalhada) e sabores (água: salgado; fogo: amargo; madeira: acre; metal: picante; terra: doce), interpretados como propriedades químicas das coisas. Em vez de se perquirir sobre a razão das correlações, parece ser melhor aceitar o sistema como algo dado e analisá-lo como uma "verdade cultural" válida nos limites da cultura chinesa antiga. Nesse contexto, o comentário canônico de Kong Yingda explica que os "cinco elementos" na passagem do *Livro dos documentos* devem ser analisados em dois níveis. No plano da Terra, *enquanto "coisas"*, eles se manifestam nas condições materiais de vida humana: a água de beber, o fogo para proteção e preparo dos alimentos, metal e madeira para a produção de utensílios e a terra, para gerar riqueza e alimento. No plano do Céu, os cinco elementos *também são as "energias vitais"* (氣, qi) responsáveis pelas transformações climáticas, corporificadas em cinco tipos de condição atmosférica. Nesses dois ambientes (Céu e Terra), o "Grande Plano" relaciona os cinco elementos ao trabalho de gestão da sociedade. As outras oito medidas deixam claro que o trabalho do soberano consiste em *garantir o equilíbrio desses cinco elementos*. Não apenas é necessário que a sociedade seja organizada e controlada "por fora", ou seja, por um aparato burocrático inspirado em manifestações dos cinco elementos, mas também é imprescindível que o soberano governe o país "por dentro", "com seu próprio corpo". O soberano deve manifestar o equilíbrio dos cinco elementos por meio de sua expressão e atitudes; deve fazê-lo também moralmente, seja por suas virtudes pessoais, seja pelo exercício delas em atos de governo. O "Grande Plano" prevê também formas de "confirmar" se os cinco elementos estão ou não em equilíbrio. Nesse contexto, o trabalho dos adivinhos assume importância de função de Estado, pois, segundo o capítulo em tela, os prognósticos, revelados pelos espíritos, são mais importantes do que o eventual apoio dado ao soberano pelas classes burocráticas ou mesmo pelo povo. A própria vontade do soberano deve estar submetida à dos espíritos, sem que se fizesse presente uma modalidade de teocracia. O prognóstico dos adivinhos estava sujeito também à verificação: se seus prognósticos fossem seguidos, de um lado, aguardava-se uma "resposta positiva" da natureza, como regularidade das chuvas e ausência de catástrofes naturais; de outro, o soberano também deveria sair beneficiado pessoalmente, garantindo sua longevidade e saúde. Em conclusão, o capítulo "Grande Plano" reflete a crença na *Correspondência por Afinidade* (cf. cap. 3, nota 3) entre a ordem social e natural, correspondência que, a seu turno, permanece alicerçada no mecanismo dos "cinco elementos". Após estes longos esclarecimentos, cumpre relacioná-los à obra ora traduzida. Aparentemente, a conexão entre a doutrina dos Cinco Elementos e Laozi é muito remota. Não há menção direta a eles no texto principal e a glosa do Senhor do Rio utiliza-o apenas duas vezes – aqui, supostamente *en passant*. Contudo, um dos *leitmotive* de Laozi é a existência de um liame entre a ordem cósmica (Céu), a ordem natural (Terra) e a sociedade. A doutrina dos cinco elementos é a espinha dorsal dessa crença, de modo que sua importância está implícita nas entrelinhas. É importante sublinhar que, por mais profunda que seja sua influência, em Laozi a doutrina somente existia *in nuce*, vindo assumir sua forma madura na dinastia Han, três séculos depois de Laozi. Em perspectiva histórica, obras relativamente contemporâneas a Laozi quase que não fazem referência à doutrina dos "cinco elementos". Contudo, a partir do período final dos reinos combatentes, adensam-se as referências ao termo, sendo particularmente importante a interpenetração da doutrina moral dos clássicos "confucianos" com a doutrina do Yin-Yang, que talvez possa ser associada ao grupo mais amplo dos "Fangshi" (方士), cultivadores de "artes esotéricas" como medicina, astrologia, geomancia, mágica etc. A recente descoberta arqueológica dos manuscritos de Guodian (郭店), contendo textos atribuídos ao círculo de Jixia (稷下學宮), comprova esse ecletismo (cf. Li Ling, "Cinco Elementos", 2007, p.100-109). Com o amadurecimento da unificação política da China sob a dinastia Han, a noção de "cinco elementos" aparece plenamente harmonizada à ortodoxia e moralidade "confucianas", bem como à doutrina imperial de governo, fornecendo-lhes um argumento cosmológico. Merece nota a compilação *Primavera e Outono do senhor Lü* (呂氏春秋, Lüshi Chunqiu), cuja estrutura é inteiramente baseada na sucessão de "cinco elementos" e "Yin-Yang".

13 "O Sábio [é capaz de] *dar o uso devido a cada coisa*": adotou-se redação do *Cânone taoista*. A edição Wang Ka lê: "o Sábio é capaz de aperfeiçoar a utilidade [de cada instrumento]" 聖人升用. A edição *Qiang* lê: "o Sábio é capaz de externar seus usos" 聖人外用.

14 *Grande Artesão*: 大制 (dazhi) significa o melhor ou mais elevado dos regimes políticos ou ordenações legais. No taoismo, contudo, o maior dos regimes políticos não é o imperador, nem suas leis. O maior dos regimes é a Espontaneidade; em última instância, o Dao. Por que o termo Grande Artesão? Apesar de que a palavra 制 etimologicamente signifique "cortar tecido", Laozi gosta da alegoria da madeira virgem, significando o sábio, e da madeira trabalhada, indicando o

burocrata erudito, educado pelos Ritos. Nesse contexto, pareceu sensato explorar tal alegoria, falando de um "grande artesão" – o Dao ou, personificando-o, na figura do Sábio praticante do Dao. Contextualizando o termo na vida política, quem não conhece o Dao emprega as pessoas conforme seus próprios desígnios, não raro tolhendo seus subordinados, colocando-os em posições aquém de seus potenciais, ou mesmo violentando suas dignidades e aspirações. Esse é o artesão "que talha". No jargão taoista, "talhar" quer dizer ferir a naturalidade das pessoas. Wang Bi explica este verso: "o Grande Artesão toma os corações de Tudo sob o Céu como o seu próprio; por esse motivo é que não faz violência a ninguém" 大制者，以天下之心為心，故無割也.

15 "Desta forma, *adota o 'grande Dao'* para reger Tudo sob o Céu e nada sofre violência". A edição impressa *Song* lê "Desta forma, *adota o Caminho do Céu* para reger Tudo sob o Céu e nada sofre violência" 聖人用之，則以天道制御天下.

16 *Espírito Puro*: cf. cap. 5, nota 15.

## 無為第二十九
## *Capítulo 29*
## *Sobre a "Inação"*

**將欲取天下，**

—欲為天下主也。

**Se desejares tomar[1] Tudo sob o Céu**

*Comentários*

[Ou seja, tal pessoa] deseja tornar-se senhor de Tudo sob o Céu.

**而為之，**

—欲以有為治民。

**E agires,**

*Comentários*

Pretende governar o povo mediante ações intencionais ou forçosas.[2]

**吾見其不得已。**

—我見其不得天道，人心已明矣。天道惡煩濁，人心惡多欲。

**Em minha visão, não há forma de consegui-lo.**

*Comentários*

"Em minha opinião, tal pessoa não obterá nem o Caminho do Céu, nem o coração dos homens". [A razão está em que] o Caminho do Céu rejeita [pessoas] afoitas e volúveis; o coração dos homens desaprova [os que têm] desejos em demasia.

**天下神器，不可為也。**

—器，物也。人乃天下之神物也。神物好安靜，
不可以有為治。

**Tudo sob o Céu é o instrumento sagrado;[3]**
**não é algo que possa ser governado.**

*Comentários*

"Instrumentos" [nesta passagem] significam coisas. Os homens são as coisas mais sagradas de Tudo sob o Céu. Coisas sagradas em geral preferem paz e tranquilidade; é impossível impor-lhes ordem através de atos intencionais ou forçosos.

**為者敗之，**

—以有為治之，則敗其質樸。

**Aqueles que [tentam] governá-lo,**
**[findam por] arruiná-lo;**

*Comentários*

Quem tenta pôr [Tudo sob o Céu] em ordem, intencional ou forçosamente, [termina por] arruinar a Naturalidade da tábua [que ainda não foi trabalhada].[4]

**執者失之。**

—強執教之，人則失其情實，生於詐偽也。

**Aqueles que o tomam [à força,**
**findam por] perdê-lo.**

*Comentários*

Ao tomar [Tudo sob o Céu] à força e [impor-lhe sua própria] doutrinação, os sentimentos das pessoas perderão sua autenticidade, pois [seus valores morais e políticos] nascerão de mentiras e falsidade.[5]

**故物或行，或隨，**

—上所行，下必隨之也。

**[Sabe] que: quando alguém guia, há outros que seguem;**

*Comentários*

Quando o superior vai adiante, seus subordinados têm que segui-lo.

**或呴，或吹，**

—呴，溫也。吹，寒也。有所溫，必有所寒也。

**Para alguém que inspira, há outro que expira;**

*Comentários*

"Inspirar" [significa absorver] ar morno. "Expirar" [quer dizer expelir] ar frio. Se há ar quente [a se inspirar], tem de haver ar frio [a se expirar].[6]

**或強，或羸，**

—有所強大，必有所羸弱也。

**Se há pessoas fortes, outros são débeis;**

*Comentários*

Quando há aspectos em que se é grande e forte, sempre há fraquezas e vulnerabilidades.

**或載，或隳。**

—載，安也。隳，危也。有所安，必有所危。明人君不可以有為治國，治身也。

**Uns têm êxito, outros fracassam.**[7]

*Comentários*

"Ter êxito" [implica] estar seguro. "Fracassar" [significa] correr perigo. Se há momentos em que se está seguro, também há situações em que existem riscos. O soberano esclarecido não pode governar o feudo ou seu corpo mediante intenção ou esforço.

**是以聖人去甚，去奢，去泰。**

—甚謂貪淫聲色。奢謂服飾飲食。泰謂宮室臺榭。去此三者，處中和，行無為，則天下自化。

**Por isso, o Sábio despoja-se dos excessos, despoja-se do luxo, despoja-se da suntuosidade.**

*Comentários*

"Excessos" referem-se a cobiça e libertinagem; ao apreço [excessivo] por mulheres e música. "Luxo" manifesta-se em roupas e adereços, comida e bebida. "Suntuosidade" percebe-se nos palácios e aposentos, torres e pavilhões. Se [o soberano] se livrar desses três [males, ele conseguirá] viver com moderação e harmonia; praticando a Inação, Tudo sob o Céu transformar-se-á[8] por si só.

## Notas

1 *Tomar ou governar?*: cf. cap. 48, nota 4.

2 *Agir intencional ou forçosamente*: cf. cap. 75, nota 2.

3 *Instrumento Sagrado*: é a tradução mais adequada ao contexto de 神器 (shenqi). "Instrumento" (器, qi) é utilizado em seu sentido cosmológico (cf. cap. 28, nota 10), como manifestação do Dao. "Sagrado", literalmente 神 (shen), "espírito" (cf. cap. 1, nota 9), é usado como adjetivo nesta palavra. Portanto, "instrumentos sagrados" são coisas que somente respondem à Espontaneidade, à Natureza. Optou-se pelo termo "sagrado", pelo fato de estarem além do âmbito da intencionalidade e das capacidades humanas. Daí decorre sua sacralidade. Eis o comentário de Wang Bi: "os espíritos não tem forma, nem dimensão. Os instrumentos são objetos compostos. O que é composto a partir de coisas que não têm forma, chama-se-lhe de "objetos sagrados" 神，無形無方也。器，合成也。無形以合，故謂之神器也. No plano das coisas concretas, o que a literatura chinesa descreve como "instrumentos sagrados"? O *Clássico das mutações* menciona o casco de tartaruga e as hastes de mil-folhas empregadas nos rituais divinatórios. O prefácio ao *Livro de Han* cita os discos de jade chamados de "bi" e os caldeirões conhecidos por "ding". Ou seja, "instrumentos sagrados" são os objetos empregados nos rituais sacrificais, que representam os espíritos protetores da terra ou de Tudo sob o Céu. Nesta passagem de Laozi, trata-se de uma metáfora, com o sentido de objetos além do controle do soberano, a que ele deve servir. Quando Laozi sugere que as pessoas que vivem em Tudo sob o Céu é que são o instrumento sagrado, isso deve ser posto no contexto de uma sociedade com profundas divisões de classe, na qual não se atribui um

valor especial à vida dos indivíduos. Com esse verso, Laozi talvez alerte contra uma separação radical do culto dos Ritos e sacrifícios em relação à vida real das populações absolutamente submissas à elite. Tempos de crise exigem uma política branda, com menos interferência e um exercício mais discreto de prerrogativas.

4 "[Termina por] arruinar a Naturalidade *da tábua [que ainda não foi trabalhada]*". A edição impressa *Song* lê: "[termina por] arruinar] a Naturalidade de seus dons celestes inatos (lit. Natureza inata)" 則敗其質性.

5 O Senhor do Rio agarra o calcanhar de Aquiles da ordem política chinesa. Como unificar um país tão extenso, com uma população tão grande e de tamanha diversidade linguístico-cultural? Tradicionalmente recorre-se à "doutrinação", uma forma subliminar, ainda que psicologicamente violenta, de unificar as mentes e valores. O Senhor do Rio remete a um debate importante, notadamente o de quais os meios legítimos para garantir a paz social: "mentiras e falsidade" podem contribuir para o bem humano?

6 Os versos a partir de "aqueles que tentam governá-lo" em diante propõem que cada coisa tem um seu oposto e a soma de ambos gera um estado de equilíbrio a ser emulado pelo praticante taoista. O verso que contrapõe "inspirar e expirar", contudo, parece fora de contexto. O mestre da escola do Duplo Mistério, Cheng Xuanying (ativo 630-656), tenta explicar a passagem como contraste entre ricos (que podem respirar ar morno em seus lares) e pobres (que têm de se resignar a respirar ar gelado) – de certa forma similar ao que diz o Senhor do Rio. Sem explicar por que Laozi teria aproximado os dois termos, há uma passagem em *Zhuangzi* em que se esclarece o pano de fundo dessa passagem. No início do capítulo "Submetendo a Vontade" 《莊子·刻意篇第十五》, Zhuangzi descreve três tipos de "shi" (cf. explicação do termo no cap. 15, nota 1). O terceiro é o típico eremita taoista: "esse 'shi' dos grandes rios e lagos é uma pessoa que evita as coisas do mundo; seu estilo de vida agrada aos que desfrutam do ócio. *Inspirando ar morno e expirando ar frio*, eles inalam novas energias vitais e expelem as velhas. Imitando os movimentos do urso que abraça a árvore e do pássaro que estende seus membros, o eremita somente se interessa pelo prolongamento de sua vida. Eis o 'shi' que pratica técnicas daoyin, que alimenta o seu corpo de energias puras. É disso que gosta o ancião Peng Zu". 此江湖之士，避世之人，閒暇者之所好也。吹响呼吸，吐故納新，熊經鳥申，為壽而已矣; 此道引之士，養形之人，彭祖壽考者之所好也. Sem qualquer pretensão de oferecer uma leitura coerente do capítulo como um todo, praticantes de meditação e exercícios respiratórios podem usar esse trecho para decifrar um "ensinamento esotérico" de Laozi, que deu origem aos exercícios Qi Gong do tipo da *Rima das Seis Letras* 六字訣 e da ginástica Dao-Yin do tipo "Jogo dos Cinco Animais" 五禽戲.

7 "*Uns têm êxito, outros fracassam*". FY e MWD leem: "uns fomentam, outros destroem" 或培或隳. WB traz: "uns agem, outros fracassam" 或挫或隳. Somente HSG parece oferecer uma redação facilmente conciliável com o contexto.

8 *Transformação (Cosmológica)*: cf. cap. 1, nota 16. *Transformação (Política)*: cf. cap. 3, nota 6.

# 儉武第三十
## *Capítulo 30*
## *Poupando o uso da força*

**以道佐人主者，**

—謂人主能以道自輔佐也。

**Quem emprega o Dao para auxiliar o Senhor de Homens**[1]

*Comentários*

[Este verso] propõe que o Senhor de Homens é capaz de usar o Dao para ajudar a si próprio.

**不以兵強天下；**

—以道自佐之主，不以兵革，順天任德，敵人自服。

**Não pega em armas para se impor diante de Tudo sob o Céu;**

*Comentários*

O Senhor de Homens que usa o Dao para apoiar a si próprio não precisa de armas, nem de couraças: por se submeter ao Céu e carregar em si a Virtude, seus inimigos rendem-se de bom grado.

**其事好還。**

—其舉事，好還自責，不怨於人也。

**Pois assim é fácil gerar retaliações.**

*Comentários*

Atos [de violência] não raro causam arrependimento [em quem os] exerceu, [visto] não desejarem ser odiados pelos outros.[2]

**師之所處，荊棘生焉；**

—農事廢，田不修。

**Espinheiros crescem onde param as tropas;**

*Comentários*

A lavra jaz em abandono; os campos não são cultivados.

**大軍之後，必有凶年。**

—天應之以惡氣，即害五穀。五穀盡「則」傷人也。

**Grandes exércitos deixam anos de calamidade em seu rasto.**[3]

*Comentários*

O Céu responde [à malícia dos homens] com energia vital maléfica;[4] é isso que fere os cinco grãos. Quando estes murcham, começam as dores da gente.

**善者果而已，**

—善「用」兵者，當果敢而已，不美之。

**O bom [guerreiro] é determinado, mas não vai além disso:**[5]

*Comentários*

[Quem se] sobressai no manejo de tropas deve ter coragem e determinação, tão somente. Ele não deve encontrar beleza naquilo que faz.

**不敢以取強。**

—不以果敢取強大之名也。

**Não ousa tomar [Tudo sob o Céu] à força.**

*Comentários*

Ele não ousa explorar a coragem e determinação que tem para granjear fama de poderoso.

**果而勿矜；**

—當果敢謙卑，勿自矜大也。

**É decidido, mas sem vanglória.**

*Comentários*

Corajoso, determinado, sim. Vangloriar-se da própria grandeza, não.

**果而勿伐；**

—當果敢推讓，勿自伐取其美也。

**É decidido, mas sem bravata.**

*Comentários*

[Pessoas] corajosas e determinadas aquiescem; [elas] não bravateiam de sua beleza.

**果而勿驕；**

—驕，欺也。果敢，勿以驕欺人。

**É decidido, mas sem arrogância.**

*Comentários*

Arrogância [é um tipo de] fraude. [O praticante do Dao] não deve se valer dela para ludibriar os outros.

**果而不得已。**

—當果敢至誠，不當「偪」迫不得已也。

**É decidido, mas por não ter outra escolha.**

*Comentários*

[Sua] coragem e decisão precisam advir da mais [autêntica] sinceridade; não são [atitudes] produzidas pela força das circunstâncias.[6]

**果而勿強，**
—果敢，勿以為強兵堅甲以侵淩人也。
**É decidido, mas não [ostenta] sua força;**

*Comentários*

Coragem e decisão não [implicam] desfilar armas poderosas e armaduras impérvias no [simples] intuito de invadir e aviltar a gente.

**物壯則老，**
—草木壯極則枯落。人壯極則衰老也。言強者不可以久。
**[Pois quando] as coisas [chegam ao ápice de seu] vigor, [começa a sua] decrepitude.**

*Comentários*

Ervas, árvores alcançam o ápice de seu viço e secam, perdendo suas folhas. [Da mesma maneira,] as pessoas atingem a robustez [de sua maturidade], vindo-lhe [pois] decadência e decrepitude. [Este verso assinala que] quem ostenta sua força é incapaz [de manter supremacia] por muito tempo.

**是謂不道。**
—枯老者坐，不行道也。
**Dessas, diz-se que "não seguem o Caminho".**

*Comentários*

O que murchou e envelheceu senta-se [à margem do caminho], não [tem forças para] seguir o Dao.

**不道早已。**
—不行道者早已。已，死已。
**Se "não seguem o Caminho", cedo fenecem.**

*Comentários*

Quem não segue o Dao morre cedo. Fenecer significa morrer.

## Notas

1 "Quem emprega o Dao para *auxiliar* o Senhor de Homens". Yu Yue (俞樾, 1821-1906) propõe substituir "auxiliar" (佐, zuo) por "tornar-se" (作, zuo). Nesse contexto é possível compreender-se a incoerência flagrante entre o comentário de Heshang Gong e o texto de Laozi. Enquanto Laozi atribui ao Sábio praticante do Dao a tarefa de auxiliar de seu superior, Heshang Gong reforça a figura do Rei Sábio.

2 *Retribuição (Justiça Divina)*: este verso exemplifica a crença num castigo reservado aos maus (em chinês 報應, baoying). À maneira de outras culturas, na China também existe a crença numa punição "natural" para aqueles que prejudicam os outros. A esse respeito, o texto de Laozi fala da retaliação como um fato – a violência gera violência; o Senhor do Rio psicologiza o problema, argumentando que a retribuição começa na própria consciência do malfeitor, que não deseja ser odiado pelos outros. Um texto muito popular sobre a retribuição é o *Opúsculo do altíssimo sobre a retribuição natural* (太上感應篇), que em suas primeiras linhas lê: "Não há portas que levam à fortuna ou à desgraça, é o ser humano que atrai uma ou outra. A retribuição do bem e do mal parece-se com a sombra que segue seu corpo. Sendo assim, há um espírito entre o Céu e a Terra, o Juiz da Vida (司命, Siming), encarregado de avaliar os erros das pessoas. De acordo com a gravidade das falhas de cada um, ele diminui os anos que teríamos nesta vida". Mas havia também recompensas: "Os antigos falavam sobre o bem, contemplavam o bem, praticavam o bem; a cada dia, estes eram o bem com que se ocupavam. Passados três anos, o Céu sempre dadivava-lhes boa sorte".

3 MWD não traz "grandes exércitos deixam anos de calamidade em seu rasto".

4 "O Céu responde [à malícia dos homens] *com energia vital maléfica*". A edição *Cânone taoista* lê: "O Céu responde [à malícia dos homens] com energia vital assassina" 天應之以殺氣.

5 A palavra 果 (guo), que o Senhor do Rio interpretou como "corajoso, decidido" (chinês moderno 果斷), Wang Bi leu-a como "obter resultado" 果，猶濟也 – isto é, vencer os conflitos. Essa leitura tem como autoridade o glossário clássico *Er'Ya*, em que 果 significa "triunfar" 《爾雅·釋詁》: 果，勝也. Portanto, a leitura alternativa de Wang Bi é: "Quem é bom guerreiro estaca o pé, *uma vez obtenha os resultados* [esperados]" 善有果而已 (i.e. para tão logo vença a batalha: não massacra, não saqueia, não humilha o adversário). Wang Bi explica que as armas devem ser usadas apenas para vencer as dificuldades do tempo, não devem ser utilizadas além disso, por exemplo, para hostilizar Tudo sob o Céu.

6 Wang Bi parece ler o texto principal com mais coerência do que o Senhor do Rio: "Atinge seus objetivos [de triunfar pelas armas], mas apenas por não ter outra escolha". Wang acresce os seguintes Comentários: "Este verso explica que [o Rei] prevalece sobre as dificuldades com grandes feitos. Contudo, ele somente recor-

reu às armas após ter primeiro ficado sem alternativas. O uso da força somente é correto para extirpar a violência e a desordem, nunca com o fim de se magnificar" 言用兵雖趣功, 果濟難, 然時故不得已當復用者, 但當以除暴亂, 不遂用果以為強也. O Senhor do Rio contraria a literalidade de Laozi para improvisar sobre a índole do praticante do Dao. No parágrafo anterior, a opinião de Wang Bi já esclarecera que não existe contradição *ex principio* entre a filosofia taoista e a guerra. Há situações em que se é forçado, eventualmente, a lutar: não somente para reagir a uma agressão, mas também enquanto expediente para realizar objetivos maiores – como pacificar o mundo. Num outro plano, o Senhor do Rio sustenta que a coragem é um atributo natural dos praticantes do Dao; já que deflui da Espontaneidade, sua origem não deve ser procurada em situações concretas.

# 偃武第三十一

## *Capítulo 31*

## *Deitando as armas [no chão]*

**夫佳兵「者」，不祥之器，**

—「佳，飾也。」祥，善也。兵者，驚精神，濁和氣，不善之器也。不當修飾之。

**Pulcras armas[1] são instrumentos[2] de mau agouro;**

*Comentários*

"Pulcro" [é uma metáfora para o que tem] adereços. "Agouros" [em geral são] bons. "Armas" [são uma metáfora para] instrumentos malignos que abalam [o equilíbrio] da energia pura e do espírito original,[3] além de infectar a harmonia do Yin-Yang.[4] Não se deve apor adereços [aos instrumentos], ornamentando-os.

**物或惡之；**

—兵動則有所害，故萬物無有不惡之「者」。

**[Todas] as coisas têm um ódio eterno por elas;**

*Comentários*

[Basta] as armas se moverem para que [alguém sofra] dano. Por isso que, dentre as dez mil coisas, não há nenhuma que não as odeie.

**故有道者不處。**

—有道之人，不處其國。

**[Com razão,] quem possui o Dao [em si] evita [as armas].**

*Comentários*

O homem que possui o Dao evita as terras [onde há violência].

**君子居，則貴左；**

—貴柔弱也。

**O Homem Nobre,[5] em casa, dá valor ao lado esquerdo;**

*Comentários*

Preza o que é tenro e fraco.

**用兵，則貴右。**

—貴剛強也。此言兵道與君子「之」道反，所貴者異也。

**[Quando está] em armas, aprecia o lado direito.**

*Comentários*

Estima o que é duro e forte. Estes [versos] propõem que o Dao das armas e o Dao do Homem Nobre opõem-se, já que veneram coisas diferentes.

**兵者，不祥之器；**

—兵革者，不善之器也。

**Armas são instrumentos de mau agouro,**

*Comentários*

Armas e couraças são instrumentos malignos.

**非君子之器也。**

—非君子所貴重「之」器也。

**Não são os instrumentos do Homem Nobre.**

*Comentários*

Não são instrumentos que o Homem Nobre dá valor e respeita.

**不得已而用之，**

—謂遭衰逆亂禍，欲加萬民，乃用之以自守。

**Apenas em último caso é que as brande.**

*Comentários*

[O verso] sugere que [o Homem Nobre] somente brande armas para se defender, atacando os dez mil povos em caso de colapso [da ordem, como] insurreição, indisciplina ou catástrofes.

**恬惔為上，**

—不貪土地，「不」利人財寶。

**[Nessas ocasiões,] prefere [agir] com serenidade,**

*Comentários*

Não cobiça terras, nem se aproveita dos tesouros e posses das gentes.[6]

**勝而不美；**

—雖得勝，「而」不以為美利。

**Triunfa, sem ver beleza [na vitória];**

*Comentários*

Mesmo que triunfe [pela força], não deve ver nem beleza, nem benefício [em seus feitos].

**而美之者，是樂殺人：**

—美得勝者，是為喜樂殺人者也。

**Pois, do contrário, encontrará alegria em matar seres humanos:**

*Comentários*

Quem vê beleza na obtenção de um triunfo é o tipo de pessoa que se rejubila com a morte de pessoas.

**夫樂殺人者，則不可以得志於天下矣。**

—為人君而樂殺人「者」，此不可使得志於天下矣。

為人主心專制人命，不可妄行刑罰。

**Alegrando-se com mortandade, não poderá ambicionar Tudo sob o Céu.**

*Comentários*

Se um soberano de homens deleita-se com a morte, não se lhe pode permitir que ambicione Tudo sob o Céu. O coração do senhor de homens cinge-se a [querer] regular a vida das pessoas, não podendo abusar das punições.

**吉事尚左，**

—左，生位也。

**Em ocasiões auspiciosas, honra-se a esquerda.**

*Comentários*

O lado esquerdo [representa] a vida.[7]

**凶事尚右。**

—陰道殺人。

**Em ocasiões ominosas, honra-se a direita.**

*Comentários*

O dao[8] [das energias] Yin [realiza-se com] a morte das pessoas.[9]

**偏將軍居左，**

—偏將軍卑而居陽位，以其不專殺也。

**O vice-comandante fica à esquerda.**

*Comentários*

De patente menor, o vice-comandante ocupa a posição correspondente a Yang, pois matar os inimigos não é atribuição exclusiva sua.

**上將軍居右。**

—上將軍尊而居右者，言其主殺也。

**O comandante em chefe fica à direita.**

*Comentários*

Da mais respeitada patente, o comandante em chefe ocupa o lado direito. [Isso] esclarece que é ele a liderar a mortandade.

**言以喪禮處之。**

—上將軍居右，喪禮尚右。死人貴陰也。

**Isso quer dizer que se dispõem conforme os Ritos funerários.**

*Comentários*

O comandante em chefe fica à direita, os Ritos funerários estimam a direita. Os mortos honram [a energia] Yin.

**殺人眾多，以悲哀泣之。**

—傷己德薄，不能以道化人，而害無辜之民。

**Quando põem à morte uma multidão de pessoas, [devem] chorar com tristeza e aflição por elas.**

*Comentários*

[Este verso sugere que o comandante em chefe] lamenta-se de não possuir Virtude[10] suficiente, de ser incapaz de usar o Dao para transformar[11] [moralmente] as pessoas, findando por ferir o povo inocente.

**戰勝，以喪禮處之。**

—古者戰勝，將軍居喪主禮之位。素服而哭之，明君子貴德而賤兵。不得已「而」誅，不祥。心不樂之，比於喪也。知後世用兵不已，故悲痛之。

**Quando triunfam na guerra, [devem] realizar os ritos funerários [pelos que tombaram].**

*Comentários*

Em eras passadas, o comandante em chefe posicionava-se no lugar do celebrante dos Ritos funerários depois de triunfar na guerra. Com vestes brancas, chorava pelos mortos, donde o fato de que o Homem Nobre valoriza a Virtude e despreza as armas. É somente após ficar sem alternativas que põe outros à morte, [mas o que fez mesmo assim] não deixa de ser coisa agourenta. Seu coração não encontra alegria [na matança], donde compará-la à perda dos seus. Ao se lembrar que as gerações vindouras também voltarão a pegar em armas inúmeras vezes, sente [ainda maiores] tristeza e dor.

## Notas

1 HSG e WB trazem "pulcro" (佳, jia). FY traz "belo" (美, mei). MWD traz "armas", sem qualificação alguma.

2 *Instrumento*: cf. cap. 28, nota 10.

3 *Energia Pura/Espírito Original*: cf. cap. 5, nota 15.

4 *Harmonia do Yin-Yang*: cf. cap. 5, nota 8.

5 *Homem Nobre*: Esta é a única aparição de 君子 (junzi) em Laozi. O termo possui dois sentidos, tal como em português. Por um lado, é o homem de estirpe, aristocrata de sangue. Por outro, é o homem de elevados valores morais, da mais distinta virtude. Em Confúcio, representa o ideal do homem erudito, instruído, porém não necessariamente sem linhagem ou distinções sociais. Para Laozi, "quem possui o Dao em si" está além da complexa etiqueta da China antiga. Seus elevados valores morais e Virtude também se definem como acima do apego confuciano à reputação e convenções sociais. Mas isso não implica recusa do ideal ortodoxo de Homem Nobre, apenas o reconhecimento de seus limites.

6 *"Não cobiça terras, nem se aproveita dos tesouros e posses das gentes"*. A edição impressa *Song* lê: "traz benefícios ao patrimônio do povo, [permanecendo] indiferente [às vantagens que poderia obter,] tal como fora desde o início" 利人財寶，恢一本作然. Este último trecho possivelmente é uma intercalação.

7 Outras versões do texto de HSG especificam o significado da glosa "o lado esquerdo representa a vida". A edição *Qushan Ji* diz: "a esquerda corresponde a *Yang*, autor da vida". A edição *Qiang* diz: "o lado esquerdo é *auspicioso*, autor da vida". Com "auspicioso" e "ominoso", Laozi possivelmente refere-se a duas dentre cinco divisões dos Ritos citadas pelos *Ritos de Zhou* em seu terceiro capítulo "Funcionários da Primavera" 《周禮·春官》. De um lado, havia os Ritos Auspiciosos (吉禮, jili), rotina aplicada às cerimônias de sacrifícios religiosos em geral. De outro, havia os Ritos Ominosos (凶禮, xiongli), reservados para momentos de crise, como ceri-

mônias funerárias, catástrofes naturais e fracassos militares. Segundo observação de Zheng Xuan (鄭玄, 127-200), os Ritos Auspiciosos valorizavam a esquerda, enquanto os Ominosos prezavam a direita – posições em correspondência com Yang e Yin, respectivamente.

8 Dao (com minúscula) significa a forma de ser ou agir; neste caso, das energias Yin.

9 A edição *Qushan Ji* entra em contradição com Laozi ao afirmar que "esquerda é Yin, autora da morte".

10 *Virtude*: cf. cap. 38, nota 2.

11 *Transformação*: cf. cap. 3, nota 6.

# 聖德第三十二

## *Capítulo 32*

## *A virtude do Sábio*

**道常無名。**

—道能陰，能陽，能弛，能張，能存，能亡。

故無常名也。

**O Dao nunca tem Nome.**

*Comentários*

O Dao é capaz [de se manifestar] sob aspecto Yin ou sob aspecto Yang; [tal como um arco] é capaz de se tencionar ou de se contrair;[1] [tal como um ser] é capaz de [se exibir] vivo ou morto. Nesse sentido, não se lhe pode atribuir um nome[2] permanente.[3]

**樸雖小，天下不敢臣。**

—道樸雖小，微妙無形，天下不敢有臣使道者也。

**É tábua rasa que, por menor que seja, ninguém em Tudo sob o Céu ousa [reduzir a] servo.**[4]

*Comentários*

Embora a tábua rasa, o Dao, seja pequena, [tal pequenez esconde] sutis maravilhas que não têm forma. Ninguém em Tudo sob o Céu ousa comandar o Dao.

**侯王若能守之，萬物將自賓。**

—侯王若能守道無為，萬物將自賓服，
從於德化。

**Se reis e senhores feudais conseguirem preservá-lo assim,
as dez mil coisas virão, por si sós, tornar-se seus hóspedes.**

*Comentários*

Se os reis e senhores feudais forem capazes de preservar o Dao e de praticarem a Inação,[5] as dez mil coisas virão, espontaneamente, submeter-se [a eles], já que são atraídas pela transformação[6] [moral] exercida pela Virtude [de seus superiores].[7]

**天地相合，以降甘露；**

—侯王動作，能與天地相合。天即「降」
下甘露善瑞也。

**Céu e Terra se unirão, para deixar cair Orvalho Doce;**[8]

*Comentários*

As ações e obras dos reis e senhores feudais são capazes de se conjugar ao Céu e Terra.[9] Neste momento o Céu deixa cair Orvalho Doce, um auspicioso presságio.

**民莫之令而自均。**

—天降甘露善瑞，則萬物莫有教令之者，
皆自均調若一也。

**O povo uniformizar-se-á por si só;
não sendo necessário proferir éditos.**

*Comentários*

O Céu deixou cair Orvalho Doce, um presságio auspicioso. Numa época assim, as dez mil coisas dispensam doutrinação e ordenanças; todas uniformizam-se espontaneamente e ajustam-se [à ordem] como se fossem uma coisa só.

**始制有名；**

—始，道也。有名，萬物也。道無名，能制於有名；
無形，能制於有形也。

**No princípio, talhou [a tábua][10] e surgiram os nomes;[11]**

*Comentários*

"Princípio" [indica o] Dao. "Surgiram os nomes" [que designam] as dez mil coisas. O Dao não tem Nome, [por isso] é capaz de talhar [a tábua, isto é, de produzir as coisas] que têm nome. [O Dao] tampouco tem forma, [portanto] pode produzir coisas que têm forma.

**名亦既有，**

—既，盡也。有名之物，盡有情慾。叛道離德，
故身毀辱也。

**Quando já existem Nomes,**

*Comentários*

"Já" [poderia ser lida como] "todas". "Todas" as coisas que têm um nome, [invariavelmente] despertam desejos e impulsos. [Buscá-las equivale a] trair o Dao e alienar-se da Virtude, trazendo ruína e humilhação para si próprio.

**天亦將知之。**

—人能法道行德，天亦將自知之。

**Cabe ao Céu distinguir [o Sábio];[12]**

*Comentários*

O homem é capaz de tomar o Dao por modelo e de praticar a Virtude; o Céu reconhecerá tal pessoa.

**知之，所以不殆：**

—天知之，則神靈佑助，不復危殆。

**E por [ser o Céu a] distingui-lo, não correrá perigo:[13]**

*Comentários*

O Céu o reconhece; assim as entidades espirituais virão em seu auxílio e proteção, [de modo que] nunca mais correrá perigo.[14]

**譬道之在天下，猶川谷之與江海。**

—譬言道之在天下，與人相應和。如川谷與江海相流通也。

**Se comparado a Tudo sob o Céu, o Dao parece-se com os rios dos vales que correm até o mar.**

*Comentários*

Ao comparar o Dao com Tudo sob o Céu, [percebe-se] uma correspondência harmoniosa com o homem. [Tal relação] parece-se com [a existente entre] os córregos dos vales, os grandes rios e mares, na forma como se permeiam, como [a mesma água] corre por eles.

## Notas

1 Cf. "Alegoria do Arco" (cap. 77).

2 *Nome*: cf. cap. 1, nota 12.

3 *Permanência*: cf. cap. 1, nota 6.

4 Este verso retoma um tema explorado por dois versos do cap. 28: "se a tábua for trabalhada, transformar-se-á num instrumento" e "o maior dos artesãos não talha a tábua". A tábua rasa é um símbolo do Dao. Embora aparentemente não tenha caráter ou uso definido, ela de fato encerra infinitas possibilidades. Uma vez sejam fixadas suas características, a tábua torna-se um instrumento (cf. cap. 28, nota 10). Vale assinalar a conotação política do assunto. Na sociedade chinesa antiga, "instrumento" refere-se às pessoas preparadas para exercer funções públicas, normalmente alguém que recebeu um treinamento na cultura padrão das elites políticas. A frase enfatiza que a simplicidade do Sábio praticante do Dao permite-lhe colocar-se acima da multidão de especialistas; a ele devem ser reservadas as mais importantes prerrogativas de poder.

5 *Inação*: cf. cap. 1, nota 8.

6 *Transformação (Política)*: cf. cap. 3, nota 6.

7 "Já que são atraídas pela transformação [moral] exercida pela Virtude [de seus superiores]". A edição de Wang Ka simplifica o texto: "já que são atraídas pela Virtude [de seus superiores]" 從於德也.

8 *Orvalho doce*: (甘露, ganlu) para os chineses antigos era um tipo de fenômeno auspicioso, como o aparecimento repentino de animais miraculosos como o Qilin.

A queda do Orvalho Doce assinalava épocas de "Grande Paz", normalmente em consequência da subida de um Sábio ao trono.

9 *Tríade entre Céu, Terra e Homem (Ou Rei)*: (天人合一, tianren heyi) decorre da Correspondência por Afinidade (cf. cap. 3, nota 3). Já que a existência do homem no mundo está determinada pelo tempo e condições climáticas (Céu), bem como pelas condições materiais de sua subsistência (Terra), é imperativo que a coletividade se adapte a tais condições, harmonizando-se-lhes. Embora isso se trate de uma verdade universalmente aplicável ao mundo antigo, a cultura chinesa dá um passo adiante ao transformá-lo numa crença com requintes religiosos, procedendo à naturalização da vida política, moral e mesmo espiritual do homem. Na cultura chinesa, não há um reino espiritual, distinto de e superior à natureza. Diferentemente do Santo cristão, o Sábio chinês busca dar valor absoluto aos modelos naturais que adota para a sociedade. A mais evidente expressão intelectual dessa tríade é o constante paralelismo entre "Céu, Terra" e "Homem" no *Clássico das mutações*. Nele, o mais ínclito exemplo é o primeiro hexagrama, 乾 (qian), cujas seis linhas conformam-se numa narrativa coerente, a qual descreve o surgimento de um grande rei desde suas origens humildes até seu triunfo absoluto e sua derrocada. Determinante para o sucesso desse grande homem é sua capacidade de "imitar o Céu", dando expressão moral às quatro virtudes cosmológicas, "celestes". O sentido principal da Tríade, não obstante, é político. Ao imitar o Céu, o Sábio torna-se o único Rei sobre toda a China, garantindo o paralelismo entre a sociedade e a natureza. Por esse motivo, é sempre pertinente discutir se uma pessoa comum é capaz de se irmanar ao Céu e à Terra. A julgar o *Clássico das mutações*, isso parece ser possível, com a ressalva de que apenas o Rei Sábio é capaz de fazê-lo plenamente. Todo o resto da sociedade está tolhido por limites muito rígidos, como comprova a narrativa do segundo hexagrama, 坤 (kun). Kun representa os membros da burocracia celeste, responsáveis pelo apoio ao Rei Sábio em sua obra de unificar Tudo sob o Céu. É interessante notar que, diferentemente de Qian, as seis linhas de Kun não possuem uma narrativa coesa – mas podem ser lidas em paralelo às de Qian, reforçando seu papel e destino de servo do Rei. Isso ressalta o fato de que a Tríade é válida para todos, mas como coadjuvantes de um drama central.

10 *Talhar a Tábua*: cf. *Grande Artesão*, cap. 28, nota 14.

11 *"No princípio, talhou [a tábua] e surgiram os nomes"*. A tradução segue o comentário do Senhor do Rio. Uma leitura mais natural do verso seria: "[Contudo,] começou-se a talhar [a tábua] e surgiram os nomes".

12 WB, FY, MWD e GD apresentam um texto diferente de HSG: "名亦即有, 夫亦將知止", ou seja, *"uma vez comecem a proliferar os nomes (lit. "uma vez já haja nomes"), é necessário que se saiba [quando] parar"*. Com esta redação, fica mais claro o primitivismo de Laozi. Para Laozi, quanto mais complexo o vocabulário de uma sociedade, mais distinções desnecessárias são produzidas. Maior sofisticação do conhecimento leva a que as pessoas se apeguem a detalhes e, consequentemente, mais longe ficam do Dao. Para referência, eis o comentário de Wang Bi: "'começar a talhar' refere-se

ao momento em que a tábua perdeu sua pureza, isto é, quando primeiro apareceu um chefe do corpo de burocratas. Quando se estatuiu a figura, não se podia deixar de criar denominações também para os outros cargos e posições, com o propósito de organizar a sociedade conforme os que são dignos de respeito e os que são baixos. Por isso Laozi diz que '*foi quando se começou a talhar [a tábua] que surgiram os nomes*'. Passada essa etapa, as pessoas começaram a lutar por coisas menores, para ver que empunhava a faca e o buril. Por isso Laozi diz '*Quando já houver Nomes, Será necessário saber quando parar*'. Quem cede total controle aos nomes para, por meio deles, organizar as coisas, perde a Mãe da arte de governo; portanto, saber quando parar é o meio para evitar reveses" 始制，謂樸散始為官長之時也。始制官長，不可不立名分以定尊卑，故始制有名也，過此以往將爭錐刀之末，故曰，名亦既有，夫亦將知止也，遂任名以號物，則失治之母，故知止所以不殆也.

13 Cf. *Mandato do Céu*: cap. 16, nota 8.

14 "O Céu o reconhece; assim as entidades espirituais virão em seu auxílio e proteção, [de modo que] nunca mais correrá perigo". Outra edição lê: "O Céu saberá como contê-lo; por saber como conter [problemas antes que nasçam, o Sábio protegido pelo Céu] nunca sofrerá reveses" 天亦將知止，知止，所以不殆.

# 辯德第三十三
## *Capítulo 33*
## *Discriminando virtudes*

**知人者智，**

—能知人好惡，是為智。

**Quem conhece os homens[1] possui [um tipo de] sabedoria;**

*Comentários*

Distinguir o que os homens têm de bom e de mau, eis o que [usualmente] se chama de sabedoria.

**自知者明。**

—人能自知賢「與」肖。是謂反聽無聲，內視無形，故為明也。

**[Mas só] quem conhece a si próprio é iluminado.[2]**

*Comentários*

[Ou seja,] alguém que consegue discriminar o que tem de valoroso ou de abjeto. A isso se chama de "quem se ouve dispensa sons", "quem se vê dispensa formas". Nisso consiste a iluminação.

**勝人者有力，**

—能勝人者，不過以威力也。

**O homem que supera os outros possui [uma espécie de] poder;**

*Comentários*

Quem vence os outros somente tem autoridade ou força.

**自勝者強。**

—人能自勝己情慾，則天下無有能與己爭者，故為強也。

**[Mas] apenas quem vence a si próprio é forte.**

*Comentários*

Se alguém for capaz de conquistar seus próprios desejos e impulsos, não haverá outra pessoa capaz de competir contra si em Tudo sob o Céu. Nisso consiste a força.

**知足者富，**

—人能知足，則長保福祿。故為富也。

**Rico é aquele que se dá por satisfeito [com o que tem];**

*Comentários*

Quando uma pessoa sabe se dar por satisfeita,[3] ela preservará por um longo tempo a sorte que tem e [o patrimônio que] possui, [como] suas terras e títulos. Nisso consiste a riqueza.[4]

**強行者有志。**

—人能強力行善，則為有志於道。道亦有志於人。

**[E] quem age com empenho[5] possui ideal.**[6]

*Comentários*

Se alguém for capaz de empregar todas as suas forças para praticar o bem, essa pessoa buscará o Dao como ideal seu. [Nessa hipótese,] o Dao também buscará [esse] homem como ideal.

**不失其所者久，**

—人能自節養，不失其所受天之精氣，則可以「長」久。

**Perdura a pessoa que não perde seu lugar;**[7]

*Comentários*

Se um homem for capaz de agir com reflexão e comedimento, nunca desperdiçará a energia pura[8] que recebera do Céu.

**死而不亡者壽。**

**—目不妄視，耳不妄聽，口不妄言，則無怨惡於天下。**

**故得長壽也。**

**[E] quem morre sem se perder[9] é longevo.**

*Comentários*

Quando os olhos não espiam o que não devem; quando ouvidos não escutam o que não devem; quando a boca não fala o que não deve: essa pessoa não será objeto de ódios em Tudo sob o Céu. Assim garantirá sua longevidade.

## Notas

1 *Conhecer os Homens*: (知人, zhiren) o termo tem duas leituras possíveis; tanto pode significar a pessoa que tem erudição e siso, como, numa acepção peculiarmente chinesa, o homem que tem o talento especial de reconhecer valor em terceiros, recomendando-os para que se coloquem ao serviço de uma potestade. Wang Bi emprega o termo no primeiro sentido; o Senhor do Rio, no segundo.

2 Laozi prossegue em sua crítica aos valores tradicionais. Dessa vez, seu alvo é a Sabedoria propalada pela ortodoxia – o estudo, prática e culto de obras canônicas e a imitação de figuras exemplares reputadas como fontes da tradição. Como verdadeira sabedoria, Laozi propõe "conhecer a si próprio", termo que não deve ser apressadamente relacionado ao Γνῶθι σαυτόν socrático. Os projetos intelectuais de Laozi e Sócrates são diversos: em Laozi não há dialética, não há maiêutica, não há dúvida, nem ironia. Laozi tampouco poderia ser visto como o produto de uma sociedade similar à Atenas do século quinto antes de Cristo. E, talvez mais importante, Laozi empenhou-se para realizar um valor qualitativamente diverso do que a profunda reflexão sobre a legitimidade das leis e o destino da alma – obra socrática, em que pese o testemunho de Platão. Em Laozi, percebe-se que a contemplação do Dao, a iluminação silenciosa e a autarquia são mais preciosas, no contexto de um projeto político tipicamente chinês de unificação do país sob um Rei Sábio.

3 "Quando uma pessoa sabe se dar por satisfeita". A edição impressa *Song* lê: "Estar satisfeito com algo significa alguém poder dar-se por satisfeito" 人能知足之為足.

4 É interessante assinalar a distância entre o texto original de Laozi, que aparentemente enfatiza o ideal "monástico" de vida, e o comentário do Senhor do Rio, muito mais pragmático – já que não dispensa títulos, terras e relações pessoais privilegiadas. Seriam visões diferentes ou Laozi não disse tudo que tinha em mente? Na história chinesa, há um número de tipos heterogêneos que se declaram "taoistas". Se por fim confirmar-se que só os eremitas praticantes das técnicas de longevidade merecem o título, talvez a questão se resolva em favor da literalidade dessa passagem. Entretanto, na China, raramente há coerência de princípio entre uma obra e o que supostamente é sua doutrina. Dessa forma, à falta de um esclarecimento do próprio Laozi, só é possível fechar a questão nos limites de uma leitura particular do texto.

5 *Agir com empenho*: literalmente, "agir com esforço" (强行, qiangxing), que talvez possa ser comparado ao 力行 (lixing) de máxima notória da *Doutrina do Meio* 《中庸》: "Gostar de cultivar o Estudo aproxima-se da Sabedoria; *esforçar-se para preservar sua conduta* aproxima-se da Humanidade; ter senso de vergonha aproxima-se da coragem" 好学近乎知, *力行近乎仁*, 知耻近乎勇. Embora critique essas três virtudes, Laozi não nega sua importância, especialmente se forem harmonizadas ao plano maior do Dao e sua Virtude.

6 *Ideal*: (志, zhi) uma breve análise do ideograma revela o que há de especificamente chinês nesse termo. Ele compõe-se de duas palavras 士 (*Shi*: cf. cap. 15, nota 1) e 心 (*Coração*: cf. cap. 3, nota 9). Quando se fala de ideais em português, via de regra tem-se em mente as aspirações do indivíduo. Não é o caso do termo chinês – etimologicamente vinculado aos interesses e valores de uma elite intelectual homogênea.

7 *Não Perde Seu Lugar*: O destinatário original de Laozi era o homem ambicioso, egresso de um grande clã, que buscava crescer numa carreira política dentro da burocracia. Portanto, seja para obter um cargo, seja para não perdê-lo, era necessário um intenso trabalho de gestão de relações humanas, selando-se alianças matrimoniais, buscando-se apoio de patronos, oferecendo proteção a clientes etc. ZQZ (p.134) cita uma passagem de *Hanfeizi* que menciona dois animais lendários, o dragão voador e a cobra alada. Sem o apoio das nuvens e da névoa de que dependem para deslocar-se, não são diferentes das criaturas mais ordinárias. Essa metáfora conota o homem de valor, incapaz de ter êxito se exclusivamente baseado nas próprias forças. Ele tanto depende de suas circunstâncias como de seu senso de oportunidade. Contudo, "senso de oportunidade" na sabedoria de Laozi é o oposto do que se compreenderia hoje. Ao contrário de aceitar riscos, Laozi propõe satisfazer-se com o que se tem, preservar as posições que se ocupa, pensar no resultado de longo prazo. A sabedoria chinesa valoriza "saber quando parar". Nesse ensejo, Zhu cita o hexagrama 艮 (gen) do *Clássico das mutações*, que toma uma montanha como símbolo. O comentário chamado "Julgamento" ao hexagrama 艮《易·艮·彖》ensina: "艮 [aconselha] 'parar'. Para quando deve parar; age quando deve agir; ação e descanso, cada qual no momento propício, o teu Dao é de puro

brilho" 艮，止也。時止則止，時行則行，動靜不失其時，其道光明. Dessa forma, a grandeza e força da montanha reside em sua prudência, manifestada através de sua imobilidade. Eis como preservar a posição que se tem.

8 *Energia Pura*: cf. cap. 5, nota 15.

9 *Morrer sem se Perder*: (死而無亡, si er wu wang/wu) é uma expressão de sentido controverso, podendo ser traduzida de diversas formas, cada qual servindo a um entendimento particular do texto. O motivo das disputas é o termo 亡, que pode significar: 1) perecer; 2) desaparecer; 3) desordenadamente (como cognato de 妄, wang). Os taoistas que creem em imortalidade adotam a leitura "morre sem perecer", no sentido de que o Sábio perde seu corpo mas permanece no mundo como um Imortal (神仙, shenxian). Uma leitura mais "confuciana" seria a de que o homem de valor morre, mas sua boa reputação e suas contribuições à sociedade não desaparecem, a exemplo da citação do *Comentário de Zuo* 《左傳襄公廿四年》: "o corpo morre, mas a reputação não se desfaz" 死而不朽. A terceira e última leitura, baseada no texto de algumas edições, como *Yilin*, afirma que 亡 é redação antiga de 妄, que significa "desordenado", "descomedido". Esta é a interpretação empregada pelo comentário do Senhor do Rio, que nega a olhos, ouvidos e boca serem descomedidos, isto é, atentarem para o que não devem. Portanto, "morrer sem se perder" significaria nunca tergiversar seu comedimento e moderação, mesmo sob o maior dos riscos. Isso garantiria a sobrevivência do praticante taoista.

# 任成第三十四

## *Capítulo 34*

## *Assumindo grandes feitos*

**大道氾兮，**

—言道氾氾，若浮若沉，若有若無。視之不見，說之難殊。

**Oh! [Como] transborda o Grande Dao;**

*Comentários*

O Grande Dao é como uma torrente de águas caudalosas: ora sobe, ora desce; ora está [diante de nós], ora não mais. Se observarmos o Dao, não conseguiremos vê-lo [com nossos olhos]; se tentarmos discursar sobre ele, será difícil discerni-lo.

**其可左右。**

—道可左「可」右，無所不宜。

**Pode [fluir] para a direita ou para a esquerda.**

*Comentários*

O Dao pode estar à direita ou à esquerda, nada lhe é inapropriado.[1]

**萬物恃之而生；**

—恃，待也。萬物皆待道而生。

**As dez mil coisas dependem dele para haurir vida;**

*Comentários*

[No verso,] "depender" significa "esperar por". Todas as dez mil coisas esperam pelo Dao para [obter] vida.

**而不辭。**

—道不辭謝而逆止也。

**Mas nunca [sofrem] recusa [sua].**[2]

*Comentários*

O Dao nunca declina [seus obséquios], contrariando [as dez mil coisas].

**功成「而」不名有；**

—有道不名其有功也。

**Sua obra se completa, mas não tem renome;**[3]

*Comentários*

[O praticante que] possui o Dao [em si] não dá nome aos feitos que realizou.

**愛養萬物而不為主。**

—道雖愛養萬物，不如人主有所收取。

**Cuida das dez mil coisas, nutre-as – mas não se torna dono [delas].**[4]

*Comentários*

Apesar de cuidar e nutrir as dez mil coisas, o Dao não se parece com o Senhor de Homens, que obtém [vantagens] e toma [tributo de seus subordinados].

**常無欲，可名於小。**

—道匿德藏名，怕然無為。似若微小也。

**Sempre livre de desejos, podemos denominar-lhe de pequeno.**

*Comentários*

O Dao oculta sua Virtude[5] e esconde seu Nome;[6] cheio de cautela, pratica a Inação.[7] É como se fosse algo minúsculo.

**萬物歸焉，而不為主；**

—萬物皆歸道受氣。道非如人主，有所禁止也。

**As dez mil coisas se lhe submetem, porém [o Dao] não se apossa delas;**

*Comentários*

Todas as dez mil coisas submetem-se ao Dao para dele receber energia vital.[8] O Dao não é como o Senhor de Homens, que lança mão de proibições e restrições.

**可名為大。**

—萬物橫來橫去，使名自在。故可名於大也。

**[Portanto, também] podemos denominar-lhe grande.**

*Comentários*

As dez mil coisas vêm e vão num burburinho tamanho, mas [o Dao] faz com que cada Nome permaneça em seu lugar.[9] Por tal motivo pode ser denominado de grande.

**是以聖人終不為大；**

—聖人法道，匿德藏名，不為滿大。

**[Sabendo] disso, o Sábio[10] nunca [busca] realizar grandes [feitos], até o fim [de sua existência];**

*Comentários*

O Sábio modela-se no Dao, ocultando sua Virtude e escondendo seu nome, não [ousa] agir como um grande personagem, cheio de si.

**故能成其大。**

—聖人以身帥導。不言而化，萬事修治，故能成其大。

**Eis como logra realizar sua grandeza.**

*Comentários*

O Sábio comanda [seus subordinados] pelo exemplo. Não precisa falar para transformá-los [moralmente],[11] [todas] as dez mil coisas governam-se [por si sós], por isso que é capaz de realizar sua grandeza.

## Notas

1 Laozi usa esquerda e direita para expressar o ângulo das águas de uma torrente que, em seu vigor, podem virar para um lado ou para o outro. O Senhor do Rio expande esse sentido para significar a organização hierárquica do espaço conforme os Ritos – cuja importância ficou patente no cap. 31 "O Homem Nobre, em casa, dá valor ao lado esquerdo" etc. Portanto, "esquerda" e "direita" em chinês arcaico significam mais do que dois lados ou direções: expõem também a base de uma hierarquia abrangendo cosmologia (Yin-Yang), política (rei-servo) e a família (marido-mulher, pai e filho).

2 Outra tradução possível desse verso seria: "As dez mil coisas dependem dele para haurir vida, Mas nunca se expressa".

3 Há duas sintaxes possíveis para esse verso, que resultam nas seguintes traduções literais: 1) "sua obra se completa, mas não tem nome ou fama"; 2) "sua obra se completa, mas não se lhe pode dar o nome de 'existente'". FY apresenta uma redação alternativa: "sua obra completa-se, mas não lhe tem apego" 功成而不居.

4 Esse verso possui redações diferentes nos manuscritos principais. WB: "veste e cuida das dez mil coisas, mas não se torna dono delas" 衣養萬物而不為主. FY: "como uma veste, cobre as dez mil coisas, mas não se torna dono delas" 衣被萬物而不為主. MWD: "as dez mil coisas submetem-se [ao Dao], mas não se torna dono delas" 萬物歸焉而弗為主.

5 *Virtude*: cf. cap. 38, nota 2

6 *Nome*: cf. cap. 1, nota 12

7 *Inação*: cf. cap. 1, nota 8.

8 *Energia Vital*: cf. cap. 1, nota 15.

9 O Dao é descrito como promotor de ordem no mundo, já que denominar implica classificar coisas em gêneros, criando um "mapa conceitual" da realidade – o que propicia a comunicação entre pessoas. Por trás do ato de atribuir nomes está um tipo de compreensão do mundo e da realidade. Nesse contexto, se a nossa reação com o mundo carecer de verbalidade, não haverá coerência entre as coisas, embora

seja possível interagir com o mundo e existir nele. Quando, no entanto, somos capazes de denominar e verbalizar, digamos, uma paisagem em que há animais, há pedras, há árvores, há terra, há água, há nuvens etc., essa compreensão do mundo autonomiza-se, destacando-se das coisas "originais" que ora estavam presas ao tempo e ao espaço. "As dez mil coisas vêm e vão num burburinho tamanho, mas [o Dao] faz com que cada Nome permaneça em seu lugar". As edições *Anotações reunidas*, *Gu* e *Cânone taoista* leem: "faz com que cada coisa permaneça em seu lugar" 萬物橫來橫去，各使自在.

10 *Sábio*: cap. 2, nota 8.

11 *Transformação (Política)*: cf. cap. 3, nota 6.

# 仁德第三十五

## *Capítulo 35*

## *Humanidade enquanto Virtude*

**執大象，天下往；**

—執，守也。象，道也。聖人守大道，
則天下萬民移心歸往之也。治身則天降神明，
往來於已也。

**Tudo sob o Céu se recolherá [sob quem] trouxer a maior das imagens[1] em seu punho;**

*Comentários*

"Ter no punho" [quer dizer] preservar. "Imagem" [sugere] o Dao. Quando o Sábio preserva o Grande Dao, os corações dos dez mil povos em Tudo sob o Céu se recolherão [sob seu domínio. Da mesma maneira,] o Céu derramará o brilho divino[2] sobre aquele que governa bem seu corpo [e o brilho] permanecerá dentro de si.[3]

**往而不害，安平太：**

—萬物歸往而不傷害，則國安家寧而致太平矣。
治身不害神明，則身安而大壽也。

**[Pois] recolhendo-se [sob um Rei Sábio], não sofrerá dano – e a Grande Paz[4] será o acalento [de todos]:**

*Comentários*

As dez mil coisas recolhem-se [sob o Rei Sábio], submetendo-se [a ele]. Depois disso o feudo ficará em paz, os clãs viverão em sossego – promovendo a Grande Paz [em Tudo sob o Céu. Similarmente, o praticante das técnicas de] governo do corpo não afeta o brilho dos espíritos.[5] Por tudo isso, o corpo permanecerá tranquilo, vivendo até a maior longevidade.

**樂與餌，過客止。**

—餌，美也。過客，一也。人能樂美於道，則一留止也。一者去盈而處虛，忽忽如過客。

**Música e manjares farão com que viajantes permaneçam [em seus domínios].**

*Comentários*

"Manjar" [refere o sabor] aprazível [da comida]. "Viajante de passagem" [é metáfora da] Unidade.[6] [Conforme essa alegoria,] caso consigam alegrar-se e encontrar deleite nele, as pessoas farão com que o Dao pare em si. A Unidade faz com que [nos] livremos do que preenche o nosso íntimo e, permanecendo vazios, distraídos [de tudo, seremos] como um viajante que está de passagem.

**道之出口，淡乎其無味。**

—道出入於口淡淡，非如五味，有酸，鹹，苦，甘，辛也。

**[Por outro lado,] ao sair da boca, o Dao é mais insípido do que não sabe a nada;[7]**

*Comentários*

Saindo ou entrando na boca, o Dao é sempre insípido; não é como os cinco sabores que têm "acre", "salgado", "amargo", "doce" e "picante".

**視之不足見，**

—足，得也。道無形，非若五色有青，黃，赤，白，黑可得見也。

**Diante dos olhos, não basta para ser visto;**

*Comentários*

["Não] basta" [significa não] pode [ser]. O Dao é informe; não é como as cinco cores que são visíveis enquanto "azul", "amarelo", "vermelho", "branco" e "negro".

**聽之不足聞，**

—道非若五音有宮，商，角，徵，羽可得聽聞也。

**[E] ressoando pelos ouvidos, não basta para ser ouvido.**

*Comentários*

O Dao não é como os cinco sons que podem ser ouvidos como "gong", "shang", "jiao", "zhi" e "yu".[8]

**用之不可既。**

—「既，盡也。謂」用道治國則國富民昌；治身則壽命延長，無有既盡「之」時也。

**[É dessa maneira que] não tem fim, uma vez posto em uso.**

*Comentários*

"Ter fim" [é o mesmo que] esgotar. O verso propõe que, se empregar o Dao para governar o feudo, torná-lo-á rico, com um povo próspero. Quem [o usar] para governar o próprio corpo prolongará sua vida, não havendo momento em que se esgote.[9]

## Notas

1 *Maior das Imagens*: embora o termo Imagem já tenha sido discutido anteriormente (cf. *Imagem*, cap. 6, nota 1; e *Imagem-modelo*, cap. 21, nota 6), "a maior das imagens" (lit. grande imagem) requer uma anotação específica. Nos comentários a essa passagem, Wang Bi esclarece que: "a 'maior das imagens' é a mãe das imagens celestes (i.e. Sol, Lua e estrelas). Nem fria, nem quente; nem morna, nem fresca: é por isso que pode açambarcar todas as dez mil coisas, sem ferir ou violar a nenhuma delas. Se o senhor de homens for capaz de tê-la em suas mãos, Tudo sob o Céu recolher-se-á [sob seu domínio]" 大象，天象之母也，[不炎]不寒，不溫不涼，故能包統萬物，無所犯傷。主若執之，則天下往也. O cap. 41 refere-se a ela, dizendo que "a maior das imagens não tem forma" 大象無形; nesse caso, fica claro

que se trata de uma alusão ao Dao. Wang Bi explica: "se tiver forma, é possível dividir-se. Aquilo que é capaz de dividir-se, se não é morno, é quente; se não é quente, é frio. Por isso, a imagem que possui forma não é a maior das imagens" 有形則有分，有分者不溫則炎，不炎則寒。故象而形者，非大象. Essa explicação remete à "procissão dos opostos" descrita por Laozi no cap. 2: se uma coisa tem atributos, é um indivíduo limitado no tempo e espaço; sendo limitado, pode ser definido como longo ou curto, grande ou pequeno etc. Somente o Dao está além de qualquer contraposição a uma característica que lhe seja oposta, pois ele não é limitado. Ao mesmo tempo, o Dao reúne todas as possibilidades em si – é longo e curto; é grande e pequeno, ainda que essas possibilidades existam apenas potencialmente – por isso é a maior das imagens.

2 *Brilho Divino*: cf. cap. 5, nota 10.

3 "O Céu derramará o brilho divino sobre aquele que governa bem seu corpo [e o brilho] permanecerá dentro de si". A edição *Anotações reunidas* lê: "Aquele que governa bem seu corpo tem grande controle sobre o que emite brilho, que permanecerá dentro de si" 治身則大率所明，往來於已也.

4 *Grande Paz*: cf. cap. 17, nota 16.

5 *Brilho dos Espíritos*: cf. cap. 5, nota 10.

6 *Unidade*: cf. cap. 1, nota 27.

7 Numa primeira leitura, a relação entre os dois versos "música e manjares" e "o Dao é insípido" é claramente de contraste – é dessa forma que o Senhor do Rio e Wang Bi leem o texto. Wang Bi salva a flagrante incoerência de ideias ao argumentar que o prazer da comida e da música são limitados em face da perfeição do Dao. Contudo, numa análise mais cuidadosa, "música e manjares" talvez seja uma descrição das terras onde há Grande Paz, que convence viajantes, antes de passagem, a se estabelecerem por lá. Já "o Dao é insípido" parece estar iniciando uma "segunda parte" deste capítulo, ao descrever o que é a "maior das imagens" a serem aprendidas pelo Sábio ou Rei. Uma comprovação material dessa teoria é a diferente redação dos textos não transmitidos. Tanto MWD como GD distinguem os versos a partir de "o Dao é insípido" por meio da conjunção 故 (gu), que prepara a conclusão (ou parte propositiva) do texto. MWD lê: "Nesse sentido, as palavras que o Dao profere declaram: insípido! Como é insípido seu paladar!" 故道之出言也，曰：淡呵其無味也！

8 *Cinco Notas Musicais*: cf. cap. 14, nota 9.

9 Esta é uma das poucas referências à crença na imortalidade no comentário do Senhor do Rio. Mesmo assim, a afirmação é muito dúbia, podendo ser uma simples referência à inesgotabilidade do Dao como fonte de dádivas para o feudo e para a pessoa do praticante.

# 微明第三十六
# *Capítulo 36*
# *Brilho sutil*[1]

**將欲噏之，必固張之；**

—先開張之者，欲極其奢淫。

**[Se desejarmos] fazer algo contrair-se, temos que estendê-lo antes;**

*Comentários*

Primeiro devemos [incensar alguém], enchendo-o de si, com o propósito de [potencializar] ao máximo sua pompa e indolência.

**將欲弱之，必固強之。**

—先強大之者，欲使遇禍患。

**[Se quisermos] enfraquecer algo, devemos fortalecê-lo primeiro.**

*Comentários*

Primeiro devemos [incitar alguém a sentir-se] grande e forte, para fazer com que encontre sua ruína.

**將欲廢之，必固興之；**

—先興之者，欲使其驕危。

**[Se desejarmos] arruinar algo, temos que exaltá-lo antes;**

*Comentários*

Primeiro devemos louvar [alguém], de modo que sua soberba o ponha em crise.

**將欲奪之，必固與之。**

—先與之者，欲極其貪心。

**[Se quisermos] tomar algo, devemos dá-lo primeiro.**

*Comentários*

Primeiro damos algo para incitar sua cobiça.

**是謂微明。**

—此四事「者」，其道微，其效明也。

**Isso é o que digo ser o "Brilho Sutil".**[2]

*Comentários*

O Dao dessas quatro coisas é sutil, sua eficiência é reluzente.

**柔弱勝剛強。**

—柔弱者久長；剛強者先亡也。

**O macio, o fraco vence o duro, o forte.**

*Comentários*

Quem é macio, quem é fraco permanece, pereniza-se. Quem é duro, quem é forte morre antes de todos.

**魚不可脫於淵，**

—魚脫於淵，為去剛得柔。不可復制也。

**O peixe não pode deixar as águas profundas,**[3]

*Comentários*

Se o peixe deixar as águas profundas, ele estará deixando o lugar [onde é] forte, ficando vulnerável. [Uma vez perdida sua situação de poder,] não lhe será mais possível reproduzi-la.

**國之利器，不可以示人。**

—利器「者，謂」權道也。治國權者，不可以示執事之臣也。
治身道者，不可以示非其人也。

**[E] os objetos afiados[4] do feudo não podem ser mostrados às pessoas.**

*Comentários*

Dos objetos afiados diz-se [que são] o Dao para [exercitar] o poder.[5] Quem o cultiva não pode exibi-lo aos ministros [encarregados da] execução dos afazeres [ordinários do Estado. Da mesma maneira,] quem [de fato] pratica o Dao do corpo não pode ensiná-lo aos não iniciados.

## Notas

1 Este é um dos capítulos mais importantes e controversos de Laozi, pois não apenas oferece a usual diversidade de perspectivas, também pode representar um lado "maquiavélico" do pensador chinês. Nesse contexto, o Senhor do Rio e Wang Bi oferecem duas leituras diferentes, mas complementares. Enquanto o primeiro lê o texto do ponto de vista das relações entre Estados (guerra), Wang Bi privilegia a doutrinação doméstica do Rei – particularmente a receita de como garantir a conformidade social sem ter que se manifestar. Apesar de não ser o enfoque principal desta edição, vale mencionar, ainda, uma leitura cosmológica, mais em voga atualmente, que vê nos primeiros quatro versos a forma de o Dao interagir com a natureza, um tipo de "processão de opostos" (cf. cap. 2) mediada pelo "movimento de retorno" mencionado no cap. 40.

2 *Brilho Sutil*: (微明, weiming) expressa a sabedoria de quem pratica o Dao, diferente da advogada pelas outras escolas de pensamento da China antiga. Para obter tal sapiência, exige-se principalmente a contemplação do Dao; é por isso que o cap. 16 diz: "Conhecer a permanência chama-se de *brilho*" 知常曰明. Como esclarece nota do cap. 1, "permanência" é atributo do Dao, de modo que, ao perscrutá-lo, o Sábio intui as verdades subjacentes a uma realidade caracterizada pela transitoriedade. Nesse contexto, vale mencionar que a sabedoria taoista não pode ser assemelhada ao "brilho ofuscante" do homem que acumula conhecimentos, distingue-se socialmente e possui autoridade intelectual. O Sábio taoista esconde-se do mundo, imita as pessoas comuns e evita chamar a atenção. Comprovam-no diversas passagens ao longo de Laozi, como "harmoniza teu brilho! [Mostra-te] igual ao [mundo de] pó..." (caps. 4 e 56); "acima de si não há brilho; abaixo de si não há escuridão" (cap. 14); ou "brilha, mas não ofusca" (cap. 58). As opiniões dos comentaristas esclarecem o sentido político da pas-

sagem. No comentário do Senhor do Rio, lê-se: "O Dao dessas quatro coisas é sutil, sua eficiência é reluzente". Han Fei detalha um pouco mais《韩非子·喻老》: "[O Sábio] inicia seus feitos enquanto ainda não tomaram forma, mas não sem nutrir desejo de que sua grande obra [se manifeste] em Tudo sob o Céu; eis [o que Laozi] chama de 'Brilho Sutil'" 起事於無形，而要大功於天下，是謂微明. Wang Bi diz: "Se [o Sábio] tiver o desejo de retirar toda forma de violência e rudeza, eliminando qualquer brutalidade ou desordem [da sociedade], deve adotar esses quatro itens (i.e., os primeiros quatro versos do capítulo). Ao adaptar-se à natureza íntima dos seres, faz com que eles executem a si próprios; o melhor é que não se encarregue pessoalmente das punições para eliminar as coisas [nocivas]; por isso [Laozi] diz 'Brilho Sutil'" 將欲除強梁，去暴亂，當以此四者。因物之性，令其自戮，不假刑為大，以除將物也，故曰微明也. Crítico ferrenho de Laozi, Zhu Xi (朱熹, 1130-1200) tenta desmerecê-lo ao dizer que o "Brilho Sutil" nada mais é do que astúcia (cf. cap. 57, nota 2). Em alguns trechos de suas *Conversações*《朱子語類卷第一百二十五·老氏》, Zhu baseia-se nos primeiros quatro versos deste capítulo para afirmar que Laozi pensa como os Legalistas, escola estereotipada como adepta de uma *Realpolitik* desumana, ou, o que é pior para a ortodoxia confuciana, que Laozi tem afinidades com Yang Zhu (楊朱), pensador anatematizado como "egoísta", "que coloca seus interesses pessoais em primeiro lugar". Obviamente, há um elemento ideológico e partidário em Zhu, que por meio de seus ataques visa estabelecer Confúcio como a primeira e única autoridade filosófica. No que toca ao pensamento autêntico de Laozi, são notáveis as afinidades com o que se chama de "Escola Militarista" (兵家, bingjia), cujo primeiro grande representante é Sunzi (孫子, 544?-496? a.C.). Uma passagem famosa do primeiro capítulo da *Arte da Guerra* lê: "os assuntos militares são regidos pelo Dao da astúcia. Sendo assim, quando temos capacidade para guerrear, devemos simular incapacidade; quando empregamos certos meios, devemos simular não estarmos dispostos a fazê-lo; quando nossas forças estiverem próximas, devemos fingir estar longe e vice-versa. Devemos usar as vantagens desejadas pelos inimigos para induzi-los a fazer o que queremos; devemos tomar suas posições enquanto suas forças estão em desordem: se os inimigos concentram tropas e recursos, devemos ter cautela; se são fortes, devemos evitá-los; se estão tomados de fúria, devemos assediá-los; se os inimigos manifestam humildade e cautela, devemos assoberbá-los; se têm forças ociosas, devemos fatigá-las; se estão unidos por alianças, devemos desfazê-las. Temos que atacar onde não esperam, aparecermos de onde não imaginam. Eis a fonte de nossas vitórias, nós, que nos filiamos à escola de pensamento militar – por isso não podemos ensinar nossos métodos antes de serem empregados" 兵者，詭道也。故能而示之不能，用而示之不用，近而示之遠，遠而示之近。利而誘之，亂而取之，實而備之，強而避之，怒而撓之，卑而驕之，佚而勞之，親而離之，攻其無備，出其不意。此兵家之勝，不可先傳也。夫未戰而廟算勝者，得算多也；未戰而廟算不勝者，得算少也。多算勝少算，而況於無算乎！吾以此觀之，勝負見矣. Esta é uma das linhas hermenêuticas aplicáveis ao presente capítulo.

3 Uma passagem de *Hanfeizi* (HFJJ, p.240) 《韓非子·內儲說下六微第三十一》esclarece que a metáfora do peixe se aplica à situação em que os servos-burocratas fogem à influência do soberano. Portanto, as águas profundas são metáfora para o poder absoluto do rei, que não deve dividi-lo com os subordinados. Han Fei pondera que há apenas um soberano para uma multidão de burocratas ao seu serviço. Se o rei divide seu poder com outros, naturalmente se formam grupos para mercadejar influência e favores pessoais – eis os peixes que fugiram das águas profundas. Wang Bi oferece uma interpretação diferente (cf. WB, p.89), vendo uma relação entre "mostrar os objetos afiados" e "o peixe deixar as águas profundas". Para Wang Bi, a violência (ou seja, os objetos afiados) não deve ser empregada; a mera ameaça de uso de força deve bastar para manter as coisas em seu lugar. O governo deve ser autoritário, mas brando; baseado na "natureza das pessoas" – isto é, aliciá-las à ordem. Para Wang Bi, portanto, a ordem política corresponde às "águas profundas". Caso se "mostre os objetos afiados", isto é, caso se puna as pessoas que não se adequam à ordem, isso indicará que há algo de errado no regime, pois foi incapaz de doutrinar e transformar as pessoas para que se submetessem à ordem e se mantivessem fiéis: na metáfora, as pessoas punidas seriam como os peixes que escaparam às águas profundas.

4 *Objetos Afiados*: é a tradução literal do termo 利器 (liqi), cujo significado mais explícito é o de "armas poderosas". Há, no entanto, uma diferente conotação dada ao termo por Han Fei《韓非子·內儲說下六微第三十一》, que por "objetos afiados" entende o sistema de prêmios e punições monopolizado pelo soberano. Wang Bi e o Senhor do Rio parecem seguir Han Fei. De qualquer forma, as duas leituras podem ser conciliadas quando se verifica que as armas são ferramenta de política externa; e os prêmios e punições, de política interna.

5 *Dao do Poder*: O Senhor do Rio utiliza o termo 權道 (quandao), em que 權 (quan) é traduzido como "poder". Entretanto, muito se perde na tradução, a começar pela etimologia do termo original. 權 denomina uma parte da balança usada tradicionalmente na China antiga. Seu eixo principal, chamado de 衡 (heng), era uma haste de madeira ou bambu. Diferentemente da balança ocidental, o 衡 não era apoiado sobre um pivô, nem dele pendiam dois pratos. Ao contrário, segurava-se-o por um cordame amarrado próximo a uma de suas extremidades, de que pendia um único prato. O 權, que nos interessa aqui, era um peso atado à haste, que podia ser deslocado sobre ela e cuja posição aferia o peso do objeto posto sobre o prato, segundo marcações sobre a madeira (ou bambu), indicando as medidas dos pesos. A relação entre 權 e poder pode ser explicada por uma analogia com a função do peso na balança. Mediante o ajuste da posição do peso, criam-se situações de equilíbrio com os diferentes objetos postos sobre o prato. Mais importante, a mestria nos ajustes feitos ao peso garante que o equilíbrio do todo permaneça indefinidamente. Trata-se de uma noção diversa da que intuitivamente se tem de poder em língua portuguesa. *Em chinês, "poder" significa usar os meios de que se dispõe para promover uma situação favorável enquanto se reage a um ambiente mutável para preservar-se o*

*equilíbrio geral*. Particularmente sobre o "Dao do Poder" (權道), tudo indica que o Senhor do Rio filia-se a uma tradição de *Realpolitik* – se é que se pode empregar o termo em sua plenitude – que remonta ao general Sunzi (Sun Tzu) e que atinge seu apogeu com o apóstolo do absolutismo imperial, Han Fei. Logo no primeiro capítulo da *Arte da Guerra*, Sunzi emprega o termo 權 de forma esclarecedora: "[o general] calcula as vantagens [das próprias forças relativamente ao inimigo] para garantir obediência [de seus comandados]; a partir de então, otimiza o potencial [de sua estratégia] para facilitar [a consecução de seus objetivos] fora [dos muros de seu país. O que chamo de] potencial significa, partindo das vantagens [relativas ao inimigo], *produzir uma situação de poder [correspondente]*" 計利以聽, 乃為之勢, 以佐其外。勢者, 因利而制權也. Portanto, poder é inerentemente uma correlação entre meios e fins. Subsidiariamente, o comentário do Senhor do Rio explica que o "Dao do Poder" também deve ser usado domesticamente, na gestão dos conflitos de interesse entre o soberano e o corpo de burocratas que está a seu serviço.

# 為政第三十七
## *Capítulo 37*
## *Como governar?*

**道常無為，而無不為。**

—道以無為為常也。

**O Dao nunca age,[1] mas não há nada que não realize.**

*Comentários*

"Inação" é a permanência[2] [que caracteriza] o Dao.

**侯王若能守「之」，萬物將自化。**

—言侯王若能守道，萬物將自化，效於己也。

**[Basta que] reis e senhores feudais o preservem para que as dez mil coisas se transformem[3] por si sós.**

*Comentários*

[O verso] propõe que se reis e senhores feudais forem capazes de preservar o Dao, as dez mil coisas transformar-se-ão por si sós: [isso significa] que o efeito [da transformação] está nelas próprias.

**化而欲作，吾將鎮之，以無名之樸。**

—吾，身也。無名之樸，道也。萬物已化，效於己也。
復欲作巧偽者，侯王當身鎮撫以道德也。

**Se, [contudo, o que foi] transformado**
**se insurgir, eu tomarei [em minhas mãos]**

**a simplicidade [da tábua rasa][4] que não tem nome[5] para esmagá-lo.**

*Comentários*

"Eu" [quer dizer fá-lo-ei] pessoalmente. "A simplicidade que não tem nome" [se refere ao] Dao. Quando as dez mil coisas se transformam, é porque [exercem] um efeito sobre si próprias. Se elas ainda desejarem produzir [qualquer forma de] artifício ou falsidade, o rei e senhores feudais devem usar o Dao e sua Virtude para contê-los[6] pessoalmente.

**無名之樸，亦將不欲，不欲以靜。**

—言侯王鎮撫以道德，民亦將不欲，故當以清靜導化之也。

**[Portanto,] a simplicidade do que não tem nome conduz à supressão dos desejos. Cessando os desejos, chega-se à quietude.**

*Comentários*

[O verso] sugere que uma vez reis e senhores feudais o pacifiquem, o povo também deixará de ter desejos. A partir de então, [os superiores] deverão usar da pureza e silêncio para orientar [a plebe] em sua transformação [moral].

**天下將自定。**

—能如是者，天下將自正定也。

**[Com isso,] Tudo sob o Céu se firma [por si].[7]**

*Comentários*

Se o descrito acima [ocorrer], Tudo sob o Céu retificar-se-á, firmando-se espontaneamente.

## Notas

1 Lit. "o Dao constantemente pratica a Inação". *Inação*: cf. cap. 1, nota 8.

2 *Permanência*: cf. cap. 1, nota 6.

3 *Transformação (Política)*: cf. cap. 3, nota 6.

4 *Simplicidade da Tábua Rasa*: cf. cap. 3, nota 19.

5 *Nome*: cf. cap. 1, nota 12.

6 Eis um exemplo de como o glosador é capaz de imprimir nuanças sobre o texto principal, apropriando-se dele: Laozi utiliza 鎮 (zhen), um termo violento, que quer dizer "esmagar", "subjugar". O Senhor do Rio atenua essa ênfase, com o binômio 鎮撫, que sugere "sustentar", "conter". Especialmente na língua chinesa, as palavras revestem-se de um sentido ideológico e moralizante – neutralidade é um fato raro. Na história da China imperial, é comum usar o verbo "apaziguar e estabilizar" (平定, pingding) para definir a supressão de revoltas e sedições contrárias aos interesses do poder central. Há aí um claro sentido legitimador de corrigir indivíduos em falta, de restabelecer a paz e a harmonia regulares em uma sociedade.

7 "*[Portanto,] a simplicidade do que não tem nome conduz à supressão dos desejos. Cessando os desejos, chega-se à quietude. [Com isso,] Tudo sob o Céu se firma [por si]*". Os *textus recepti* HSG, WB e FY são, para todos os efeitos, idênticos. Já os textos não transmitidos trazem importantes diferenças. GD lê: "a simplicidade do que não tem nome fará com que fiquemos satisfeitos [com aquilo que temos]; estando satisfeitos, encontraremos a quietude e assim as dez mil coisas firmar-se-ão espontaneamente" 無名之樸, 夫亦將知足, 知足以靜, 萬物將自定. MWD traz: "a simplicidade do que não tem nome fará com que não soframos humilhações; não as sofrendo, encontraremos a quietude e assim as dez mil coisas corrigir-se-ão por si sós" 無名之樸, 夫將不辱, 不辱以靜, 天地將自正.

# 老子德經下

# *Escritura da Virtude*[1] *do Mestre Lao (Laozi)*

## 河上公章句卷三

## Comentário em Sentenças e Capítulos do Senhor às Margens do Rio (Heshang Gong)

# *Terceiro Rolo*

# 論德第三十八

## *Capítulo 38*

## *Sobre a Virtude*[2]

**上德不德，**

—上德謂太古無名號之君，德大無上，故言上德也。不德者，言其不以德教民，因循自然，養人性命，其德不見，故言不德也。

**A maior das virtudes[3] não é virtuosa;**

*Comentários*

A "maior das virtudes" é referência ao soberano da antiguidade remota, que não possuía títulos de nobreza. Sua virtude era a mais elevada[4] – eis por que [Laozi] a chama de "a maior das virtudes". [Ao dizer] "não se considera virtuoso", [Laozi sugere que esse soberano] não empregava sua virtude para instruir o povo, apenas seguia a Espontaneidade,[5] provendo a Natureza [dada pelo Céu a cada um].[6] Como [tal soberano] não exibia sua Virtude ao povo, [Laozi] propõe que "não se considera virtuoso".

**是以有德。**

—言其德合於天地，和氣流行，民得以全也。

**E é justamente por isso que tem a Virtude [em si].**

*Comentários*

[O texto] indica que sua virtude se une ao Céu e Terra,[7] [fazendo] a energia harmônica[8] fluir e interagir.

**下德不失德，**

—下德謂號謚之君，德不及上德，故言下德也。不失德者，其德可見，其功可稱也。

**Virtudes menores nunca perdem a Virtude [de vista],**

*Comentários*

"Virtudes menores" é referência ao soberano que possui títulos de nobreza. Sua virtude não está à altura da Virtude [por excelência] – eis a razão para Laozi dizer [que tal soberano busca] "virtudes menores". [A expressão] "não as perde [de vista]" significa que [tal pessoa] sempre [se esforça] para manifestá-las, [almejando com isso] obter elogio de seus méritos.

**是以無德。**

—以有名號及其身，故「無德也」。

**E é justamente por isso que nunca a têm [em si].**

*Comentários*

"Não possui a Virtude em si", já que [tem sede de] títulos de nobreza.

**上德無為，**

—謂法道安靜，無所施為也。

**A maior das virtudes [alcança-se pela] Inação,**[9]

*Comentários*

[O verso] propõe que [tomemos] o Dao por modelo, tranquilos e silentes, praticando a Inação, sem criar, nem dispor.

**而無以為。**

—言無以名號為也。

**Sem [nutrir] motivos outros.**

*Comentários*

Isto é, não age fundado [na autoridade conferida] por seus títulos.

**下德為之，**

—言為教令，施政事也。

**[Mas quem busca] virtudes menores, age [em seu sentido],**

*Comentários*

[Laozi] diz que [tal pessoa] promove a doutrinação[10] [da sociedade], profere éditos, adota políticas.

**而有以為。**

—言以為己取名號也。

**[Embora esconda] motivos [outros].**[11]

*Comentários*

[Todos os seus atos] são realizados em proveito próprio, baseando-os na [autoridade de] seus títulos.

**上仁為之，**

—上仁謂行仁之君。其仁無上，故言上仁也。為之者，為仁恩也。

**[Quem exercita] a maior das humanidades,**[12]
**[se aplica] em sua prática,**

*Comentários*

A maior das humanidades é a praticada pelo soberano [que se considera] humano.[13] Já que sua humanidade é a mais alta [numa sociedade, o verso] a chama de "a maior". [Esse soberano] se aplica, [segundo Laozi,] em praticar [atos de] humanidade e conceder dádivas [ao povo].

**而無以為。**

—功成事立，無以執為。

**Ainda que não tenha [segundas] intenções.**[14]

*Comentários*

Seus méritos se realizam, seus feitos se estabelecem; [contudo,] não reclama [crédito] algum para si.[15]

**上義為之，**

—為義以斷割也。

**[Aquele imbuído do] maior [senso de] dever[16]**
**[também] se aplica,**

*Comentários*

Ele se orienta pelo que é devido [em cada situação] para julgar[17] [as questões trazidas ao seu conhecimento].

**而有以為。**

—動作以為已，殺人以成威，賦下以自奉也。

**Embora o faça para seus próprios fins.**

*Comentários*

Suas atitudes partem de sua própria [posição social, das funções que exerce]. Ele executa pessoas para reforçar sua autoridade,[18] arrecada impostos de seus inferiores para atender às suas necessidades.[19]

**上禮為之，**

—謂上禮之君。其禮無上，故言上禮「也」。為之者，言為禮制度，序威儀也。

**[Quem recorre ao] melhor dos sensos de propriedade,[20]**
**esforça-se para promover [os Ritos]**

*Comentários*

Este verso fala do soberano que pratica os Ritos mais elaborados. Como seus Ritos não têm igual [em Tudo sob o Céu], [Laozi] argumenta [que tal soberano possui] "o melhor dos sensos de propriedade". Os esforços desse soberano se dirigem à organização dos Ritos, com seus diversos regimes, e à disciplina das hierarquias sociais [incluindo os privilégios de classe e as etiquetas cerimoniais].

**而莫之應，**

—言禮華盛實衰，飾偽煩多，動則離道，不可應也。

**Mas [por fim] ninguém corresponde [às suas expectativas].**

*Comentários*

A razão está em que [qualquer governo estabelecido sobre] os Ritos [presume a tentativa de] usar excessos de magnificência para encobrir a corrupção do que há de autêntico [na natureza humana]. Quando há excesso de adereços e abundância de artificialidades, as ações [e emoções] em tela distanciam-se [paulatinamente] do Dao – é impossível corresponder-lhe.

**則攘臂而仍之。**

—言「禮」煩多，不可應。上下忿爭，故攘臂，相仍引。

**[E é com razão que, irritado,] arregaça as mangas para obrigar[21] [as pessoas].**

*Comentários*

Tal é a situação em que as [regras e etiqueta] dos Ritos [adquirem] um volume e complexidade excessivos; é [simplesmente] impossível observá-los. [É então que] as classes superiores e inferiores entram em conflito, fazendo com que [o soberano, enfurecido] arregace suas mangas e puxe uns para lá, outros para cá,[22] [colocando-os nas posições e atitudes devidas, conforme os Ritos].

**故失道而後德，**

—言道衰而德化生也。

**Logo, perdem o Dao [de vista e buscam socorro na] Virtude,**

*Comentários*

É quando o Dao se corrompe que nasce a doutrinação pela Virtude.[23]

**失德而後仁；**

—言德衰而仁愛見也。

**Perdendo-a [de vista,] recorrem a [meras denominações como] humanidade;**

*Comentários*

Corrompendo-se [também] a Virtude, é que aparece a humanidade [sob forma de] desvelos [dirigidos ao povo].[24]

**失仁而後義，**

—言仁衰而分義明也。

**Falhando a humanidade, recorrem ao [senso de] dever;**

*Comentários*

A decadência [dos cuidados dirigidos pelos superiores aos inferiores a título de] humanidade provoca a divisão [da sociedade em classes hierárquicas] rigidamente disciplinadas por um [senso de] dever.

**失義而後禮。**

—言義衰則施禮聘，行玉帛。

**Sem sucesso, [abraçam o estudo e prática dos] Ritos.**

*Comentários*

E é quando [até mesmo o menos compassivo senso de] dever se esvai que são regulamentadas as cerimônias de visita à corte, com toda [parafernália de] jades e toalhas de seda que vêm e que vão.[25]

**夫禮者，忠信之薄，**

—言禮廢本治末，忠信日以衰薄。

**[Por derradeiro], o senso de propriedade ritual**
**[serve apenas às pessoas que] menos possuem lealdade**
**[em seus corações] e que são menos dignas de confiança;**[26]

*Comentários*

Os Ritos abandonam a raiz para se ocupar com os ramos:[27] a cada dia que se passa, há menos lealdade e confiança [na sociedade].

**而亂之首。**

—禮者賤質而貴文。故正直日以少，邪亂日以生。

**É o prenúncio da desordem.**

*Comentários*

Os Ritos dão pouco valor à Naturalidade, já que têm tanto apego ao Refinamento.[28] [Numa sociedade assim,] a cada dia há menos pessoas direitas – ensejando a proliferação de malícia e desordem.

**前識者道之華，**

—不知而言知為前識。此人失道之實，得道之華。

**[Esses] prescientes[29] são a flor do Dao,**

*Comentários*

Os "prescientes" [de Laozi são especialistas nos Ritos, que reivindicam saber o que cada um deve fazer, antes mesmo da própria pessoa que agirá. Na verdade,] eles não sabem, mas dizem que sabem. Esse tipo de gente está alheia ao que há de mais autêntico no Dao; o que dizem possuir nada mais é do que a "flor do Dao", [um mero adereço].

**而愚之始。**

—言前識之人，愚闇之倡始也。

**E o início da estupidez.**

*Comentários*

[Laozi] vitupera os "prescientes"; são eles que tomam a liderança [do cortejo de pessoas] estúpidas e sem luzes.

**是以大丈夫處其厚，**

—大丈夫謂得道之君也。處其厚者，「謂」處身於敦樸。

**[Sabendo] disso, o Grande Homem[30] firma [seus pés] sobre o [solo] seguro,**

*Comentários*

Grande Homem é o soberano que alcançou o Dao. Ele "fixa seus pés sobre o solo seguro", isto é, [adota uma postura de vida marcada pela] simplicidade e honestidade.

**不居其薄。**

—不處身違道，為世煩亂也。

**Não [se permite] demorar sobre [o solo] instável.**

*Comentários*

Em outras palavras, não permite que seu corpo e suas atitudes estejam em contradição com o Dao, [hipótese sob a qual] adviria todo tipo de excessos e desordens na sociedade.

**處其實，**

—處忠信也。

**Ele escolhe o fruto, [o que é verdadeiro],**

*Comentários*

Sua posição firma-se sobre a lealdade e confiança.

**不居其華。**

—不尚「華」言也。

**Não encontra alento na flor, [no supérfluo].**

*Comentários*

[Quem pratica o Dao] não exalta os floreios [dos estetas da língua].

**故去彼取此。**

—去彼華薄，取此厚實。

**Assim, adota esta [atitude], abrindo mão daquela.**[31]

*Comentários*

Abandona o que está longe, isto é, o solo instável, a flor; agarra o que está perto, ou seja, o solo seguro, o que é sólido.

## Notas

1 O manuscrito 468 traz uma resenha ao título dessa segunda seção do *Livro de Laozi*: "Esta segunda parte contém, ao todo, 45 capítulos. A 'Escritura da Virtude' toma a Terra como modelo; já que a Terra está abaixo do Céu, esta seção vem depois da 'Escritura do Caminho'. [Por que o número 45? Porque] a Terra possui cinco elementos: cinco vezes nove, são encadernados em grupos de cinco. Cada livro contém cinco capítulos. [Por quê? Porque] cada assunto, inteiro, compõe um ca-

pítulo; sentidos interligados formam frases" 凡四十五章。《德經》法地，地在下，故《德經》為下。地有五行，五九卌五，「故卌五章」，事盡為章，義連為句. "Cinco vezes nove/encadernados em grupos de cinco", tradução que reflete o sentido original da passagem, talvez possua um sentido arcano que remeta à numerologia do *Feng Shui* (nove campos, cinco posições) ou do *Clássico das Mutações* (alguma manipulação do número 大衍, "grande transformação"). É importante lembrar que a estrutura "Escritura do Caminho"/"Escritura da Virtude" corresponde a uma organização tardia do texto, possivelmente fruto do constante trabalho de revisão dos poemas. Há teorias segundo as quais os capítulos que ora integram o Laozi tenham sido elaborados de forma independente e por fim compilados como uma única obra. Documentos escavados nos últimos anos trazem o "Clássico da Virtude" em primeiro lugar – corroborando a ordem existente no capítulo "Explicando Laozi", da obra *Hanfeizi* 《韓非子·釋老》.

2 *Virtude:* Junto com "Caminho" ou "Dao" (道, Dao), "Virtude" (德, de) compõe o par de conceitos mais importante do *Livro de Laozi*. *"Virtude"* é um tipo de índole que se *obtém* – no original chinês, "Virtude" e "obter" são sinônimos, já que os ideogramas de "virtude" (德, de) e obter (得, de) possuem o mesmo som e estrutura. Trata-se de uma definição amplamente compartilhada na literatura anterior à dinastia Qin. No dicionário SWJZ, o ideograma atualmente redigido como 德 é composto de duas partes: 直, que significa "direto", "franco", e 心, que significa "coração". SWJZ explica o termo, dizendo que "Virtude é o que, *de fora*, obtém-se de outras pessoas; e, *de dentro*, obtém-se de si próprio" 外得於人，內得於己. Isso quer dizer que se pode obter a virtude "*fora* de si", aprendendo-a com outras pessoas, e também "*dentro* de si", por meio de instrução formal sobre as tradições escritas e de contínuo escrutínio da consciência. Em que pese a evidência de textos mais antigos do que SWJZ, como o *Clássico dos documentos* e *Clássico dos poemas*, "virtude" parece ter tido um sentido mais restrito socialmente e seu papel seria "sacramental", na perspectiva das relações de dominação. Dessa forma, a "virtude do rei" ou "a virtude do sábio" serviria para distingui-lo das pessoas que governa e também para legitimar seu mando sobre elas. Essa virtude manifesta-se em vários aspectos: aparência, forma de falar, comportamento, reputação, moralidade e "sabedoria" – compreendida como o conhecimento de precedentes, da tradição escrita ou, simplesmente, de uma prudência política singular. Em termos "sacramentais", a "virtude", por um lado, é a base do respeito devido pelo povo à alta nobreza de sangue e, por outro, serve como garantia de que esses governantes não abusarão de seu poder. Tal garantia carece daquilo que, no Ocidente, desenvolveu-se em leis ou constituições escritas. Na China, o controle ao abuso de poder imprimiu-se levemente sobre a tradição, devido a uma moralidade não de todo desprovida de sanção religiosa: a virtude do rei é aferida pelo Mandato do Céu e seus vícios são punidos como má reputação. Com o esfacelamento da ordem política de Zhou, o conceito de "virtude" parece ter sido ampliado para abranger um grupo de pessoas mais marginalizadas das estruturas tradicionais de poder; por exemplo, Zixia (um

dos mais importantes discípulos diretos de Confúcio) e Mêncio discriminam entre "grande virtude" e "pequena virtude", tacitamente reconhecendo que "virtude" de certa forma independia de classe ou situação social. No que se revelou uma mudança ainda mais importante e decisiva para o curso da história das ideias na China, a partir do período da Primavera e Outono, "virtude" vem cada vez mais associada ao "aprendizado" ou "estudo" das escolas que se formaram em torno dos primeiros mestres, dentre os quais se conhece Confúcio, Laozi ou Mozi. É nesse período em que Laozi lança o debate sobre a relação entre "Virtude" e "virtudes", no qual, como fica evidente neste capítulo, argumenta haver uma "Virtude" acima de suas variedades, tais como humanidade, senso de dever, propriedade ritual etc. A "Virtude" de Laozi mantém claro paralelismo com a sua ideia "transcendente", de "Dao", o que também parece ser uma inovação de sua obra. Esse novo entendimento reforça a dimensão cosmológica do termo, que é recebida por pensadores taoistas de gerações posteriores, como *Zhuangzi* 《莊子·天地篇第十二》: "Chama-se de Virtude aquilo que as coisas [precisam] obter para nascer" 物得以生，謂之得; ou *Guanzi* 《管子·心術上》: "A Virtude é a paragem do Dao, as coisas [precisam] obtê-la para produzir vida" 德者道之舍，物得以生生. Tal *insight* será explorado e aprofundado por gerações sucessivas de escolas e garantirá uma certa preeminência filosófica do taoismo até a chegada do budismo na China.

3 *Maior Das Virtudes:* comparar com Magna Virtude (cap. 21); "a mais ampla das virtudes" (cap. 41); ou a Misteriosa Virtude (caps. 10, 51 e 65).

4 "Sua virtude *era a mais elevada*". A edição *Zhi Yao* traz "Sua Virtude, a maior de todas, não tinha nome" 德大無名. A edição *Qiang* lê: "Sua virtude, a maior, possuía uma reputação poderosa" 德大強名.

5 *Espontaneidade:* cf. cap. 1, nota 7.

6 *Nutrir A Natureza:* cf. cap. 12, nota 13.

7 *Tríade Entre Céu, Terra E Homem:* cf. cap. 32.

8 *Energia Harmônica:* cf. cap. 42, nota 6.

9 *Inação:* cf. cap. 1, nota 8.

10 *Doutrinação:* cf. cap. 2, nota 9.

11 Em MWD estão ausentes os versos: "[Mas quem busca] virtudes menores, age [em sua direção], [Escondendo] motivos [outros] em suas intenções" 下德為之，而有以為.

12 *Humanidade:* cf. cap. 5, nota 3.

13 "*A maior das humanidades é a praticada pelo soberano [que se considera] humano*". A edição *Qushan Ji* lê: "Salva a todos de apuros, sem qualquer parcialidade" 兼濟無偏.

14 Em nossa interpretação do texto original, "humanidade" é descrita como fruto de esforço ou intenção – sendo, assim, um tipo de "virtude menor". Esta parece ser a sequência intentada por Laozi, que começa com a Virtude por excelência (produzida por "Inação") e depois passa para uma série de virtudes "menores", as quais dependem de esforço ou intento. Essas virtudes menores, por fim, são descritas a partir de seus "nomes" (cf. cap. 1, nota 12): "humanidade", senso de dever, propriedade ritual etc.

15 "Seus méritos se realizam, *seus feitos se estabelecem; [contudo,] não reclama [crédito] algum para si*". A edição *Qushan Ji* traz "Seus méritos se realizam, mas não os reclama para si; seus feitos se concluem, mas não precisa geri-los" 功成不居，事遂不宰.

16 *Dever:* cf. cap. 18, nota 4.

17 A interpretação e aplicação da lei na China antiga eram prerrogativas da aristocracia ou da burocracia, ambas detentoras do poder político. Embora as funções policiais e judicantes fossem exercidas na prática por um nobre subordinado, trata-se de uma mera delegação de parte do poder originariamente possuído pela autoridade suprema. A documentação mais antiga sobre o assunto é um capítulo do *Livro dos documentos*, "Da Burocracia na Dinastia Zhou" 《尚書·周官》, que cita os "seis qing" (六卿, liuqing), ou seja, seis funcionários a quem se delegavam funções típicas do poder real. Um deles, o "Sikou" (司寇, sikou), era responsável tanto pelas funções policiais, como pelas funções de justiça criminal em sentido estrito. Há uma tradição segundo a qual Confúcio haveria exercido esse cargo no país de Lu.

18 "*Ele executa pessoas* para reforçar sua autoridade". A edição do *Cânone taoista* lê: "ele socorre as pessoas para reforçar sua autoridade" 救人以成威.

19 Wang Ka, em sua resenha aos *Comentários* do Senhor do Rio, entende que esse verso deveria ser lido como "assassina seus subordinados para reforçar sua autoridade; maltrata seus inferiores para satisfazer suas necessidades": no original, 賦下 (fuxia) é alterado para 賊下 (zeixia). Wang argumenta que a redação original deixaria o texto incompreensível. Contudo, na China pré-unificação, duas das funções de governo mais preeminentes eram o policiamento e controle social por meio das "punições" e a disciplina da vida econômica por meio da "tributação". Com efeito, são os dois itens a que se refere o Senhor do Rio na passagem.

20 *Propriedade:* é tradução de 禮 (li), termo já traduzido por "Ritos", cf. cap. 5, nota 7. O senso de propriedade em última instância remete ao comportamento que se considera próprio ou adequado em cada circunstância. A função dos "Ritos" era padronizar a sociedade, tanto por fora (comportamentos), como por dentro (sentimentos e formas de pensar). Consequentemente, todo juízo de propriedade estaria condicionado às normas e padrões éticos e estéticos ditados pelos Ritos.

21 Os textos HSZ e FY trazem 仍 (reng). WB e BS, 扔 (reng). Apesar de que SWJZ liste os dois termos como sinônimos, com o passar do tempo os termos especializaram-se, com 扔 expressando a ação concreta "puxar" e 仍 como um verbo abstrato significando "implicar" (tal como na expressão portuguesa "uma coisa puxa a outra"). Nesse contexto, 仍 (reng) talvez só possa ter o sentido de 扔 (reng).

22 O original diz, literalmente, "puxar-se e empurrar-se uns aos outros". Preferiu-se salientar o papel do "soberano" no trabalho de organização da sociedade.

23 *Doutrinação:* cf. cap. 2, nota 9.

24 *Cuidado:* "desvelo" é a tradução adotada para 愛 (ai), que significa "amor". Não o amor erótico, mas o que quer dizer cuidar de alguém ou de algo, zelando por ele. Considerado o desenvolvimento das ideias neste capítulo, é justificado interpretar

que o sujeito seja o "soberano que pratica a humanidade", que vela por seu povo. Comparar com *Humanidade* (cap. 5, nota 3).

25 Nas visitas pessoais dos soberanos e em missões trocadas pelas cortes da alta nobreza na China antiga, o cerimonial exigia a apresentação de "insígnias nobiliárquicas", que na China eram normalmente objetos de jade. Dentre eles, o disco 璧 (bi) e o 圭 (gui), com forma de seta, eram os mais distintos. Particularmente na dinastia Han, o jade era usado como proteção contra os maus espíritos, pois cria-se que tinha propriedades mágicas – mesmo hoje em dia atribui-se-lhe propriedades medicinais. Nessas visitas, também eram trocados presentes; além de serem consideradas um rico presente, as toalhas de seda eram também empregadas como moeda.

26 Os Ritos ocupam o lugar mais baixo na escala de valores de *Laozi* que, provavelmente, está reagindo a uma convicção amplamente compartilhada em seu tempo. Para todos os efeitos, os Ritos são a pedra de toque do pensamento confuciano antigo, são a substância dos ensinamentos daquela escola e a fonte da tradição intelectual ortodoxa chinesa. Explica-o detalhadamente uma famosa passagem das "Anotações sobre a Música", importante capítulo do *Clássico dos Ritos* 《禮記·樂記》: "Infinito [é o poder] que as coisas têm de contagiar o homem; sem temperança diante do que apetece ou não, as coisas subjugam-no e, [por fim], o homem reifica-se. O homem que se transformou em coisa é aquele quem extinguiu os Princípios Celestes [numa busca] infinita [por satisfação de seus] desejos humanos. Nesse momento, em seu coração há irreverência, há subversão, há fraude, há falsidade; donde seus atos, de libertinagem e insubordinação. [Numa sociedade em que há pessoas assim], os fortes intimidam os fracos; os muitos violentam os poucos; os espertos logram os tolos; os indômitos amarguram os tímidos; doentes e moribundos não obtêm socorro; infantes, velhos, órfãos e desassistidos não têm lugar: eis o caminho do caos. Por isso os reis ancestrais outorgaram os Ritos e Música" 夫物之感人無窮, 而人之好惡無節, 則是物至而人化物也。人化物也者, 則滅天理而窮人慾者也。於是有悖逆詐偽之心, 有淫佚作亂之事。故先王制禮作樂為之節。是故強者脅弱, 眾者暴寡, 知者詐愚, 勇者苦怯, 疾病不養, 老幼孤獨不得其所, 此大亂之道也. Laozi critica tal ideário do *Clássico dos Ritos*, sustentando que os Ritos meramente encobrem um problema que não tem condições de solucionar, são um paliativo tão falso quão corrupta está a natureza humana.

27 *Raiz/Ramos:* é uma dicotomia importante nos embates entre as diversas doutrinas e escolas chinesas – cada uma delas reclamava para si a única ou mais genuína atenção ao principal, enquanto criticavam seus adversários por se aterem apenas ao acessório. Os ideogramas chineses utilizam a metáfora de uma árvore; "principal" é, literalmente, "raiz/tronco" (本, ben) da árvore e "acessório", seus "ramos" (末, mo). Nessa passagem, percebe-se que o taoismo emprega o termo "principal" para denotar algo diverso do confucionismo, vituperando-o. Enquanto nessa escola importância maior é atribuída ao estudo dos Ritos, o taoismo afirma que se trata de algo puramente acessório, já que os Ritos são meras formalizações de

um tipo genuíno de perfeição. Esta deve ser perseguida pela prática do Dao, da Naturalidade, da Inação. Ao longo de todo o período imperial, nos debates econômicos, "principal" referia-se normalmente à produção de riqueza – sinônimo da produção de grãos. No linguajar chinês, "valorizar o principal" (重本, zhongben) significava adotar uma política de austeridade de gastos, contendo a exação de impostos que, em última instância, recaíam sobre os ombros de quem trabalhava na lavoura. Previa, também, uma certa atenção à infraestrutura produtiva, que representava um contraponto ao "consumo conspícuo" das elites governamentais – destinado à manutenção de um estilo de vida ostentativo – e também às políticas de Estado aventureiras, como certas guerras de expansão sem um sentido político ou econômico evidentes. O taoismo contribuiu decisivamente para essa atitude, estando por trás do que se convencionou chamar de "*laissez-faire* chinês". A intervenção governamental na vida econômica da população é tradicionalmente muito reduzida, repassando ao clã uma série de poderes e responsabilidades que, na Europa, historicamente estavam sob a tutela de instituições jurídicas ou organizações civis. Considerando o caráter "holístico" do pensamento chinês antigo, mesmo questões políticas hoje consideradas técnicas remetiam à cultivação moral do indivíduo. Por exemplo, a adoção de impostos elevados ou a decisão de ir para a guerra numa fronteira vulnerável, uma vez percebidas como erro, tendiam a ser criticadas não como decisões estratégicas falhas, mas como resultado de imperfeições éticas das personalidades ou grupos por trás dessas empreitadas. Daí um segundo sentido do termo "principal", ainda mais relevante para o pensamento chinês: o de atribuir importância central à reputação ética do indivíduo, como critério para a organização política do Estado. Por esse motivo, o pensamento chinês ortodoxo muitas vezes reduz-se a receitas de "aperfeiçoamento moral" que findam por se imbricar – deterministicamente – com outros campos. Um exemplo definitivo desse fenômeno é a sequência de oito termos que dá estrutura ao "Grande Aprendizado" (大學, Daxue), uma das quatro obras essenciais da educação política chinesa nos cerca de seicentos anos que se concluíram em 1911. Sob a orientação geral de que "todas as coisas possuem aspectos principais e acessórios" 物有本末, o "Grande Aprendizado" expõe, em oito itens, como um membro da elite cultural e política chinesa deveria agir para governar bem seu país. Na base dessa cadeia de oito termos está a contínua autoperscrutação moral do indivíduo, cuja perfeição comunica-se ao todo que governa, seja ao seu clã, seja ao seu país.

28 *Naturalidade/Refinamento:* cf. cap. 3, nota 2.

29 *Presciente:* 前識者 (qianshizhe) possui no mínimo duas explicações: a primeira, já embutida na tradução, é a de que prescientes são os especialistas nos Ritos, mestres de cerimonial; a segunda é de que são os adivinhos profissionais, classe politicamente muito relevante na China antiga. Em nossa interpretação, a primeira delas é a que faz mais sentido no contexto do capítulo. *Hanfeizi* 《韓非子·解老》 descreve "prescientes" como quem "age antes que as coisas aconteçam, move-se antes que a ordem das coisas se transforme, eis aqueles que se chama de 'prescientes'. Os

prescientes são aqueles que, quando sem pistas sobre o que virá, esquecem que podem pensar por si sós" 先物行，先理動之謂前識。前識者，無緣而忘意度也. Wang Bi explica: "'prescientes' são aqueles que sabem antes das pessoas, são tipos de virtude inferior. Na verdade, vão além da inteligência que de fato possuem para fazer previsões, forçam seu entendimento para se ocuparem de coisas vãs" 前識者，前人而識也，即下德之倫也。竭其聰明以為前識，役其智力以營庶事. Wang Bi parece estar criticando a classe dos adivinhos profissionais, muito importantes politicamente no período pré-unificação e cada vez mais combatidos após o amadurecimento de uma classe burocrática secular, cernida na educação confuciana ortodoxa. No entanto, em que pese a visível credulidade e supersticiosidade do chinês médio, os adivinhos ainda possuem uma relevância pouco negligenciável na vida social e política.

30 *Grande Homem:* traduz o conceito 大丈夫 (dazhangfu), que pressupõe grandeza de espírito, princípios éticos de resignação e temperança e a devoção ao bem comum. É famoso o dito de *Mêncio* 6.2《孟子·滕文公下》: "Eis o que entendo por um 'Grande Homem': ele não se entrega à riqueza, nem aos benefícios de um berço nobre; ele não faz qualquer coisa para se livrar da pobreza ou de uma posição social humilde; ele não se curva diante de manifestações de autoritarismo ou de violência" 富貴不能淫，貧賤不能移，威武不能屈，此之謂大丈夫. Isso difere claramente do Grande Homem descrito por Laozi e comentado pelo Senhor do Rio, por uma razão socioeconômica. Mêncio representa os interesses de uma classe de intelectuais buscando serviço junto a um governante, que em diversos momentos da história da China se declararia como a verdadeira portadora não apenas das virtudes canônicas, mas também da tradição. Já Laozi e o Senhor do Rio consideram o Grande Homem principalmente como um indivíduo capaz de realizar sua função mesmo fora (ou acima) da vida política. Embora seja possível ver nele o melhor dos conselheiros e estrategistas, nada impede que o próprio Grande Homem seja o imperador ou alguém que está "além da sociedade".

31 "故去彼取此", literalmente, "escolhe isto, descartando aquilo". Segundo o contexto, o elemento próximo é "a flor, o supérfluo"; o que está longe, "o fruto, o verdadeiro". Talvez não se trate de uma remissão aos dois termos, mas simplesmente de um apelo a que se prezem as coisas simples, espontâneas, que naturalmente estão próximas de nós, como ilustra a tradução alternativa: "Assim, abre mão do que está longe, e busca o que está perto".

# 法本第三十九
# *Capítulo 39*
# *Os fundamentos do modelo*[1]

**昔之得一者：**

—昔，往也。一，無為；道之子也。

**Eis [o que aconteceu com] as coisas que obtiveram a Unidade:**[2]

*Comentários*

"Outrora" [aqui qualifica] coisas que se passaram [no início dos tempos]. "Unidade" [refere-se] à Inação:[3] é filho do Dao.[4]

**天得一以清，**

—言天得一，故能垂象清明。

**Com a Unidade, o Céu purificou-se;**

*Comentários*

[Este verso] afirma que quando o Céu obteve a Unidade ele passou a ser capaz de brilhar puro, portando os sinais.[5]

**地得一以寧；**

—「言」地得一，故能安靜，不動搖。

**Com a Unidade, a Terra tranquilizou-se;**

*Comentários*

[Laozi] diz que após obter a Unidade a Terra conseguiu ficar em silêncio, quieta, sem se mover, nem se agitar.

**神得一以靈，**

—言神得一，故能變化無形。

**Com a Unidade, os espíritos adquiriram [seus] poderes sobrenaturais;**[6]

*Comentários*

[Esta frase] explica que quando os espíritos obtiveram a Unidade, passaram a manifestar [seu poder] de transformar-se e de desaparecer.[7]

**谷得一以盈；**

—言谷得一，故能盈滿而不絕也。

**Com a Unidade, o vale preencheu-se;**[8]

*Comentários*

[Esta passagem] esclarece que quando o vale obtém a Unidade, pode encher-se sem [nunca] se esgotar.

**萬物得一以生，**

—言萬物皆須道以生成也。

**Com a Unidade, as dez mil coisas vieram à vida;**[9]

*Comentários*

[Aqui] se propõe que as dez mil coisas precisam do Dao para nascer e crescer.

**侯王得一以為天下正。**

—言侯王得一，故能為天下平正。

**Com a Unidade, reis e senhores feudais retificaram**[10] **Tudo sob o Céu...**

*Comentários*

[Este trecho] diz que se reis e senhores feudais obtiverem a Unidade, eles pacificarão Tudo sob o Céu, retificando-o.

**其致之：**

—致，誡也。謂下六事也。

**[No entanto, talvez] se chegue [a situações em que]**[11]

*Comentários*

"Chegar a" é [uma palavra de] advertência, referindo-se às seis situações que se seguem.

**天無以清將恐裂，**

—言天當有陰陽弛張，晝夜更用。不可但欲清明無已時，將恐分裂不為天。

**Não podendo purificar-se, o Céu se fende;**

*Comentários*

[Este verso] quer dizer, [literalmente,] que o Céu deve possuir [tanto] Yin [quanto] Yang; movendo-se por contrações e distensões, fazem com que os dias se sucedam às noites. [O texto conota que] não se deve desejar apenas uma eternidade de brilho puro,[12] o que fará com que ele se fenda, não podendo mais ser o Céu.

**地無以寧將恐發；**

—言地當有高下，剛柔，節氣，五行。不可但欲安靜無已時，將恐發泄不為地。

**Não podendo tranquilizar-se, a Terra se abala.**

*Comentários*

[Esta passagem] esclarece que a Terra deve possuir [distinções entre] alto e baixo, rígido e maleável, [diferenças de] período solar[13] e cinco elementos.[14] Não se deve desejar apenas uma quietude eterna, o que fará com que ela se esmigalhe, não podendo mais ser a Terra.

**神無以靈將恐歇，**

—言神當有王，相，囚，死，休，廢。不可但欲靈「變」無已時，將恐虛歇不為神。

**Sem poderes sobrenaturais, os Espíritos se esgotam;**

*Comentários*

[Esta parte] coloca que [as energias] espirituais devem [transformar-se conforme um padrão regular de nascimento, crescimento, maturidade, decadência e morte, a exemplo das etapas] "wang", "xiang", "qiu", "si", "xiu" e "fei".[15] Não se deve desejar mudanças incessantes [exercidas pelos] poderes sobrenaturais [dos Espíritos], de onde decorreria o esvaziamento [de suas energias], deixando assim de sê-lo.

**谷無以盈將恐竭；**

—言谷當有盈縮虛實。不可但欲盈滿無已時，將恐枯竭不為谷。

**Sem poder se encher, o vale se secará;**

*Comentários*

[Esta frase] informa que o vale deve [ter períodos em que] se enche ou míngua, [em que está] vazio ou cheio. Não se deve desejar que permaneça sempre cheio, do contrário ele esgotar-se-á, deixando de ser vale.

**萬物無以生將恐滅，**

—言萬物當隨時生死。不可但欲「長」生無已時，將恐滅亡不為物。

**Sem vida, as dez mil coisas se extinguem;**

*Comentários*

[Este trecho] afirma que as dez mil coisas devem nascer e morrer conforme seu tempo.[16] Não se pode desejar que tenham vida e cresçam permanentemente, o que levará a que morram e se desfaçam, deixando de ser coisas [vivas].

**侯王無以貴高將恐蹷。**

—言侯王當屈己以下人，汲汲求賢。不可但欲「貴」高於人「無已時」，將恐顛蹷失其位也。

**Sem nobreza e alta posição social,[17] os reis e senhores feudais tombam.[18]**

*Comentários*

[Esta parte] coloca que reis e senhores feudais devem dobrar sua própria vontade e colocar-se abaixo dos outros, buscando sequiosamente os homens de valor [que possam auxiliar a si próprios]. Não podem desejar riqueza e distinção hierárquica absolutas, o que precipitará convulsões [políticas, culminando com] a perda de suas posições.

**故貴「必」以賤為本，**

—言必欲尊貴，當以薄賤為本。若禹，稷躬稼，舜，陶河濱，周公下白屋也。

**[Sabendo disso, a dignidade do] nobre tem que ser estabelecida com base[19] [na indignidade] do plebeu;**

*Comentários*

[Este verso] diz que devemos desejar que nos tornemos pessoas de respeito e posses; [para tanto] devemos adotar a parcimônia [e indignidade do] plebeu como base: é o mesmo que Yu[20] e Ji,[21] ao lavrarem pessoalmente a terra; que Shun[22] e Tao,[23] [ao trabalharem às] margens do rio; e que o Duque de Zhou[24] ao voltar para uma casa de paredes nuas[25] [após sua lida].

**高必以下為基。**

—言欲尊貴，當以下為本基。猶築牆造功，因卑成高。下不堅固，後必傾危。

**O que está no alto tem que usar o que está abaixo como seu alicerce.**

*Comentários*

[Esta passagem] sugere [àqueles que] anseiam se distinguir por posses e honras que tomemos os que estão abaixo de nós como seus alicerces. Da mesma forma que se constrói uma parede para urdir uma casa, devemos nos apoiar [solidamente] sobre o que está abaixo para que possamos atingir o alto. Se o que está abaixo não é sólido e estável, [o que se construir sobre ele] haverá de tombar.

**是以侯王自稱孤，寡，不轂；**

—孤，寡喻孤獨。不轂喻不能如車轂，為眾輻所湊。

**Com razão reis e senhores feudais se chamam de "órfãos", "desassistidos", "sem valor".[26]**

*Comentários*

"Órfãos" e "desassistidos" são metáfora para a solidão e isolamento [das pessoas que se encontram numa posição de poder absoluto]. "Sem valor"[27] é metáfora exprimindo que [o Sábio] não deve ser como a roda de uma carruagem, que permanece presa [ao eixo] pelos raios.

**此非以賤為本耶？**

—言侯王至尊貴，能以孤寡自稱。此非以賤為本乎？以曉人。

**Isto não é usar [a indignidade do] plebeu como base?**

*Comentários*

[Esta passagem] expõe que reis e senhores feudais são quem há de mais nobre e respeitoso, [mas mesmo assim] podem denominar-se de "órfãos", "desassistidos". Isso não será ter a [indignidade do] plebeu como base?

**非乎？**

—嗟歎之辭。

**Não é mesmo?[28]**

*Comentários*

Esta expressão [é um] suspiro [de Laozi].[29]

**故致數車無車，**

—致，就也。言人就車數之，為輻，為輪，為轂，為衡，為轝。無有名為車者，故成為車。以喻侯王不以尊號自名，故能成其貴。

**De fato, mesmo que se chegue [perto de uma] carruagem para contar [suas partes, se cada uma delas for contabilizada], ainda não se terá uma carruagem.**[30]

*Comentários*

"Chegar" [aqui significa] "aproximar-se". [Este trecho] esclarece que se uma pessoa se aproximar de uma carruagem para contar [suas partes, perceberá que tem] raios, roda, cubo, varão, carroçaria. Por [ainda] não lhe ter sido dado o nome de "carruagem" é que pode se tornar uma. [Esta metáfora é] empregada para explicar que os reis e senhores feudais não usam títulos de nobreza ou dignidades para denominar a si próprios, e assim é que podem constituir sua posição.[31]

**不欲琭琭如玉，落落如石。**

—琭琭喻少，落落喻多。玉少故見貴，石多故見賤。言不欲如玉，為人所貴；如石，為人所賤。當處其中也。

**Não almeje [ser] precioso como o jade, nem grosseiro como pedras.**[32]

*Comentários*

"Precioso como o jade" conota [algo] raro; "grosseiro como pedras" define [algo] comum. O jade é raro, logo se dá conta de sua nobreza; as pedras são comuns, donde a sua baixeza. [Laozi] aconselha que não se deseje ser como o jade, [isto é], alguém que as pessoas dão valor; [nem] como as pedras, algo que as pessoas desprezam. Deve-se ocupar [uma posição] entre [os dois].

## Notas

1 *Modelo:* cf. cap. 25, nota 19. O modelo a que se refere o título deste capítulo é a "Unidade" (cap. 1, nota 27). Enquanto atributo do Dao, a "Unidade" é o modelo para cada uma das coisas, distinguindo-as e definindo as suas individualidades.

2 *Unidade:* cf. cap. 1, nota 27.

3 *Inação:* cf. cap. 1, nota 8.

4 "'Unidade' *[refere-se] à Inação*: é filho do Dao". O manuscrito *P2639* lê: "'Unidade' [refere-se] à energia vital original: é filha do Dao" 一，元氣，為道之子.

5 *Portar os Sinais:* (垂象, chuixiang) Os "sinais" são os corpos celestes, que podem ser descritos pelo seu papel de influenciar fatos e eventos ocorridos sobre a terra. Os "Comentários Anexos" ao *Clássico das mutações* trazem a passagem《易·繫辭上》: "Os sinais pendurados no Céu permitem que se distingam augúrios, bons e maus. O Sábio considera-os sinais" 天垂象，見吉凶，聖人象之.

6 *Poderes Sobrenaturais:* é uma tradução de 靈 (ling). Referências a 靈 nos clássicos confucianos apontam para as faculdades sobrenaturais das entidades espirituais, encarnadas ou não. Manifestações paranormais de espíritos ou fantasmas ocorriam por intermédio desses poderes. Da mesma forma, a capacidade do ser humano de atuar no mundo não material (criatividade, imaginação etc.) também está circunscrita ao seu domínio. Etimologicamente, uma das variantes de 靈 quer dizer feiticeiro: nos *Cânticos das terras de Chu*《楚辭》, coletânea do primeiro grande poeta da China, Qu Yuan (屈原, 340-278 a.C.), abundam referências a magia, espíritos e xamãs. Tradicionalmente Qu Yuan é considerado conterrâneo de Laozi, de modo que ambos provavelmente pertencem à mesma cultura local. Nos *Cânticos de Chu*, o termo 靈 é empregado numa ampla gama de situações – denominando o xamã (mistura de mago, médico e médium) ou mesmo o tipo de energia emitida pelos espíritos. Em etapas posteriores, o termo tornou-se um conceito de "filosofia natural", como neste capítulo, onde é o atributo do Dao que promove o ciclo de mudanças e transformações na realidade. 靈, portanto, estaria intimamente associado às "maravilhas" (妙, miao) do Dao, ao caráter inefável e incognoscível do Yin e Yang (陰陽不測, yinyang buce), entre outras aplicações.

7 "Passaram a manifestar [seu poder] de transformar-se *e de desaparecer*". O manuscrito do *Cânone taoista* traz "passaram a manifestar [seu poder] de transformar-se espontaneamente" 故能變化無為.

8 No primeiro verso do capítulo 6, "Espírito" e a palavra que ora se traduziu por "vale" estavam relacionados numa mesma locução: 谷神(gushen). Naquele momento, Heshang Gong preferiu interpretar o ideograma de "vale" como "grãos" (cf. Grãos ou Vale: cap. 6, nota 2). Tudo indica que, neste capítulo, o Senhor do Rio empregou "谷" (gu) como "vale", não como "grãos". O glosador empregou o adjetivo 盈滿 (yingman), palavra que normalmente quer dizer "cheio, repleto de água". Nos comentários a um verso mais abaixo, ele reitera termos similares, que se referem às águas de um rio que corre dentro de um vale. Apesar disso, corroborando a dificuldade da questão, a edição dos comentários do Senhor do Rio encontradas no *Cânone taoista* traz uma redação diferente para o verbo esgotar-se (枯竭, kujie), cujo sentido literal é murchar, secar-se – o que remeteria à leitura de谷 como variante de 穀, ou seja, grão.

9 MWD não possui este verso.

10 *Retificar:* 正 (zheng) é redigido como 貞 (zhen) em WB. Embora os dois termos sejam sinônimos, 貞 também significa a última das quatro Virtudes cosmológicas mencionadas pelos "Comentários anexos" ao *Clássico das Mutações*. Discípulo de Confúcio especializado nas *Mutações*, Zixia (子夏, 507-420? a.C.) explica-as da seguinte forma: indicando a primavera, 元 (yuan) representa os poderes de originar vida (始, shi); equivalente ao verão, 亨 (heng) significa os poderes da energia vital de permear os seres (通, tong); comparada ao outono, 利 (li) constitui-se nos poderes de beneficiar as criaturas, colocando-as em harmonia (和, he); e, por último, correspondendo ao inverno, 貞 (zhen) equivale aos poderes de manter as coisas num estado de correção 正 (zheng). Ademais, Wang Niansun (王念孫, 1744-1832) propõe que 貞 deve ser interpretado como "líder" ou "chefe", donde a leitura "com a Unidade, reis e senhores feudais tornam-se os líderes de Tudo sob o Céu".

11 Não há consenso sobre como esse verso deve ser lido no original chinês. Seguindo a exposição de Liu Xiaogan (LXG, p. 408), há três posições sobre o assunto: 1) Conforme Wang Bi, o verso seria um tipo de retomada do que se disse nos versos anteriores, podendo ser traduzido da seguinte forma: "Logo, a 'Unidade' leva a que Céu, Terra, espíritos (...) obtenham sua pureza, tranquilidade, inteligência (...)"; 2) Em Heshang Gong, esse trecho serviria para anunciar os versos seguintes. Enquanto, numa primeira parte, este capítulo descreveu situações em que se obteve a "Unidade", a partir de agora descrevem-se hipóteses em que os seis itens não teriam obtido a "Unidade". Gao Heng sugere que o verso deveria ler "Assim, pode-se deduzir que (...)"; 3) estribados na redação inovadora dos manuscritos de seda, "atingido o seu acme" (其至也, qizhiye), recusa-se a leitura tradicional como um todo. A tradução em português interpretou "其" (qi) não como pronome, mas como partícula expletiva, com o sentido de "(infelizmente), talvez (...)" (em chinês moderno "恐怕", kongpa); o verbo "致" (zhi) num de seus sentidos mais comuns, o de "chegar a, acontecer", e, finalmente, "之" como um pronome objeto, indicando as seis situações que vêm em seguida.

12 "Não se deve desejar apenas uma eternidade *de brilho puro*". O texto do *Cânone taoista* lê: "não se deve desejar apenas uma eternidade de tranquilidade e silêncio" 不可但欲安靜無已時.

13 *Vinte e quatro períodos solares:* na Ásia do Leste, considerados fatores como a regularidade climática, a grande pressão demográfica sobre a agricultura e períodos de enchentes que ameaçavam a sobrevivência do grupo, o ano divide-se não apenas em quatro estações, mas também em 24 períodos e quinze dias, conhecidos como períodos solares (節氣, chinês jieqi, lit. "segmentos [das transformações] de energia vital"). No passado, eles definiam o cronograma das atividades produtivas e o ritmo da vida humana. Atualmente, todavia, permanecem vivos nos festivais e tradições religiosas.

14 *Cinco Elementos:* cf. cap. 28, nota 12.

15 Os teóricos da escola do Yin-Yang desenvolveram um sistema de correspondências entre oito estados da energia vital, as quatro estações do ano, as oito posições

(quatro pontos cardeais e quatro intermediários), bem como os oito ideogramas do *Clássico das mutações*. Esses oito estados, dos quais o Senhor do Rio cita seis, representam: 王 (wang, plenitude), 相 (xiang, robustez), 胎 (tai, gestação), 没 (mo, decadência), 死 (si, morte), 囚 (qiu, cativeiro), 廢 (fei, descarte), 休(xiu, afastamento). Como os termos deixam claro, há um ciclo completo ligando o esgotamento das energias, sua (re)concepção e desenvolvimento, sua manifestação e esgotamento de seus poderes. Não está claro para nós por que o Senhor do Rio excluiu "gestação" e "decadência" de sua citação. Esse sistema é particularmente útil para fins dos diversos tipos de adivinhação (em especial geomancia e o "horóscopo" dos oito caracteres), tão importantes para a vida dos chineses. A escolha do lugar e estrutura das casas, bem como a posição dos túmulos, somando-se a decisões a respeito de casamentos, profissões, sacrifícios religiosos, entre outros, dependiam desses detalhes técnicos. No que importa à passagem, o Senhor do Rio reafirma a visão tipicamente chinesa de um ciclo natural de transformações sobre a energia vital – em detrimento de uma leitura que personaliza ou antropomorfiza os espíritos.

16 "[Este trecho] afirma que as dez mil coisas devem nascer e morrer conforme seu tempo". O manuscrito *Gu* amplia ligeiramente esse sentido: "[este trecho] afirma que as dez mil coisas devem nascer, crescer, recolher-se e ocultar-se; devem nascer e morrer conforme seu tempo" 言萬物生長收藏，當隨時生死。

17 FY emprega "侯王無以貞將恐蹶" ("Sem a retidão, reis e soberanos tombariam"). Tal leitura faz sentido, considerando verso da primeira metade do texto: "Com a 'Unidade', reis e senhores retificaram Tudo sob o Céu". Autores modernos suportam essa tese. Em sentido contrário, a redação ora adotada respalda-se nos outros manuscritos principais (HSZ, WB, BS). Além disso, estilisticamente, a menção a nobreza e alta posição social nesse ponto anuncia o tema da advertência final ao soberano para que resguarde os privilégios advindos de sua "Unidade", isto é, de sua distinção social em Tudo sob o Céu.

18 "*Sem nobreza e alta posição social, os reis e senhores feudais tombam*". Para manter paralelismo com a primeira parte, FY lê: "sem ter como retificar [Tudo sob o Céu], os reis e senhores feudais tombam" 侯王無以貞將恐蹶.

19 O termo chinês ora traduzido por "base" é o mesmo que Raiz (本, ben): cf. cap. 38, nota 27.

20 *Yu:* (禹) Rei lendário da pré-história chinesa, fundador da dinastia Xia, notável pelo trabalho de combate às enchentes do rio Amarelo.

21 *Hou Ji:* (后稷) Ancestral lendário da casa de Zhou, Ji foi o servo de Shun encarregado da supervisão do trabalho agrícola. A ele atribui-se o trabalho civilizador de ensinar técnicas de cultivo do solo ao povo.

22 *Shun:* (舜) Talvez o mais popular dos reis ancestrais, Shun notabilizou-se pela piedade filial.

23 *Tao:* (陶) Possivelmente referência a Gao Yao (nesse caso, Tao, 陶, ler-se-ia Yao), servo responsável pela execução das leis sob o governo de Shun.

24 *Duque De Zhou:* (周公) Irmão do Rei Wu de Zhou, após cuja morte garantiu a unidade do país, num contexto de sedições palacianas contra a sucessão tida como legítima.

25 Ou seja, uma casa cujas paredes não têm reboco. A expressão dá relevo às origens humildes do Duque.

26 *Órfãos/Desassistidos/Sem Valor:* são expressões utilizadas pelas potestades chinesas, nominalmente para manifestar modéstia. Em sua origem eram palavras de uso comum, mas com o passar do tempo tornaram-se apelativos empregados pelo rei para designar sua própria pessoa, com o sentido geral de "aquele que tem pouca virtude". Contudo, os termos trazem em si uma certa ambiguidade, pois ao mesmo tempo que expressam modéstia, eles enfatizam a posição *única* do rei ou imperador na vida política da China. O soberano está *sozinho* em sua posição e responsabilidades: o órfão não tem pais; "desassistido" em chinês indica a pessoa idosa sem filhos ou cônjuge; "desvalido" é o faminto, abandonado por sua comunidade. De qualquer maneira, esses apelativos não devem ser desmerecidos sumariamente como uma pura formalidade. Talvez haja neles um ideal de moderação – dirigido aos poderes sem limites gozados pelo monarca. Da mesma forma que nas duas alegorias finais, da carruagem e das pedras, Laozi em momento algum sugere que o soberano abra mão de suas prerrogativas; propõe, apenas, que a posição especial do rei na sociedade deve ser "compensada" (mascarada?) pelas aparências – por uma vida muito aquém das possibilidades, pela abstinência de qualquer forma de aparato etc.

27 *Sem Valor:* é tradução do termo "不穀" ou "不谷" (bugu); literalmente é "aquele que não possui, merece ou vale grãos". O Senhor do Rio utiliza o termo de maneira irregular, tomando-o como 不轂, "o que não pode se tornar roda", incompreensível também para o leitor chinês. A metáfora parece querer significar que o grande homem, ou o nobre, é aquele que permanece no calmo centro do burburinho da vida social – tranquilo e silente, enquanto as pessoas comuns seguem com seus afazeres. Os raios talvez signifiquem a burocracia que serve ao Rei Sábio; menos estáticas que o Rei, submetem-se a ele e sustentam a roda.

28 "*Não é, mesmo*". Os manuscritos *P2639* e *S3926* leem: "[Isto não é] trágico?" 悲乎?

29 "Esta expressão [é um] suspiro [de Laozi]". O manuscrito *Gu* lê: "'não é mesmo?' certamente é um suspiro retórico [de Laozi, que tem o fim de reforçar seu ponto de vista]". 言非乎者，蓋是嗟嘆假問之辭云耳.

30 "*De fato, mesmo que se chegue [perto de uma] carruagem para contar [suas partes, se cada uma delas for contabilizada], ainda não se terá uma carruagem*". FY lê: "de fato, não há boa reputação para aquele que contabiliza atos dignos de elogio" 故致數譽無譽. Os defensores dessa redação citam JDSW e uma expressão em *Zhuangzi*, "至譽無譽" ("a mais alta das reputações cabe àquele que não tem reputação alguma", p. 611). Não parece que Zhuangzi esteja citando *Laozi*. Na verdade, o contexto da citação de Zhuangzi tem muito pouco a ver com o que é discutido nessa passagem de Laozi. Naquela

obra, critica-se o que as pessoas de seu tempo consideravam ser felicidade (riquezas e posição social), advogando, ao contrário, que a suprema felicidade é alcançada pela "Inação". Nesse caso, Laozi tão somente prega moderação ao Rei Sábio. No que concerne aos manuscritos, WB e MWD trazem a mesma redação que HSG. Além disso, o comentário de Wang Bi também utiliza a metáfora da carruagem – o que comprova que o texto original não foi mutilado. Ainda, há uma anedota em *Huainanzi* (p. 842) que utiliza a mesma metáfora, colocando-a na perspectiva da unidade política do país – que, com efeito, é o mesmo tema do capítulo de Laozi. Naquela obra, critica-se a política de dividir Zhou em duas metades, com duas capitais. Tendo essas considerações em vista, A alegoria da carruagem talvez signifique o seguinte: tanto a posição do soberano, como a unidade política do país são como a carruagem; elas estão acima dos interesses particulares do povo e das regiões em que Tudo sob o Céu está dividido. Dessa forma, *não é possível ver Tudo sob o Céu como a soma de suas partes*; cabe ao soberano conduzir a vida política do país, defendendo os interesses comuns e a integridade do território.

31 Esta é uma das poucas exposições do Senhor do Rio sobre o problema das "Formas e Nomes" (形名, xingming). Embora o Senhor do Rio não tenha conseguido estabelecer uma analogia perfeita com os soberanos que se rebaixam em sua dignidade, sua descrição da carruagem possui certas similaridades com o problema básico do que se conhece, em metafísica, como o "Paradoxo do Navio de Teseu". No Ocidente, a reflexão detida sobre o problema do nome e das coisas deu origem às posições extremas do nominalismo e do realismo, em disciplinas que chamamos de Ontologia e Epistemologia. No caso da China, embora alguns autores conhecidos postumamente como membros da "Escola dos Nomes" tenham se dado conta de rudimentos da relação entre linguagem e realidade no período Pré-Qin ("escola", aliás, que tem vínculos inquestionáveis com os pensadores taoistas), o debate permaneceu limitado a aplicações nitidamente éticas. Somente com a chegada do Budismo é que uma perquirição mais abstrata e conceitual se desenvolveu, mas, mesmo assim, restrita ao quadro dos dogmas daquela religião.

32 Aparentemente, o capítulo tomou um rumo inusitado em sua conclusão: após uma longa preleção sobre a "Unidade", Laozi parece iniciar uma nova discussão a respeito da necessidade de distinções sociais. Para tornar a leitura ainda mais contraditória, na última frase Laozi manifesta-se simpático a um tipo de "justa medida" – o que o colocaria em direta contradição à defesa que fizera dos privilégios de classe. Com efeito, não houve mudança de assunto, nem de opinião. A longa preleção inicial sobre a "Unidade" comprova que, tal como a "Unidade" pôs o mundo em ordem, é necessário que haja apenas um soberano. Não é exagero dizer que *o fato de haver apenas um soberano dá sentido político à "Unidade"*. Contudo, essa distinção absoluta não pode ser imposta na prática à sociedade. Subentende-se que o rei deve assumir responsabilidades éticas proporcionais aos seus privilégios. Concomitantemente, adota-se um complexo protocolo visando "diminuir" sua dignidade, mostrando que o rei, ainda que apenas retoricamente, está abaixo

dos outros em certos respeitos – "órfão", "desassistido", "desvalido". Nas duas frases finais, Laozi transmite mensagens complementares: em primeiro lugar, o soberano representa os interesses de Tudo sob o Céu, estando sobranceiro a todo particularismo (ele é como a carruagem, que não equivale à soma de suas partes); em segundo lugar, o rei deve saber equilibrar sua imagem pública com manifestações de autoridade ou de humildade, nem agindo consistentemente como um déspota, nem como um completo altruísta. Ao tratar da legitimidade de um rei, não há paralelo entre a "autoridade" ou "humildade" discutidas por Laozi e o "ser amado" ou "temido" de Maquiavel. Na China antiga, há algo que se sobrepõe ao afeto direto entre povo e governante. Diferentemente da Itália renascentista, onde as instituições políticas já estavam claramente secularizadas, o sistema político da china antiga dependia do caráter "sagrado" da autoridade política. Por mais pobres que fossem as realizações de um monarca, por mais generalizada que fosse a corrupção, sempre havia um véu de "moralidade" protegendo a atuação dos membros da elite. Se consolidada estivesse a dinastia, bastava-lhes agir conforme os papéis tradicionais e salvar a honra do regime – em tese.

# 去用第四十

## *Capítulo 40*[1]

## *Rejeita os usos*[2]

**反者，道之動；**

—反，本也。本者，道「之」所以動。動生萬物，背之則亡。

**A ação [característica] do Dao é a de retorno;**[3]

*Comentários*

"Retorno" [alude à base, à] Raiz.[4] A Raiz é o que faz com que o Dao entre em movimento. Ao mover-se, dá vida às dez mil coisas. Quem se lhe opõe, morre.[5]

**弱者，道之用。**

—柔弱者，道之所常用，故能長久。

**[Agindo, adota] a fraqueza como meio.**

*Comentários*

O Dao sempre [se vale do que é] fraco e tenro como meio; é por isso que é capaz de se perenizar.

**天下萬物生於有，**

—「天下」萬物皆從天地生。天地有形位，故言生於有也。

**As dez mil coisas de Tudo sob o Céu adquirem vida do que [já] existe;**

*Comentários*

Todas as dez mil coisas de Tudo sob o Céu nascem do Céu e da Terra. Céu e Terra têm forma e posição, por isso [que o verso] diz que [as dez mil coisas] nascem do que existe.

**有生於無。**

—天地神明，蜎飛蠕動，皆從道生。道無形「象」，故言生於無也。此言本勝於華，弱勝於強，謙虛勝盈滿也。

**E o que [já] existe obtém sua vida do Nada.**[6]

*Comentários*

[Desde o] brilho dos espíritos do Céu e da Terra [até] a crisálida que [ensaia seu primeiro] voo ou a larva que [começa a] se contorcer, tudo obtém vida do Dao. O Dao não tem forma nem imagem, donde se propor que nasce do Vazio. [O significado profundo] desta [passagem] está em que a Raiz vence a flor, o fraco vence o forte, quem é humilde e vazio de si vence o arrogante cheio de si.

## Notas

1 Na obra *Laozi Zhigui* 《老子指歸》 de Yan Zun (嚴遵), eremita do final da dinastia Han Ocidental, o conteúdo deste capítulo foi agregado ao final do capítulo 39, compondo um único texto (p.9).

2 *Uso:* cf. cap. 4, nota 2. Com "Rejeita os usos", o título sugere que se deve buscar a substância, o corpo do Dao – não encontrando satisfação em coisas que são acessórias. Vale mencionar a estrutura do capítulo, que parte da "função" mais exterior do Dao (a fraqueza) e, *como se voltando à "Raiz"*, passa pela vida individual, pela existência como abstração, até alcançar o Nada.

3 *Retorno:* é a tradução da palavra chinesa 反 (fan). SWJZ diz que, etimologicamente, 反 significa "emborcar, colocar ao contrário". O sentido mais óbvio da palavra, portanto, é "oposto", donde o comentário de Wang Bi a este verso: "Coisas altas têm o que está embaixo como base; os nobres têm plebeus como sua raiz. O que existe tem o Nada como sua utilidade; eis o seu oposto. Todos os movimentos percebem onde há um espaço vazio, por isso é que as coisas o permeiam. Laozi diz: "o contrário, eis para onde se move o Dao" 高以下為基，貴以賤為本，有以無為用，此其反也。動皆知其所無，則物通矣。故曰：反者道之動也。 Não obstante, a palavra também pode ser associada ao cognato 返 (a redação adotada por MWD),

cujo sentido é "retornar, voltar" – donde a tradução. Esse "Retorno" assinala o caráter cíclico e dinâmico do Dao, tal como manifestado pelo Caminho do Céu (cf. cap. 22, nota 2). Por exemplo, dia e noite se repetem; semanas, meses e anos vão e voltam; as quatro estações se sucedem ciclicamente. Esses são aspectos do "retorno" do Dao. Conforme Laozi, essas são mudanças "espontâneas" (cf. cap. 1, nota 7) e produzidas por "Inação" (cf. cap. 1, nota 8). Reforça-o o uso do termo em outras partes de Laozi. No cap. 25, diz: "[E] 'o que chega ao longe', diz-se, '*[há de] retornar*'" 遠曰反. No cap. 65, lê-se: "*É o oposto das coisas,* Até o ponto de realizar a Grande Obediência" 與物反矣，乃至於大順.
反 pode ser assemelhado a 復 (fu). Esse ideograma acentua que o retorno ao Dao possui o significado de "restaurar" aquilo que tinha sido antes. Servem como exemplo outras passagens em que Laozi emprega o termo, por exemplo, o cap. 14: "[pois] sempre há de *retornar* à imaterialidade" 復歸於無物. Cap. 16, em que 復 tem um papel importante: "É assim que contemplo o *retorno* delas" 吾以觀其復; "Cada uma *retorna* a sua raiz" 各復歸其根; "É o que chamo "*voltar-se* para o Destino, *Voltar-se* para o Destino chama-se de Constância" 是謂復命，復命曰常. É bastante comum que 復 integre a locução 復歸 (fugui), que define "retorno" como um ato de livre obediência, de submissão voluntária, dado que 歸 normalmente pressupõe uma relação de subordinação. Portanto, faz todo sentido aproximar o Dao à ideia de 復 – que aliás é um dos 64 hexagramas do *Livro das mutações*. ZQZ (p.165) cita trecho do comentário "Tuan" (彖) ao hexagrama 復 do *Livro das mutações*: "o Dao do hexagrama 'fu' *produz ciclos que duram sete dias e se repetem, eis a forma como age o Céu*" 反復其道，七日來復，天行也. Em outra citação do comentário "Tuan", este ao primeiro hexagrama, 乾 (qian), afirma que a circularidade é a característica do "Caminho do Céu": "o hexagrama 'Qian' (que representa o Céu) empenha para fortalecer-se a cada dia, seu Dao envolve uma sucessão infinita de ciclos" 終日乾乾，反復道也. No que se refere ao ser humano, a ideia de retorno cíclico introduz perplexidades. Em contraste com os ciclos "infinitos" de renovação da vida, o homem possui apenas uma via única entre o nascimento e a morte. Uma quantidade considerável de taoistas partiu em busca da vida eterna por meio de elixires, técnicas de êxtase, entre outros, o que leva a crer que, segundo esses, o ser humano também poderia "unir-se ao Céu e Terra" em sua imortalidade. Outros praticantes, por outro lado, adotaram objetivos menos ambiciosos, de meramente prolongar sua existência corporal ao máximo. Tanto estes, como os que têm uma leitura mitigada, puramente filosófica, negam ao homem a capacidade de "retornar à sua raiz" plenamente – redefinindo esse processo como uma pura prática contemplativa. Ainda mais recentemente, com a sucessão de vogas intelectuais na China, o termo "retorno" foi reinterpretado no quadro da dialética hegeliana ou como uma verdade das ciências naturais.

4 *Raiz/Ramos:* cf. cap. 38, nota 27.

5 Ao utilizar o pensamento do próprio Senhor do Rio para explorar esse comentário críptico, seria plausível afirmar que as coisas devem retornar para o Dao que lhes

deu origem. Em termos de técnicas de longevidade, significaria revigorar a energia vital original haurida do Céu. Esta promove a formação dos corpos, alimentando-os e promovendo seu desenvolvimento, maturidade, envelhecimento e morte. Embora impossível, recusar-se a receber essa energia é o mesmo que não nascer. Recusar-se a praticar o Dao e distanciar-se do estilo de vida defendido por Laozi, por fim, implica morte.

6 *"As dez mil coisas de Tudo sob o Céu adquirem vida do que [já] existe; E o que [já] existe obtém sua vida do Nada"*: os manuscritos de bambu de Guodian que, embora descobertos recentemente, possuem a mais antiga versão disponível de Laozi (cerca de 300 a.C.) trazem uma redação diferente para os dois últimos versos: "as dez mil coisas de 'Tudo sob o Céu' adquirem vida do que [já] existe, adquirem vida do 'Vazio'". Há muita especulação sobre o que consistiria essa diferença na prática, diante de uma leitura tradicional que adota o Nada como origem da existência e da vida. Deve-se registrar que Guodian é o único dentre os mais importantes manuscritos, ora disponíveis, a trazer essa redação. Os manuscritos de seda de Mawangdui, de idade não muito mais recente do que Guodian (segundo século a.C.), trazem redação idêntica aos principais textos transmitidos de Heshang Gong, Wang Bi e Fu Yi. Vale ressaltar também que toda a voga intelectual iniciada por Laozi está de uma forma ou de outra cernida na precedência do Nada ao que "existe", preferência que se prolongou por mais de 1.200 anos na China, assimilando-se posteriormente a uma crença budista similar.

# 同異第四十一

## *Capítulo 41*

## *Semelhanças e diferenças*

**上士聞道，勤而行之；**

—上士聞道，自勤苦竭力而行之。

**Os Shi[1] de categoria superior, ao aprenderem sobre o Dao, esforçam-se em sua prática;**

*Comentários*

Quando aprendem sobre o Dao, os Shi de categoria superior praticam-no de livre vontade, labutando até serem tomados pela fadiga e não lhe restarem mais forças.

**中士聞道，若存若亡；**

—中士聞道，治身以長存，治國以太平，欣然而存之。退見財色榮譽，惑於情慾，而復亡之也。

**Já os Shi medianos, ora o mantêm [em suas mentes], ora o perdem;**

*Comentários*

Os Shi medianos são aqueles que cuidam de seus corpos para viverem longamente e gerem o país para que haja Grande Paz: regozijando-se, entesouram [o Dao] em si próprios. [Contudo,] ao relegá-lo, [passam a] visar riquezas, mulheres, honras e títulos, delirando [sobre os próprios] desejos e impulsos – perdendo o Dao [que haviam encontrado].

**下士聞道，大笑之：**

—下士貪狼多欲。見道柔弱，謂之恐懼；見道質樸，謂之鄙陋。故大笑之。

**[Mas aqueles] Shi inferiores, [descrentes, somente] fazem grande chacota [dele].**

*Comentários*

Os Shi inferiores são cheios de desejos, de cobiça, de ódio. Percebendo-se que o Dao é fraco e tenro, alegam que nele há medo. Ao verem que tem a simplicidade [da madeira virgem], a naturalidade [da criança], dizem que é feio e baixo. Tais as razões para se rirem do Dao.

**不笑，不足以為道。**

—不為下士所笑，不足以名為道。

**Se não [o] menoscabassem, [esse Caminho] não mereceria ser chamado de Dao.**

*Comentários*

Se os Shi inferiores não se rissem do Dao, ele não seria digno de seu nome.

**故建言有之：**

—建，設也。設言以有道，當如下句。

**Daí as palavras, [longamente] estabelecidas:**

*Comentários*

"Estabelecido" [sugere] exortar.[2] Exorta-se [com] palavras para que haja um Caminho [a se seguir], tal como dito nas frases abaixo.

**明道若昧，**

—明道之人，若闇昧，無所見。

**O Caminho[3] fulgente parece escuro;**

*Comentários*

A pessoa do Dao fulgente aparenta [estar] em sombras, sem saberes, sem percepção.

**進道若退；**

—進取道者，若退不及。

**O Caminho que avança parece recuar;**

*Comentários*

Quem avança até o fim[4] [para alcançar o] Dao parece que está a recuar, [como se não tivesse meios de] chegar [a ele].

**夷道若纇。**

—夷，平也。大道之人不自別殊，若多比纇也。

**O Caminho fácil parece íngreme.**[5]

*Comentários*

"Fácil" [é o mesmo que] "plano". A pessoa [que segue] o Grande Dao não se diferencia das outras, [julgando-se] especial, é como se fosse do mesmo gênero que a multidão.[6]

**上德若谷，**

—上德之人若深谷，不恥垢濁也。

**A mais elevada das virtudes é [baixa] como um vale;**

*Comentários*

A pessoa da mais alta virtude é como um vale profundo, não se envergonha por [acumular] tudo o que é sujo e infecto.

**大白若辱，**

—大潔白之人若汙辱，不自彰顯。

**[O que é] mais imaculado assemelha-se a injúria;**[7]

*Comentários*

A pessoa perfeitamente pura e imaculada transparece [viver sob o peso de] humilhação e ofensa, [já que] não [busca] distinções e evidência para si.

**廣德若不足，**

—德行廣大之人若愚頑不足也。

**A mais ampla das Virtudes parece estar aquém [de si];**

*Comentários*

[A pessoa de ampla] fibra moral, [capaz de assumir] grandes responsabilidades,[8] parece uma pessoa estúpida, [de aptidões] insuficientes.

**建德若揄，**

—建設道德之人，若可揄引使空虛也。

**A mais sólida Virtude dá a impressão de se esboroar;**[9]

*Comentários*

A pessoa [que possui] poderes morais[10] [com alicerces] solidamente fundados dá a impressão de retirar [substância] deles, deixando-os vazios.

**質直若渝。**

—質樸之人若五色，有渝淺不明也。

**[Virtudes como] naturalidade[11] e retidão parecem carregar nódoas.**[12]

*Comentários*

Pessoas simples [como a madeira não trabalhada, em quem] a naturalidade [prevalece] são como as cinco cores,[13] que carregam nódoas, desbotam, perdem o brilho.

**大方無隅，**

—大方正之人，無委曲廉隅。

**O maior dos quadriláteros não possui ângulos;**

*Comentários*

A pessoa que é correta [à semelhança] de um quadrado não tem [em comum com este] nem [as idiossincrasias de] seus ângulos, nem [a expressão implícita] de suas curvas.[14]

**大器晚成，**

—大器之人若九鼎瑚璉，不可卒成也。

**O maior dos instrumentos demora a ser completado;**[15]

*Comentários*

O maior dos instrumentos parece-se com os nove caldeirões "ding"[16] ou com o vaso cerimonial "hulian".[17]

**大音希聲，**

—大音猶雷霆，待時而動。喻當愛氣希言也。

**O maior dos sons ressoa em silêncio;**[18]

*Comentários*

O maior dos sons é como o trovão, que espera pelo momento adequado para se manifestar. [Este verso] é uma metáfora, [que ensina os praticantes do Dao] a cuidar de sua energia vital[19] e falar pouco.[20]

**大象無形，**

—大法象之人質樸無形容。

**A maior das imagens[21] não tem forma;**

*Comentários*

A pessoa que se modela na Grande Imagem possui a naturalidade [da tábua rasa, prevalecendo em si a] Naturalidade – de maneira que não pode ser distinguida [pelas outras pessoas].

**道隱無名。**

—道潛隱伏，人無能指名也。

**O Dao, oculto, não possui nome.**[22]

*Comentários*

[É como se] o Dao mergulhasse [nas profundezas], escondendo-se [sob as águas] e as pessoas não tivessem meios de lhe apontar um nome.

**夫唯道善貸且成。**

—成，就也。言道善稟貸人精氣，且成就之也。

**Apenas o Dao é hábil em prover [às dez mil coisas] e consumá[-las].**[23]

*Comentários*

"Consumar" [significa] "fazer algo atingir [sua finalidade". Essa frase] indica que o Dao é o melhor em fazer as vezes de um administrador dos armazéns públicos, emprestando energia pura às coisas, fazendo-as atingir [sua completude].

## Notas

1 *Shi:* cf. cap. 15, nota 1.

2 Conforme Duan Yu Cai (SWJZ), 設 tem o sentido de "com palavras, influenciar (lit. comandar) as pessoas" 以言使人.

3 É importante notar que, nesses três versos, os adjetivos claramente enfatizam o sentido de "caminho" inerente ao ideograma 道 (Dao). Por esse motivo, preferiu-se, excepcionalmente, traduzir Dao por "Caminho", grafado com maiúscula.

4 Comparar com *Analectos* (13.21): "O Mestre disse: '[Se for necessário] conviver com [pessoas] que não conseguiram agir com moderação, que seja com as indômitas e as apáticas! As indômitas *avançam até o fim*; as apáticas não [ousam] fazer certas coisas'".

5 "Íngreme" segue o texto WB, que traz 纇 (lei); etimologicamente, tal ideograma significa um nó dado em fio de seda, donde o sentido de "saliência" e "ingremidade". HSG, FY e MWD trazem 類 (lei), i.e."tipo", "gênero" – leitura que é explorada pelo Senhor do Rio em seu comentário. GD traz 繢 (hui), que significa "sobras de uma peça de tecido de seda", cuja interpretação nesse contexto é difícil.

6 *"A pessoa [que segue] o Grande Dao não se diferencia das outras, [julgando-se] especial; é como se fosse do mesmo gênero que a multidão"*. A edição *Chen Jingyuan* traz uma versão mais longa dessa frase: "A pessoa [que segue] o Grande Dao é muito chã, comum, fácil de socializar; segue cada tipo de coisa, irmanando-se-lhe, não cria diferenciações para si própria" 大道之人坦蕩平夷，隨類參同，不自分別也.

7 Há quem argumente que um erro de edição colocou a frase "o que é mais imaculado assemelha-se a injúria" nessa posição, devendo esta vir junto do grupo de versos iniciados por 大, o primeiro dos quais é "o maior dos quadriláteros...". De fato, "o que é mais imaculado" interrompe uma sequência de versos sobre a Virtude, mas mesmo MWD e GD trazem a mesma estrutura dos textos recebidos. "[O que é] mais imaculado assemelha-se a *injúria*". A edição FY traz "o que é mais branco assemelha-se ao que tem nódoas negras" 大白若（黑辱）.

8 *Fibra Moral/Capaz De Responsabilidades:* é tradução aproximada do termo 德行 (dexing), em que 德 não é a Virtude em absoluto, mas a maneira como se caracteriza num indivíduo – incluindo também suas vicissitudes. O ideal chinês de uma sociedade comandada por seus membros mais valorosos delega à moralidade o papel de legitimar o poder. 德行 aparece no *Clássico das mutações*, hexagrama "jie" (節, parcimônia) 《周易·節·象》: "o Homem Nobre emprega o regime [dos Ritos] para definir graus e níveis [hierárquicos para todos os membros da sociedade, *atribuídos a partir de] discussões sobre a 德行 de cada um*" 君子以制數度，議德行. Esclarecendo o sentindo de 德行, Kong Yingda, o comentarista oficial do texto, diz: "德行 exprime as *diferentes capacidades de cada um para cumprir responsabilidades*" 德行謂人才堪任之優劣. Fica nas entrelinhas que as responsabilidades são a participação na vida política mediante serviço à corte.

9 HSG traz 揄 (yu), cujo sentido literal é "retirar", donde a tradução adotada. WB adota "偷" (na surdina), explicando que: "na surdina" [remete à atitude de] "seguir os outros" (偷，匹也). Segundo essa leitura, o verso leria: "a Virtude estabelecida parece [agir] na surdina". Conforme o comentário de Wang Bi, "a Virtude conforma-se àquilo que as coisas são, em sua espontaneidade. Não é algo que se estabelece [forçosamente], nem que se impõe a outrem, por isso que ela parece agir na surdina ou seguir a média das pessoas". FY escolheu 媮 (tou), que quer dizer "inepto" ou "indolente". Nesse caso, "sólido" (建, jian) deve ser lido como "robusto" (健, jian), resultando na leitura "a mais robusta virtude parece ser inepta". O termo está ilegível em MWD e GD. A partir de pontos de vista diferentes, as três versões chamam a atenção para o mesmo princípio: por mais sólida que seja a Virtude de alguém, ela não pode interferir no correr usual das coisas, nem deve chamar a atenção para o indivíduo, tampouco há de criar um estatuto particular para o Sábio que a possui.

10 *Poderes Morais:* cf. cap. 15, nota 3.

11 *Naturalidade:* cf. cap. 3, nota 2.

12 HSG e WB trazem 渝 (yu), significando "enodoar-se", "sujar-se". O comentário de Wang Bi lê: "a pessoa inocente, [em quem prevalece a] naturalidade, não se jacta de sua inocência, por isso que parece maculada [aos olhos dos outros]. FY adota 輸 (shu) que, ponderadas as anotações de Duan Yucai sobre o uso do ideograma nos comentários de Gongyang, Guliang e Zuo, poderia ser um falso cognato do mesmo 渝 adotado por HSG e WB. GD redige 愉 (yu), i.e."contente", que também deve ser falso cognato. O termo está ilegível em MWD.

13 *Cor:* cf. cap. 12, nota 1.

14 Esse verso e seu comentário são profundamente idiomáticos em chinês, cujo sentido desafia qualquer tradução econômica. Naquela língua, trata-se de uma metáfora possuindo uma clara conotação moral, já que a palavra traduzida por "quadrilátero" (方, fang) também pode qualificar uma pessoa. Como fica claro no comentário de Heshang Gong, a perfeição geométrica de "方" é sinônimo de "correto" (正, zheng) – ou seja, adjetiva a pessoa de bem, honesta. Por outro lado, "Ângulo" (隅, yu), em chinês moderno "棱角" (lengjiao), sugere alguém de personalidade forte, ainda que suscetível a exprimir-se indiretamente (em tom crítico). Pode-se afirmar que tal pessoa não se adequa perfeitamente ao ideal chinês de sociabilidade, que prefere o indivíduo ameno, acessível e, em certa medida, apagado.

15 *Instrumento:* cf. cap. 28, nota 10. Nessa frase, podemos perceber, com toda percuciência, a reverência dirigida tradicionalmente pelos chineses à senioridade. Seja um ofício, seja uma arte, seja ainda o tipo de conhecimento "filosófico" valorizado pela elite, tudo depende de uma longa aprendizagem sob um mestre, potencializada por intuições individuais – o que poderia ser qualificado como uma certa medida de "talento". Ao contrário de tempos modernos, não há apreço particular à inovação ou ao vigor daquelas contribuições que somente a juventude pode realizar.

16 *Nove Caldeirões:* Conforme uma tradição ancestral, os nove caldeirões "ding" foram fundidos por Yu da dinastia Xia a partir do metal tributado pelos líderes dos Nove Cantões (九州, jiuzhou) – o que se interpreta como ato de submissão política. Esses caldeirões passaram a representar uma metonímia para o poder político obtido legitimamente por uma casa real sobre todo o país. Desta feita, com a mudança do Mandato do Céu, os nove passaram às mãos do clã de Shang e, subsequentemente, às de Zhou. Com a decadência da casa de Zhou e o surgimento de potências regionais na China, contudo, os caldeirões tornaram-se objeto de cobiça das novas forças, para quem tais objetos representavam uma fonte de legitimidade. A lenda termina com o Rei Xian de Zhou jogando-os ao rio Si, para nunca mais serem reencontrados. A simbologia do ato é clara: trata-se do fim da China "arcaica" e a preparação da era imperial. Por "nove caldeirões 'ding'", o Senhor do Rio refere-se às pessoas com talento para se tornarem estadistas, competentes para se ocupar dos assuntos referentes a Tudo sob o Céu.

17 *Vaso Hulian:* O vaso "hulian" (瑚琏) era empregado nos sacrifícios religiosos em favor da prosperidade das casas reais. Na verdade, "hulian" indica não um, mas dois tipos de utensílio; "hu" era aquele adotado pela casa de Xia e "lian", pela de Shang. Em Zhou, havia dois tipos de vasos que cumpriam o propósito dos "hulian", contendo as oblações de grãos, conhecidos por "fu" (簠) e "gui" (簋). Em eras posteriores, a referência histórica subjacente a "hulian" perdeu-se, e o termo transformou-se num sinônimo de objeto precioso. O Senhor do Rio emprega o termo como metáfora para a pessoa capaz, ainda que não se trate de alguém comparável a outro descrito como "nove caldeirões". Cf. *Analectos* (5.3), Zigong perguntou: "[E] Ci, que tal?". O Mestre disse: "Você é [como] um utensílio". [Zigong]

perguntou: "Que tipo de utensílio?". [O Mestre] disse: "Um [vaso cerimonial] hulian". *"O maior dos instrumentos parece-se com os nove caldeirões 'ding' ou com o vaso cerimonial 'hulian'"*. O manuscrito *Chen Jingyuan* lê: "[O maior dos instrumentos] não pode fica pronto ao longo de uma manhã, precisa acumular experiências e assim [adquirir] uma beleza perene: ele só fica pronto após muito tempo" 非一朝而可成, 積習生常美, 成在久也.

18 A palavra chinesa traduzida como silêncio é "希" (xi), peculiarmente empregada em Laozi (cf. cap. 14). O comentário do Senhor do Rio emprega a mesma palavra em seu sentido mais usual, "pouco".

19 *Energia Vital:* cf. cap. 1, nota 15.

20 "Falar pouco" remete a técnicas taoistas de longevidade para cultivo da energia vital. É relevante lembrar que há uma relação íntima entre os termos "energia vital" e o "ar" que é respirado. Nesse sentido, falar (demasiado) equivaleria a uma perda relativa de ar – que de outra maneira poderia estar "nutrindo o espírito dos cinco receptáculos (i.e. órgãos do corpo)". Cf. primeiro verso do cap. 23.

21 *Maior das Imagens:* cf. cap. 35, nota 1. GD e MWD trazem "Imagem Celeste" (天象, tianxiang) em vez de "Grande Imagem" (大象, daxiang).

22 *Nome:* cf. cap. 1, nota 12.

23 MWD lê: "apenas o Dao é hábil em iniciar e consumar [as dez mil coisas]" 夫唯道善始且善成.

# 道化第四十二

## *Capítulo 42*

## *A transformação do Dao*

**道生一，**

—道始所生者「一也」。

**O Dao dá vida à Unidade;**[1]

*Comentários*

Aquilo a que o Dao deu vida no princípio [chama-se de] Unidade.

**一生二；**

—一生陰與陽也。

**A Unidade gera um Par;**[2]

*Comentários*

A Unidade concebeu Yin e Yang.[3]

**二生三，**

—陰陽生和，清，濁三氣，分為天，地，人也。

**O Par concebe uma Tríade;**[4]

*Comentários*

O Yin e Yang geraram três tipos de energia vital:[5] límpida, turva e mista.[6] [A seu turno, elas] fragmentaram-se [para dar forma] ao Céu, à Terra e ao homem.[7]

**三生萬物。**

—天地「人」共生萬物也。天施地化，人長養之也。

**A Tríade dá a luz às dez mil coisas.**[8]

*Comentários*

Céu, Terra[9] e homem unem-se para criar as dez mil coisas. O Céu dissemina [a energia vital], a Terra a transforma e o homem a alimenta perenemente.

**萬物負陰而抱陽；**

—萬物無不負陰而向陽，迴心而就日。

**As dez mil coisas dão as costas para a Yin e abraçam o Yang.**[10]

*Comentários*

Todas as dez mil coisas viram as costas para a Yin e buscam o Yang; elas mudam de ideia, [dão meia-volta] e avançam [em direção ao] sol.[11]

**冲氣以為和。**

—萬物「之」中，皆有元氣，得以和柔。若胸中有藏，
骨中有髓，草木中有空虛，和氣潛通，故得久生也。

**Quando [as duas] Energias Vitais confluem violentamente,**[12]
**ambas atingem a Harmonia.**

*Comentários*

Todas as dez mil coisas possuem energia vital original, utilizada para abrandar e harmonizar [a tensão entre Yin e Yang]. Dado que há receptáculos[13] dentro do tronco, medula dentro dos ossos e cavidades [tubulares] dentro de ervas e árvores,[14] se a energia harmônica estiver em fluxo neles, [o praticante do Dao] obterá a longa vida.

**人之所惡，唯孤，寡，不轂，而王，公以為稱。**

—孤，寡，不轂者，不祥之名，而王公以為稱者，
處謙卑，法空虛和柔。

**O que as pessoas não querem para si,**
**[como serem] "órfãs", "desvalidas", "sem valor",**

**[são apodos com que] reis e senhores feudais se caracterizam.**[15]

*Comentários*

"Órfão", "desvalido", "sem valor" são termos pouco auspiciosos; porém, reis e senhores feudais os utilizam para referirem a si próprios. [O motivo para tanto é que desejam] rebaixar-se, [comportando-se] humildemente, tomando como modelo [aquilo que é] vazio e oco, terno e ameno.

**故物或損之而益；**

—引之不得，推之必還。

**Por isso há coisas que, diminuindo-se, prosperam.**

*Comentários*

Se ao puxar algo, tal coisa não vem, basta empurrá-la para que volte para si.

**或益之而損。**

—夫增高者「致」崩，貪富者致患。

**E outras que, elevando-se, findam por declinar.**

*Comentários*

As pessoas que galgam posições cada vez mais altas findam por desabar [sobre o chão. Da mesma forma,] quem cobiça riquezas [cada vez maiores] cairá na miséria.

**人之所教，**

—謂眾人所教，去弱為強，去柔為剛。

**Aquilo que os outros ensinam,**

*Comentários*

[Laozi] alude ao que ensina a multidão: suprimir as fraquezas, incrementar [as próprias] forças; suprimir a ternura, endurecer-se.

**我亦教之。**

—言我教眾人，使去強為弱，去剛為柔。

**Eu também ensino.**

*Comentários*

Isto é: eu ensino a multidão [de volta], fazendo com que elimine suas forças e pratique a fraqueza; suprima sua dureza e busque a ternura.[16]

**強梁者不得其死；**

—強梁「者」謂不信玄妙，背叛道德，不從經教，
尚勢任力也。不得其死者，為天所絶，兵刃所伐，
王法所殺，不得以壽命死也。

**"Os brutos nunca conseguem morrer [em paz]".**[17]

*Comentários*

[Os "brutos", isto é], os fortes e bravos, não creem nas maravilhas profundas,[18] dando as costas para o Dao e sua Virtude e violando-os; eles não seguem os ensinamentos [ortodoxos] dos Clássicos, veneram [as doutrinas sobre a] Potência[19] [ensinadas nos estratagemas militares] e adotam [políticas de] força. "Aqueles que não morrem em paz" são os relegados pelo Céu.

**吾將以為教父。**

—父，始也。老子以強梁之人為教戒之始也。

**Eu farei [deles] os pais de meus ensinamentos.**

*Comentários*

"Pais" [é uma metáfora para dizer] origem. Laozi menciona os fortes e bravos como origem dos ensinamentos [que transmite] para advertir [o erro].

## Notas

1 *Unidade, Par, Tríade:* Alguns estudiosos de *Laozi* leem os termos "Unidade", "Par" e "Tríade" como simples números cardinais: "um", "dois" e "três". No entanto, há uma tradição estabelecida em que a cada número corresponde um elemento cosmológico, sendo a sequência vista como uma série de etapas para criação do mundo

ou realidade tal como a conhecemos. Aliás, essas três frases são dos ensinamentos mais influentes e debatidos em toda a tradição chinesa de pensamento, cujo vigor é comprovado pela leitura canônica que Zhu Xi (1130-1200, 朱熹) imprimiu ao *Diagrama da grande polaridade* 《太極圖說》 de Zhou Dunyi (1017-1073, 周敦頤) – cerca de 1500 anos após Laozi. A propósito, as especulações cosmológicas de Laozi estão próximas, em termos de forma e conteúdo, da numerologia do *Livro das mutações* (cf. *Não Polaridade*, cap. 28, nota 6). Como ilustram os trechos selecionados por ZQZ e CGY, a passagem é abundantemente explorada em obras da dinastia Han, como *Huainanzi*, *Primavera e Outono do Senhor Lü*, além dos manuscritos, desenterrados recentemente, conhecidos como *Clássicos do Imperador Amarelo*. Este capítulo teve clara influência, ademais, sobre a cosmologia do *Cânone de medicina do Imperador Amarelo*. Nesse contexto, vale ressaltar que não é uma teoria puramente especulativa, desvinculada da prática. É certo que há um conteúdo espiritual e mesmo religioso envolvido. Dentre os textos citados por aqueles autores, merecem menção duas passagens de *Zhuangzi*, que colocam a cosmologia de Laozi num contexto relevante para a história das ideias na China. O primeiro deles é do capítulo 12, onde há a seguinte descrição 《莊子·天地篇第十二》: "No Magnífico Início havia apenas o Nada. Nada tem o nome de Nada. É dele que se ergue a Unidade. A Unidade existe, mas não tem forma. As coisas apropriam-se da Unidade para ganhar vida, é a isso que se chama de Virtude. O que não tem forma pode dividir-se, mas enquanto está prestes a fazê-lo, sem qualquer fresta, é o que se chama de Mandato do Céu. Alternando repouso e movimento, dá vida às coisas; as coisas completam-se, dando origem ao princípio, e a isso chamamos de forma. Os corpos, que são formas, abrigam espíritos; cada um deles possui limites e medidas – a que se chama de natureza. Quem cultiva a própria natureza é capaz de revigorar a Virtude que, chegando ao seu ápice, iguala-se ao que fora no princípio. Se igual, é vazia de si; se vazia de si, é grande. *Une os lábios como um bico de pássaro, canta; como um bico de pássaro, a cantar, une os lábios. Dessa forma, une-te ao Céu e Terra. É uma união que não deixa vestígios, sentindo-te como um tolo, como se estivesse sonolento – a isso chamo de Virtude Profunda, igual à Grande Obediência*" (grifos nossos). 泰初有無，無有無名。一之所起，有一而未形。物得以生謂之德；未形者有分，且然無閒謂之命；留動而生物，物成生理謂之形；形體保神，各有儀則謂之性；性脩反德，德至同於初。同乃虛，虛乃大。合喙鳴。喙鳴合，與天地為合。其合緡緡，若愚若昏，是謂玄德，同乎大順. Chama a atenção a recorrência ininterrupta de termos do Laozi. Para além da descrição da Unidade como filho do Nada, do Par como Nada e existência, e da Tríade como a união entre Céu, Terra e Homem, a passagem desloca a cosmologia de seu plano objetivo para o plano da autocultivação, particularmente *por meio de meditação e técnicas respiratórias*. Esse viés anti-intelectualista é confirmado pela segunda passagem. Nela, Confúcio vê Laozi em transe, que confessa estar "passeando com seu coração pelo início das coisas", isto é, contemplando a origem da realidade. Ao descrever suas intuições, Laozi expõe 《莊子·田子方篇第二十一》: "A mais excelsa Yin tem aspecto reverencial, o mais augusto Yang porta-se com dignidade. O que é reverencial sai do Céu; o que é digno sai da Terra. Os dois cruzam-se, produzindo a Harmonia e as dez mil coisas nascem deles: ou somente os tomam como padrão e ninguém percebe seus vestígios. Diminuem e crescem, ora cheios, ora vazios; sejam escuros, sejam claros, os sóis se vão e as luas passam. A cada dia manifestam sua influência e ninguém percebe seus méritos. A vida tem de onde brotar, a morte tem para onde voltar. No início e no fim, ambos recolhem-se ao que não tem limites, enquanto todos ignoram até onde os dois poderão chegar" 至陰肅肅, 至陽赫赫; 肅肅出乎天, 赫赫出乎地; 兩者交通成和而物生焉, 或為之紀而莫見其形。消息滿虛, 一晦一明, 日改月化, 日有所為, 而莫見其功。生有所乎萌, 死有所乎歸, 始終相反乎無端而莫知乎其所窮. É importante perceber que a cosmologia desenvolve-se *pari passu* com a criação de referências contemplativas. Descontado o teor literário, para todos os efeitos é um texto religioso.

2 Ou, menos literalmente, "A 'Unidade' [divide-se para] gerar um Par". Da mesma forma que "Unidade", também existe um longo debate sobre o significado de "Par", que pode ser dividido em duas orientações fundamentais: Vazio e existência, como Wang Bi; e Yin-Yang, seguindo o *Livro das mutações*, bem como a maior parte da tradição taoista dos reinos combatentes e dinastia Han.

3 *Yin-Yang:* cf. cap. 1, nota 20.

4 Ou, menos literalmente, "o Par [mistura-se para] conceber uma Tríade". "Tríade" prefere uma das leituras do que significa o número "três" na passagem. Além da "Tríade entre Céu, Terra e Homem", o termo pode significar, alternativamente, a Harmonia que surge do choque de energias vitais (冲氣, chongqi). Nesse caso, o termo chinês 三 seria vertido como numeral "três" (significando "um terceiro conceito"), e não como "Tríade" (參, can).

5 *Energia Vital:* cf. cap. 1, nota 15.

6 O termo "mista" no original chinês é 和 (he), que, literalmente, significa "harmônica". O contexto, contudo, não recomenda tal tradução. Apesar de as dez mil coisas resultarem da energia mista, ou seja, da soma do Yin e Yang, diz-se que somente há uma combinação "harmônica" no caso de indivíduos excepcionais (os Sábios).

7 *Tríade Entre Terra, Céu E Homem (Ou Rei):* cf. cap. 32, nota 9.

8 Ou, menos literalmente, "[E essa] tríade [combina-se para] dar à luz [cada uma das] dez mil coisas".

9 Há aqui uma dificuldade: Céu e Terra dão vida às dez mil coisas, dentre as quais a humanidade é a mais distinta. Contudo, o homem não é criador no sentido de dar vida biológica a coisas outras que não sejam sua própria espécie. É bem verdade que as criações do mundo intelectual são no mínimo objeto de participação humana, e, com efeito, o mundo da cultura é uma criação autêntica sua. Mas não é esse o sentido dado pelo comentário do Senhor do Rio.

10 *Dar as costas para a Yin /Abraçar o Yang:* O comentário do Senhor do Rio deixa claro que as dez mil coisas rejeitam a Yin e buscam o Yang por natureza. Obviamente,

isso ocorre porque a Yin representa escuridão e, para seres finitos, a morte; Yang é luz e vida.

Contudo, considerando a dubiedade do termo "dez mil coisas" – que também significa "dez mil povos" –, há ainda uma explicação política para essa passagem. A expressão "mudar de ideia, [dar meia-volta] e avançar em direção ao sol" (onde "sol" e "yang" correspondem à mesma palavra) pode conotar o processo de "transformação moral" do povo, que decide se submeter ao soberano – aqui representado como o sol. O que o Senhor do Rio sugere é dito mais abertamente por Wang Bi: "o povo que integra os cem clãs possui um coração, [sua própria forma de ver as coisas], havendo [ainda] diferentes terras e costumes [compondo o reino]; mas é o rei ou senhor feudal que apreende a Unidade que os governa". O verso possui uma leitura alternativa, baseada no sentido do longo comentário de Wang Bi: "as dez mil coisas carregam Yin nas costas e Yang nos braços". Diferentemente do Senhor do Rio, para quem as dez mil coisas rejeitam um em favor do outro, Wang Bi interpreta o verso segundo o sentido geral de que a Unidade exige que Yin e Yang integrem-se num mesmo corpo.

11 Com a metáfora de que as dez mil coisas "mudam de ideia, [dão meia-volta] e avançam [em direção ao] sol", o Senhor do Rio sugere que, embora a busca do Yang seja uma tendência natural, ela não se dá por um movimento coerentemente linear. Há inconstâncias e indecisões nele, de modo que a realização dos seres deve-se a um percurso que passa por Yin, também.

12 *Confluência de Energias:* As energias vitais não se encontram inertes na natureza. Ao contrário, elas interagem, impelidas por suas naturezas – o Yang, ativo, tende ao movimento, enquanto a Yin, passiva, resiste a ele. Nessa interação, surge um tipo de energia "mista", correspondente ao choque entre Yin e Yang. Em chinês, essa energia é chamada de 沖氣 (chongqi).

13 *Receptáculos:* cf. cap. 3, nota 15.

14 No jargão da botânica ocidental, chama-se-o de "xilema". A descrição do Senhor do Rio, contudo, emprega palavras de sentido geral que não justificam a adoção do termo técnico na tradução.

15 Consideradas as diferenças de conteúdo entre o que se diz a partir daqui e a primeira metade do capítulo, especialistas sugerem que essa parte poderia ser uma interpolação. Em favor desse entendimento, há uma repetição de ideias e termos já vistos no capítulo 39. Contudo, o manuscrito desenterrado em Mawangdui traz o mesmo conteúdo que os três *textus recepti*. A alternativa, então, seria ver nessa segunda parte uma aplicação prática da doutrina esposada pela primeira metade do texto, notadamente que o sistema político deve imitar o cosmos, sendo liderado por um único Rei (correspondente à Unidade) que provê e cria seu povo como se fosse um filho.

16 Laozi afirma "aquilo que os outros ensinam, eu também ensino". Tanto o Senhor do Rio, como Wang Bi, todavia, propõem que Laozi ensina o oposto da multidão. É uma contradição flagrante que não pode ser atribuída à incapacidade dos co-

mentaristas de compreender o texto. Apesar de ser impossível resolver a questão em definitivo, o leitor pode considerar duas questões de fundo: a reputação do autor, que os simpatizantes desejam preservar de qualquer coisa que seja deletéria – como um sinal de devoção e respeito –, e também a "liberdade criativa" do glosador que, na ausência de uma última palavra do autor, sente-se à vontade para manipular o texto, muitas vezes para dar autoridade ao próprio pensamento.

17 Esse ditado aparece numa história de *ShuoYuan* 《說苑》 (*Florilégio de Anedotas*, p.258), obra compilada pelo famoso literato da dinastia Han, Yang Xiong (揚雄, 53 a.C.-18 d.C.). Em visita ao templo ancestral de Zhou, Confúcio encontrou uma estátua dourada cuja boca tinha três adágios gravados em torno. Essa frase é parte de um deles.

18 As "Maravilhas Profundas" são uma alusão aos ensinamentos de Laozi sobre o Dao. Cf. cap.1: "Há um mistério dentro de um mistério, e essa é a porta para a multidão de maravilhas".

19 *Potência (Militar)*: a explicação geral do termo "potência" está disponível no cap. 51, nota 5. Nesse caso, o termo é empregado como jargão do pensamento militar chinês. Logo no primeiro capítulo da *Arte da Guerra de Sunzi* 《孫子兵法·始計篇第一》 há a seguinte passagem: "[o general] calcula as vantagens [das próprias forças relativamente ao inimigo] para garantir obediência [de seus comandados]; a partir de então, otimiza o potencial [de sua estratégia] para facilitar [a consecução de seus objetivos] fora [dos muros de seu país. *O que chamo de] potencial significa, partindo das vantagens [relativas ao inimigo], produzir uma situação de poder [correspondente]*. Assuntos militares [caracterizam-se pelo] Dao da Trapaça" 計利以聽，乃為之勢，以佐其外。勢者，因利而制權也。兵者，詭道也. Sem definir o que é potencial, esse trecho explica qual é sua utilidade e vincula-o à arte de trapacear, isto é, de criar um elemento. O quinto capítulo da *Arte da Guerra* 《孫子兵法·兵勢篇第五》, dedicado à Potência, explicita sua relação com a "arte da trapaça", a partir de quatro elementos: 1) organização e formação das tropas; 2) métodos de sinalização para comandá-las; 3) combinação de táticas convencionais e estratagemas não convencionais (cf. *Retidão/Astúcia*, cap. 57, nota 2); e 4) concentração ou dispersão das forças. O efeito da Potência sobre a capacidade de guerrear é resumido pela última frase do capítulo: "a Potência empregada pelo bom guerreiro é como uma grande pedra que rola de cima de uma montanha de mil *ren* de altura: isso é Potência" 故善戰人之勢，如轉圓石於千仞之山者，勢也. É o elemento dinâmico da estratégia militar, para além dos fatores objetivos como quantidade de efetivos, suprimentos e adestramento – tendo um claro elemento psicológico e imoral, associado à Astúcia. Na passagem, o Senhor do Rio critica-a, justamente ao ter em vista o seu caráter anticonvencional.

# 徧用第四十三

## *Capítulo 43*

## *Eficácia universal*

**天下之至柔，馳騁天下之至堅。**

—至柔者，水也。至堅「者」，金石也。水能貫堅入剛，無所不通。

**Em Tudo sob o Céu, a mais tenra [das coisas] cavalga sobre a mais rígida;**[1]

*Comentários*

"A mais tenra das coisas" é a água. A mais rígida, metal ou pedras. A água é capaz de perfurar coisas rígidas e de penetrar nas duras, não havendo nada que não possa permear.

**無有入「於」無間。**

—無有謂道也。道無形質，故能出入無間，通神「明，濟」群生也。

**[E] o que não existe penetra no que não possui frestas.**

*Comentários*

"O que não existe" alude ao Dao, que não tem imagem, nem substância. Por isso é capaz de entrar e sair do que não tem frestas: permeia o brilho divino[2] e socorre a multidão de seres.

**吾是以知無為之有益。**

—吾見道無為，而萬物自化成。是以知無為之有益於人也。

**Assim aprendi que a Inação[3] aproveita [ao que a pratica].**

*Comentários*

Eu contemplo o Dao da Inação e as dez mil coisas transformam-se e perfazem-se espontaneamente. Por esse motivo, sei que a Inação beneficia os homens.

**不言之教，**

—法道不言，帥之以身。

**De doutrinar sem palavras**

*Comentários*

[Quem] toma o Dao por modelo não fala, lidera as pessoas pelo exemplo.

**無為之益，**

—法道無為，治身則有益「於」精神；
治國則有益「於」萬民，不勞煩也。

**[E] de beneficiar-se da Inação,**

*Comentários*

[Quem] toma o Dao por modelo beneficia o espírito puro[4] ao cultivar [seu] corpo e favorece os dez mil povos ao governar um feudo, [já que] não os cumula de labores ou incômodos.

**天下希及之。**

—天下，人主也。希能有及道無為之治身治國也。

**Em Tudo sob o Céu, poucos são capazes.**

*Comentários*

[Em] "Tudo sob o Céu", [só] o senhor de homens.[5] Poucos são aqueles capazes de alcançar o Dao da Inação para cultivar seus corpos e governar um feudo.[6]

## Notas

1 "Tenro" e "rígido" são características associadas, respectivamente, à Yin e ao Yang.

2 *Brilho Divino:* cf. cap. 5, nota 10.

3 *Inação:* cf. cap. 1, nota 8.

4 *Espírito Puro:* cf. cap. 5, nota 15.

5 Foi necessário recorrer a uma interpretação desse período, já que os diferentes manuscritos de HSG não trazem um texto plenamente satisfatório: "Tudo sob o Céu é o senhor de homens" 天下者人主也 (*Gu*) ou "Tudo sob o Céu refere-se ao senhor de homens" 天下謂人主也 (*Qiang*).

6 "*Poucos são aqueles capazes de alcançar o Dao da Inação para cultivar seus corpos e governar um feudo*". Os diversos manuscritos trazem apenas dois tipos de redação. O manuscrito *Qiang* exemplifica a redação alternativa, que lê: "poucos são aqueles capazes de alcançar o Dao da inação. O governo pela Inação aplica-se tanto ao corpo como a um feudo" 無為，無為之治，治身治國者同也.

# 立戒第四十四
## *Capítulo 44*
## *Palavras de advertência*

**名與身孰親?**

—名遂則身退也。

**Tua reputação ou tua vida: o que é mais caro?**

*Comentários*

Oculta-se, tão logo granjeie fama.

**身與貨孰多?**

—財多則害身也。

**Tua vida ou teus pertences: o que vale mais?**

*Comentários*

Quando os pertences são muitos, [grandes] serão os danos ao corpo.

**得與亡孰病?**

—好得利則病於行也。

**Obter algo ou perdê-lo, o que gera mais preocupações?**

*Comentários*

A pessoa que cobiça vantagens apresenta mazelas em sua conduta.

**甚愛必大費,**

—甚愛色,費精神;甚愛財,遇禍患。所愛者少,
所費者多,故言大費。

**Excesso de apego conduz a grossos dispêndios;**

*Comentários*

A pessoa que tem apego excessivo à beleza [feminina] despenderá largamente do seu espírito puro;[1] quem tem apego a riquezas, incorrerá em vicissitudes. [Mesmo que] nosso apego seja dirigido a poucas coisas, grande será nosso desperdício, donde [Laozi falar de] "grossos dispêndios".

**多藏必厚亡。**

—生多藏於府庫,死多藏於丘墓。生有攻劫之憂,
死有掘冢探柩之患。

**Exagero de parcimônia finda em grandes perdas.**

*Comentários*

Se durante nossa vida guardamos muito em nossas tesourarias e armazéns, na morte preservá-lo-emos em nossos túmulos ou criptas.[2] Se em vida somos tomados por preocupações de quem nos assaltará e roubará, na morte também há o temor daqueles que cavam túneis para entrar nas tumbas e dos que abrem sarcófagos [em busca de riquezas].

**知足不辱,**

—知足之人,絶利去欲,不辱於身。

**Quem sabe se dar por satisfeito não sofre humilhação,**

*Comentários*

A pessoa que sabe [quando] se dar por satisfeita [é capaz de] abrir mão das vantagens e de livrar-se dos desejos, [pois] não [deseja] que humilhações [recaiam sobre] seu corpo.

**知止不殆：**
—知可止則「止」。「乃」財利不累「於」身，
聲色不亂於耳目，則「終」身不危殆也。
**Quem sabe quando parar não cai em desgraça:**

*Comentários*

Para quando sabe que deve parar. É dessa forma que suas posses não se tornam um fardo e que sons [de música] e beleza [das mulheres] não põem seus ouvidos e olhos em desordem. Por derradeiro, viverá até o fim de seus dias sem correr perigo nem cair em desgraça.

**可以長久。**
—人能知止「知」足，則福祿在己。治身者，神不勞；
治國者，民不擾，故可長久。
**[E é por isso que] logra a sua longevidade.**

*Comentários*

O homem que sabe quando parar e quando se dar por satisfeito possui em si [o caminho para obter] sorte[3] e títulos. Quem cultiva o corpo não afaina o espírito, quem governa o país não importuna o povo, logo é capaz de preservar sua longevidade.

## Notas

1 *Espírito Puro:* cf. cap. 5, nota 15.

2 Dentre as práticas funerárias da China pré-unificação, a mais notável é a construção de mansões subterrâneas, onde as potestades guardavam seus mais queridos tesouros, animais e servos humanos. Essas tumbas eram cobertas com montes de terra, sendo digno de nota o alto monte construído sobre o túmulo do primeiro imperador, nas imediações da atual cidade chinesa de Xian.

3 *Sorte:* cf. cap. 2, nota 12.

# 洪德第四十五

## *Capítulo 45*

## *A virtude caudalosa*

**大成若缺，**

—「大成者，」謂道德大成之君也。若缺者，滅名藏譽，如毀缺不備也。

**[O] mais realizado parece incompleto;**[1]

*Comentários*

"O mais realizado dos homens" é o soberano que dá [a expressão] mais acabada ao Dao e sua Virtude. "Parece incompleto" porque esconde sua fama, apaga seu renome, assemelhando-se a [um objeto] quebrado, imperfeito, incompleto.

**其用不弊。**

—其用心如是，則無弊盡時也。

**Mas ao exercer seu papel não se cansa.**

*Comentários*

De coração,[2] empenha-se a um ponto tal que em momento algum se fatiga.

**大盈若冲，**

—「大盈者」，謂道德大盈滿之君也。如冲者，
貴不敢驕也，富不敢奢也。

**[Quem] mais tem conteúdo parece vazio.**[3]

*Comentários*

"Quem mais tem conteúdo" é o soberano cujo ser está inteiramente repleto do Dao e de sua Virtude. "Parece vazio" [sugere que] se nobre, não ousa [demonstrar] arrogância; se rico, não se atreve a ostentá-lo.

**其用不窮。**

—其用心如是，則無窮盡時也。

**Ao agir, contudo, não se esgota.**

*Comentários*

De coração, esforça-se de um tal modo que em momento algum parece alcançar seu limite.

**大直若屈，**

—大直謂修道法度，正直如一也。如屈者，不與俗人爭，
如可屈折。

**[A pessoa] mais direta parece ser torta;**[4]

*Comentários*

"[A pessoa] mais direta" pratica o conjunto de regras e medidas [editadas pelo Rei, discriminando assim] o que é reto e direito em qualquer situação, do início ao fim. "Parece torta" [porque] não entra em conflitos com as pessoas vulgares – é como se pudesse dobrar-se [sob a resistência daqueles].

**大巧若拙，**

—大巧謂多才術也。如拙者，示不敢見其能。

**[A] mais genial, um canhestro;**

*Comentários*

Por "[a] mais genial" fala-se [das pessoas de] muitos talentos e aptidões. "Parece um canhestro", pois demonstra não ter coragem de exibir sua capacidade.[5]

**大辯若訥。**

—大辯者，智無疑。如訥者，口無辭。

**[A] mais eloquente, um gago.**

*Comentários*

"[A] mais eloquente" [refere-se] a uma pessoa com muitos conhecimentos e certezas. "Parece um gago", pois de sua boca não [saem obras de] eloquência.

**躁勝寒，**

—勝，極也。春夏陽氣躁疾於上，萬物盛大，極則寒，寒則零落死亡也。言人不當剛躁也。

**A agitação prevalece sobre o frio,**[6]

*Comentários*

"Prevalecer" [alude a chegar ao] extremo. Na primavera e verão, as energias vitais "yang" encontram-se num estado de grande excitação acima [do solo], o que faz com que as dez mil coisas cresçam, alcançando sua forma final. Uma vez que atinjam seu limite, o frio chega e, com ele, caem as folhas e vem a morte. [Esse verso] afirma que o homem não deve [manifestar] agitação nem rigidez.

**靜勝熱：**

—秋冬萬物靜於黃泉之下，極則熱，熱者生之源。

**A tranquilidade supera o calor:**[7]

*Comentários*

No outono e inverno, as dez mil coisas encontram-se sob as Nascentes Amarelas,[8] quietas. [Quando o frio] atinge seu limite, vem o calor: o calor é a fonte da vida.[9]

**清靜為天下正。**
—能清「能」靜則為天下「之」長，持「身」正則無終已時也。
**[Quem se mantém num estado de] pureza e silêncio torna-se o [modelo de] retidão[10] para Tudo sob o Céu.**

*Comentários*

Quem for capaz [de se tornar] puro, quem puder [preservar] o silêncio será o líder de Tudo sob o Céu; adotando uma conduta [moralmente] correta, não verá o fim [de sua presença].[11]

## Notas

1 A ideia de "imperfeito", ampliada para conter também o que é dúbio, incompleto ou vazio, pode ser vista como um princípio estético na Ásia do Leste. Vemos esse princípio em ação não apenas na poesia, pintura e caligrafia – que são o cerne das belas-artes naquela região –, mas também na própria forma de pensar e de explorar criticamente a arte. Laozi, contudo, dá uma dimensão ética e mesmo cosmológica ao tema, cujas repercussões podem ser sentidas na obra como um todo.

2 *Coração:* cf. cap. 3, nota 9.

3 *Vazio:* cf. cap. 11, nota 9.

4 "Torto", aqui, tem dois níveis. De um lado significa alguém que deixa impressão de ter imperfeições ou deficiências. Por outro, significa "flexível" ou "transigente" em face das imperfeições dos outros. Em que pese a experiência histórica chinesa, o conflito entre integridade de caráter e a capacidade de transigir frequentemente se desdobrava numa questão de vida ou morte para os envolvidos. As grandes personalidades da cultura chinesa, com raríssimas exceções, ganhavam a vida ou como membros da burocracia ou sob patronos que eram, a seu turno, membros da burocracia. Um estrito código de conduta, hierárquico e unificador de mentes, qualifica a vida pública na China. Nesse caso, um instinto de flexibilidade e pragmatismo é exigido de todos, para preservar a profunda dependência dos indivíduos à coletividade.

5 "Parece um canhestro, *pois demonstra não ter coragem de exibir sua capacidade*". O manuscrito *Yilin* traz "não demonstra quem é" 如拙者，不見其然.

6 Em que pese o comentário, o Senhor do Rio lê os versos "A agitação.../a tranquilidade..." segundo uma sintaxe diferente de sujeito-verbo-predicado, com que traduzimos Laozi. Tal leitura seria: "quando a agitação vence, [vem] o frio; quando a tranquilidade vence, [chega] o calor" 躁勝，寒；靜勝，熱.

7 *Agitação/Tranquilidade:* Na passagem, são tratadas como elementos cosmológicos, que os chineses também descrevem por Atividade (動, dong) e Repouso (靜, jing); elas

dão motivo para um complexo debate sobre qual dos elementos deve prevalecer. A julgar passagens de *Guanzi* e *Huainanzi*, para a ética taoista, contudo, há uma clara preferência pela tranquilidade/repouso, por ser mais próxima da Inação.

8 *Nascentes Amarelas:* (黄泉, huangquan) são a morada subterrânea dos mortos na cultura chinesa. No que se refere à doutrina do ciclo do Yin-Yang, é o lugar para onde convergem e "se escondem" as energias yang durante o outono e inverno. Esse pensamento baseia-se no fato de que o solo parece "quente" naquelas estações, além do fato de que as sementes via de regra não brotam (i.e."não saem de seu santuário") nessa época.

9 "A agitação prevalece sobre o frio; A tranquilidade supera o calor". A obra *Significado geral dos Cinco Elementos* 《五行大義》 de Xiao Ji (蕭吉, ativo na segunda metade do século VI d.C.) atribui ao Senhor do Rio um comentário diferente do texto adotado: "Quando as energias vitais agitadas estão acima (parte superior da atmosfera?), as energias Yang escondem-se abaixo, por isso que o tempo é quente. O mesmo ocorre com as energias Yin e Yang de dentro do corpo humano. Na primavera e verão elas relaxam, dispersando-se. A energia Yang espalha-se, emanando para fora do corpo. Por isso, deve-se comer alimentos 'mornos', para com eles harmonizar as energias Yin. No outono e inverno, as energias se fecham, recolhendo-se; a energia Yang permanece dentro do corpo" 躁氣在上，陽氣伏於下，故熱。人體陰陽義亦如是。春夏舒散，陽氣開發，宜以溫食，用和陰氣。秋冬閉斂，陽氣在內.

10 *Retidão:* (正, zheng) tem uma relação bastante estreita com "直" (zhi), palavra que apareceu no quinto verso deste capítulo, ambas querendo dizer "honesto". Contudo, enquanto 直 qualifica a pessoa direta, 正 refere-se a pessoa de escrúpulos. 正 possui, inclusive, uma pesada carga ideológica, que justificaria a tradução de "ortodoxo". Retidão com maiúscula significa, portanto, o modelo a ser seguido, o que é mandatoriamente correto. A cultura chinesa caracteriza-se pelo tradicionalismo, isto é, pela conformidade a modelos predeterminados, de que decorre menor liberdade individual, maior presença do Estado e um certo unitarismo político e social. A explicação do Senhor do Rio, filologicamente adequada, traz 正 como 長 (zhang), isto é, o "líder", "chefe". Isso reflete o uso do termo 正 em obras canônicas, significando um alto funcionário, civil ou militar. O comentário de Wang Bi também avaliza esse emprego: "depois da agitação das energias vitais prevalece o frio; quando a tranquilidade deixa de ser, vence o calor. Por analogia, os que são puros e tranquilos são os líderes de Tudo sob o Céu. A tranquilidade preserva tudo o que é genuíno nas coisas; a agitação fere a Natureza inata a elas. Por isso, somente a tranquilidade é capaz de se colocar acima do que há de maior" 躁罷然後勝寒，靜無為以勝熱。以此推之，則清靜為天下正也。靜則全物之真，躁則犯物之性，故惟清靜，乃得如上諸大也. Essa interpretação também pode invocar "tem tudo para se tornar o chefe dos instrumentos" (cap. 67) e "[Quem é] sereno se torna o soberano da [multidão de] inquietos" (cap. 26) como autoridades.

11 Em que pese o contexto, o Senhor do Rio não se refere à imortalidade física, mas à permanência da boa reputação do praticante do Dao.

# 儉欲第四十六

## *Capítulo 46*

## *Reduze teus desejos*

**天下有道，**

—謂人主有道也。

**Se o Dao está presente em Tudo sob o Céu,**[I]

*Comentários*

[O verso] sugere que o senhor de homens possui o Dao [em si].

**卻走馬以糞。**

—糞者，糞田也。「治國者」兵甲不用，卻走馬「以」治農田。治身者，卻陽精以糞其身。

**Desarreiam-se os cavalos, para que defequem.**

*Comentários*

"Defecar" [neste contexto] quer dizer adubar o solo. Quem governa o país não brande armas, não veste armaduras, desarreia seus cavalos para que possam trabalhar na lavra dos campos. Quem cultiva o corpo libera as energias puras Yang para que adubem seu corpo.

**天下無道，**

—謂人主無道也。

**Se o Dao está ausente,**

*Comentários*

Implica que o senhor de homens não possui o Dao [em si].

**戎馬生於郊。**

—戰伐不止，戎馬生於郊境之上，久不還也。

**Corcéis de guerra dão cria[2] nos arrabaldes [do inimigo].**

*Comentários*

Ofensivas e expedições punitivas [sucedem-se] sem fim; os corcéis de guerra dão cria nos subúrbios das cidades muradas [dos inimigos], já que há muito que não voltam [para suas terras de origem].

**罪莫大於可欲，**

—好色淫欲也。

**Não há vício pior do que [cobiçar o que] atiça o desejo;[3]**

*Comentários*

[Refere-se ao] gosto da beleza [feminina] e os desejos abusivos.

**禍莫大於不知足，**

—富貴不能自禁止也。

**Não há ruína maior do que [a da pessoa que] não sabe se dar por satisfeita;**

*Comentários*

Os nobres e ricos não são capazes de se conter e de estabelecer limites para si.

**咎莫大於欲得：**

—欲得人物，利且貪也。

**Não há revés mais duro [do que o de alguém] que almeja obter [algo a todo custo].**

*Comentários*

[Aquele que] deseja obter [a propriedade sobre] pessoas e coisas vê [oportunidades de angariar] vantagens, [despertando uma profunda] concupiscência.

**故知足之足，**

—守真根也。

**Por isso, saibas dar-te por satisfeito com o que basta [de fato],**

*Comentários*

Protege a raiz genuína[4] [que tens em ti].

**常足「矣」。**

—無欲心也。

**E que longo [seja tal estado de] contentamento.**

*Comentários*

Não há desejos no coração.[5]

## Notas

1 A expressão "天下有道" (Tianxia youdao) significa "Tudo sob o Céu está em ordem, em seu devido lugar". Trata-se de um ideal político, cuja leitura confuciana significa que pessoas técnica e moralmente superiores estão no poder, agindo em benefício da comunidade, intervindo um mínimo numa convivência que se inspira nos ideais dessa própria ordem. Nesse verso, contudo, optou-se por uma tradução mais literal que enfatiza a crença taoista num único princípio moral e político em si capaz de produzir essa utopia política.

2 Uma leitura alternativa a "dar cria" é "cavalos surgem às tropas", em que 生 (sheng) deve ser lido como 興 (xing).

3 WB não possui esse verso,

4 *Raiz:* cf. cap. 38, nota 27.

5 *Coração:* cf. cap. 3, nota 9.

# 鑒遠第四十七
# *Capítulo 47*
# *Espelha-te no que está ao longe*

**不出戶，知天下，**

—聖人不出戶以知天下者，以己身知人身，以己家知人家，所以見天下也。

**Sem deixar seus umbrais, conhece Tudo sob o Céu;**[1]

*Comentários*

O Sábio não precisa deixar as portas [de sua morada] para conhecer Tudo sob o Céu, pois conhece os outros homens a partir de si próprio e os outros clãs a partir do seu próprio – tal é a forma como vê Tudo sob o Céu.

**不窺牖，見天道。**

—天道與人道同。天人相通，精氣相貫。人君清靜，天氣自正。人君多欲，天氣煩濁。吉凶利害皆由於己。

**Sem espiar pela janela, contempla o Caminho do Céu.**[2]

*Comentários*

O Caminho do Céu e o Caminho do Homem[3] são idênticos.[4] [Quando] Céu e homem se permeiam, as energias puras mesclam-se. [Se] o soberano de homens é tranquilo e puro, as energias vitais celestes regulam-se espontaneamente; se [ao contrário] tiver desejos em demasia, [aquelas] energias cairão em desordem, perdendo sua pureza. [Portanto, não há erro em se dizer que] sorte ou azar, benefício ou dano originam-se em si próprio.

**其出彌遠，其知彌少。**

—謂去其家觀人家，去其身觀人身。所觀益遠，所見益少也。

**Quanto mais longe [de seu lar], menor é seu saber.**

*Comentários*

[Este verso] fala [de alguém que] deixa seu clã para considerar outros clãs, que desconsidera sua própria pessoa ao avaliar os outros. Quanto mais distantes estão [os objetos de] sua consideração, menor é [sua capacidade de] compreensão.

**是以聖人不行而知，**

—聖人不上天，不入淵。能知天地者，以心知之。

**Com razão, o Sábio não age e prevê [o desenrolar dos fatos];**

*Comentários*

O Sábio não ascende ao céu, nem mergulha no abismo.[5] Ele é capaz de conhecer o Céu e a Terra[6] através de seu coração.[7]

**不見而名，**

—上好道，下好德。上好武，下好力。聖人原小知大，察內知外。

**Não vê [algo com seus próprios olhos] e denomina-o,**[8]

*Comentários*

Se os superiores almejam o Dao, os inferiores gostam da Virtude. Se [por outro lado] gostam das virtudes marciais,[9] os inferiores passam a apreciar [o uso da] força.[10] O Sábio segue as coisas pequenas para compreender as grandes, ele examina seu íntimo para apreender o que está fora de si.

**不為而成。**

—上無所為，則下無事。家給人足，萬物自化也。

**Não toma atitude alguma[11] e [seus intentos] realizam-se.**

*Comentários*

Se os superiores não têm por que agir, quem está abaixo de si não tem preocupações. Se os clãs estão bem providos e se as pessoas têm o que necessitam, as dez mil coisas transformam-se[12] por si sós.[13]

## Notas

1 Na edição de Wang Ka, no meio de cada um dos dois primeiros versos há a conjunção subordinativa final 以 (yi), "com o objetivo de": *"Não deixa seus umbrais, com o fim de conhecer Tudo sob o Céu; Não espia pela janela, para que contemple o Caminho do Céu"* 不出戶以知天下，不窺牖以見天道.

2 *Caminho do Céu:* cf. cap. 22, nota 2.

3 *Caminho do Homem:* (人道, rendao) forma um binômio com "Caminho do Céu" (天道, tiandao); enquanto este se refere à natureza e ao cosmo, o Caminho do Homem é uma apreciação filosófica do que chamamos de sociedade. Filosófica, porque não se contenta com uma mera descrição de fatos; o Caminho do Homem define um ideal ético para a coletividade e, nessa relação, procura verdades absolutas sobre a existência humana em geral. Nesse contexto, pode-se dizer que há pelo menos dois entendimentos a respeito do que é Caminho do Homem. A visão *ortodoxa ou "confuciana"* ensina que, enquanto "caminho", o Caminho do Homem" significa a trajetória que cada pessoa segue, em vida. Como expressão de um pensamento coletivista, a existência humana não se resume ao desenvolvimento da pessoa como um organismo individual. Entre o nascimento e a morte, o homem existe em correlação com os outros: há uma ordem familiar e uma ordem social em que deve se integrar. Nesse plano, a "boa vida" não pode ser descrita como realização de desejos, planos ou sonhos individuais. Existe uma receita de felicidade predefinida que cada pessoa tradicionalmente assume como sua própria. Resume-o uma linha do *Clássico dos Ritos*, em seu 15º capítulo, "Breves anotações sobre a indumentária fúnebre" 《禮記·喪服小記篇第十五》: "Tratar os parentes como parentes, as pessoas de posição como pessoas de posição, as pessoas mais velhas como pessoas mais velhas e reconhecer as diferenças entre os dois sexos: essa é a grandeza do Caminho

do Homem" 親親, 尊尊, 長長, 男女之有別, 人道之大者也. Carente de interpretação, a passagem significa que há uma ordem natural na sociedade que distingue os familiares dos não aparentados, as pessoas distintas das pessoas comuns, e assim por diante. De maneira a preservar tal ordem, é necessário definir códigos de comportamento e práticas sociais que reflitam as especificidades de cada grupo. Durante um longo período de reflexão, a hierarquia subjacente ao Caminho do Homem foi sintetizada nos dois termos "Três relações cardinais e cinco virtudes constantes" (三綱五常, sangang wuchang). As "Três relações" são as de entre pai e filho, soberano e servo, marido e esposa (cf. a exposição minuciosa em *Baihu Tongyi Shuzheng*, p.373-378). Já as "Cinco virtudes", sobre cujo conteúdo há várias descrições, têm como "mais antigo" *locus classicus* (o texto é apócrifo) o "Cânone de Shun", no *Clássico dos documentos*, 《書·虞書·舜典》: "Shun via beleza nos 'Cinco cânones' e também era capaz de fazer com que todos os praticassem" 慎徽五典, 五典克從. A glosa explica que os "cinco cânones" são "senso de dever paterno" (父義, fuyi), "carinho materno" (母慈, muci), "amizade devida pelo irmão mais velho" (兄友, xiongyou), "reverência devida pelo irmão mais novo" (弟恭, digong) e "piedade filial devida aos pais" (子孝, zixiao). Somente com o texto "Sabatina sobre os bons homens de valor" 對賢良策, parte integrante da biografia de Dong Zhongshu (董仲舒, 179-104 a.C.) no *Livro de Han* 《漢書卷五十六·董仲舒傳第二十六》, é que se consolidou a lista tradicional das "Cinco Virtudes Constantes". Esse texto, que registra a sabatina do importante literato-burocrata Dong Zhongshu pelo imperador Wu da dinastia Han (漢武帝, 156-87 a.C.), traz a seguinte passagem: "Humanidade, Dever, Propriedade, Sabedoria e Confiabilidade, conhecidas como o Dao das 'Cinco Virtudes Constantes', devem ser salvaguardadas com muito cuidado pelo Rei; estando conservadas, o Rei receberá proteção espiritual do Céu, beneficiando-se dos poderes das entidades espirituais; a Virtude destes se espargirá por tudo que existe fora, estendendo-se à multidão de seres" 夫仁誼禮知信五常之道, 王者所當脩飭也; 五者脩飭, 故受天之祐, 而享鬼神之靈, 德施于方外, 延及群生也. Diferentemente da visão ortodoxa, há uma série de doutrinas mais generosas para com o indivíduo, curiosamente enfeixadas com o termo "taoismo". Embora Laozi possua um viés incontestavelmente coletivista, a figura do Sábio – com toda sua solidão e sobrançaria – trata de problemas não facilmente conciliáveis com a tradição, muito especialmente a atitude de questionar essa ordem, lançando-se em especulações cosmológicas não autorizadas pela tradição religiosa da época. Em Laozi, o Caminho do Homem talvez seja melhor descrito como Caminho do Sábio que, não tergiversadas as preocupações éticas, busca também ver o sentido do universo.

4 Comparar com cap. 77: "o caminho do homem, contudo, não é assim...".

5 "Ascender aos céus" ou "mergulhar nos abismos" é uma descrição comum dos poderes dos imortais taoistas. O Senhor do Rio, ao contrário, nega que o Sábio necessite fazê-lo para conhecer Tudo sob o Céu. Isso significa que ele não avaliza as crenças tradicionais? Ou simplesmente que o Sábio prescinde desses poderes para obter um conhecimento e virtudes essencialmente humanos? Em que pese a

evidência de outras passagens (cf. cap. 54), o Senhor do Rio não parece ser um fervoroso crente dos imortais – embora supostamente seja um deles.

6 "Ele conhece *o Céu e a Terra*". Os manuscritos *S3926*, *Cânone taoista*, *Gu* e a edição de Wang Ka trazem "ele é capaz de conhecer Tudo sob o Céu" 能治天下者.

7 *Coração:* cf. cap. 3, nota 9.

8 "Não vê [algo com os próprios olhos] e *denomina-o*". Segundo alguns, "denominar" (名, ming) deve ser lido como "compreender", "ter clarividência sobre" (明, ming). Em seu comentário, Wang Bi adota a leitura original: "conhece o princípio-mestre das coisas; logo, embora não tenha algo diante de seus olhos, ele conhece o padrão segundo o qual se distingue certo e errado, sendo capaz de atribuir nomes às coisas" 識物之宗，故雖不見，而是非之理可得而名也. Já *Hanfeizi* interpreta o termo como "明". No 21º capítulo《韓非子·喻老》, Han Fei registra uma anedota sobre o *dafu* (membro da baixa nobreza) do país de Chu, Baigong Sheng (白公勝), que, por volta de 497 a.C., tentou lançar um golpe de Estado ao sequestrar seu soberano, o duque Hui. Já planejando o ataque, Sheng deixou o palácio real após uma audiência quando, por desatenção, feriu seu próprio rosto com o chicote que carregava incorretamente nas mãos. Todavia, não se deu conta do fato, mesmo com o próprio sangue "vertendo sobre o chão" (*sic*) – como relatado. Nessa história, Han Fei descreve Sheng como antítese do Sábio. Seu comportamento é negativamente cotejado a cada um dos versos de Laozi, a começar por "não deixa seus umbrais". Han Fei explica que, ao firmar seus olhos sobre o futuro, Sheng esqueceu do perigo que estava em suas próprias mãos; ele via, mas lhe faltava clarividência.

9 *Virtudes Literárias/Virtudes Marciais:* 武 (wu) definiam o ideal de perfeição dos "shi" chineses, quando aliadas às "virtudes literárias" 文 (wen) (termo que havia sido traduzido como "refinamento" no cap. 3; cf. nota 2). É possível traçar um paralelo entre os dois conceitos e uma experiência histórica fundadora da cultura chinesa. Logo na dinastia Zhou, os dois primeiros reis receberam, curiosamente, os títulos de 文 (wen) e 武 (wu). Durante o período em que permaneceu preso sob suspeita de crime de sedição – supostamente uma arbitrariedade do último rei da dinastia Shang –, a tradição reza que o pai, Ji Chang (姬昌), elaborou o sistema de 64 hexagramas que compõe o *Clássico das mutações*. Isso fez dele o autor de um dos principais textos fundadores da cultura chinesa. Seu filho, postumamente conhecido como rei Wu (姬發, Ji Fa), consolidou uma grande coalizão militar contra a dinastia decadente dos Shang e, por força das armas, estabeleceu a casa de Zhou como os novos donos de Tudo sob Céu por mais de 700 anos. Na dinastia Zhou, ambas as virtudes literárias e marciais parecem ter estado referendadas por um "currículo escolar" eminentemente prático, cujo objetivo era preparar os membros da elite política para guerra e também para exercer funções (burocráticas) de governo. O ensinamento de Confúcio de certa forma reconhece o valor de ambos – enquanto distingue uma ordem para os dois: *Analectos* (3.25) "O Mestre disse a respeito da [música] Shao: '[Ela consegue] alcançar o que há de mais belo e o que há de melhor'. Da [música] Wu, ele disse: '[Ela consegue] alcançar o que há de mais

belo, mas não o que há de melhor'" 子謂韶："盡美矣, 又盡善也"。謂武, "盡美矣, 未盡善也". A música "Shao" é a do Rei Sábio Shun, representando uma sociedade em que imperavam os valores civis e as virtudes literárias; já a música Wu é a do Rei Wu de Zhou – que, para todos os efeitos, conquistou Tudo sob o Céu com um golpe de Estado. À medida que essa antiga ordem política deixou de responder às necessidades de uma sociedade mais complexa e de uma vida econômica mais diversa, assinalou-se uma tensão cada vez maior entre os elementos marcial e literário. É por esse motivo que, em pensadores do período da Primavera e Outono, já se pode identificar reservas a virtudes guerreiras – comumente confundidas como "pacifismo". Entretanto, por a guerra ser uma realidade inelutável nessa época, as "virtudes guerreiras" ainda são valorizadas, ensinadas e praticadas, mesmo que somente sob forma de mal necessário. A julgar os capítulos sobre pensamento e estratégia militar, Laozi, sem dúvida, é membro desse consenso. A história da China a partir da unificação sob o imperador Shi da dinastia Qin assinala o início de um longo processo em que os elementos "literário" e "militar" se separam em dois corpos burocráticos distintos, com o resultado esperado de que as "virtudes militares" caem em desgraça sob a desconfiança de pessoas que, por meio de sua erudição, chegaram ao poder ou adquiriram evidência social. Cada vez mais os militares são vistos como rudes, incultos e oriundos de famílias bárbaras (eis a origem de porção substancial dos militares na história da China antiga).

10 Faz sentido interpretar a passagem para querer dizer que o povo mais teme a força bruta do que respeita as instituições legítimas. Nunca é muito lembrar que todos os pensadores chineses do período pré-unificação (com exceção daqueles que possuem tendências antissociais, como os eremitas) estão engajados no debate de quais as melhores instituições para garantir a coesão das comunidades humanas. Tradicionalmente, imputa-se aos "legalistas" (como Li Si ou Han Fei) a doutrina de centralização político-burocrática cernida na autoridade absoluta do imperador – mais ou menos o que o Senhor do Rio contesta neste verso.

11 O verso original chinês (不為, buwei) suscita o conceito de "Inação" (無為, wuwei, cf. cap. 1, nota 8), que, com efeito, é o cerne deste capítulo. É interessante anotar que, embora o Sábio aparente adotar uma postura passiva, ele, no entanto, se coloca no centro das ações. Menor visibilidade implica maior liberdade de ação. Ações mais discretas garantem que erros eventualmente cometidos sejam igualmente discretos. Aprender por meio da observação silenciosa dos erros *de outrem*, eis um ensinamento importante da sabedoria chinesa.

12 *Transformação:* Cap. 1, nota 16.

13 "Se os clãs estão bem providos e se as pessoas têm o que necessitam, *as dez mil coisas transformam-se por si sós*". A edição de Wang Ka lê: "(...) as dez mil coisas transformam-se por si sós e perfectibilizam-se" 萬物自化就也, texto similar às edições *Gu* e *Zhi Yao*.

# 忘知第四十八
## *Capítulo 48*
## *Olvide-se de todo conhecimento*

**為學日益，**

—學謂政教禮樂之學也。日益者，情欲文飾日以益多。

**[Quem se] empenha no Estudo[1] agrega, dia após dia;**

*Comentários*

"Estudo" quer dizer a prática [de disciplinas como] métodos de governo, doutrinação moral, Ritos e Música. "Agrega, dia após dia", [refere-se ao fato de que] desejos e impulsos, refinamento literário e dons artísticos desenvolvem-se [dentro de si] a cada dia.

**為道日損。**

—道謂自然之道也。日損者，情欲文飾日以消損。

**[Quem] pratica o Dao míngua, dia após dia.**

*Comentários*

"Dao" é o Dao da espontaneidade.[2] "Míngua, dia após dia" [refere-se ao fato de que] desejos e impulsos, refinamento literário e dons artísticos regridem a cada dia.

**損之又損「之」，**

—「損之者」，損情欲也。又損之「者」，
所以漸去「之也」。

**Minguando, míngua e míngua,**

*Comentários*

"Minguando" sugere que minguam os desejos e impulsos. "Míngua e míngua" exprime o fato de que eles se vão, pouco a pouco.

**以至於無為。**

—當恬惔如嬰兒：無所造為也。

**Até alcançar a "Inação".[3]**

*Comentários*

É preciso que [o praticante do Dao seja] sereno e inocente como um recém-nascido: não há artifício em seu comportamento.

**無為而無不為。**

—情欲斷絕，德於道合，則無所不施，無所不為也。

**[Nesse estado], não há nada que não [seja capaz de] realizar.**

*Comentários*

Quando os desejos e impulsos são eliminados [e sua influência] é interrompida, a Virtude une-se ao Dao. [Nesse momento, o praticante do Dao] é capaz de tudo conferir e de tudo realizar.

**取天下常以無事，**

—取，治也。治天下常當以無事，不當煩勞也。

**Ele toma[4] Tudo sob o Céu ao mantê-lo sem perturbações,[5]**

*Comentários*

"Tomar" [refere-se ao fato de o soberano] pôr em ordem [Tudo sob o Céu. Desta feita], quem governa Tudo sob o Céu deve mantê-lo sem problemas, não podendo onerar [o povo] com labores e incômodos.

**及其有事，不足以取天下。**

—及其好有事，則政教煩，民不安。故不足以治天下也。

**[Pois] quando há perturbações, [elas] nunca compensam a conquista de Tudo sob o Céu.**[6]

*Comentários*

Se [o soberano] está inclinado a [permitir que] haja perturbações [na vida do povo, haverá pressões] muito elevadas sobre a política e doutrinação, [decorrendo] instabilidades para o povo.[7] Por tal motivo, [essa não é uma maneira] válida de [obter] o governo sobre Tudo sob o Céu.

## Notas

1 *Estudo:* (學, xue) aqui deve ser lido em sentido estrito, como um tipo de *estilo de vida* bastante peculiar à elite chinesa na antiguidade. Não se trata do estudo de qualquer disciplina, mas, sobretudo, dos conhecimentos sobre as tradições literárias do clã de Zhou, cujo objeto principal é a *"cultivação de si próprio e o governo dos outros"* (修己治人, xiuji zhiren). Talvez seja isso que queira exprimir Yan Yuan, o discípulo favorito de Confúcio, ao comentar os efeitos dos ensinamentos do Mestre sobre si. *Analectos* (9.11): "ele *expande* [meus horizontes] com as tradições escritas, *contém* [minha individualidade] com os Ritos" 博我以文, 約我以禮. O leitor deve estar atento para o fato de que a tradição filosófica chinesa é, substancialmente, uma tradição política e ideológica. A sabedoria chinesa está circunscrita a um tipo de sociedade que, como se sabe, divide-se entre os "especialistas do conhecimento" e os "especialistas da produção", isto é, entre governantes e governados. Dessa forma, o Sábio (cf. cap. 2, nota 8) impõe-se como alguém gabaritado para governar a sociedade, pela sua sabedoria e moralidade. Essa é a crença geral dos intelectuais na China antiga, pelo menos até o ponto em que se discute qual o currículo concreto do "Estudo". É a partir dessa divergência que se dividem as diversas escolas de pensamento, as quais preparam a centralização imperial. Laozi critica uma tendência comum em seu tempo. Membros de linhagens distintas, porém decaídas socialmente, recorriam aos conhecimentos adquiridos em virtude de seu berço, de modo a granjearem favor das elites políticas, obtendo assim os meios materiais para se afirmar socialmente (terras e/ou uma posição no governo). Confúcio representa todas as contradições desse modelo político, em que as pretensões de virtude e sabedoria esbarravam (ou se estilhaçavam) nos interesses concretos – seja fama, seja poder; seja, simplesmente, a sobrevivência. Sem rejeitar o modelo, Laozi questiona a relevância de um currículo formal centrado em textos clássicos – particularmente os Ritos (cf. cap. 5, nota 7).
Cf. "Aprendizado diversificado" (cap. 22, nota 5).

2 *Espontaneidade:* cf. cap. 1, nota 7.

3 *Inação:* cf. cap. 1, nota 8.

4 *Tomar ou governar?*: "Tomar" é tradução literal do verbo chinês "取" (qu). Heshang Gong, contudo, explica que "tomar" tem um sentido similar ao de "governar". Autores modernos insistem na analogia, sugerindo que o verbo significa 攝取 (shequ), "ser responsável por", "ter poder sobre". Conforme essa leitura, mais conservadora, seria indigno que alguém considerado Sábio propusesse meios de conquistar Tudo sob o Céu. Não obstante, há passagens dúbias, como "se alguém deseja tomar Tudo sob o Céu (...)" no cap. 29. Além disso, a ideia de "tomar" ocorre em Laozi; seja implícita, como no cap. 36, seja explicitamente, como no cap. 61 ("isto posto, se o país grande colocar-se abaixo do pequeno, ele o tomará; se o país pequeno colocar-se abaixo do grande, ele o tomará"). Nesse contexto, também é coerente a leitura segundo a qual Laozi ensina receituário político, cujo objetivo final é a criação de uma sociedade estável, pacífica, sob o jugo de um "imperador sábio".

5 *Sem Perturbação:* é tradução aproximada de "無事" (wushi), que significa um estado de normalidade na vida da população quando, literalmente, "não há problemas". O povo vive tranquilo porque a elite governante *não interfere* negativamente em sua sobrevivência. A obra de Laozi tem por contexto um período de grande instabilidade sociopolítica. Seja pelas constantes guerras, seja pela administração irresponsável de alguns clãs nobres, não raro se adotavam tributos e corveias excessivos. O pensamento de Laozi, por conseguinte, enfatiza a necessidade de garantir a estabilidade da vida social, sobretudo ao se desonerar a produção agrícola, com o fim de garantir a subsistência da massa de governados. Nesse sentido vão os repetidos apelos de Laozi à cessação de guerras e a que as elites adotem um estilo de vida mais frugal.

6 "[Pois] quando há perturbações, *[elas] nunca compensam a conquista de Tudo sob o Céu"*. O manuscrito do *Cânone taoista* diz: "[elas] denegam a conquista de Tudo sob o Céu" 不可以取天下. Discreta, a pequena diferença transforma a leitura do verso completamente. Enquanto a tradução adotada registra um pensamento, resignado e quietista, do sábio, a leitura do *Cânone* é quase que um interdito à potestade que intervém na vida econômica da população.

7 De maneira a garantir fundos e recursos para guerras de expansão, o soberano deverá, com frequência crescente, exigir mais impostos e serviço militar do povo. Isso imporá dificuldades cada vez maiores à lavoura e, consequentemente, à subsistência do povo – podendo decorrer daí a perda do controle sobre a população e mesmo insurreições domésticas. Por tal motivo, é necessário que o soberano recorra a formas cada vez mais duras de controle da população, seja por leis e punições (políticas), seja pela instilação de valores e ideais comuns (doutrinação).

# 任德第四十九

## *Capítulo 49*

## *Incumbindo-se da Virtude*

**聖人無常心，**

—聖人重改更，貴因循，若自無心。

**O Sábio[1] não possui um coração permanentemente [seu],[2]**

*Comentários*

O Sábio dá valor às mudanças,[3] e preza seguir o fluxo [da espontaneidade]: é como se não tivesse um coração [exclusivamente] seu.

**以百姓心為心。**

—百姓心之所便，「聖人」因而從之。

**[Pois] faz do coração dos cem clãs[4] o seu próprio.**

*Comentários*

Aquilo que os cem clãs favorecem em seus corações, o Sábio adota e põe em vigor.

**善者吾善之；**

—百姓為善，聖人因而善之。

**As pessoas boas, eu[5] as [acolho] bem;**

*Comentários*

Se os cem clãs praticam o bem, o Sábio adota-o [em sua própria conduta], atribuindo-lhe um valor positivo.

**不善者吾亦善之，**

—百姓為不善，聖人化之使善也。

**[Mas mesmo] quem não é bom, eu acolho bem,**

*Comentários*

Se os cem clãs praticam o que não é bom,[6] o Sábio transforma-os [moralmente], fazendo-os [converter-se ao que é] bom.[7]

**德善。**

—聖人德化，百姓為善。

**[Para que] possam[8] se reformar.**

*Comentários*

Se o Sábio [os] transforma [com sua] Virtude, os cem clãs [passam a] praticar o bem.[9]

**信者吾信之；**

—百姓為信，聖人因而信之。

**As pessoas dignas de confiança, eu me fio nelas;**

*Comentários*

Se os cem clãs forem dignos de confiança, o Sábio avaliza [suas atitudes], estendendo-lhes sua fé.

**不信者吾亦信之，**

—百姓為不信，聖人化之使信也。

**[Até] em quem não é digno de confiança, [todavia,] eu me fio,**

*Comentários*

Se os cem clãs agem de má-fé, o Sábio transforma-os [moralmente], fazendo [com que ajam de forma a inspirar] confiança.[10]

**德信。**

—聖人德化，百姓為信。

**[Para que possam] se corrigir.**

*Comentários*

Se o Sábio [os] transforma [com sua] Virtude, os cem clãs [passam a] inspirar confiança.[11]

**聖人在天下怵怵，**

—聖人在天下怵怵常恐怖。富貴，不敢驕奢。

**Quando o Sábio está presente em Tudo sob o Céu, ele [deve agir] cheio de cuidados;**[12]

*Comentários*

Quando presente em Tudo sob o Céu, o Sábio [mostra toda] cautela, está sempre tomado de medos e temores. [Isso porque ele é] rico e nobre, não ousando [manifestar] soberba ou prodigalidade.

**為天下渾其心。**

—言聖人為天下百姓渾濁其心，若愚闇不通也。

**Para o benefício de Tudo sob o Céu, deve turvar seu coração.**[13]

*Comentários*

Para beneficiar Tudo sob o Céu, [Laozi] sugere que o Sábio faça com que seu coração pareça turvo e impuro; ele simula estupidez e ignorância, [incapaz] de compreender [o seu meio].

**百姓皆注其耳目，**

—注，用也。百姓皆用其耳目為聖人視聽也。

**[Assim,] os cem clãs atentam [para ele] com seus olhos e ouvidos,**[14]

*Comentários*

"Atentar" [quer dizer] dar [pleno] uso. Os cem clãs dão [pleno] uso aos seus olhos e ouvidos para ouvir [os ensinamentos] e observar [o exemplo] do Sábio.

**聖人皆孩之。**

**—聖人愛念百姓如孩嬰赤子。長養之而不責望其報。**

**E o Sábio trata-os, todos, como se fossem crianças suas.**

*Comentários*

O Sábio dispensa carinho e atenção aos cem clãs como se fossem recém-nascidos, infantes, crianças.[15] Dá-lhes sustento permanente, sem esperar qualquer recompensa por isso.

## Notas

1 *Sábio:* cf. cap. 2, nota 8.

2 *Coração Constante/Coração Vazio:* HSG, WB e FY trazem a mesma redação (無常心, wu changxin, "não possui um coração constante"), base em que esse verso foi traduzido. MWD, contudo, apresenta 恒無心 (heng wuxin), que quer dizer "sempre [preserva seu] coração vazio". Embora a distinção pareça despicienda, há uma importante diferença de ênfase. Enquanto a negação de 常心 refere-se à capacidade do praticante do Dao de seguir espontaneamente o curso dos acontecimentos, reagindo ao que a situação demanda, 無心 tem uma outra dimensão importante, a de que tal pessoa não é prisioneira de sua própria individualidade. O pensamento chinês antigo é marcadamente coletivista, o "egoísmo" é um dos defeitos humanos mais veementemente combatidos. Ademais, 無心 tornou-se um dos mais importantes conceitos budistas, sinônimo de 無我, o tipo de desapego do si que caracteriza as boddhisattvas – o ideal de perfeição pregado por aquela doutrina. Atualmente, a tendência no meio acadêmico é de referendar a redação de MWD, reforçada pela descoberta de alguns manuscritos de Dunhuang contendo 無心 e também sustentada pelos comentários de HSG e YZ. O importante intelectual-burocrata da dinastia Song, Wang Anshi (王安石, 1021-1086), disse: "o Sábio preserva seu coração vazio... atravessando, junto com o povo, todo tipo de fortunas e reveses" 聖人無心。。。以'吉凶與民同患'.

3 "O Sábio dá valor às mudanças". O manuscrito *Gu* traz: "O Sábio não dá valor às mudanças" 聖人不重改更.

4 *Cem Clãs:* cf. cap. 3, nota 22.

5 *Eu:* cf. cap. 4, nota 11.

6 "Se os cem clãs praticam o que não é bom". A edição impressa *Song* lê: "mesmo que no povo haja elementos não bons" 百姓雖有不善者.

7 É sempre digno de nota que, no pensamento chinês, inexiste o mal enquanto figura autônoma, distinta do bem. O mal permanece circunscrito ao bem, como defeito seu. Mesmo o bem não deve ser visto como uma força cósmica e absoluta – parecendo ser uma mera correspondência à Unidade, ao Caminho do Céu, à espontaneidade, ao Dao. Nesse trecho do comentário do Senhor do Rio fica patente a noção de que o bem não é um tipo de "substância", nem há um tipo de consciência ou de saber a ele associado. O que há, quão somente, é um juízo de fato sobre comportamento concreto, que o define como "bom", uma vez confirmada sua coerência com uma norma de conduta, herdada da tradição, dos ensinamentos dos sábios do passado.

8 FY esclarece que 德 (de) lê-se como 得 (de). Os dois termos não raro são intercambiáveis em chinês, já que possuem afinidade gráfica, fonética e semântica (cf. *Virtude*: cap. 38, nota 2).

9 Os manuscritos de HSG discordam quanto à redação desse verso. Adotamos o texto *Gu*, por entendermos que apresenta uma leitura mais razoável da passagem. A edição de Wang Ka, entretanto, discorda: "se os cem clãs transformam-se com sua Virtude, o Sábio pratica o bem" 百姓德化，聖人為善.

10 "O Sábio *transforma-os [moralmente], fazendo [com que ajam de forma a inspirar] confiança*". A edição *Yi Lin* traz: "O Sábio também ensina-lhes sobre o Dao" 亦以教道.

11 Mesmo caso descrito na nota 9, *supra*. Aqui também se adotou o texto do manuscrito *Gu*. Conforme a edição de Wang Ka, a passagem lê "se os cem clãs transformam-se com sua Virtude, o Sábio inspira confiança" (百姓德化，聖人為信).

12 Esse verso suscita duas questões importantes. A primeira delas diz respeito a que pontuação adotar. Enquanto a tradução seguiu a leitura do Senhor do Rio, também seria aceitável a seguinte leitura: "Quando o Sábio está presente, Tudo sob o Céu mostra-se cheio de cautelas". Em segundo lugar, os manuscritos WB, FY, MWD trazem 歙歙 em vez de 怵怵, havendo, ainda, uma série de edições com a redação 歙歙焉. Com esse texto, o verso leria: "Quando o Sábio está presente em Tudo sob o Céu, ele deve ser conciliador". Após lembrar que, em Tudo sob o Céu, cada uma das dez mil coisas tem sua própria forma de ser e agir, e, por isso, sustentando que o Rei-Sábio não deve se impor nem pela inteligência, nem pela força, nem pelo seu domínio da lei, Wang Bi conclui: "Em Tudo sob o Céu, o Sábio deve ser conciliador; em seu coração não há uma doutrina. Dessa maneira, os corações de Tudo sob o Céu se misturarão ao dele, não havendo nada que lhes pareça satisfatório ou não" 是以聖人之於天下，歙歙焉，心無所主也。為天下渾心焉，意無所適莫也.

13 *Turvar o Coração:* (渾心, hunxin) significa entrar num estado mental de desatenção; particularmente referindo-se à falta de desejos ou à falta de um foco para a vontade, enquanto se está distraído. Com relação aos propósitos de "turvar o

coração", há no mínimo dois. Na perspectiva do indivíduo, quem turva a memória purga-se de desejos e preferências, tornando-se uma pessoa "vazia de si", como recomenda o taoismo. Em termos da coletividade, cujos corações estão turvos, não há competição, não há conflitos, não há injustiça – pois cada um não está atento aos próprios interesses.

14 É possível obter leituras diferentes do verso. No Senhor do Rio, está claro que o Sábio é uma personagem capaz de atravessar as divisões políticas; ele consegue construir seu poder absoluto, com base na unanimidade promovida por suas credenciais morais. Wang Bi, a seu turno, afirma que os cem clãs voltam seus olhos e ouvidos uns para os outros, entrando em discussões infinitas, cuja esterilidade somente pode ser superada pela liderança do Sábio. Wang Bi atribui as polêmicas ao fato de que as pessoas se fiam excessivamente em sua própria experiência e inteligência. Já o Sábio, por outro lado, é alguém que, "turvando seu coração", esquece-se da própria subjetividade. Mesmo a mais elevada inteligência está eivada de subjetividade – pois se mantém sob o jugo dos desejos e vontades individuais. O Sábio, ao contrário, por ter enxergado para além do que é particular, é capaz de promover o consenso em torno de si próprio.

15 "Como se fossem *recém-nascidos, infantes, crianças*". Os manuscritos *Qiang* e *P2639* trazem: "como se fossem vermes a contorcer-se" 蠕蟲.

# 貴生第五十

## *Capítulo 50*

## *Valorize a vida*

**出生入死。**

—出生謂情欲出「於」五內；魂定魄靜，故生也。
入死謂情欲入於胷臆；精勞神惑，故死。

**Saímos da vida [para] ingressar na morte.**[1]

*Comentários*

["Saímos da vida" deve ser lido como] "se saem, há vida"; isso alude [ao fato de que se] os desejos e impulsos saírem dos cinco receptáculos;[2] o espírito hun firmar-se-á, o espírito po aquietar-se-á:[3] por isso [o indivíduo gozará da] vida. ["Ingressar na morte" deve ser lido como] "se entram, há morte", o que se refere ao momento em que desejos e impulsos se alojam no peito [e na mente], causando fadiga à energia pura, pondo o espírito puro[4] em confusão: por isso [o indivíduo sofrerá da] morte.

**生之徒十有三，死之徒十有三，**

—言生死之類各十有三；謂九竅四關也。其生也，
目不妄視，耳不妄聽，鼻不妄嗅，口不妄言，
「舌不妄」味，手不妄持，足不妄行，精不妄施。
其死也反是。

**Treze são devotos da vida; treze são devotos da morte.**[5]

*Comentários*

[Este trecho] afirma que morte ou vida, cada qual [depende de] treze [itens], que são os nove orifícios[6] e as quatro juntas.[7] No que se refere à vida, [é imperativo que] os olhos não vejam em excesso; os ouvidos não ouçam em excesso; as narinas não sorvam em excesso; a boca não fale em excesso; a língua não saboreie em excesso; as mãos e as pernas não se movam em excesso; a essência[8] não seja derramada em excesso. A morte é o contrário disto.

**人之生，動之死地十有三。**

—人之求生，動作反之十「有」三死「地」也。

**[Quando] em vida, os treze se movem em direção ao campo da morte.**[9]

*Comentários*

[Apesar de] as pessoas buscarem a vida, suas ações e movimentos contrariam [suas intenções], indo [em direção] aos treze campos da morte.

**夫何故？**

—問何故動之死地也。

**Por que será?**

*Comentários*

[Laozi] pergunta por que [aquelas pessoas] se movem em direção ao campo da morte.

**以其生生之厚。**

—「言人」所以動之死地者，以其求生活之事太厚。違道忤天，妄行失紀。

**Porque [as pessoas] valorizam em demasia a [própria] vida.**

*Comentários*

[O texto] sugere que as pessoas se destinam ao campo da morte porque buscam a vida com um abandono exagerado. Elas violam o Dao e ofendem o Céu, [pois] seu comportamento abusivo está em falta com os preceitos [da espontaneidade].

**蓋聞善攝生者，**

—攝，養也。

**Eu ouvi dizer que aqueles que sabem como conduzir suas vidas**[10]

*Comentários*

"Conduzir" [sugere] alimentar, prover.

**陸行不遇兕虎，**

—自然遠避，害不干也。

**Andam sobre a terra e nunca se deparam com rinocerontes ou tigres;**

*Comentários*

Espontaneamente evita [perigos, mantendo-os] longe; [dessa forma] o dano não chega a seu corpo.

**入軍不被甲兵。**

—不好戰以殺人。

**Ingressando num exército, não [necessitam] vestir armadura ou empunhar armas [de bronze].**

*Comentários*

[A razão é que] não gostam de guerrear para matar gente.

**兕無「所」投其角，虎無所措「其」爪，兵無所容其刃。**

—養生之人，虎兕無由傷，兵刃無從加之也。

**O rinoceronte não tem para onde arremessar seus chifres; o tigre, cravar suas garras; o bronze, fincar sua lâmina.**

*Comentários*

Tigres e rinocerontes não têm meios para ferir os homens que cultivam sua vida, nem as lâminas da armas sabem como alcançar [seus corpos].

**夫何故?**

—問虎兕兵甲，何故不害之。

**Por que será?**

*Comentários*

[Laozi] pergunta por que é que tigres, rinocerontes, armas ou armaduras de bronze não conseguem ferir [o Sábio].

**以其無死地。**

—以其不犯「上」十有三之死地也。言神明營護之，此物不敢害。

**Porque não há um campo de morte para esse homem.**

*Comentários*

Porque ele não invade o campo da morte [delimitado pelos] treze itens mencionados acima. Visto que o brilho divino[11] o ilumina e resguarda, coisa alguma tem coragem de feri-lo.

## Notas

1 O original chinês tem apenas quatro ideogramas com o sentido de "sair", "vida", "entrar", "morte" 出生入死, havendo um longo debate sobre como relacionar esses termos. Heshang Gong oferece uma leitura peculiar, devidamente explorada em suas glosas. Uma tradução mais elaborada do polinômio seria "Saímos do [ventre materno] para [abraçar] a vida; entramos na [morada final] para [nos entregarmos] à morte", que aliás é a leitura de Hanfeizi. No capítulo "Explicando passagens do Laozi" 《韓非子·解老》, Hanfei diz: "a [vida] humana começa com o nascimento e termina com a morte. [Em nossa língua,] dizemos que o nascer é 'sair [do ventre materno]' e o morrer é 'entrar [na tumba]'. Por essa razão Laozi diz 'saímos [do ventre materno] para a vida e entramos [na tumba] para a morte'" 人始於生而卒於死。始之謂出，卒之謂入。故曰："出生入死.

2 *Cinco Receptáculos:* cf. cap. 3, nota 15.

3 *Espíritos Hun E Po:* cf. cap. 10, nota 1.

4 *Espírito Puro:* cf. cap. 5, nota 15

5 *十有三, Treze Ou Um Terço?*: Há duas leituras para este verso, de difícil compreensão. A primeira, de que Heshang Gong é partidário, entende que a expressão chinesa 十有三 (shi you san) quer dizer *"treze"* (*lit. "dez mais três"*). Hanfeizi《韓非子·解老》esclarece: "dito de maneira geral, o corpo humano é composto por 360 articulações, quatro membros, nove orifícios; *quatro membros e nove orifícios somam treze itens*. O movimento e repouso desses treze itens dependem unicamente [do fato de o corpo possuir] vida. 'Depender' pode ser expresso como 'estar à mercê'. Por isso Laozi diz: 'treze estão à mercê da vida'. Quando alguém morre, [os mesmos] treze itens são devolvidos [à Natureza] e passam a depender da morte. Dessa forma, os treze também estão à mercê da morte. Laozi diz, por conseguinte: 'treze estão à mercê da vida; treze estão à mercê da morte'" 人之身三 百六十節, 四肢, 九竅其大具也。四肢與九竅十有三者, 十有三者之動靜盡屬於 生焉。屬之謂徒也, 故曰: "生之徒也, 十有三者"。至其死也, 十有三具者皆 還而屬之於死, 死之徒亦有十三。故曰: "生之徒十有三, 死之徒十有三". Alternativamente, 十有三 também pode significar *"três entre cada dez"*, isto é, um terço. Eis a leitura que Wang Bi faz do mesmo verso: *"Três em dez são seguidores da vida; três em dez são seguidores da morte; [a capacidade de se mover], porém, aquilo que o vulgo considera [sinônimo de se] estar vivo, é o que leva cada um ao campo da morte: [os que se movem em direção à morte] também [correspondem a] três em dez"*. Wang Bi comenta a passagem: "Três entre cada dez parece querer dizer três partes de dez escolhem o caminho da vida, que permite que nos mantenhamos vivos até nossos limites: essas pessoas são três entre dez. Os que escolhem o caminho da morte, o mais mortífero, também são três pessoas em dez. Por ver a vida como vida, buscando-a com excesso de apego, menos resta espaço no campo da vida para o povo. Aqueles que sabem conduzir suas vidas não consideram a vida como vida, por isso não ocupam o campo da morte" 十有三, 猶云十分有三分, 取其生道, 全生之極, 十分有三耳。取死之道, 全死之極, 亦十分有三耳. De acordo com Wang Bi, Laozi estaria classificando as pessoas em três grupos: o daqueles que são "adeptos da vida" – pessoas "longevas por natureza" ou que adotam um estilo de vida que não põe o corpo em risco; os "adeptos da morte", ao contrário, são aqueles que morrerão cedo, ou por abusarem do corpo, ou por se envolverem em atividades perigosas; o terceiro tipo – deduz-se – é o das pessoas que, não sendo nem "adeptas da vida", nem "adeptas da morte", terminam por morrer mais cedo do que o devido por ignorarem o Dao. Os termos "devotos da morte" e "devotos da vida" reaparecerão no cap. 76.

6 *Nove Orifícios:* (九竅, jiuqiao) são os ouvidos, os olhos, a boca, as narinas, a uretra e o ânus – nove orifícios por meio dos quais o corpo se comunica com o exterior.

7 *Quatro Juntas:* (四關, siguan) há duas explicações para o termo: 1) os dois cotovelos e dois joelhos; e 2) ombros, cotovelos, quadris e joelhos.

8 *Essência:* cf. cap. 3, nota 16.

9 *Campo da Morte:* como o termo sugere, (死地, sidi) é o lugar de onde dificilmente se retorna com vida. O termo é emprestado do pensamento militar chinês; no nono

capítulo da obra *Arte da Guerra de Sunzi* (Sun Tzu) 《孫子·九地篇第十一》, estão descritos nove tipos de terreno – dos quais um se chama "campo da morte": "se luta com unhas e dentes, sobrevive; se não luta com unhas e dentes, morre: esse é o 'campo da morte'" 疾戰則存，不疾戰則亡者，為死地. Mais adiante, diz: "onde não se tem para onde fugir, tal é o 'campo da morte' (...) por isso, nele haverei de mostrar ao inimigo que estou decidido a não sobreviver, se necessário" 無所往者，死地也（。。。）死地吾將示之以不活. No contexto deste capítulo, "campo da morte" é uma metáfora para a sociedade em que as pessoas se lançam numa competição desenfreada por dinheiro, poder e fama – prejudicando a si próprias e aos outros. Laozi adota o termo para dramatizar a situação, acentuando que apenas as pessoas que se ocupam com o próprio bem-estar são aquelas que têm sua "sobrevivência" garantida, ou seja, ocupam o "campo da vida". *"[Quando] em vida, os treze se movem em direção ao campo da morte"*. A tradução final do verso segue o manuscrito HSG *Yanming Lu*: "人之生也，動皆之死地十有三". O comentário de Han Fei esclarece: "Todos que concebem a vida como algo a ser vivido e acreditam que o que está vivo deve mover-se abusam da [jovialidade do corpo], causando-lhe dano. Como não disciplinam sua própria atividade, os danos causados ao corpo também estarão fora de controle (lit. Como não param de se mover, os danos também não se interrompem). Se o corpo sofre dano e não se o faz repousar, a vida se esgota; o esgotamento da vida é o que chamamos de morte. Logo, todos os treze itens também morrem, instalando-se no campo da morte. É por isso que Laozi diz: '[a capacidade de] se mover, aquilo que o vulgo considera [sinônimo de se] estar vivo, é o que leva cada um ao campo da morte, inclusive os treze itens'" 凡之生生，而生者固動，動盡則損也；而動不止，是損而不止也。損而不止則生盡，生盡之謂死，則十有三具者皆為死死地也。故曰："民之生生而動，動皆之死地，亦十有三"。 Há diferenças sutis, mas significativas, nas outras versões de Laozi: FY: "as pessoas valorizam em demasia a própria vida e, por isso, agem; ao agir, todas se encaminham ao campo da morte – essas também contam três entre dez" 人之生生而動，動皆之死地，亦十有三. MWD: "e porque o povo valoriza demais a própria vida, ao agirem, todos esses três de dez encaminham-se ao campo da morte" 而民生生，動皆之死地之十有三.

10 É importante assinalar que "Conduzir a própria vida" em chinês é 攝生 (shesheng), um sinônimo de "cultivar a vida" 養生 (yangsheng). Portanto, o termo refere-se a técnicas de longevidade, sem qualquer conotação moral.

11 *Brilho Divino:* cf. cap. 5, nota 10.

# 養德第五十一

## *Capítulo 51*

## *Virtude que nutre*

**道生之，**

—道生萬物。

**O Dao deu-lhes a vida**

*Comentários*

O Dao deu vida às dez mil coisas.

**德畜之。**

—德，一也。一主布氣而畜養「之」。

**E a Virtude[1] as alimentou.**

*Comentários*

Virtude [é o mesmo que] a Unidade,[2] responsável pela disseminação da energia vital [pelo Céu e Terra] – cuidando deles e nutrindo-os.

**物形之，**

—一為萬物設形象也。

**As coisas deram-lhes forma[3]**

*Comentários*

A Unidade fixou a forma e imagem[4] [particular a cada uma das] dez mil coisas.

**勢成之。**

—一為萬物作寒暑之勢以成之。

**E a Potência[5] as completou.[6]**

*Comentários*

A Unidade [influencia o desenvolvimento] das dez mil coisas por meio do Potencial, [da alternância entre] calor e frio,[7] [por fim] fazendo-as alcançar sua maturidade.

**是以萬物莫不尊道而貴德。**

—道德所為，「萬物」無不盡驚動而尊敬「之」。

**Logo, das dez mil coisas, nenhuma deixa de respeitar o Dao e de valorizar a Virtude.**

*Comentários*

Não há [nem mesmo] uma dentre as dez mil coisas que não seja incitada ao movimento, prestando seus respeitos e honras àquilo que o Dao e sua Virtude dispõem.[8]

**道之尊，德之貴，夫莫之命而常自然。**

—道一不命召萬物，而常自然應之如影響。

**Tal respeito, tal valor devem-se a que, sem que o determinem,[9] [Céu e Terra seguem] constantemente a Espontaneidade.[10]**

*Comentários*

A Unidade [que provém do] Dao não [outorga] mandato convocando as dez mil coisas, mas elas sempre reagem a ele espontaneamente, como a sombra [segue o corpo] e o eco [o som].

**故道生之，德畜之；長之，育之；成之，孰之；養之，覆之。**

—道之於萬物，非但生之而已。乃復長養，成孰，覆育，全其性命。人君治國，治身，亦當如是也。

**É por esse motivo que o Dao lhes dá a vida e a Virtude os cria; [os dois] fazem-nos crescer e sustentam-nos;**

**completetam-nos e [fazem-nos] amadurecer; dão-lhes sustento e proteção.**[11]

*Comentários*

A relação entre o Dao e as dez mil coisas não se resume a dar-lhes vida, quão somente. [O Dao e sua Virtude] ainda [proveem] crescimento e vigor, desenvolvimento e maturidade, sustento e proteção – [por derradeiro] restaurando sua Natureza inata.[12] Ao governar seu feudo e cultivar seu corpo, o soberano de homens também deve agir dessa maneira.

**生而不有，**

—道生萬物，不有所取以為利也。

**Dá vida [às coisas], mas não toma posse [delas];**[13]

*Comentários*

O Dao dá vida às dez mil coisas, porém não se apropria [de nada] para beneficiar-se.

**為而不恃，**

—道所施為，不恃望其報也。

**Obra, sem expectativas;**

*Comentários*

Ao dispor de ou realizar algo, o Dao não [nutre] expectativas de retorno.

**長而不宰，**

—道長養萬物，不宰割以為利也。

**Faz com que [as dez mil coisas] cresçam, mas não as abate,**

*Comentários*

O Dao dá alimento e faz com que as dez mil coisas cresçam, [porém] não as abate ou ceifa para [angariar] vantagens.[14]

**是謂玄德。**

—道之所行恩德，玄闇不可得見。

**Eis o que se diz ser a Misteriosa Virtude.**[15]

*Comentários*

A Virtude benéfica que o Dao exerce [sobre Céu e Terra] é escura, [tamanha a sua] profundidade, que [ninguém] é capaz de avistá-la.

## Notas

1 *Virtude:* cf. cap. 38, nota 2.

2 *Unidade:* cf. cap. 42 e cap. 1, nota 27.

3 Há quem prefira "e, com *matéria*, deu-lhes forma", substituindo "a coisa particular" (物, wu) pelo "material" (質, zhi) que a compõe. Trata-se de uma leitura cientificista e, portanto, provavelmente anacrônica do texto. O comentário de Wang Bi não necessariamente esclarece que 物 é as coisas particulares: "E por meio de que [as dez mil coisas] tomam forma? Pelas coisas [tomadas individualmente]" 何因而形？物也. *Coisa:* cf. cap. 21, nota 10.

4 *Imagem:* cf. cap. 6, nota 1.

5 *Potência (Cosmológica):* (勢, shi) significa, etimologicamente, "agarrar com força" ou "deter algo, forçosamente". A noção de "potência" no pensamento chinês, contudo, pode ser compreendida através da seguinte imagem: embora invisível, a tensão aplicada ao objeto mantém-no sob controle. Dessa noção abstrata vêm os usos técnicos do termo. Por exemplo, no *Livro das mutações*, há a famosa (e enigmática) Imagem do hexagrama Kun《周易·坤·象》: "a *Potência* do terreno [é obediente] como Kun" 地勢坤. Em chinês moderno, há duas palavras que podem auxiliar a compreender o que essa frase significa. 地形 (dixing, lit. "forma do solo") exprime o relevo concreto de um terreno, visto *estaticamente*: é uma planície ou planalto, tem montanha ou lago etc. Além de 地形, há também 地勢 (dishi, lit. "a potência do terreno" ou "do relevo"), que ressalta a *"dinâmica"* inerente a um relevo particular. Essa visão do "movimento de uma cena parada" pode ser melhor intuída a partir da pintura tradicional chinesa. Ao "retratar" uma paisagem, o pintor chinês interessa-se mais pela impressão que esse movimento deixa em si do que um pintor ocidental, o qual intuitivamente inclina-se para a reprodução do que vê, ainda que narre de modo naturalista o que pode ser percebido em termos de luzes, cores e texturas. Nesse contexto, a passagem do hexagrama Kun diz que a dinâmica inerente ao relevo é "obediente como Kun". É uma interpretação moralizante do fato de que o movimento do relevo segue as suas linhas: quando se eleva, segue o contorno para cima; quando desce, segue-o para baixo. Mais importante do que a constatação do

óbvio, é compreender como Potência contribui para a construção de um símbolo para a Terra e, subsequentemente, sua relação com a cosmologia de Laozi.

6 Os quatro primeiro versos deste capítulo são uma das principais passagens cosmológicas do *Dao De Jing*. Por serem objeto de atenção de estudiosos de todas as épocas, há diversas explicações plausíveis. Ao explicar a origem da vida, Laozi atribui ao Dao uma influência primordial – concebendo "vida", isto é, "existência" às dez mil coisas. Em seguida vem a Virtude, isto é, a eficácia do Dao, que consolida a vida ou existência de cada um desses entes. Esta é a etapa que o *Clássico das mutações* chama de "Acima da Forma" (形而上, xing ershang). Os dois últimos termos do polinômio correspondem ao que o pensamento chinês batizou de "Abaixo da Forma" (形而下, xing erxia). A "forma" talvez seja análoga ao "mundo sensível" da filosofia ocidental. Nela há dois segmentos: a gestação física das coisas e sua maturação. Cf. "Yuan", cap. 52, nota 1. HSG, WB e FY são acordes quanto à redação "道生之，德畜之；物形之，勢成之"; MWD, no entanto, substitui o 勢 (shi) do último trinômio por 器 (qi), resultando na seguinte leitura: "O Dao deu-lhes a vida e a Virtude as alimentou; as coisas deram-lhes forma e os instrumentos as completaram". Com relação a "instrumento", cf. cap. 28, nota 10. Ambas as redações são defensáveis: enquanto 勢 assinala a influência exercida pela natureza (i.e. a espontaneidade) sobre as coisas para que se desenvolvam e atinjam sua maturidade, 器 enfoca o papel (literalmente) instrumental de cada uma das coisas na ordem representada pelo Dao e sua Virtude.

7 "Potencial [da alternância entre] calor e frio". O manuscrito *Gu* especifica "potência da energia vital" 炁勢. Na verdade, as duas variantes são relacionadas. O Senhor do Rio explica que o amadurecimento das dez mil coisas depende da sucessão do tempo e do efeito da alternância de estações do ano (calor e frio) para que o organismo possa se desenvolver. Embora o manuscrito *Gu* especifique que se trata da energia vital dispersa na natureza (炁, qi), "calor" e "frio" também se manifestam dentro do corpo humano, cujo equilíbrio promove saúde e crescimento.

8 Essa glosa pode ser lida numa perspectiva quase mecanicista, em que o Dao e a Virtude concebem a vida ao incitar as dez mil coisas ao movimento.

9 "*Sem que o determinem, [Céu e Terra] sempre [estão a seguir a] Espontaneidade*". FY traz "sem que lhe concedam um título de nobreza, [o Sábio] sempre [está a seguir a] Espontaneidade" 夫莫之爵而常自然. *Mandato:* cf. cap. 16, nota 8.

10 *Espontaneidade:* cf. cap. 1, nota 7.

11 WB, FY e MWD oferecem uma redação alternativa para dois (ou três, no caso de FY) itens da sequência: "長之，育之；成之，孰之；養之，覆之". Por exemplo, FY lê: "長之，育之；亭之，毒之；蓋之，覆之". 1) 亭 (ting) significa um pequeno quiosque. Durante as dinastias Qin e Han, 亭 também se referia a um tipo de albergue instalado em vilarejos onde viajantes podiam parar para descansar e tomar refeições. Talvez venha daí a explicação de SWJZ, "亭 é onde o povo encontra repouso e tranquilidade". Nesse contexto, o termo deve ser lido como verbo, com o sentido de "dar repouso e tranquilidade"; 2) 毒 (du), a seu turno,

significa "abundante" (SWJZ); no verso, também funcionaria como verbo: "dar em abundância"; 3) 蓋 (gai) é sinônimo de 覆 (fu), isto é, "cobrir", de que se deriva o sentido de "proteger".

12 *Natureza:* cf. cap. 16, nota 9.

13 Esses quatro últimos versos aparecem também no cap. 10 (cf. anotações).

14 "[Porém] não as abate ou ceifa para [angariar] vantagens". Os manuscritos *Gu*, *Zhi Yao* e *Anotações reunidas* especificam "para [angariar] vantagens e utilidades" 不宰割以為利用也. Os manuscritos *Qiang* e *S3926* também refinam o termo "vantagens": "para [angariar] vantagens dos instrumentos" 不宰割以為器用.

15 *Misteriosa Virtude:* cf. cap. 10, nota 21.

# 歸元第五十二

## *Capítulo 52*

## *Regressa à origem*[1]

**天下有始，以為天下母。**

—始，道也。道為天下萬物之母。

**Tudo sob o Céu tem um início e esse início é sua Mãe.**[2]

*Comentários*

Tal "início" é o Dao, que é a Mãe das dez mil coisas de Tudo sob o Céu.

**既知其母，復知其子；**

—子，一也。既知道已，當復知一也。

**Uma vez que compreendamos a mãe, temos de nos voltar para seus filhos e conhecê-los;**[3]

*Comentários*

Os "filhos" [referem-se] à Unidade.[4] Conhecido o Dao, devemos nos voltar para a Unidade e investigá-la.[5]

**既知其子，復守其母：**

—已知一，當復守道，反無為也。

**Uma vez que os conheçamos, temos que nos voltar para a Mãe e preservá-la:**

*Comentários*

Compreendida a Unidade,[6] devemos nos voltar para o Dao, preservando-o [em nós: dessa forma] retornamos à Inação.[7]

**沒身不殆。**

—不危殆也。

**[Dessa maneira] não sofreremos dano, até o fim de nossos dias.**

*Comentários*

Não há perigo, [não há] dano.

**塞其兌，**

—兌，目也。「使」目不妄視也。

**Sela os orifícios [de tua face],**[8]

*Comentários*

Tais "orifícios" são os olhos.[9] Que teus olhos não vejam em excesso.[10]

**閉其門：**

—門，口也。使口不妄言。

**Fecha as portas [de teu ser]:**

*Comentários*

Tais "portas" [referem-se à] boca. Que tua boca não fale em excesso.

**終身不勤。**

—人當塞目不妄視，閉口不妄言，則終身不勤苦。

**E teu corpo doravante não se fatigará.**

*Comentários*

Os homens devem selar os [próprios] olhos para que não vejam em excesso; [devem também] fechar suas bocas para que não falem em excesso. Assim não sofrerão com fadiga e labores pelo resto de suas vidas.

**開其兌，**

—開目視情慾也。

**[Se] descerrados os orifícios,**

*Comentários*

Abertos, os olhos enxergam [coisas que despertam] desejos e impulsos.

**濟其事：**

—濟，益也。益情欲之事。

**[Esforçar-te-ás para] levar a cabo tua obra,**

*Comentários*

"[Esforçar-se para] realizar" [sugere a ideia de] proliferar; proliferarão os objetos dos desejos e impulsos.

**終身不救。**

—禍亂成也。

**E não haverá remédio, pelo resto de teus dias.**

*Comentários*

[Pois] confusão e reveses surgirão.

**見小曰明，**

—萌牙未動，禍亂未見為小。昭然獨見為明。

**Esclarecido é [quem] percebe miudezas;**

*Comentários*

Quando os brotos ainda não começaram a crescer e as desgraças ainda não podem ser vistas; [isso é o que se quer dizer com] miudezas. "Esclarecida" é a pessoa que, cheia de luz, é a única a percebê[-las].

**守柔日強。**

—守柔弱，日以強大也。

**[E] cada vez mais forte é [o homem capaz de] preservar sua ternura.**

*Comentários*

Preservando a ternura e a fraqueza, a cada dia que se passa [tornar-te-ás] mais forte e grandioso.

**用其光，**

—用其目光於外，視時世之利害。

**Emprega o brilho,**

*Comentários*

Utiliza o brilho de teus olhos para [iluminar o que] está fora [de ti], percebendo as vantagens e riscos da era [em que vives].

**復歸其明。**

—復當反其光明於內，無使精神泄也。

**E fá-lo retornar à Luz,**[11]

*Comentários*

Em seguida, deves reverter o brilho para teu íntimo, evitando que tua essência[12] vaze [para o exterior].

**無遺身殃，**

—內視存神，不為漏失。

**[Assim,] não se legará ruína ao teu corpo;**

*Comentários*

[Quem] contempla o íntimo preserva os espíritos[13] [dentro de seus receptáculos], que não fugirão [de si] e não se perderão.

**是謂習常。**

—人能行此，是謂習修常道。

**Eis o que chamo de praticar a Permanência.**[14]

*Comentários*

Se os homens forem capazes de praticar esses [ensinamentos], serão [quem Laozi] chama de "os que se exercitam no Caminho constante".

## Notas

1 *Origem:* 元 (yuan) é uma das quatro virtudes cosmológicas, que também incluem 亨 (heng), 利 (li) e 貞 (zhen). Sétimo dentre os dez tratados *sobre* o *Clássico das mutações*, o "Wen Yan" ensina《周易·乾卦·文言》: 元 é o maior dos bens; 亨 é a reunião das belezas; 利 é a harmonia do que as coisas devem ser; 貞 é a realização dos fatos. O Homem Nobre percebe que a Humanidade basta para fazer as pessoas crescerem; a reunião das belezas basta para corresponder aos Ritos; o que beneficia (利) as coisas basta para harmonizar-se ao que é devido; e a firmeza e persistência (貞固) bastam para realizar feitos. O Homem Nobre pratica essas quatro virtudes, por isso diz: "元，亨，利，貞". 《文言》曰：元者善之長也，亨者嘉之會也，利者義之和也，貞者事之幹也。君子體仁足以長人，嘉會足以合禮，利物足以和義，貞固足以幹事。君子行此四德者，故曰："乾，元，亨，利，貞。" O que essa importante passagem quer dizer é o seguinte: há quatro virtudes cosmológicas, uma responsável pela criação, outra pela gestação, outra pelo crescimento e uma última pela maturidade de todas as coisas. Essas quatro virtudes estão ligadas à vida ética do homem, relacionando-se com as quatro virtudes morais: primeiro vem a Humanidade; depois, os valores de propriedade ritual; depois, o senso de dever; por último, a sabedoria prática. Em outras obras, associam-se as quatro virtudes cosmológicas à sucessão das estações do ano, a começar pela primavera, que é representada por 元. Dessa forma, 元 é a primeira e mais importante das grandes virtudes que ligam os mundos natural e social – sendo fonte da vida e da bondade.

2 *Mãe:* é uma metáfora para o Dao, por dois motivos. Em primeiro lugar, o Dao é a origem da vida e da existência. É dele que provém a energia vital da Yin e do Yang. Além disso, tal como uma mãe, o Dao também alimenta, sustenta e protege seus filhos – que são as dez mil coisas. Contudo, por mais correto que seja associar o Dao às virtudes maternas, maiores deliberações sobre o tema revelam uma profunda incoerência no todo, já que o pensamento chinês dá precedência ao elemento masculino. Por exemplo, numa passagem conhecida do *Clássico dos Ritos*, determina-se que os recém-nascidos sejam postos em lugar correspondente ao seu sexo. Se meninos, sobre um altar, simbolizando a eminência do homem; se meninas, sobre o chão, para que saibam ser submissas. Tal preferência não se manifesta apenas socialmente; enquanto símbolo, a maternidade está relacionada à Terra que, como ficou claro em outro momento (cap. 1, nota 20), também está submissa ao seu par masculino, o Céu. Mesmo a Yin, passiva, ocupa o segundo plano, ao cooperar com o Yang para obrar a vida. Essa concepção talvez esconda um *parti-pris* pelo papel do homem na reprodução humana – vendo o sêmen como mais importante do que o solo em que cai, malgrado este seja, de fato, o que faz crescer e desenvolver o novo organismo. Por isso, é necessário ver com reservas a lição segundo a qual o Dao é feminino ou mesmo hermafrodita: o elemento masculino predomina, ainda que ideologicamente, na cultura chinesa.

3 Esse verso e o seguinte possuem a mesma estrutura, "既 (ji) ... 復 (fu) ...", traduzida por "uma vez... (então)...". A repetição da estrutura muito possivelmente sugere circularidade entre "mãe" e "filho", "Dao" e "Unidade" (em Heshang Gong), "Principal (raiz)" e "Acessório (ramos)" (em Wang Bi) etc. Tal circularidade assinala uma profunda interdependência entre a Unidade e tudo o que acontece na realidade. Politicamente, seria possível explorar esse raciocínio como a interdependência entre a figura do Sábio (ou do Imperador-Sábio) e o povo.

4 *Unidade:* cf. cap. 1, nota 27.

5 Wang Bi interpreta a metáfora "Mãe-Filho" como a relação entre raiz e ramos (principal e acessório) mencionada no cap. 38, nota 27. Diferentemente do Senhor do Rio, contudo, com "Mãe-Filho", Wang prefere ver uma relação entre Dao e instrumento (器, qi) conforme o sentido cosmológico presente no *Clássico das mutações*. Isso quer dizer que Mãe corresponde ao Dao, que Wang Bi compreende como o Nada; seus filhos são as dez mil coisas, o que tem forma e existência. O Senhor do Rio entende que o Dao se antecipa à Unidade, mas em momento algum propõe que seja o mesmo que Nada.

6 *"Compreendida a Unidade"*. O manuscrito *Qushan Ji* lê: "conhecidos os princípios das dez mil coisas de Tudo sob o Céu" 既知天下萬物之理.

7 *Inação:* cf. cap. 1, nota 8.

8 "Sela os orifícios de tua face". JDSW lê: "HSG substitui o ideograma 兌 (dui) por 銳, i.e. [boca] afiada".

9 O tratado "Discurso sobre os Hexagramas" do *Clássico das mutações* esclarece: "兌 [significa] boca".

10 "Que *teus olhos* não vejam em excesso". O manuscrito *P2639* e *Qiang* trazem: "Que tua boca não se manifeste levianamente sobre o que é certo e errado" 使不妄言說是非.

11 "Emprega o *brilho*, e faze-o retornar à *Luz*": a mensagem deste capítulo pode ser resumida com esses dois versos e, mais precisamente, com os dois termos "brilho" (光, guang) e "luz" (明, ming). "Brilho" é a manifestação da "Luz": por isso, há uma analogia com os pares "Mãe-filho" e "Dao-dez mil coisas" dos primeiros versos. Essa série de metáforas reforça o ensinamento: o Dao está no íntimo do indivíduo, distante da diversidade confusa que se pode perceber na realidade. Cf. cap. 33: "[mas só] quem conhece a si próprio é iluminado", 自知者明. Não obstante, essa realidade não deixa de ser um produto do Dao: o brilho que permite ao homem entrar em relação com o mundo é uma porção da luz que o Dao fornece. Um erudito da dinastia Ming, Jiao Hong (1540-1620), explica o vínculo entre "brilho" e "luz" através do binômio "Corpo" e "Função" (cf. cap. 4, nota 2). Isso quer dizer que entre o Dao (luz) e a realidade (brilho) não há contradição, pois ambos possuem um substrato comum. O comentário do Senhor do Rio demonstra que, embora o "brilho" conduza a desejos, ele não prejudica a pureza e a tranquilidade do Dao. Além disso, os desejos são instrumentais para a iluminação: a satisfação dos sentidos é menos significativa do que a contemplação do absoluto que, para o taoismo, existe dentro de cada um. Por isso, o "brilho" é um meio para que se "retorne" à harmonia original.

12 *Essência:* cf. cap. 3, nota 16. Nesse contexto, possivelmente referência ao esperma.

13 *Cinco Espíritos:* cf. cap. 3, nota 15.

14 "Eis o que chamo de *praticar a Constância*". O manuscrito *Qiang* diz: "eis o que chamo de seguir a Constância" 是謂襲常. FY, MWD trazem a mesma redação. O comentário de Wang Bi não esclarece qual a leitura adotada. Ma Xulun argumenta que 習 e 襲 eram intercambiáveis. O cap. 27 traz "Isso é o que chamo de 'seguir o brilho'" 是謂襲明. *Permanência:* cf. cap. 1, nota 6.

# 益證第五十三
## *Capítulo 53*
## *Provas adicionais*

**使我介然有知，行於大道：**

—介，大也。老子疾時王不行大道，故設此言。

使我介然有知於政事，我則行於大道，躬「行」無為之化。

**Se eu fosse alguém cheio de segurança[1] e fornido de sabedoria, eu praticaria o Grande Dao;**

*Comentários*

"Segurança" [é uma marca de] grandeza. Laozi critica os reis de seu tempo por não praticarem o Grande Dao, por isso faz esta advertência: "se fizessem de mim alguém cheio de segurança, munido de conhecimentos sobre assuntos de governo, eu colocaria em prática o Grande Dao, [promoveria] a transformação[2] [moral da coletividade] ao praticar pessoalmente a Inação".[3]

**唯施是畏。**

—唯，獨也。獨畏有所施為，「恐」失道意。欲賞善，

恐偽善生；欲信忠，恐詐忠起。

**Meu único medo seria o de dispensar[4] [em meu nome, violando a Inação[5]].**

*Comentários*

"Único" [aqui enfatiza que Laozi] somente tem um medo, o de que seus atos e posturas discordem daquilo que o Dao significa. [Por exemplo], querendo premiar os bons, teme que [isso] estimule a proliferação de hipócritas; desejando fiar-se nas pessoas leais, receia que [isso] fomente o surgimento de [bajuladores] de lealdade postiça.

**大道甚夷，而民好徑。**

—夷，平易也。徑，邪不平正也。大道甚平易，
而民好從邪徑也。

**O Grande Dao é [como um Caminho] muito plano,**
**mas o povo[6] prefere tomar atalhos.[7]**

*Comentários*

"Plano" [exprime] a facilidade [de que seja seguido]. "Atalho" [é metáfora para o caminho] torto, que nem é fácil, nem é correto. O Grande Dao é [deveras] simples e fácil, mas o povo gosta de tomar os atalhos incorretos.

**朝甚除，**

—高臺榭，宮室修。

**[Enquanto] palácios [reais] são construídos,[8]**

*Comentários*

Constroem-se palácios e aposentos, altas plataformas de pedra e tendas de madeira.

**田甚蕪；**

—農事廢，不耕治。

**Os campos permanecem estéreis[9]**

*Comentários*

Deixa-se de trabalhar a terra, não mais se ara e cultiva o solo.[10]

**倉甚虛，**

—五穀傷害，國無儲也。

**[E] os armazéns esvaziam-se;**

*Comentários*

Os cinco grãos deterioram-se, as terras não têm provisões.

**服文綵；**

—好飾偽，貴外華。

**[Os superiores] trajam cores e insígnias [hierárquicas]**[11]

*Comentários*

Gostam de adornos e artifícios, veem nobreza nos enfeites [carregados] fora [de si].

**帶利劍，**

—尚剛強，武且奢。

**[E], carregando espadas afiadas,**

*Comentários*

[Pois] veneram a força e dureza, virtudes marciais[12] e ostentação.

**厭飲食。**

—多嗜欲，無足時。

**Fartam-se de bebidas e iguarias.**

*Comentários*

Tem vícios e desejos em excesso, nunca se dando por satisfeitos.

**財貨有餘，是謂盜誇。**

—百姓「不足」而君有餘者，是由劫盜以為服飾，持行誇人，不知身死家破，親戚並隨「之」也。

**[Quando uns poucos] têm riquezas e bens em excesso, eis o que chamo de chefes**[13] **da corja.**

*Comentários*

Os cem clãs não têm o bastante, enquanto o soberano tem de sobra. A razão para tanto está em que ele rouba [a plebe] para coser roupas e insígnias; ao dar livre curso àquilo que lidera, esquece-se de que sua vida está em risco e seu clã, à beira da ruína, [pois] seus parentes e agregados seguirão [a sua sorte].

**「盜誇」，非道「也」哉。**

—人君所行如是，此非道也。復言“也哉”者，痛傷之辭。

**Os chefes da corja, de fato, são a negação do Dao!**[14]

*Comentários*

Se o soberano de homens age dessa maneira, isso [corresponde] à negação do Dao. [A ênfase dada pela expressão] "de fato" transmite [um certo] sofrimento e angústia.

## Notas

1 "Se eu fosse alguém cheio de segurança". HSG adota a leitura mais usual de "介" (jie) nos clássicos confucianos, "grande" (cf. *Erya*). Daí vem a locução "介然" (jieran), usada por Xunzi《荀子·修身》, para descrever a aparência do "grande homem": alguém "firme, seguro de si". Xunzi sem dúvida relacionou "grande" a "duro", duas denotações de "介" (cf. Wang Xianqian, p.92). Alternativamente, também é possível traduzir o verso como "se fizessem de mim uma pessoa com *um pouco mais de conhecimentos*". Ao explicar um trecho do capítulo "Yang Zhu" da obra *Liezi*《列子·楊朱》, SWJZ descreve 介 como 微 (wei), i.e. "pequeno", "minguado"; justamente o oposto de Heshang Gong.

2 *Transformação:* cf. cap. 1, nota 16.

3 *Inação:* cf. cap. 1, nota 8. "[Promoveria] a transformação [moral da coletividade] ao praticar pessoalmente a Inação". O manuscrito *Qiang* acrescenta-lhe o seguinte: "elimina a política baseada na autoridade e rigor" 絕威嚴之政.

4 Etimologicamente, 施 (shi) denomina um tipo de estandarte. A palavra, todavia, é mais comumente usada como sinônimo de 行 (xing), ou seja, "agir", "acontecer", "praticar". Heshang Gong e Wang Bi, ambos leem 施 dessa forma. Entretanto, o expoente da escola filológica Qianjia, Wang Niansun (1744-1832), critica a leitura tradicional de Heshang Gong e Wang Bi, propondo que 施 deve ser corruptela de 迤 (yi). Esse ideograma significa 邪 (xie), literalmente, "torto", mas usado como sinônimo de tudo o que é heterodoxo. WNS cita um trecho da segunda parte do

capítulo "Lilou" de *Mêncio*《孟子·離樓下》e uma glosa de "Explicando Laozi" de Hanfeizi《韓非·解老》à passagem (cf. ZQZ, p.210), esta bastante esclarecedora. Portanto, há uma leitura alternativa para esse verso: *"meu único medo seria deixar o Caminho"*.

5 *Inação:* cf. cap. 1, nota 8.

6 *Povo:* "Mas o *povo* prefere tomar atalhos". HSG, WB, FY e MWD trazem 民 (min), isto é, "povo". No entanto, determinado número de textos substitui o ideograma 民 por 人 (ren), que certos eruditos interpretam como 人君 (renjun, "senhor de homens"). Baseado nesse entendimento, os seis próximos versos teriam o rei inepto como sujeito, virtualmente excluindo o povo do contexto geral do capítulo. Essa variante propõe um novo caminho hermenêutico ao texto, que merece ser explorado com seriedade pelo leitor. Tal como reflete a tradução, parece ser mais expressivo ler os seis versos do ponto de vista da interação entre o rei, a elite e o povo num país onde não prevalece o Dao. Laozi poderia estar dessa forma reiterando duas de suas teses mais caras: que o povo é indefeso numa era sem o Dao e que a responsabilidade de manter Tudo sob o Céu em ordem cabe à elite, sendo o Dao o melhor método.

7 *Atalho:* traduz 徑 (jing). Embora possua em comum com 道 o sentido de "caminho", 徑 denota uma senda estreita, por um terreno comparativamente acidentado, sinuoso e, no entanto, mais curto do que 道. Essa distinção é transferida ao plano ético, em que 道 é a via moralmente correta (正, zheng), aberta para todos, enquanto 徑 é o atalho fácil, porém reprovável (em que pese a equivalência fonética de dois ideogramas lidos como xie: 斜, "torto", e 邪, "mal" ou "errado"). Cf. *Analectos* (6.12): "Ziyou exercia a função de 'zai' (gestor) na [cidade de] Wucheng. O Mestre disse: 'Então, conseguiu encontrar pessoas [de valor] lá?'. [Ziyou] respondeu: 'Há Tantai Mieming, *que não toma atalhos*. Se o assunto não é público, nunca vem a minha casa'" 子游爲武城宰。子曰：'女得人焉耳乎？'曰：'有澹臺滅明者，行不由徑，非公事，未嘗至於偃 之室也.

8 O ideograma 除 pode conduzir a duas leituras contrapostas: 1) 除治 (chuzhi), isto é, "construir", "reformar"; ou 2) 廢除 (feichu), "desabar", "erodir-se". A tradução seguiu o comentário do Senhor do Rio.

9 Esta é uma crítica ao rei que exige um excesso de corveias dos camponeses de suas terras, sem lhes deixar tempo para cultivar o solo. A crítica de Laozi, reitere-se, está apenas em que o soberano abusa de suas prerrogativas naturais, o que é contraproducente no longo prazo, já que tolhe a capacidade do povo de produzir riquezas.

10 "Não mais se ara e cultiva o solo". Os manuscritos *Qiang, Cânone taoista* e *Qushan ji* acrescentam uma ideia ao trecho: "deixando passar a estação do ano propícia" 失時也.

11 Referência à prática chinesa de adotar cores e insígnias para distinguir os diversos níveis de sua hierarquia social, o que é muito caro para o sistema de Ritos.

12 *Virtudes Marciais:* cf. cap. 47, nota 9.

13 *Chefe da Corja:* (盜誇, daokua) segue a leitura de Hanfeizi, que redige o termo como 盜竽 (daoyu). Feito de bambu, 竽 (yu) é considerado "o principal dos instrumentos", por isso serve como metáfora para o chefe dos bandidos.

14 MWD e FY concordam com HSG. WB traz apenas: "São a negação do Dao!" 非道也哉.

# 修觀第五十四

## *Capítulo 54*

## *Praticando a contemplação*[1]

**善建者不拔，**

—建，立也。善以道立身，立國者，不可得引而拔「之」。

**Quem sabe como [se] firmar não se aquebranta;**

*Comentários*

"Firmar" [é o mesmo que] pôr de pé. Aquele que sabe como usar o Dao para se pôr de pé, ou [ao seu] feudo, não pode tirá-lo do equilíbrio, quebrando [seu espírito].

**善抱者不脫，**

—善以道抱精神者，終不可拔引解脫。

**Quem sabe agarrar,[2] não larga;**

*Comentários*

Quem sabe usar o Dao para [manter seu] espírito puro[3] agarrado [a si, mesmo] ao cabo de [grande esforço], não pode desvencilhar-se [de seu domínio], arrancando-o.

**子孫祭祀不輟。**

—「輟，絕也。」為人子孫能修道如是，「則」長生不死。世世以久，祭祀先祖宗廟，無「有」絶時。

**[E] as gerações que sacrificam para seus antepassados não se esgotam.**[4]

*Comentários*

"Esgotar-se" [quer dizer] ter fim. Se aqueles que são filhos ou netos de alguém forem capazes de praticar o Dao dessa maneira, haverá longa vida, sem morte. Se, até a eternidade, gerações após gerações [continuarem a] sacrificar no santuário familiar para os [seus] ancestrais longínquos, nunca haverá fim [para a vida].

**修之於身，其德乃真；**

—修道於身，愛氣養神，益壽延年。其德如是，乃為真人。

**Se praticá-lo no próprio corpo, sua Virtude será genuína;**

*Comentários*

Quem pratica o Dao em seu corpo cuida da energia vital e alimenta os espíritos [de seus receptáculos],[5] prolongando seus anos e alargando sua longevidade. Se sua Virtude for assim, tornar-se-á um "Homem Genuíno".[6]

**修之於家，其德乃餘；**

—修道於家，父慈子孝，兄友弟順，夫信妻貞。其德如是，乃有餘慶，及於來世子孫。

**Se no clã, abundante.**

*Comentários*

Se o Dao for praticado no clã, os pais serão carinhosos [para com seus filhos] e os filhos [lhes] serão pios; os irmãos mais velhos serão amigos [de seus irmãos mais jovens] e os irmãos mais jovens [lhes] serão obedientes; os maridos serão dignos de confiança [por suas esposas] e as esposas [lhes] serão fiéis. Se as virtudes [familiares] forem tais, haverá abundância de benesses que alcançarão filhos, netos e gerações por vir.

**修之於鄉，其德乃長；**

—修道於鄉，尊敬長老，愛養幼少，教誨愚鄙。其德如是，
乃無不覆及也。

**Quando praticá-lo em sua vila, sua Virtude será a maior;**

*Comentários*

Se o Dao for praticado numa vila, as pessoas mais velhas terão respeito e honras; as mais jovens receberão carinho e cuidados; as mais ignorantes serão corrigidas e doutrinadas. Não há nada que uma Virtude assim não resguarde.

**修之於國，其德乃豐；**

—修道於國，則君聖臣忠。仁義自生；禮樂自興，
政平無私。其德如是，乃為豐存也。

**Quando no feudo, a mais rica.**

*Comentários*

Se o Dao for praticado no feudo, o soberano será um Sábio e o servos ser-lhe-ão leais;[7] Humanidade e senso de dever nascerão espontaneamente; os Ritos e Música surgirão por si sós,[8] a gestão [de Tudo sob o Céu] será justa e imparcial. Caso sua Virtude seja assim, haverá grande fartura.

**修之於天下，其德乃普。**

—人主修道於天下，不言而化，不教而治。下之應上，
信如影響。其德如是，乃為普博。

**[Por fim,] se praticá-lo em Tudo sob o Céu, sua Virtude será universal.**

*Comentários*

Se o soberano de homens praticar o Dao em Tudo sob o Céu, transformará[9] [moralmente] sem que haja necessidade de que se expresse. Sem que doutrine, tudo estará em ordem. [Isso ocorre porque] as pessoas inferiores corresponderão[10] a seus superiores, tendo neles o mesmo tipo de fé que a sombra [tem à sua imagem] ou o eco [ao som que lhe deu origem]. Se a Virtude [do Rei] for tal, haverá [uma ordem] ampla, universal.

**故以身觀身，**
—以修道之身觀不修道之身，孰亡，孰存也。
**É por tal motivo que contemplamos as outras pessoas a partir do que somos;**[11]

*Comentários*

Deve-se adotar [a perspectiva] de quem usa o Dao, de maneira a contemplar aqueles que não o fazem, [e assim discriminar] qual sobrevive, qual morre.

**以家觀家，**
—以修道之家觀不修道之家也。
**Os outros clãs a partir do nosso;**

*Comentários*

Deve-se adotar [a perspectiva] do clã que cultiva o Dao, de maneira a contemplar aqueles que não o fazem.

**以鄉觀鄉，**
—以修道之鄉觀不修道之鄉也。
**As outras vilas a partir da nossa;**

*Comentários*

Deve-se adotar [a perspectiva] da vila que cultiva o Dao, de maneira a contemplar aquelas que não o fazem.

**以國觀國，**
—以修道之國觀不修道之國也。
**As outras terras a partir da nossa;**

*Comentários*

Deve-se adotar [a perspectiva] da terra que cultiva o Dao, de maneira a contemplar aquelas que não o fazem.

**以天下觀天下。**

—以修道之主觀不修道之主也。

**E Tudo sob o Céu a partir do nosso.**

*Comentários*

Deve-se adotar [a perspectiva] do senhor que cultiva o Dao, de maneira a contemplar aqueles que não o fazem.

**「吾」何以知天下之然哉？以此。**

—老子言吾何「以」知天下修道者昌，背道者亡？以此五事觀而知之也。

**Por que sei eu que Tudo sob o Céu é assim? Por isso.**

*Comentários*

Laozi perquire-se: "como é que eu sei que quando se pratica o Dao em Tudo sob o Céu há prosperidade, e que quem lhe dá as costas morre?". Aprende-o ao contemplar essas cinco coisas.

## Notas

1 *Contemplação:* o termo 觀 (lit. "observar") pode significar um tipo de concepção intelectual, como indicam as palavras *mindset* ou *Anschauung*. Além disso, possui também um sentido técnico, reforçado pelo intercâmbio histórico com o budismo. 觀 (guan) é a tradução chinesa do pali *Vipassana* – que quer dizer "insight". Dentre as diversas técnicas de meditação budista, muitas delas consistem em visualizar imagens com o fim de incentivar o praticante a intuir as verdades profundas da religião – por exemplo as "Terras Puras", paraísos onde vivem os budas. É também comum o uso de imagens que provoquem aversão às fontes de desejo e apego – como um belo objeto ou pessoa envelhecendo, entre outros.

2 *Abraçar a Unidade:* cf. cap. 3, nota 14.

3 *Espírito Puro:* cf. cap. 5, nota 15.

4 Este é o trecho mais importante para o tema da "imortalidade" no pensamento de Laozi. Em detrimento da imortalidade física prevalecente em outras cepas de

taoismo, a letra de Laozi somente autoriza esse tipo de "imortalidade" figurativa, no contexto dos sacrifícios familiares. Vale enfatizar que essa é também a noção predominante de vida além-túmulo na ortodoxia chinesa, reforçada pelas práticas funerárias e também pelo valor atribuído à reputação (em vida e póstuma).

5 *Cinco Espíritos:* cf. cap. 3, nota 15.

6 *Homem Genuíno:* esta é a única citação de 真人 (zhenren) em todo o comentário do Senhor do Rio, sendo a palavra inexistente em Laozi. Na tradição místico-religiosa taoista, o termo designa uma das mais elevadas formas de vida dentre os imortais, como descrito no primeiro capítulo do *Cânone de medicina do imperador amarelo* 《黃帝內經素問·上古天真論篇第一》: "O Imperador Amarelo disse: 'ouvi dizer que na mais alta antiguidade havia os *homens genuínos*, que com suas mãos e pés escoravam Céu e Terra; que tinham Yin e Yang sob controle; que respiravam somente energias puras; que eram capazes de preservar sozinhos seus espíritos vitais; cuja pele e músculos permaneciam unidos, rijos por toda a sua existência. Por isso, os homens genuínos eram capazes de viver tanto quanto Céu e Terra, sem fim, sem limite – esta a vida dada pelo Dao deles'." 黃帝曰：余聞上古有真人者，提挈天地，把握陰陽，呼吸精氣，獨立守神，肌肉若一，故能壽敝天地，無有終時，此其道生. Além dos homens genuínos, a hierarquia continua com os homens realizados (至人, zhiren), homens sábios (聖人, shengren) e termina com os homens de valor (賢人, xianren) – cada uma dessas categorias tendo atributos fantásticos e vivendo por longos períodos, mas nenhuma fazendo páreo ao Homem Genuíno. O *Cânone de medicina* é uma obra relativamente recente. Num texto mais antigo, os atributos do Homem Genuíno parecem ser muito mais discretos. Por exemplo, no sexto capítulo da primeira parte de *Zhuangzi* 《莊子·內篇·大宗師篇第六》, encontramos uma longa descrição (cf. Guo Qingfan, p.226-231), bastante mitigada em relação àquela obra. Com exceção de um trecho dizendo que o "homem genuíno" é impérvio à água e ao fogo (talvez um metáfora), ele em nada difere de um ser humano comum. De resto, o perfil é bastante próximo ao de um praticante taoista com as preferências advogadas por Zhuangzi. Chama a atenção que o "homem genuíno" não deve ter objetivos políticos e que pratica exercícios respiratórios e meditação. Porém, o detalhe mais importante é a aceitação, e mesmo desinteresse, diante da própria mortalidade. Por esse motivo, merece toda consideração a possibilidade de que o Homem Genuíno do Senhor do Rio não seja uma personagem tão extraordinária quanto reza o folclore taoista.

7 Na edição de Wang Ka, esta frase lê: "Se o Dao for praticado numa terra, o soberano será confiável [aos olhos de seus servos] e estes lhe serão leais" 君信臣忠. A redação adotada está conforme o *Cânone taoista*.

8 "Humanidade e senso de dever nascerão espontaneamente; os Ritos e Música surgirão por si sós". O manuscrito *P2639* lê: "Humanidade e senso de dever deixarão de ser; os Ritos e Música não surgirão" 仁義自去；禮樂不興. Essa leitura está certamente inspirada pelo cap. 38.

9 *Transformação:* cf. cap. 1, nota 16.

10 *Correspondência Por Afinidade:* cf. cap. 3, nota 3.

11 Este e os quatro versos seguintes possuem a mesma estrutura: 以X觀X, que significa "contemplar X a partir de X". Portanto, a passagem segue o padrão "uma pessoa deve ser vista como uma pessoa", "um clã como um clã" etc., o qual, sendo tautológico, requer interpretação. Ocorre que a chave para o texto havia sido oferecida pelo próprio Laozi nos versos anteriores que descreveram os mesmos cinco elementos ("indivíduo", "clã", "vila", "terra", "Tudo sob o Céu") na perspectiva dos praticantes do Dao. Estes compõem o critério segundo o qual os seus congêneres devem ser julgados. Por isso, o primeiro X de "以X觀X" deve ser aquele X onde o Dao é praticado.

# 玄符第五十五

## *Capítulo 55*

## *Símbolos misteriosos*[I]

**含德之厚，**

—謂含懷道德之厚「者」也。

**[O homem que] esconde[2] a mais abundante das Virtudes**

*Comentários*

[O verso] indica a pessoa que carrega o Dao e sua Virtude mais abundantes escondidos em seu peito.

**比於赤子：**

—神明保佑含德之人，若父母之於赤子也。

**Iguala-se ao recém-nascido:**

*Comentários*

O brilho dos espíritos[3] protege a pessoa de Virtude, tal como pai e mãe protegem seu filho.

**毒蟲不螫，**

—蜂蠆蛇虺不螫。

**Animais venenosos não o picam;**

*Comentários*

Abelhas, escorpiões, cobras e serpentes não o picam.[4]

**猛獸不據，玃鳥不搏。**

—赤子不害於物，物亦不害之。故太平之世，人無貴賤，「皆有」仁心。有刺之物，還反其本；有毒之蟲，不傷於人。

**Bestas selvagens não o capturam; aves de rapina não o agarram.**

*Comentários*

Já que o recém-nascido não prejudica as coisas, as coisas também não o prejudicam. Por esse motivo, numa era de Grande Paz,[5] os homens não [se dividem] em nobres e plebeus, todos têm um coração[6] humano.[7] As coisas que têm ferrão retornam às suas raízes; os animais venenosos não ferem as pessoas.

**骨弱筋柔而握固，**

—赤子筋骨，柔弱而持物堅固，以其意「專而」心不移也。

**Os ossos [do recém-nascido] são flexíveis, seus tendões são moles e sua pegada é firme.**

*Comentários*

Os ossos e tendões dos recém-nascidos são moles e macios; no entanto, possuem uma pegada firme e sólida, [pois] sua atenção [fixa-se] num único [objeto] e seu coração não [o] deixa [nunca].

**未知牝牡之合而峻作，精之至也。**

—赤子未知男女之合會而陰作怒者，由精氣多之所致也。

**[Embora] nada saiba das relações entre macho e fêmea, seu pênis pequenino[8] ergue-se: a Essência[9] preenche [seu corpo].**

*Comentários*

Os recém-nascidos não sabem que machos e fêmeas unem-se [sexualmente], mas o seu órgão reprodutor erige-se com fúria. A abundância de energia pura leva a isso.

**終日號而不啞，和之至也。**

—赤子從朝至暮啼號聲不變易者，和氣多之所致。

**Chora por todo o dia e não fica rouco: perfeita é sua Harmonia.**[10]

*Comentários*

O som dos gritos e choro dos recém-nascidos [ressoa] da manhã à noite, sem [que suas vozes] mudem. Tal fato resulta da abundância de energia vital harmônica.

**知和曰常，**

—人能知和氣之柔弱有益於人者，則為知道之常也。

**Conhecer a Harmonia chama-se de permanência;**[11]

*Comentários*

Se as pessoas forem capazes de compreender a maciez e a fraqueza da energia vital harmônica, isto é o mesmo que conhecer a permanência do Dao.

**知常日明，**

—人能知道之常行，則日以明達於玄妙也。

**[Quem] conhece a permanência emite brilho[12] todos os dias;**[13]

*Comentários*

Se as pessoas conseguirem perceber que o Dao está constantemente em ação, suas luzes alcançarão os mistérios profundos diariamente.

**益生日祥。**

—祥，長也。言益生欲自生，日以長大。

**[Quem] prolonga sua vida diariamente [colhe] bênçãos.**[14]

*Comentários*

"Bênção" [aqui refere-se a uma] vida longa.[15] [O verso] explica: prolongar a vida exige originar-se vida,[16] e assim crescer e desenvolver-se, a cada dia.

**心使氣日強，**

—心當專一和柔，而「神」氣實內，故形柔。而反伅妄有所為，「則」和氣去於中，故形體日以剛強也。

**Se [usarmos o] Coração[17] [para] comandar a energia vital,[18] [ficaremos] mais fortes, dia após dia.[19]**

*Comentários*

Harmonioso e tenro, o coração deve permanecer concentrado sobre um único objeto, de maneira a que o espírito [de seus receptáculos[20]] e a energia vital preencha o interior [de seu corpo]: com isso, sua forma tornar-se-á flexível. Se, ao contrário, se reverter [tal estado de] pureza, abusando da ação intencional ou forçosa,[21] a energia vital harmônica deixará o seu corpo, que ficará cada vez mais rígido e duro.

**物壯則老，**

—萬物壯極，則枯老也。

**[Quando] as coisas chegam à maturidade, [começa a sua] velhice:[22]**

*Comentários*

As dez mil coisas atingem seu apogeu com a maturidade, e daí vem a velhice e decrepitude.

**謂之不道，**

—枯老則不得道矣。

**Eis o que chamo de contrariar o Dao,**

*Comentários*

Se é velho e decrépito, é porque não realizou o Dao.

**不道早已。**

—不得道者早死。

**Quem contraria o Dao morre antes de seu tempo.**

*Comentários*

Quem não realizou o Dao morre cedo.

# Notas

1 *Mistério:* cf. cap. 14, nota 1. "Misterioso" é 玄 (xuan), palavra que pode ser sinônimo de Céu. Nesse caso, o título "sinais misteriosos" pode ser lido como "sinais do Céu", que são os augúrios ou auspícios que a divindade manifesta aos homens.

2 "Esconder" é tradução aproximada de 含 (han), cujo sentido literal é "trazer algo dentro da boca, sem engolir". A expressão parece ser uma crítica sutil à atitude confuciana, que valoriza manifestar a própria virtude com o fito de angariar reputação. Laozi contesta a necessidade desse comportamento, já que a Virtude é espontânea como um recém-nascido.

3 *Brilho Dos Espíritos:* cf. cap. 5, nota 10.

4 Este comentário do Senhor do Rio aparece como texto principal de Laozi em todas as outras principais versões consultadas. É possível que se haja invertido as posições do comentário do Senhor do Rio e do texto principal, no processo de transmissão dos manuscritos. Nessa hipótese, o texto correto seria. *Abelhas, escorpiões, cobras e serpentes não o picam;* Animais venenosos não o picam.

5 *Grande Paz:* cf. cap. 17, nota 16.

6 *Coração:* cf. cap. 3, nota 9.

7 *Humanidade:* cf. cap. 5, nota 3.

8 峻 (zui) é variante de 朘 (zui), significando o órgão genital de um infante.

9 *Essência:* cf. cap. 3, nota 16.

10 *Harmonia:* (cf. cap. 5, nota 8) refere-se ao estado de perfeita integração entre Yin e Yang (cf. cap. 1, nota 20).

11 *Permanência:* cf. cap. 1, nota 6.

12 Cf. cap. 16: "Voltar-se para o Destino chama-se de permanência; Conhecer a permanência chama-se de 'Brilho'".

13 "Quem conhece a permanência" (...) "Se usarmos o coração". Nestes três versos, HSG traz 日 (ri, "todos os dias"). WB, FY, MWD e GD, ao contrário, trazem 曰 (yue, "quer dizer").

14 *Bênçãos:* tal como "harmonia", "permanência", "brilho" e "força", "bênçãos" é uma noção positiva neste capítulo. Contudo, uma série de autores e mesmo edições tardias de Laozi tratam 祥 (xiang) como o oposto de "Bênçãos". Estilisticamente, há na língua chinesa uma figura de linguagem em que as palavras assumem um valor semântico oposto ao seu significado literal. Mas como justificar seu uso aqui? É possível que Wang Bi tenha sido o primeiro a sugerir a leitura "quem prolonga sua vida, chama-se de execrado" para o verso. Eis o comentário: "a vida não pode ser prolongada, quem tenta prolongá-la, morre mais cedo" 生不可益，益之則夭也. Entendo que há uma razão histórica e uma razão ideológica para a releitura de Wang Bi. O ideal eremítico de vida, peculiar ao taoismo filosófico, fortaleceu-se muito junto à elite cultural chinesa com a decadência da dinastia Han. Muitos dos principais literatos dessa época – em particular os "Sete Mestres dos Bambuzais",

竹林七賢 – adotaram um estilo de vida extravagante, fora dos limites da moral tradicional e ortodoxa. Tornou-se comum às pessoas utilizar técnicas de longevidade, tais como o consumo de drogas e elixires. Em todos os casos conhecidos, essas substâncias levavam à morte do praticante. Dado esse contexto, embora Wang Bi esteja longe de ser considerado um confuciano *à la lettre*, ele distorceu, conscientemente, o sentido literal do verso de Laozi – sem dúvida favorável às técnicas de longevidade – para reforçar seu entendimento de que não há sentido em consumir elixires ou adotar receitas secretas para viver mais. Analogamente a Wang Bi, há ainda quem proponha que "prolongar a vida" manifesta excesso de desejos e de ambição – claramente buscando conciliar uma postura contrária às técnicas de longevidade com o texto de Laozi.

15 "Bênção [aqui refere-se a uma] *vida longa*". A edição de Wang Ka lê: "Bênção [aqui refere-se ao] Dao".

16 "Originar-se vida" (自生, zisheng) é uma esclarecedora referência ao tipo de prática advogada pelo Senhor do Rio. Por meio de dietética, exercícios respiratórios, meditação para conduzir o fluxo de energia vital dentro do corpo, entre outros, o praticante taoista preserva o equilíbrio em seu organismo. Já que a divisão de tarefas dos receptáculos (órgãos vitais) não é violada, diminui-se a perda de energia vital para o ambiente e o indivíduo consegue viver até o fim de seus anos.

17 *Coração:* cf. cap. 3, nota 9.

18 *Energia Vital:* cf. cap. 1, nota 15.

19 Esse verso pode ser interpretado como uma orientação para que o praticante guie a energia vital dentro de seu corpo por meio da força de seu pensamento. Esse é o princípio básico do Qi Gong (氣功), um tipo de meditação ou ginástica taoista.

20 *Cinco Espíritos:* cf. cap. 3, nota 15.

21 *Agir intencional ou forçosamente:* cf. cap. 75, nota 2.

22 Em direta contradição a tudo que fora dito neste capítulo, esses três últimos versos concluem-se com uma advertência: ao praticar técnicas de longevidade, o taoista não deve se exceder – devendo buscar, antes, a manutenção do mesmo equilíbrio que há no corpo de um recém-nascido.

# 玄德第五十六

## *Capítulo 56*

## *A Virtude profunda*

**知者不言，**

—知者貴行，不貴言也。

**Quem sabe, não fala;**

*Comentários*

Quem sabe preza ação, não preza palavras.

**言者不知。**

—駟不及舌，多言多患。

**Quem fala, não sabe.**

*Comentários*

[É como diz o ditado:] "nem uma carruagem alcança sua língua". Muitas as palavras, muitos os reveses.

**塞其兌，閉其門；**

—塞閉之者，欲絶其源。

**Sela os orifícios [de tua face]; fecha as portas [de teu ser].**[1]

*Comentários*

Nas pessoas que os têm selados e fechados, esgotadas estão as fontes dos desejos.

**挫其鋭，**

—情欲有所鋭為，當念道無為以挫止之。

**Quebra a tua lâmina!**

*Comentários*

Quando os desejos e impulsos atacam, agudos, deve-se meditar[2] sobre o Dao da Inação para que se os possa dobrar e conter.

**解其紛；**

—紛，結恨不休也，當念道恬怕以解釋之。

**Desata teus nós!**[3]

*Comentários*

"Nós" [são metáfora] para os laços de ódio que não se afrouxam. Deve-se meditar sobre o Dao da serenidade para que se os desate, para que nos libertemos [deles].

**和其光，**

—雖有獨見之明，當和之使闇昧，不使曜亂「人也」。

**Harmoniza teu brilho!**

*Comentários*

Embora [o Sábio] seja o único a ter luzes, deve harmonizá-las – tornando-as turvas e escuras; não as [deve] fazer reluzir, desorientando as pessoas.[4]

**同其塵，**

—不當自別殊也。

**Iguala-te ao pó...**[5]

*Comentários*

Não se deve distinguir [do grupo].

**是謂玄同。**

—玄，天也。人能行此上事，是謂與天同道也。

**Eis o que chamo de Identidade Profunda.**[6]

*Comentários*

"Profundo" [é sinônimo de] Céu. Se os homens conseguirem pôr em prática o relatado pelos versos acima, isso será o que se chama de Identidade entre os Caminhos do Homem e do Céu.[7]

**故不可得而親，**

—不以榮譽為樂，獨立為哀。

**Assim, não haverá como se tornarem íntimos [de ti];**

*Comentários*

[Pois o Sábio] não encontra alegria em glórias e bom nome; [permanece] de pé sozinho, lamentando [a maneira de ser das pessoas].[8]

**亦不可得而疏；**

—志靜無欲，與人無怨。

**Nem [de te] serem estranhos.**

*Comentários*

Seu ideal é ser tranquilo e sem desejos, não dirigindo ódio a quem quer que seja.

**不可得而利，**

—身不欲富貴，口不欲五味。

**Não será possível beneficiarem[-te];**

*Comentários*

Seu corpo não deseja riquezas e nobreza; sua boca não cobiça os cinco sabores.[9]

**亦不可得而害；**

—不與貪爭利，不與勇爭氣。

**Nem que [te] prejudiquem.**

*Comentários*

[O Sábio] não disputa vantagens com os ambiciosos, nem mede forças com os bravos.[10]

**不可得而貴，**

—不為亂世主，不處暗君位。

**Não haverá maneira de enobrecerem[-te];**

*Comentários*

Não se torna o senhor de uma era de caos; não ocupa o lugar de um soberano às escuras.

**亦不可得而賤。**

—不以乘權故驕，不以失志故屈。

**Nem de que [te] vilifiquem.**

*Comentários*

[O Sábio] evita a arrogância daquele que se aproveita da influência que tem; não subverte o que é ao sacrificar seus ideais.

**故為天下貴。**

—其德如此，天子不得臣，諸侯不得屈，與世沉浮，容身避害，故為天下貴也。

**Assim tornar-te-ás o nobre de Tudo sob o Céu.**

*Comentários*

A Virtude [do Sábio] é assim: o Filho do Céu não poderá transformá-lo em servo; os senhores feudais não conseguirão submetê-lo. Ele ascende e decai, junto com a sociedade, mas se protege, evitando todo dano. Tal a razão para que seja o nobre de Tudo sob o Céu.

## Notas

1 "Sela os orifícios [de tua face]; fecha as portas [de teu ser]". Cf. cap. 52.

2 *Meditar:* visto diacronicamente, o termo meditar 念 (nian) possui claras notas religiosas. "Meditar sobre o Buda" 念佛 (ou "rezar para o Buda", como na prática da seita Terra Pura) é expresso com a mesma palavra. Há quem atribua o mesmo sentido aqui, mas isso dependeria de uma data mais recente para o manuscrito HSG (ou de interpolação sua). Talvez seja preferível uma interpretação neutra do termo, significando tão somente "trazer à mente".

3 Manuscritos de Dunhuang trazem 忿 (fen, "irritação") em vez de 紛 (fen, "nó"). O Senhor do Rio explora a "polissemia etimológica" do ideograma em seu comentário.

4 Isto é, não deve evidenciar as diferenças naturais entre homem e homem, particularmente ao se sobressair como um indivíduo superior. A desorientação a que o Senhor do Rio se refere, provavelmente, é o ódio que as pessoas em geral têm de quem lhe é melhor. A liderança do Sábio advém de um tipo de consenso sobre sua excelência, que deve surgir "espontaneamente": não pela força do convencimento ou persuasão, mas através do apelo à "consciência" de cada um. Entendo que essa "consciência" remete a um sentido natural de "justiça" de que cada pessoa é imbuída. Contudo, não se trata necessariamente de um imperativo ético, pois se assim fosse, o Sábio seria imediatamente reconhecido e valorizado por todas as pessoas. Essa "justiça" é oriunda de um juízo pessoal, de livre consciência, quando as pessoas comuns, vendo o Sábio como "um de nós", escolhem-no como o melhor de todos – um *primum inter pares*.

5 "Quebra tua lâmina" (...) "Iguala-te ao pó". Sobre esse grupo de quatro versos, cf. cap. 4.

6 *Identidade Profunda:* 玄同 (xuantong) é um termo muito valorizado no taoismo místico, descrito usualmente como a identidade entre si e todas as coisas. No primeiro capítulo de *Huainanzi* ("Ensinamentos sobre o Dao original") 《淮南子·原道訓》, a "Identidade Profunda" entre o Sábio taoista e as dez mil coisas é ilustrada pelo eremita Xu You. A tradição reza que Yao, um dos reis ancestrais, tentou fazer com que Xu You assumisse o trono, malogradamente. A razão da recusa está em que, segundo aquela obra, o que há de mais importante em Tudo sob o Céu não é a posição que se ocupa e as honras que se granjeia, mas um tipo de estado de espírito em que se pode cultivar a própria longevidade, livre das obrigações e convenções sociais. A linguagem do trecho é bastante esotérica: "Para Xu You, Tudo sob o Céu era demasiado pequeno, não desejando trocar de lugar com Yao. Ansiava ser esquecido por Tudo sob o Céu. Qual sua razão? Ele se conformava a Tudo sob o Céu e assim governava Tudo sob o Céu. A essência de Tudo sob o Céu não está nos outros, está em nós próprios; não está na forma de ser das pessoas, mas na nossa própria. Quem tiver domínio sobre si próprio verá que as dez mil coisas estão presentes em si! Quem for capaz de compreender os princípios da 'Técnica do Coração' manterá vícios, desejos, apetências e ódios fora de si" 夫許由小天下而不以己易堯者，志遺於天下也。所以然者，何也？因天下而為天下也。天下之要，不在於彼而在於我，不在於人而在於我身，身得則萬物備矣！徹於心術之論，則嗜慾好憎外矣. Dessa forma, voltamos a um tema central de Laozi, de que o verdadeiro Sábio deve ser capaz de estar acima das tentações e desejos que chegam a si. Com a lenda de Xu You, *Huainanzi* vaticina que, se temos domínio sobre nossa individualidade, todas as coisas estarão presentes em nós – e ainda estaremos livre de seu jugo. Uma pessoa que atinge esse estado de espírito não tem alegria, nem ódio; não sente prazer, nem sofre. Para o Sábio

não há certo, nem errado; ele vive, mas parece morto. A linguagem desse trecho de *Huainanzi* certamente remete a passagens também famosas de *Zhuangzi*, onde estão descritas práticas de meditação muito disseminadas no taoismo de tipo eremítico. A propósito, em "Abrindo o Baú" 《莊子·胠篋》 (cf. Guo Qingfan, p.353), terceiro capítulo da segunda parte de *Zhuangzi*, encontramos também o termo "Identidade Profunda", numa passagem em que o filósofo defende furiosamente a abolição de todas as distinções externas que possam existir entre indivíduos, e sobretudo que o tipo socialmente cultuado de sábio não estimule a proliferação de conhecimentos e a busca de honras. À maneira de Laozi, o trecho defende que o verdadeiro Sábio deve esconder sua Virtude dentro de si, enquanto, por fora, tenta unificar os opostos que vivencia: sucesso e fracasso, vantagem e dano, entre outros. Vale ressaltar que esse ideal taoista de sapiência possui afinidades com o ideal budista – ambos valorizam um tipo de meditação que consiste em contemplar todas as coisas como equivalentes.

7 *Caminho do Céu:* cf. cap. 22, nota 2.
*Caminho do Homem:* cf. cap. 47, nota 3. Distinto do elemento psicológico e espiritual, o Senhor do Rio enfatiza que a Identidade Profunda possui um elemento prático, de "ação conforme o tempo", ou seja, de oportunidade. Isso significa que o Céu não se resume ao elemento religioso da providência divina, incluindo também o curso espontâneo das coisas.

8 "[Permanece] de pé *sozinho,* lamentando [a maneira de ser das pessoas]". O manuscrito do *Cânone taoista* lê: "permanece de pé junto das pessoas, lamentando [a forma de ser delas]" 同立為哀. Com uma maior dose de criatividade, também seria possível interpretar: "da mesma forma [que pobreza e mal nome], vê [riqueza e bom nome] como razão para se entristecer".

9 *Cinco Sabores:* cf. cap. 6, nota 15.

10 *Coragem:* cf. cap. 67, nota 11.

# 淳風第五十七

## *Capítulo 57*

## *Vento puro II*

**以正治國，**

—以，至也。天使正身之人，使至有國也。

**Governa [teu] feudo com Retidão;**

*Comentários*

"Com" [aqui pode ser interpretado como] "chegar a".[1] [Da mesma maneira que] retifica uma pessoa, o Céu faz com que ela ganhe um feudo.

**以奇用兵，**

—奇，詐也。天使詐偽之人，使用兵也。

**[E] ao pegar em armas, faze-o com Astúcia:**[2]

*Comentários*

"Astúcia" [denota] ardis e trapaças. [Dessa forma], o Céu faz com que a pessoa hipócrita e trapaceira utilize armas [para realizar seus propósitos].

**以無事取天下。**

—以無事，無為之人，使取天下，為之主。

**E sem perturbações tomas Tudo sob o Céu.**

*Comentários*

[O Céu] faz com que a pessoa que não causa perturbações e que pratica a inação[3] tome Tudo sob o Céu, tornando-se o senhor [dele].

**吾何以知其然哉？以此。**

—此，今也。老子言：我何以知天意然哉？以今日所見知「之也」。

**E como sei eu que [as coisas] são assim? Por isto:[4]**

*Comentários*

"Isto" [refere-se à situação] atual. Laozi diz: "e como sei eu que a intenção do Céu é esta? Sei-o pelas coisas que vejo em nossos dias".

**天下多忌諱，而民彌貧。**

—天下謂人主也。忌諱者防禁也。令煩則姦生，禁多則下詐，相殆故貧。

**Dado o excesso de tabus em Tudo sob o Céu, o povo é cada vez mais pobre;[5]**

*Comentários*

Tudo sob o Céu [é uma metonímia para o] senhor de homens. Tabus são [um meio de se] prevenir e censurar [comportamentos indesejáveis]. Se há um excesso de determinações, acompanha-o o surgimento de novas vilezas; se abundam as proibições, os inferiores [reagirão] com trapaças. Por se ameaçarem uns aos outros, caem na pobreza.[6]

**民多利器，國家滋昏。**

—利器者權也。民多權則視者眩於目，聽者惑於耳。上下不親，故國家昏亂。

**Já que o povo detém muitos objetos afiados[7] [em suas mãos], a escuridão se espalhou pelas terras;**

*Comentários*

Os objetos afiados [constituem um tipo de] poder.[8] Se há muito poder [nas mãos do povo], aqueles que observam terão sua visão ofuscada; os que ouvem não compreenderão [o que lhes chega aos] ouvidos.[9] Não haverá afinidade entre superiores e inferiores, de que decorrerão caos e trevas para as terras.

**人多技巧，奇物滋起，**

—人謂人君，百里諸侯也。多知伎巧，謂刻畫宮觀，彫琢服章。奇物滋起，下則化上，飾金鏤玉，文繡綵色，日以滋甚。

**Pelo fato de os homens terem muitas técnicas e artifícios, objetos exóticos proliferaram;**

*Comentários*

"Homens" [refere-se] ao soberano de homens e aos senhores feudais das cem vizinhanças. "Muitos conhecimentos, técnicas e artifícios" [sugere] entalhes, pinturas, palácios e templos; esculturas em madeira e pedra, roupas e insígnias. Se esses objetos exóticos proliferam, são os inferiores que transformam os superiores:[10] adereços em ouro e broches de jade, gravuras bordadas e sedas coloridas – tudo isso pulula.

**法物滋彰，盜賊多有。**

—法物，好物也。珍好之物滋生彰著，則農事廢，飢寒並至。故盜賊多有也。

**E porque os petrechos cerimoniais[11] tornaram-se ainda mais luxuosos, mais bandidos e malfeitores há.**

*Comentários*

"Petrechos cerimoniais" [indica] objetos atraentes. Se coisas preciosas proliferarem, tornando-se mais luxuosas e atraentes, [o povo] deixará o trabalho agrícola, decorrendo disso fome e frio.[12] Eis a razão por que há ladrões e malfeitores em grande quantidade.

**故聖人云：**

—謂下事也。

**Por isso que o Sábio diz:**

*Comentários*

Alude ao que vem abaixo.

**我無為，而民自化；**

—聖人言：我修道承天。無所改作，而民自化成也。

**Eu não ajo e o povo se transforma[13] por si só;**

*Comentários*

O Sábio disse: "eu pratico o Dao e sou investido pelo Céu.[14] [Assim,] sem que nada seja iniciado ou modificado, o povo se transforma por si só, perfectibilizando-se".

**我好靜，而民自正；**

—聖人言我好「安」靜，不言不教。民皆自忠正也。

**Eu prezo o meu silêncio e o próprio povo se corrige;**

*Comentários*

O Sábio disse: "eu gosto de tranquilidade e silêncio; não me expresso, não doutrino. O povo inteiro retifica-se e oferece sua lealdade espontaneamente".

**我無事，而民自富；**

—我無徭役徵召之事，民安其業，故皆自富。

**Eu não crio perturbações e o povo se enriquece;**

*Comentários*

Eu não perturbo [o povo] com exigência de serviços militares, corveias, tributos ou convocações extraordinárias; [assim,] o povo encontra paz em seus afazeres e todos enriquecem.

**我無欲，而民自樸；**

—我常無欲，去華文，微服飾。民則隨我為質樸也。

**Eu não tenho desejos e o povo retorna sozinho à sua simplicidade;**

*Comentários*

"Mantenho-me sem desejos, livro-me de tudo o que é refinamento ou adereço, pois desprezo roupas e insígnias rituais. Já o povo, ele segue-me em minha naturalidade,[15] em minha simplicidade da madeira não trabalhada".

**「我無情，而民自清」。**[16]

—「聖人言：我修道守真，絕去六情，民自隨我而清也」。

**Eu mantenho-me sem emoções e o povo, desajudado, encontra sua pureza.**

*Comentários*

O Sábio disse: "eu pratico o Dao e preservo a autenticidade; elimino os seis desejos e o povo me segue, purificando-se".

## Notas

1 O Senhor do Rio explica 以 (que indica ou a preposição "com", ou o verbo "utilizar") como 至 (verbo "chegar a"), o que é filologicamente incorreto. Contudo, Ma Xulun propõe que 以正治國 deve ser lido como 以正之國, onde 之 tem o mesmo sentido de 至. Similarmente a outras "falsas etimologias" do Senhor do Rio, traduziu-se-o como mera interpretação, não sinonímia. O Senhor do Rio distorce o sentido literal dos dois primeiros versos para advogar uma teoria determinista de legitimação política, mais conhecida por *Mandato do Céu* (cf. cap. 16, nota 8). É interessante perceber que, talvez a título de devoção à memória do mestre, o comentário do Senhor do Rio nega o fato de que Laozi vê na guerra uma esfera independente da moralidade.

2 *Retidão/Astúcia:* Laozi postula que o binômio "retidão" (正, zheng) e "astúcia" (奇, qi) distingue as esferas da política e da guerra. "Retidão" pressupõe uma relação íntima entre governo e moral, enquanto "astúcia" define a prevalência dos fins sobre os meios. Não obstante, apesar de a distinção se pretender absoluta e das duas esferas serem idealmente separáveis, existe nelas uma convergência prática. Sua intersecção é perceptível não apenas em práticas governamentais menos nobres (polícia secreta, censura e outras atividades extralegais), mas também, e particularmente, nos períodos históricos em que inexiste na China um poder central, investido de autoridade suprema. Nesse contexto, vale a pena refletir sobre qual a relação real entre Retidão e Astúcia. O quinto capítulo da *Arte da Guerra* de Sunzi (Sun Tzu) 《孫子兵法·兵勢篇第五》, intitulado "Sobre a 'potência' de um exército", trata desse problema – ainda que circunscrito à estratégia militar. Em sentido estrito,

正 e 奇 são duas maneiras de se engajar forças adversárias: a primeira é diretamente (正), ou seja, de confrontação face a face. Tal confrontação seria feita "placidamente", isto é, aguardando o inimigo de forma defensiva. O segundo método seria "sob efeito surpresa" (奇), seja atacando os flancos, a retaguarda, ou qualquer outro ponto vulnerável. Para Sunzi, manobras diretas (正) são necessárias para conter investidas do adversário; nelas, o número de efetivos e a disposição das tropas são muito importantes; porém, o que soa menos óbvio, a vitória somente pode ser garantida pelo uso eficaz de táticas inesperadas pelo inimigo (奇), o que realça as características do comando e da estratégia. Por conseguinte, a "potência" de um exército não equivale apenas a seus números, à qualidade de seu treinamento ou armamento; além desses fatores, que poderíamos circunscrever à categoria de 正, há também as qualidades do uso criativo do terreno e do clima, dos estratagemas e inteligência, entre outros, que potencializam os recursos materiais – isto é, o elemento da Astúcia. Os comentários mais importantes, além disso, estribam a leitura segundo a qual 正 e 奇 não se restringem a dois métodos de manobrar forças, chegando ao ponto de justificar-lhes a tradução de "guerra convencional" ou "doutrina militar ortodoxa" para 正 e "táticas heterodoxas" ou "elemento não convencional" para 奇. Haveria, portanto, uma diferença de enfoque entre os dois, e não de natureza. A maior parte do quinto capítulo da *Arte da Guerra* é um largo elogio ao poder do general de combinar esses dois elementos na organização de sua estratégia (escuso-me de citá-lo aqui, pelo texto ser longo demais para uma nota. Dois axiomas famosos da *Arte da Guerra* sintetizam-no: "As artimanhas decidem o êxito das armas" 兵以詐立 (cap. 8, 軍爭篇第八); e "o melhor dentre os melhores generais é aquele que derrota o inimigo sem guerrear com ele" 不戰而勝, 善之善者也 (cap. 4) 《謀攻篇第四》. Resta saber até que ponto a visão que Sunzi postula para a guerra é reconhecida como aplicável à política. Trata-se de uma questão delicada em que os chineses são profundamente tendenciosos. A "Astúcia" também deve existir em tempos de paz? Consideradas as necessidades práticas de governo numa sociedade autoritária, não é conveniente que se reconheça uma zona cinzenta entre a estrita correção moral e as chamadas "situações excepcionais". Sobre o taoismo e (sua subespécie conhecida como) Legalismo, foi pronunciado verdadeiro anátema por ousar tratar da questão – ainda que sua conclusão sobre o assunto não tenha ficado tão distante da ortodoxia. Mas uma coisa é clara para todos: enquanto o país não tem um único líder, a "Astúcia" impera.

3 *Inação:* cf. cap. 1, nota 8.

4 A edição DZ inclui estes primeiros quatro versos no capítulo 56.

5 *Tabus:* 忌諱 (jihui), que literalmente significam os tabus associados à data da morte de um imperador e seu nome. Na China antiga, havia o costume de que, após a morte de um imperador, o ideograma de seu nome e a data de seu falecimento tornavam-se itens nefastos. Textos em que constassem deveriam ser alterados. Nessa passagem, "tabus" provavelmente podem ser considerados uma metonímia para o conjunto dos Ritos como um todo. Em sentido estrito, a palavra chinesa "tabu"

(忌諱, jihui) se refere a proibições recaindo sobre o nome pessoal de imperadores (que não poderia inclusive ser escrito) e também sobre casamentos entre pessoas de um mesmo clã. Em sentido lato, esses "tabus" podem ser expandidos para contemplar todo o sistema de proibições rituais a respeito de roupas, adereços, apetrechos, sacrifícios etc. Nesse sentido, os "tabus" impunham pesado ônus sobre a população, particularmente num tempo de grave crise econômica, como a era de Laozi. Há registro de que, malgrado a penúria do povo, famílias de estirpe realizavam cerimônias cada vez mais elaboradas e suntuosas, particularmente de funerais (cf. os capítulos de Mozi criticando o fenômeno). "O povo é cada vez mais *pobre*". Embora os três principais manuscritos transmitidos e MWD tragam "empobrecer", GD substitui 貧 (pin) por 畔 (pan), cognato de 背叛 (pan), significando "trair". Dessa forma, o verso leria "quanto mais tabus há em Tudo sob o Céu, mais o povo desobedece".

6 "*Por se ameaçarem uns aos outros,* caem na pobreza". A edição *Gu* lê: "por se trapacearem mutuamente, caem na pobreza" 共相欺紿，故貧也. A edição *Qiang* traz: "por se ameaçarem e se relacionarem perfidamente, caem na pobreza" 姦詭相殆故貧也.

7 *Objetos Afiados:* cf. cap. 36, nota 4.

8 *Poder:* cf. cap. 36, nota 5.

9 Em palavras mais críticas, caso o povo se armar, tornar-se-á menos inclinado a aceitar a doutrinação promovida pelos superiores.

10 Isto é, os aristocratas, originalmente adscritos a um código moral rigoroso, caem nas tentações dos artesãos e mercadores, competindo entre si para colecionar objetos raros e exibir sua opulência. Esse é um caso de transformação moral invertida.

11 "*Petrechos cerimoniais*". WB e FY trazem "decretos e prescrições" (法令, faling).

12 Ou seja, caindo a renda do trabalho agrícola, a plebe passará a produzir objetos preciosos – o que lhes é economicamente mais vantajoso. Todavia, faltante um mecanismo de coordenação das atividades produtivas, haverá crises de abastecimento e, consequentemente, fome e frio.

13 *Transformação:* cf. cap. 1, nota 16.

14 *Investido Pelo Céu:* cf. cap. 69, nota 4.

15 *Naturalidade:* cf. cap. 3, nota 2.

16 Presente em WB, FY, MWD e GD, esse verso (e sua glosa) estão ausentes dos principais manuscritos HSG. Wang Ka acrescentou-o com base em *P2639*.

# 順化第五十八

## *Capítulo 58*

## *Obedecendo à transformação*[I]

**其政悶悶，**

—其政教寬大，悶悶昧昧，似若不明也。

**Quando sua gestão é singela,**[2]

*Comentários*

Seu governo e doutrinação[3] são generosos, magnânimos, singelamente tolos, obscuramente imprecisos – como se fossem [oriundos de alguém] sem luzes.

**其民醇醇；**

—政教寬大，故民醇醇富厚，相親睦也。

**Seu povo [mostra-se] austero.**

*Comentários*

[Seu] governo e doutrinação são generosos, magnânimos; por isso o povo é austero, [mas em meio] a grande fartura – relacionando-se com afeto familiar, [em clima de] concórdia.

**其政察察，**

—其政教急疾，言決於口，聽決於耳也。

**Se seu governo é rigoroso,**

*Comentários*

Se seu governo e doutrinação são precipitados [exigindo resultados excessivamente céleres], o que se fala morre na boca de quem diz, o que se ouve morre nos ouvidos de quem escuta.

**其民缺缺。**

—政教急「疾」，民不聊生，故缺缺，日以踈薄。

**Seu povo [responde] com manhas.**

*Comentários*

Se seu governo e doutrinação são precipitados, [exigindo resultados excessivamente céleres], o povo não se fia [neles] para sobreviver; é por tal razão que adota artimanhas, distanciando-se [de seus superiores] a cada dia que se passa.

**禍兮，福之所倚；**

—倚，因也。夫福因禍而生，人遭禍而能悔過責己，修道行善，則禍去福來。

**Oh, os reveses! Sobre eles se firmam as fortunas.**

*Comentários*

"Firmar-se" [é uma metáfora para] "ter origem em". As fortunas têm origem nos reveses. É quando as pessoas sofrem tribulação que começam a se arrepender dos próprios erros e culpar-se. Se cultivam o Dao e praticam boas ações, os reveses se vão e as fortunas vêm.

**福兮，禍之所伏：**

—禍伏匿於福中，人得福而為驕恣，則福去禍來。

**Oh, as fortunas! Nelas [jazem] os reveses, à espreita.**

*Comentários*

Os reveses escondem-se, à espreita, em meio às fortunas; quando as pessoas têm sorte, tornam-se alvo da arrogância e do desregramento – consequentemente, as fortunas se vão e os reveses vêm.

**孰知其極？**

—禍福更相生，誰能知其窮極時。

**Quem sabe [onde] culminará [essa alternância]?**[4]

*Comentários*

Reveses e fortunas alternam-se, gerando-se uns aos outros; quem será capaz de vislumbrar o momento em que [tal alternância] se esgotará, atingindo sua culminância?

**其無正；**

—無，不也。謂人君不正其身，其無國也。

**Se perder a Retidão,**

*Comentários*

"Perder" [aqui significa sua] negação. [A frase] significa que se o soberano de homens não retificar seu comportamento, ele perderá suas terras.

**正復為奇，**

—奇，詐也。人君不正，下雖正復化。上為詐也。

**A Retidão voltará a ser Astúcia;**[5]

*Comentários*

"Astúcia" [é o mesmo que] trapaças. Dado que o soberano de homens não é reto, mesmo que seus subordinados o sejam, eles mudarão [sua forma de ser]. Isso porque seu superior trapaceia.

**善復為訞。**

—善人皆復化，上為訞祥也。

**[E] o bem voltará a ser eloquência vazia.**[6]

*Comentários*

Todas pessoas boas mudarão [sua forma de ser]. Isso porque seu superior expressa-se com mentiras e malícia.

**人之迷，其日固久。**

—言人君迷惑失正以來，其日已固久。

**Há muito que as pessoas estão perdidas,**

*Comentários*

Sugere que desde o momento em que o soberano de homens perdeu sua retidão, caindo em desorientação e perplexidade, já se passou um longo tempo.

**是以聖人方而不割，**

—聖人行方正者，欲以率下，不以割截人也。

**Por isso o Sábio [é reto como um] quadrado, mas [sua rigidez] não corta;**

*Comentários*

Em suas ações, o Sábio é reto e justo; mas ao guiar seus subordinados, não os recorta conforme [seus princípios].

**廉而不害，**

—「害，傷也」。聖人「行」廉清，欲以化民，不以傷害人也。今則不然，正己以害人也。

**Tem uma honestidade percuciente, mas não fere.**

*Comentários*

"Ferir" [significa] angustiar. Honestidade e lidimidade [caracterizam] as ações do Sábio; mas ao transformar o povo, não angustia as pessoas [com o vigor de suas convicções]. Nos dias atuais é diferente, pois os homens se retificam com o fim de ferir as outras pessoas.

**直而不肆，**

–肆，申也。聖人雖直，曲己從人，不自申也。

**É direto, mas nunca chega a indiscrição;**

*Comentários*

"Indiscrição" [significa] estender-se [além da marca]. Embora o Sábio seja direto, é capaz de se dobrar para seguir as pessoas; ele nunca se estende completamente.

**光而不曜。**

—聖人雖有獨見之明，常如闇昧，不以曜亂人也。

**Brilha mas não ofusca.**

*Comentários*

Embora o Sábio seja dotado de uma clarividência ímpar, ele sempre transmite a impressão de ser alguém ignaro, sem luzes – pois não deseja ofuscar os outros com seu brilho, confundindo-os.

## Notas

1 *Transformação:* cf. cap. 1, nota 16.

2 No vocabulário chinês, há uma série de palavras compostas pela repetição do mesmo ideograma, chamadas de 疊音詞 (dieyinci, palavras dobradas). Os quatro primeiros versos deste capítulo trazem, ao fim, exemplos desse gênero: 悶悶 (menmen), 醇醇 (chunchun), 察察 (chacha), 缺缺 (queque). Preferiu-se traduzi-las conforme o sentido, sacrificando seu valor estilístico.

3 *Doutrinação:* cf. cap. 2, nota 9.

4 Frequentemente, trechos de Laozi são citados fora de contexto e, tornando-se provérbios, distorcem seu sentido original. Por exemplo, este e os dois versos anteriores propõem que, na vida humana, há uma sucessão infinita de reveses e fortunas. "Onde culminará?" é a questão central para o indivíduo, diretamente interessado em seu destino. No entanto, é importante colocar a questão no contexto do poema como um todo. Os quatro primeiros versos definiram-lhe uma tese clara, que reitera o ensinamento fundamental de Laozi, segundo quem o Sábio que adotar a Inação para governar Tudo sob o Céu é capaz de se perenizar no cargo. Portanto, "onde culminará" é uma pergunta retórica. Fortuna ou revés não é um resultado aleatório: depende apenas de o Rei praticar ou não a Inação. O capítulo deixa claro que, mesmo sem se impor aos seus subordinados, o Rei taoista terminará por liderar pelo exemplo, conquistando os corações de Tudo sob o Céu.

5 *Retidão/Astúcia:* cf. cap. 57, nota 2. Na China antiga vigia uma concepção cíclica da história, em que a períodos de unificação imperial seguiam-se eras de caos e guerra

civil. Embora a Astúcia e as virtudes marciais fossem necessárias num primeiro momento para restabelecer a autoridade, em seguida seria preciso consolidar e legitimar a ordem por meio da moralização das relações sociais. As curtas dinastias Qin, Sui, Yuan e a China Popular de Chiang Kai-Shek são exemplo de regimes militares que não conseguiram "doutrinar" e "transformar moralmente" o povo. O que ensina a experiência chinesa é que, a partir do momento em que o soberano perdesse a Retidão que o legitimara, o regime voltaria ao caos e a Astúcia se faria necessária, mais uma vez.

6 "Eloquência vazia" adota o texto edição Wang Ka de HSG, que traz 訞 (yao), significando "mal uso da palavra", "maledicência" ou "manipulação retórica". WB substitui-o por 妖 (yao); e FY, por 祅 (yao), que significam "manifestações espirituais malignas", donde uma leitura alternativa para o verso: "E o bem voltará a ser o mal". Vale ressaltar que o Senhor do Rio glosa 訞 com 訞祥, palavra não dicionarizada que pode ser uma corruptela de 妖祥, hipótese em que o sentido da frase seria equivalente ao de WB ou FY.

# 守道第五十九
## *Capítulo 59*
## *Preservando o Dao*

**治人**

—謂人君欲治理人民。

**[Seja ao] governar as gentes,**

*Comentários*

[Laozi] diz que o soberano de homens deve governar seu povo, colocando-o em ordem.

**事天，**

—事，用也。當用天道，順四時。

**[Seja ao] servir ao Céu,**

*Comentários*

"Servir" [sugere a ideia de] adotar. Deve-se adotar o Caminho do Céu[1] e seguir as quatro estações.

**莫若嗇。**

—嗇，愛惜也。治國者當愛「惜」民財，不為奢泰。
治身者當愛「惜」精氣，不「為」放逸。

**Não há nada como o zelo.**[2]

*Comentários*

"Zelo" [significa] cuidado e atenção. Quem governa um feudo deve ter cuidado e atenção para com as posses do povo, não [deve tomá-las] com o propósito de ostentar [sua posição social] com toda a majestade [que lhe corresponde]. Quem governa o corpo deve ter cuidado e atenção para com sua energia pura,[3] e nunca se entregar à libertinagem.

**夫唯嗇，是謂早服。**

—早，先也。服，得也。夫獨愛「惜」民財，
愛「惜」精氣，則能先得天道也。

**E só [dos que têm] zelo é que se diz [serem "os que] se convertem cedo".[4]**

*Comentários*

"Cedo" [quer dizer] primeiro. "Converter-se" [de certa forma implica] encontrar. Somente aqueles que, com atenção, cuidam das posses do povo e da própria energia pura é que são os primeiros a encontrar o Caminho do Céu.

**早服謂之重積德。**

—先得天道，是謂重積德於己也。

**Os que se convertem cedo são [aqueles que] estimam acumular Virtude.[5]**

*Comentários*

Os que primeiro encontram o Caminho do Céu, diz-se, são aqueles que dão valor a acumular Virtude.

**重積德則無不尅,**[6]

—尅，勝也。重積德於己，則無不勝。

**Prezando acumular Virtude,**
**não há a quem não derrotem.**

*Comentários*

"Derrotar" [significa] vencer. Quem preza acumular Virtude, não há a quem não vença.

**無不尅，則莫知其極。**

—無不尅勝，則莫有知己德之窮極也。

**E derrotando a quem quer que seja, ninguém saberá dizer quais os limites;**

*Comentários*

Não há a quem não sobrepuje, logo não há pessoa capaz de compreender que [o Sábio] acumulou Virtude até o infinito.

**莫知其極，「則」可以有國。**

—莫知己德有極，則可以有社稷，為民致福。

**Ninguém sabendo aonde poderá chegar, é mesmo capaz de obter um feudo.**

*Comentários*

Visto que ninguém conhece os limites de sua Virtude, [o Sábio] é capaz de conquistar o altar dos espíritos dos grãos e do solo[7] [de um feudo], dadivando sorte[8] ao povo.

**有國之母，可以長久。**

—國，身同也。母，道也。人能保身中之道，使精氣不勞，五神不苦，則可以長久。

**Quem possuir a Mãe[9] de um feudo terá meios para perdurar,**

*Comentários*

[Os governos das] terras e do corpo [seguem o] mesmo [princípio]. "Mãe" [é uma metáfora para o] Dao. Se os homens forem capazes de proteger o Dao que há dentro de si, fazendo com que a energia pura não se fatigue e os cinco espíritos[10] [de seus receptáculos] não sofram agruras, tais pessoas conseguirão perenizar-se.

**是謂深根固蒂，**

—人能以氣為根，以精為蒂，如樹根不深則拔，
菓蒂不堅則落。言當深藏其氣，固守其精，無使漏洩。

**A isso comparo [uma planta de] raízes profundas e pedicelos firmes.**

*Comentários*

Consideremos nossa energia vital como uma raiz e nossa essência como um pedicelo. [Conforme essa analogia,] se as raízes não forem profundas, será possível arrancar a árvore; se os pedicelos não forem firmes, o fruto cairá [da copa. O verso propõe que o praticante do Dao] deve guardar sua energia vital nas profundezas [de seu corpo], preservando firmemente sua essência, não deixando que transborde para fora.

**長生久視之道。**

—深根固蒂者，乃長生久視之道。

**[Esse é o] Dao da vida longa, da presença duradoura.**

*Comentários*

Raízes profundas e pedicelos firmes são o Dao da vida longa e da presença duradoura.

## Notas

1 *Caminho do Céu:* cf. cap. 22, nota 2.

2 *Zelo:* Em chinês moderno, 嗇 (se) é um termo pejorativo, relacionado a avareza; contudo, de acordo com SWJZ, o termo 嗇 é o mesmo que 愛濇 (aise), isto é, "zelar". Na obra *Primavera e Outono do mestre Yan* 《晏子春秋·內篇·問篇下》, há um diálogo em que o mestre Yan distingue "zelo" de "avareza". Ele diz: "'Zelo' significa empregar com parcimônia aquilo que se tem disponível, conforme sua abundância ou escassez: enquanto pessoas ricas não devem esconder seu ouro, pessoas pobres não devem emprestar aos outros. 'Avareza' quer dizer acumular muitas coisas e não dividi-las com os outros, utilizando-as apenas para satisfazer a si próprio. 'Apego' implica nem distribuir, nem utilizar o que se tem. Logo o Dao do Homem Nobre está em zelar; o comportamento do Homem Mesquinho, em ser avaro ou apegado" 稱財多寡而節用之，富無金藏，貧不假貸，謂之嗇；

積多不能分人，而厚自養，謂之吝；不能分人，又不能自養，謂之愛。故夫嗇者，君子之道；吝愛者，小人之行也。 Comparar com a "parcimônia", segunda dos "Três Tesouros", no cap. 67.

3 No primeiro verso deste capítulo, Laozi delineia dois níveis de significado para suas palavras. Governar o País remete ao Caminho do Homem (cf. cap. 47, nota 3) e servir ao Céu significa buscar a longevidade. O Senhor do Rio dedica atenção aos dois, recomendando que o praticante do Dao cuide do povo e preserve sua "energia pura" – o que indica, especificamente, o sêmen (cf. *Essência*, cap. 3, nota 16).

4 *Converter-se Cedo*: (早服, zaofu) ao Dao como estilo de vida. Significa começar a praticá-lo, conformando-se aos seus ditames, o mais rápido possível. Já que o Dao é a mais eficaz doutrina de governo do corpo e do país, não faz sentido retardar a sua prática, o que ainda tem o benefício de evitar reveses para si. Esse é o entendimento plasmado pelo comentário de Han Feizi: "Embora nunca haja atravessado reveses, nem sofrido catástrofes, o Sábio obedece aos ditames do Dao com o coração vazio de intenções e expectativas: Eis o que Laozi chama de 'converter-se cedo'" 聖人雖未見禍患之形，虛無服從於道理，以稱早服. Wang Bi sugere o mesmo: "'converter-se cedo' refere-se à Constância do Dao" 早服，常也; e, na glosa ao verso seguinte: "somente aqueles que estão dispostos a 'acumular Virtude' sem almejar resultados imediatos podem vir a 'converter-se cedo à Constância do Dao'" 唯重積德，不欲銳速，然後乃能使早服其常. A tradução "converter-se" baseia-se na etimologia do termo (SWJZ: 服，用也). Autores modernos, entretanto, sugerem interpretar 服 como 復 (fu), isto é, "retornar": "retorna cedo" (ao Dao), o que enfatiza a dimensão "cosmológica" do Dao, como origem da vida. No que concerne às variantes, FY, MWD e GD trazem: "E por ter zelo, devem adotar o Dao (ou retornar ao Dao) cedo" (夫唯嗇，是以早服).

5 *Acumular Virtude*: (積德, jide) possui pelo menos dois sentidos, que cumpre diferenciar. Atualmente, o termo tem a tradução alternativa de "acumular mérito" e está relacionado às religiões populares. Da acumulação de mérito depende o destino da alma após deixar o corpo. "Mérito", nesse sentido, é o balanço das ações boas e ruins que o indivíduo realizou em vida. Além da moralidade propriamente dita, "boas ações" incluem atos de piedade religiosa, como recitar e copiar escrituras, queimar incenso, estudar a doutrina ou apoiar materialmente a igreja. O mesmo vale para o taoismo institucional e para o budismo. Aliás, é nesse sentido que o famoso monge taoista Cheng Xuanying (成玄英, ativo na primeira metade do séc. VII d.C.) emprega o termo em seu *Esclarecendo o significado da escritura do Dao e sua Virtude* 《道德經義疏》, obra em que o Dao tem um profundo sentido devocional. No entanto, em seu contexto histórico, a obra Laozi destinava-se a um grupo muito reduzido, uma aristocracia de letrados – sendo impossível ter qualquer dimensão devocional. Nesse grupo, sem dúvida era representativo um número de pessoas que lia os poemas na perspectiva de suas altas ambições políticas. Portanto, "acumular Virtude" (cf. cap. 38, nota 2) existe no vocabulário político como um meio de consolidar liderança moral e de buscar legitimidade para si, para o próprio clã e

para o próprio regime político. Em capítulo homônimo do *Clássico dos documentos*, Pan Geng, líder do clã de Shang quando sua dinastia já entrara em decadência, dirigiu um discurso com reprimendas acerbas contra a nobreza. Uma breve passagem desse discurso é elucidativa: "Se puderdes domar os vossos corações e, ao dispensar vossa substanciosa Virtude ao povo, seus benefícios também alcançarem seus parentes e amizades, não poderíeis assim bradar com toda a firmeza que sois os que *acumularam Virtude*??" 汝克黜乃心，施實德于民，至于婚友，丕乃敢大言汝有積德. Nesse discurso, Pan Geng tenta convencer a elite a aceitar uma nova mudança da capital, usando o povo – possivelmente a grande massa de escravos – como escudo para suas propostas, ao mesmo tempo em que tenta gerar consenso na sua própria classe.

6 Enquanto HSG traz 尅 (ke), isto é, "vencer, derrotar o inimigo", WB, FY e BS trazem 克 (ke), cujo sentido é mais genérico: "ser capaz de, ter o poder de". Portanto, uma leitura alternativa seria: "Acumulando Virtude, não há nada de que não seja capaz de fazer". Tudo indica que a leitura de HSG remete a uma concepção mais antiga de "acumular Virtude", tal como se vê no discurso de Pan Geng (cf. *supra*).

7 *Altar dos Espíritos do Solo e dos Grãos:* 社稷 (sheji), metonímia para o poder político sobre um feudo. Originalmente, significavam os altares onde sacrifícios eram feitos para os espíritos do Céu e da Terra (神祇, shenqi), com o objetivo de beneficiarem as colheitas, eliminarem a pragas e tragédias naturais e regularizar as chuvas. Dada a sua importância para a vida social e política, o termo começou a ser empregado como sinônimo de poder legítimo sobre um feudo.

8 *Dadivar Sorte:* cf. cap. 2, nota 12. Há um pano de fundo religioso para o termo "dadivar boa sorte" (致福, zhifu), que remete à realização de sacrifícios religiosos pelo soberano. Autor do sacrifício, o soberano distribuía as oferendas entre seus servos, conforme a patente hierárquica e etária de cada um. Logo, "dadivar sorte" é o termo usado para denominar essa distribuição de alimentos, liturgicamente "aceitos" pelos espíritos protetores. Na passagem, é óbvio que não se trata de uma entrega direta da refeição sacrifical que o soberano faz para o povo. O Senhor do Rio sugere que os sacrifícios beneficiam não apenas os seus participantes, mas também, num plano mais amplo, integra os homens ao Caminho do Céu, fazendo a natureza seguir auspiciosamente seu ciclo, trazendo benesses para a coletividade.

9 *Mãe:* é uma metáfora para o Dao. Han Fei explica: "No termo 'Mãe de um feudo', 'Mãe' é o mesmo que 'Dao'. O Dao é o que dá origem às técnicas que permitem a alguém investir-se no poder sobre um feudo. (...) Já que o Dao é capaz de se transformar junto com a sociedade e o mundo, quem com ele cultiva sua vida, será longevo; quem com ele busca manter seus privilégios, os terá por muito" 所謂"有國之母"：母者，道也。道也者，生於所以有國之術。(...) 夫道以與世周旋者，其建生也長，持祿也久.

10 *Cinco Espíritos:* cf. cap. 3, nota 15.

# *Quarto Rolo*

# 居位第六十
## *Capítulo 60*
## *Ocupando posições*

**治大國若烹小鮮。**

—鮮，魚「也」。烹小魚不去腸，不去鱗，不敢撓，恐其糜也。治國煩則下亂，治身煩則精散。

**Governar um grande reino assemelha-se a fritar piabas.**[1]

*Comentários*

"Piaba" [quer dizer] peixinho. Quem frita um peixinho não retira suas tripas, nem suas escamas. [Fritando-o,] não ousa virá-lo, por medo de que se esboroe. Quem governa um reino com excesso [de providências] faz com que as pessoas inferiores se revoltem; quem cuida excessivamente de si próprio desperdiça a essência.[2]

**以道莅天下，其鬼不神。**

—以道德居位治天下，則鬼不敢見其精神以犯人也。

**Se adotares o Dao para estar acima de Tudo sob o Céu, as entidades espirituais não empregarão seus poderes.**[3]

*Comentários*

Se [o praticante] empregar o Dao e sua Virtude no trabalho burocrático e no governo de Tudo sob o Céu, as entidades espirituais não ousarão manifestar seu espírito puro para assaltar as pessoas.

**非其鬼不神，其神不傷人。**

—其鬼非無精神，邪不入正，不能傷自然之人。

**Não é que não os empreguem, mas, ao fazê-lo, seus poderes não prejudicarão os homens.**

*Comentários*

Não é que as entidades não [ponham em ação] seu espírito puro, é [apenas o caso de que] a energia vital corrupta não contamina a [sua contrapartida] saudável[4] – [donde] ser impossível prejudicar o homem [que pratica a] espontaneidade.

**非其神不傷人，聖人亦不傷「人」。**

—非鬼神不能傷害人，以聖人在位不傷害人，故鬼「神」不敢干之也。

**Não apenas as entidades, o Sábio também não prejudicará as pessoas.**

*Comentários*

Não é que as entidades espirituais não sejam capazes de ferir as pessoas; é porque o Sábio está no poder que elas não o fazem. É por tal razão que tais entidades não ousam molestar [as pessoas].

**夫兩不相傷，**

—鬼與聖人俱兩不相傷也。

**[E] esses dois não se ferirão um ao outro.**[5]

*Comentários*

Entidades e Sábio; nenhum dos dois se lesará mutuamente.

**故德交歸焉。**

—夫兩不相傷，「則」人得治於陽，鬼得治於陰；人得全其性命，鬼得保其精神，故德交歸焉。

**É dessa maneira que as Virtudes se misturam e retornam [à origem].**[6]

*Comentários*

Ambos não se ferem, por isso os homens organizam-se conforme [as forças] Yang e os espíritos de acordo com [as] Yin. Os homens serão capazes de restaurar sua Natureza e Dons;[7] as entidades, de proteger seus espíritos puros. Logo suas Virtudes misturam-se e retornam [à origem].

## Notas

1 Eis a explicação de Han Fei: "Se, ao fritar piabas, virarmo-las várias vezes, isso arruinará o preparo delas. Se quem governa um país altera frequentemente suas leis, traz enormes sofrimentos para o povo. Por isso que o governante que possui o Dao gosta de se mostrar tranquilo e vazio de si, tratando qualquer mudança legal como um assunto dos mais sérios. Por isso é que se diz: 'governar um grande reino assemelha-se a fritar piabas'", p.141. 烹小鮮而數撓之, 則賊具宰。治大國而數變法, 則民苦之。是以有道之君貴虛靜, 而重變法。故曰: "治大國者若烹小鮮.

2 *Essência:* cf. cap. 3, nota 16.

3 *Entidades Espirituais:* cf. cap. 5 notas 10 e 15. "Não empregarão seus poderes", no original chinês, "empregar poderes" é 神, o mesmo termo que "espírito" (神, shen), conquanto utilizado como verbo.

4 *Energia Vital Correta/Corrupta:* a medicina chinesa distingue a energia vital saudável (正氣, zhengqi) das energias adulteradas (邪氣, xieqi). Mas como não poderia deixar de ser, o termo é empregado em diversos campos, desde a cosmologia até a ética. São conhecidos os versos de "Jornada Longínqua" (遠遊), compostos por (ou atribuídos a) Qu Yuan (屈原, 340-278 a.C.), primeiro poeta da China: "Voa, por um instante, e não volta, meu espírito; corpo meu, seco e duro, fica para trás; meu íntimo medita, contempla a *íntegra conduta*; e persegue as origens da *energia correta*" 神儵忽而不反兮, 形枯槁而獨留; 內惟省以端操兮, 求正氣之所由. Qu relata o voo da alma em transe que, deixando o corpo para trás, percebe o mundo como um fluxo de energia vital. Entretanto, a experiência mística não diminui a importância da vida social, pois não vige na China o mesmo tipo de dualismo entre corpo e espírito que na tradição ocidental. Qu afirma, ao contrário, que existe – ou deve existir – uma correspondência entre a conduta moral do homem e a ordem do cosmo. É por isso que o misticismo chinês nunca quebra as barreiras entre a existência individual e uma realidade superior, já que pressupõe a dependência física e moral do indivíduo ao todo, seja à sociedade, seja ao cosmo. Supostamente de um discípulo de Laozi ativo no terceiro ou quarto século antes de Cristo, a obra *Wenzi* (文子) na verdade é uma falsificação posterior. Não obstante, no seu quarto capítulo《文子·符言第四》encontra-se um trecho em que os dois tipos de energia vital são comparados: "Laozi disse: o Sábio não consegue dar expressão cabal ao seu coração; a multidão não consegue fazê-lo em relação aos próprios desejos. O Homem Nobre utiliza a

*energia correta*; o Homem Mesquinho, a *energia corrupta*. Dentro de si, une-se à natureza inata; fora de si, combina-se ao senso de dever; conflui à forma das coisas e juntas atuam, sem se prender a nenhum ser em particular: isso é a *energia correta*. Ganha força com coisas saborosas e excede-se com o som de música e a beleza das mulheres; manifesta-se em emoções como alegria e fúria, sem se importar com as consequências: isso é a *energia corrupta*. O que é corrupto e o que é correto prejudicam-se, um ao outro; o desejo e a natureza ferem-se, mutuamente. Não podendo os dois estarem de pé, um ao lado do outro, sempre acontece que um se ergue e o outro cai. Por isso, o Sábio ataca seus desejos e segue sua natureza" 老子曰: 聖人不勝其心, 眾不勝其欲。君子行正氣, 小人行邪氣。 內便于性, 外合于義, 循理而動, 不繫于物者, 正氣也。推于滋味, 淫于聲色, 發于喜怒, 不顧後患者, 邪氣也。邪與正相傷, 欲與性相害, 不可兩立, 一起一廢, 故聖人損欲而從性. Wenzi enfatiza que há uma clara coerência entre o tipo de energia e a moralidade, entre o que se tem dentro de si e o que se manifesta para fora de si – aliás, esse é um traço que define o pensamento chinês em geral. O que é peculiar ao taoismo primitivo, contudo, é o impulso ascético – diferente, em grau, da moderação pregada pelo confucionismo.

5 Nesse verso, Laozi sugere que a Inação aporta mais benefícios do que os rituais religiosos tradicionais. A crítica é feita com sutileza, sem confrontar diretamente as crenças herdadas de eras primitivas. O tato é necessário porque, na China arcaica, a propiciação de espíritos e o cumprimento dos deveres sacrificais tinham uma importância central na vida política. Acreditava-se piamente que rituais podiam resolver crises. No período conhecido como Primavera e Outono, contudo, as rápidas mudanças sociopolíticas colocaram em cheque tais crenças. Reagindo às novas realidades, os pensadores da época atribuíram maior relevo a doutrinas práticas de governo, sem significar, contudo, que se produziu um discurso de ruptura. Laozi aqui dá plena voz ao espírito conservador do pensamento chinês: ele não nega valor aos espíritos, mas desloca cuidadosamente a questão. Ao promover a harmonia no contexto mais restrito de uma sociedade, o Sábio satisfazia também as influências espirituais do Yin e do Yang. Segundo a doutrina taoista, essas influências ocorriam no quadro de uma harmonia mais ampla, que abraçava toda a natureza.

6 O texto original utiliza um pronome indefinido como objeto do verbo "retornar" ou "recolher-se". Pelo contexto, o retorno em questão deve ser à Unidade, à Origem, ao Dao.

7 *Natureza E Dons:* cf. cap. 16, nota 9.

# 謙德第六十一

## *Capítulo 61*

## *A modesta Virtude*[1]

**大國者下流，**

—治大國「者」當如「江海」居下流，不逆細微。

**Um país grande deve [ser como] o curso baixo [de um rio],**[2]

*Comentários*

Quem governa um país grande deve ser como os rios e os mares que ocupam a posição mais baixa – e nunca se revoltar contra [seu estatuto de] baixeza e humildade.

**天下之交，**

—大國「者」天下士民之所交會。

**[O ponto em que] Tudo sob o Céu converge,**

*Comentários*

Um país grande é para onde convergem os shi[3] e o povo de Tudo sob o Céu.

**天下之牝。**

—牝者，陰類也。柔謙和而不唱也。

**A fêmea de Tudo sob o Céu.**

*Comentários*

"Fêmea" [conota alguma coisa] do gênero Yin,[4] [que é] tenra, modesta, amena e nunca se vangloria [de sua Virtude].

**牝常以靜勝牡，**

—女所以勝屈於男，陰勝陽，以「其」安靜，不先求之也。

**Porque é calma, a fêmea sempre prevalece sobre o macho.**

*Comentários*

A razão para que a fêmea vença o macho, dobre-o, [em outros termos, a razão para que] a Yin prevaleça sobre o Yang é que a fêmea é tranquila e silenciosa, nunca tomando a iniciativa de buscar o macho.

**以靜為下。**

—陰道，以安靜為謙下。

**Através de seu silêncio, submete-se.**[5]

*Comentários*

O dao[6] [das energias] Yin é [manter-se] tranquila e em silêncio, agindo com modéstia e submissão.

**故大國以下小國，則取小國；小國以下大國，則取大國。**

—能謙下之，則常有之。此言國無大小，能執謙畜人，則無過失也。

**Isto posto, se o país grande colocar-se abaixo do pequeno, ele o tomará; se o país pequeno colocar-se abaixo do grande, ele o tomará.**[7]

*Comentários*

Se for capaz de agir com modéstia e submeter-se a ele, possuí-lo-á em definitivo. [Esse verso] explica que não há distinções [de princípio] entre países grandes ou pequenos; basta-lhes que adotem [a política] de se apropriar e de criar [rebanhos de] gente para que não haja erro.

**或下以取，或下而取。**

—下者謂大國以下小國，小國以下大國；更以義相取。

**Alguns se submetem para conquistar; outros, submetem-se e conquistam.**[8]

*Comentários*

[O sujeito de] "submeter-se" tanto é os países grandes, que se colocam abaixo dos pequenos, como os países pequenos, que se põem sob os países grandes. Eles conquistam-se, mutuamente, conforme essa ordem.[9]

**大國不過欲兼畜人，**

—大國不失下，則兼並小國而牧畜之。

**[Por isso,] um país grande não deve [ceder à] cobiça de se apropriar de [rebanhos de] gente e de criá-los;**[10]

*Comentários*

Se um país grande não perder [autoridade] sobre seus súditos, será capaz de anexar países pequenos e criar um maior rebanho [de gente].

**小國不過欲入事人。**

—入為臣僕。

**[E] um país pequeno não deve se precipitar, pondo-se a serviço de [um grande] homem.**[11]

*Comentários*

"Pôr-se a serviço" [implica] sub-rogar-se [terminantemente] como servo [do grande país].

**夫兩者各得其所欲，大者宜為下。**

—大國，小國各欲得其所；大國又宜為謙下。

**[Grande e pequeno,] ambos obtêm aquilo que desejam; o país grande é o que deve colocar-se abaixo.**

*Comentários*

Grande ou pequeno, cada país obtém o que deseja; o país grande é o que deve ser modesto e submisso.

# Notas

1 Há duas leituras possíveis para o capítulo. Uma descreve o país grande como o único capaz de tomar Tudo sob o Céu, restando ao país pequeno adequar-se à ordem e obter o máximo de benefícios em sua sujeição. Respaldam-no o texto de MWD e a interpretação de Wang Bi, como ilustrado em nota específica *infra*. Por outro lado, o Senhor do Rio defende a tese que mesmo pequenos países podem tornar-se países grandes e, eventualmente, tomar Tudo sob o Céu, se utilizarem as técnicas descritas em *Laozi*.

2 "Um país grande deve [ser como] o curso baixo [de um rio]". HSG, WB e MWD trazem a mesma redação. FY amplia o sentido do verso: "um grande país é como o curso baixo dos rios de Tudo sob o Céu" (大國者天下之下流).

3 *Shi:* cf. cap. 15, nota 1.

4 *Yin-Yang:* cf. cap. 1, nota 20.

5 Lit. "em silêncio, fica embaixo [do macho]".

6 Redigido com minúscula, "dao" significa forma de ser e agir.

7 É possível que um país pequeno conquiste um país grande, ainda mais ao se submeter a ele? Motivado talvez pelo senso comum, Wang Bi nega-o. Por um lado, diz que "quando países grandes agem com modéstia, 'submetendo-se' a países menores, Tudo sob o Céu coloca-se à sua mercê" 大國修下，則天下歸之. Por outro lado, "países pequenos que [agem da mesma forma] somente conseguem preservar sua existência 小國修下，自全而已 – ou seja, tornando-se tributários de uma grande potência. Entretanto, o verso de Laozi diz, claramente, que "o país pequeno toma o grande" 則取大國. Em termos hermenêuticos, esse problema é aparentemente resolvido com a sugestão de que "tomar" (取, qu) é erro de cópia do ideograma "agregar-se a" (聚, ju). Além disso, MWD lê "o país pequeno será tomado pelo país grande". Para conhecer a visão contrária, segundo a qual países pequenos podem tomar países grandes, cf. a leitura do Senhor do Rio.

8 Visto que os sujeitos dos dois períodos que compõem o verso são indeterminados, há diversas leituras possíveis, algumas substancialmente diferentes do que ensina o comentário do Senhor do Rio. Por exemplo, a de Wang Bi: "alguns (i.e. os países grandes) que se submetem conseguem tomar [aqueles a quem se submeteram]; outros, [i.e. os países pequenos], ao se submeterem, terminam sendo conquistados". Se desconsiderados os comentários, este e os dois próximos versos poderiam ser lidos como ressalva à eficiência absoluta da modéstia nas relações entre grandes e pequenas potências. Laozi poderia estar sugerindo que "às vezes, os países submetem-se e tomam [seus adversários]; às vezes, eles submetem-se e são tomados".

9 Grande ou pequeno, não importa. O Senhor do Rio crê que o país que se submete primeiro finda por prevalecer. O argumento deve ser visto dinamicamente, já que, para ele, *submissão é um estratagema*. Ao evitar conflitos armados, o país pequeno pode concentrar-se na acumulação de recursos (i.e. população) e assim crescer para além

da nação a que se sujeitou. "Eles conquistam-se, mutuamente, *conforme essa ordem*". O manuscrito *Qiang* traz: "ao agir com transigência, mas nos limites de um senso maior de dever, conquistam-se mutuamente" 更以義讓相取. "Com transigência, mas nos limites de um senso maior de dever" é a longa tradução de apenas dois caracteres, 義讓 (yirang). Tal "transigência" pode ser entendida criticamente, como a paciência de quem ainda não possui recursos para se chocar de frente com o adversário. É óbvio, todavia, que a explicação mais usual é a de que se deve tolerar a submissão até os limites do "moralmente aceitável" – mas até que ponto o moralmente aceitável se aplica a uma relação de submissão?

10 Alternativamente, esse verso poderia ser lido como "um país grande só deve desejar [uma coisa]: apropriar-se de e criar [rebanhos de] gente". Essa leitura é correta se a expressão 不過→欲 (buguo yu) for lida como "somente deseja". O Senhor do Rio a lê como 不→過欲 (bu guoyu), ou seja, "não deseja demasiadamente".

11 Esse verso é sintaticamente idêntico ao anterior, logo, também seria possível lê-lo como "um país pequeno só deve desejar [uma coisa]: pôr-se a serviço de [um grande] homem".

# 為道第六十二
## *Capítulo 62*
## *Praticando o Dao*

**道者，萬物之奧，**

—奧，藏也。道為萬物之藏，無所不容也。

**O Dao é o âmago[I] das dez mil coisas,**

*Comentários*

O âmago [da casa é o lugar onde se] estoca [coisas]. Enquanto "estoque" das dez mil coisas, não há nada que o Dao não consiga conter [em si].

**善人之寶，**

—善人以道為身寶，不敢違也。

**O tesouro do homem de bem,**

*Comentários*

O homem de bem toma o Dao como seu próprio tesouro, não ousando contrariá-lo.

**不善人之所保。**

—道者，不善人之「所」保倚也。遭患逢急，
猶知自悔卑下。

**Aquilo que [mesmo o] homem não bom [tenta] resguardar.**

*Comentários*

O Dao é aquilo em que os homens não bons se escoram e aquilo com que se protegem. Ao sofrerem reveses, ao se depararem com emergências, ainda são capazes de reflexão, arrependimento, humildade e submissão.

**美言可以市，**

—美言者，獨可於市耳。夫市，交易而退，
不相宜善言美語。求者欲疾得，賣者欲疾售也。

**Belas palavras podem ser compradas,**

*Comentários*

Belas palavras só servem para ser postas no mercado. [O mesmo ocorre com tudo que está no mercado:] após fechar o negócio, [os bens são levados] embora. [Em si,] não há nada que mereça belas palavras de elogio. Quem procura algo quer obtê-lo rapidamente e quem vende deseja se livrar [do que tem] urgentemente.

**尊行可以加人。**

—加，別也。人有尊貴之行，可以別異於凡人，
未足以尊道。

**[Só] ações dignas engrandecem [seu autor].**[2]

*Comentários*

"Engrandecer" [implica] diferenciar. Os homens que possuem conduta nobre e honrada podem, por meio dela, diferenciar-se das pessoas comuns; contudo, [boas ações] ainda não são o suficiente para que, [com elas, sejamos capazes] de honrar o Dao.

**人之不善，何棄之有？**

—人雖不善，當以道化之。蓋三皇之前，無有棄民，
德化淳也。

**Onde já se viu abandonar as pessoas às suas vicissitudes?**[3]

*Comentários*

Mesmo que as pessoas não sejam boas, deve-se usar o Dao para transformá-las [moralmente]. Antes dos três augustos[4] ninguém do povo era abandonado [por seus superiores], tendo em vista que a transformação moral[5] [promovida por aqueles reis] era pura.

**故立天子，置三公，**

—欲使教化不善之人。

**Por tal motivo é que o Filho do Céu[6] sobe ao trono e os Três Senhores[7] são empossados;**

*Comentários*

Para que as pessoas não boas sejam doutrinadas[8] e transformadas moralmente.

**雖有拱璧以先駟馬，不如坐進此道。**

—雖有美璧先駟馬而至，故不如坐進此道。

**Mesmo que haja grandes discos de jade[9] seguindo à frente das carruagens de quatro cavalos, nada melhor do que [nos] ajoelharmos e [lhes] oferecermos este Dao.[10]**

*Comentários*

Embora haja um cortejo de pessoas carregando discos cerimoniais de jade, seguido por carruagens de quatro cavalos, nada é melhor do que se ajoelhar e oferecer este Dao.

**古之所以貴此道者，何不日求以得？**

—古之所以貴此道者，不日日遠行求索，近得之於身。

**Por que não nos esforçamos, dia após dia, para obter aquilo que os antigos viam de nobre neste Dao?**

*Comentários*

O que os antigos prezavam neste Dao não eram coisas distantes, para a obtenção das quais tinham que se empenhar numa busca diária: encontravam-nas perto, dentro de si próprios.

**有罪以免耶！**

—有罪謂遭亂世，闇君妄行刑誅。修道則可以解死，免於衆耶也。

**[Com ele,] mesmo quem cometeu crimes pode ser perdoado!**[11]

*Comentários*

Criminosos são aqueles que por azar viveram numa era de desordem, quando um soberano sem luzes abusava das punições e execuções. Quem pratica o Dao, ao contrário, pode livrar-se da morte, sendo perdoado de uma miríade de males.[12]

**故為天下貴。**

—道德洞遠，無不覆濟，全身治國，恬然無為，故可為天下貴也。

**Eis por que [o Dao] é [o que há de mais] nobre em Tudo sob o Céu.**

*Comentários*

O Dao e sua Virtude são profundos [estendendo-se até o] longe; não há nada que não proteja, nada que não avance. Governa as terras com tudo de si, serenamente pratica a Inação e assim pode tornar-se o que é mais nobre em Tudo sob o Céu.

## Notas

1 *Ao/Âmago:* 奥 (ao), a palavra traduzida como "âmago", etimologicamente designa o canto sudoeste da casa. Desde as eras mais remotas, as casas chinesas eram construídas com a porta voltada para o sul, de modo que o canto sudoeste era o lugar mais escuro. No conjunto de sacrifícios religiosos domésticos oferecido pelas elites chinesas, o sacrifício ao 奥 era o mais importante. Acreditava-se que os espíritos de familiares ilustres, que ofereciam proteção ao domicílio, descansavam lá e, por isso, era nele que se colocavam as tábuas cerimoniais representando esses espíritos (牌位, paiwei). O termo em Laozi, portanto, conota venerabilidade e mistério. No manuscrito de MWD, 奥 é substituído por 注 (zhu). 注 é corruptela de 主, que significa "senhor", "dono".

2 *"Belas palavras podem ser compradas; [Só] ações dignas engrandecem [seu autor]". Huainanzi* traz uma variante para os dois versos: "belas palavras podem comprar honras;

belas ações enobrecem o indivíduo" 美言可以市尊，美行可以加人. Essa frase aparece em dois lugares diferentes (cf. cap. 12《淮南子·道應訓第十二》e 18《淮南子·人間訓第十八》.

3 *"Onde já se viu abandonar as pessoas às suas vicissitudes?"*. O comentário de Wang Bi propõe uma leitura diferente do verso: "pessoas abjetas, onde se viu abandonarem (o Dao)?". Nesse contexto, dado que todos valorizam o Dao, qual a diferença entre pessoas boas e abjetas? Wang Bi deixa claro que os homens maus somente preservam o Dao para proteger a própria vida e seus interesses.

4 *Três Augustos:* cf. cap. 19, nota 6.

5 *Transformação:* cf. cap. 1, nota 16.

6 *Filho do Céu:* 天子 (tianzi) é o título dado ao herdeiro ou rei da casa de Zhou; ao imperador antes da unificação do país. Segundo a tradição chinesa, o "Filho do Céu" recebia esse nome por haver recebido o poder político sob forma de chancela moral-religiosa do Céu: o chamado Mandato do Céu (天命, tianming). Sendo ungido como único governante legítimo, era o único responsável por uma série de sacrifícios religiosos de que dependia a segurança de seus domínios, seja em relação a catástrofes naturais, seja em relação a tragédias humanas.

7 *Três Senhores:* 三公 (san gong) eram três cargos de grande importância na dinastia Zhou, apesar de terem se tornado meramente honoríficos em eras posteriores. Segundo o *Clássico dos documentos*, no capítulo "Oficiais de Zhou"《尚書·周書·周官》, o Rei Cheng decide pela criação dos três cargos: 太師 (taishi), 太傅 (taifu) e 太保 (taibao) para auxiliá-lo e orientá-lo no governo do país. Esses três funcionários, particularmente o Taishi, equivalente ao "Grão-Ministro" de eras posteriores, estavam no topo da estrutura administrativa pré-imperial. Conforme a idealização de um outro clássico confuciano, os *Ritos de Zhou*, havia uma perfeita escada hierárquica integrando os diversos níveis da burocracia. Abaixo do Filho do Céu e dos Três Senhores, vinham os Seis Qing (六卿), na verdade um grupo de 376 categorias a partir de que se estruturava a administração da corte. Além dela, havia ainda uma multidão de membros da média e baixa nobreza, os Dafu (大夫) e Shi (士), seguidos dos escravos absorvidos na ordem burocrática, os "Li" (吏). (Cf. "Zaifu" (宰夫), terceira categoria dos *"Funcionários Celestes"*, primeira divisão dos *Ritos de Zhou*《周禮·天官·宰夫》). A partir da dinastia Han, o termo "Três Senhores" passou a indicar três outros cargos: 司徒 (situ), 司馬 (sima), 司空 (sikong). Aqui encontraremos o germe da tripartição de poderes chinesa – um "Grão-Ministro" responsável pelos poderes administrativo-cerimoniais em sentido estrito, um chefe absoluto das forças armadas e o responsável pela infraestrutura.

8 *Doutrinação:* cf. cap. 2, nota 9.

9 *Discos/Flechas De Jade:* Chamados de 璧 (bi), os discos de jade possuíam um orifício em seu centro. Eles eram um dos dois principais tipos de talismãs sagrados, utilizados durante os sacrifícios para o Sol, a Lua e as estrelas – o outro eram pentaedros de jade com forma de flecha, chamados de 圭 (gui). Esses objetos eram os mais desejados espólios de guerra, já que, numa sociedade teocrática como a da China

primitiva, sua mera posse tinha uma influência política legitimadora. Por serem venerados religiosamente, tais relíquias não apenas simbolizavam o poder religioso, também constituíam-no – e, por decorrência, incorporavam o poder político.

10 Merece ênfase o sentido revolucionário dessa passagem. O séquito de apresentação das insígnias rituais (p.ex. o disco de jade "bi"), antes mesmo da carruagem do rei, era uma das mais solenes cerimônias. Em contraste, Laozi afirma que o Dao, uma doutrina fora do esquema teológico tradicional, deveria ter precedência aos Ritos como um todo. Não é à toa que, durante a desagregação do Império Han, o taoismo foi a fonte de uma série de movimentos milenaristas que propunham refundar a ordem social.

11 "*Por que não nos esforçamos, dia após dia, para obter aquilo que os antigos viam de nobre neste Dao? [Com ele], mesmo quem cometeu crimes pode ser perdoado!*". WB, FY e MWD diferem de HSG, com a seguinte redação: "O que os antigos viam de nobre neste Dao? Não se diz que quem procura acha e quem tem culpa é perdoado?!" 古之所以貴此道者何？不曰求以得，有罪以免耶！

12 O Senhor do Rio lê 耶 (ye) como "xie", por considerá-lo corruptela de 邪 (xie), "males".

# 恩始第六十三

## *Capítulo 63*

## *A origem da gratidão*

**為無為，**

—因成循故，無所造作。

**Age sem agir,**[1]

*Comentários*

Ao terminar [sua obra], volta ao [seu estado] original; não há nenhum tipo de operação ou artifício [que realize a título próprio].

**事無事，**

—「不」預設備，除煩省事也。

**Serve sem servir,**

*Comentários*

Não antecipa, nem toma precauções; retira o que há em excesso e diminui o número de obrigações [que se deve prestar].

**味無味。**

—深思遠慮，味道意也。

**Saboreia o que não tem sabor.**[2]

*Comentários*

Ao refletir profundamente e ponderar sobre coisas distantes, ele é capaz de intuir o significado do Dao.

**大小，多少，**

—陳其戒令也。欲大反小，欲多反少，自然之道也。

**Grande ou pequeno, muito ou pouco,**[3]

*Comentários*

Apresente todas as suas ordens e advertências [ao povo, sabendo que quem] deseja algo grande, finda por obter algo pequeno; desejando muito, recebe pouco: eis o Dao da espontaneidade.[4]

**報怨以德。**

—修道行善，絕禍於未生也。

**Retribui ódio com Virtude.**[5]

*Comentários*

Ao cultivar o Dao e praticar a bondade,[6] erros e excessos extinguem-se antes de nascer.

**圖難於其易，**

—欲圖難事，當於易時，未及成也。

**Planeja [feitos] difíceis enquanto ainda são fáceis;**

*Comentários*

Quem quiser planejar feitos difíceis, que aja enquanto ainda está fácil, isto é, enquanto [as tendências] ainda não se perfizeram [em fato].

**為大於其細。**

—欲為大事，必作於小。禍亂從小來也。

**Executa grandes [realizações] enquanto ainda são pequenas.**

*Comentários*

Quem almeja realizar grandes façanhas, precisa começar com coisas pequenas. Pois as tragédias surgem de pequenos [detalhes].

**天下難事，必作於易；天下大事，必作於細。**

—「從易生難，從細生著」。

**As mais difíceis proezas de Tudo sob o Céu surgem de [inícios] simples; as maiores façanhas de Tudo sob o Céu têm [princípios] modestos.**

*Comentários*

[Do fácil nasce o difícil; do pouco visível, o que salta aos olhos].[7]

**是以聖人終不為大，故能成其大。**

—處謙虛，天下共歸之也。

**[Atento para tal fato,] o Sábio nunca se esmera em algo grandioso – e é por essa razão que é capaz de realizar sua grandeza.**

*Comentários*

Comporta-se de maneira modesta, vazio de si; e Tudo sob Céu submeter-se-lhe-á, conjuntamente.

**夫輕諾必寡信，**

—不重言也。

**[Aquele que] se compromete levianamente finda por perder sua confiabilidade;**

*Comentários*

Não dá valor à palavra.

**多易必多難，**

—不慎患也。

**[Aquele que] encontra facilidade em tudo termina esbarrando em muitas dificuldades;**

*Comentários*

Não tem cautela diante das agruras.

**是以聖人猶難之，**

—聖人動作舉事，猶「猶」進退，重難之，欲塞其源也。

**[Sabendo disso,] mesmo o Sábio vê dificuldades [nas coisas],**

*Comentários*

Ao mover-se ou ao tomar qualquer atitude, o Sábio é comedido, avançando ou não. Se busca dificuldades no que faz, é porque deseja eliminá-las na origem.

**故終無難。**

—聖人終身無患難之事，由避害深也。

**E por fim não há dificuldades.**

*Comentários*

O Sábio não se depara com obstáculos ao longo de sua existência: isso porque [mantém atenção] profunda para evitar [todo] dano.

## Notas

1 A melhor tradução desse verso seria "pratique a inação" (cf. cap. 1, nota 8), mas preferiu-se a tradução literal, para preservar o paralelismo sintático dos três primeiros versos.

2 Cf. cap. 35: "Ao sair da boca, o Dao é mais insípido do que não sabe a nada" 道之出口，淡乎其無味. O Senhor do Rio explora um dos sentidos derivados da palavra 味 (wei), que é o de "sentido", "significado". O comentário de Wang Bi: "aquilo que acha sabor e sentido no que é sereno e insosso é o sumo da ordem" 以恬淡為味，治之極也. O soberano ideal para Wang Bi (e de certa forma para a tradição política chinesa) é muitas vezes impassível.

3 Esse verso, considerado de difícil compreensão por especialistas modernos, possui uma redação alternativa em GD: "quem considera pequeno o que é grande, encontrará muitas dificuldades no que deveriam ser coisas fáceis" 大小之，多易必多難. Entretanto, os comentaristas mais antigos parecem ter associado "grande, pequeno; muito, pouco" ao verso "retribua ódio com Virtude", p.ex. Han Fei《韓非子·喻老》explica que "o que é grande nasce do que é pequeno; o que é

muito, do que é pouco" 大生於小, 多生於少. Wang Bi também associa-o ao ódio em sua lição.

4 *Espontaneidade:* cf. cap. 1, nota 7.

5 *Retribuição (Misericórdia):* É importante enfatizar que a mensagem cristã de "amar os inimigos" não encontra correspondência alguma na cultura chinesa, mesmo se comparada com a noção budista de 慈悲 (maitri-karuna) ordinariamente traduzida como "misericórdia". Essa "misericórdia" possui um sentido eminentemente teológico; colocando-a nos termos mais simples, trata-se de um atributo exclusivo das boddhisattvas, as quais, disseminando a doutrina budista, podem "transmitir alegria" aos fiéis ("maitri" significa "conceder alegria": 與樂, yu le) e também "aliviar seu sofrimento" (eis o que significa "karuna": 拔苦, ba ku). No contexto da revelação budista, o conteúdo de "alegria" e "sofrimento" está condicionado a que se quebre o apego à noção de "eu", já que o que entendemos por indivíduo é uma ficção do intelecto. Logo, também é absurda a ideia de "amar o inimigo", pois os laços que nos ligam uns aos outros são reflexo do mesmo tipo de apego que temos em relação a nós mesmos – algo que, segundo o budismo, devemos nos livrar. Em outras palavras, o que se chama ordinariamente de "amor" e "perdão" remete a um tipo de realidade, social e política, pela qual o Budismo não tem interesse – já que são doutrinariamente irrelevantes para sua epistemologia e soteriologia transcendentes. No que diz respeito ao pensamento chinês autóctone, essa frase de Laozi é o mais próximo que se pode chegar de uma crítica ao princípio da retribuição (cf. cap. 30, nota 2), claramente defendido por *Analectos*, 14.36: "Alguém disse: 'retribuir o ódio com virtude, que tal?'. O Mestre disse: '[Sendo assim,] como retribuir a virtude? Retribui-se o ódio com retidão; retribui-se a virtude com virtude'" 或曰: "以德報怨, 何如 "。子曰: "何以報德 以直報怨, 以德報德". Não é necessário dizer que Confúcio define justiça como estrita proporcionalidade; um ato bom deve ser recompensado com outro ato bom, enquanto um ato ruim deve ser punido conforme as convicções sociais vigentes. Nesse contexto, embora seja incapaz de compreender o ideal cristão, Laozi consegue perceber com clareza as vantagens de contar com a gratidão de alguém que sabe que deveria ter sido punido, mas não foi. O título dado a esse capítulo, com muita propriedade, é 恩始, "a origem da gratidão". Essa gratidão assenta-se na boa consciência de cada indivíduo, tendo uma força política redentora – se as pessoas forem capazes de se comover com tal favor. Aliás, "favor" é uma tradução possível do termo 恩, sem equivalente perfeito em português. Se, por um lado, 恩 significa a "gratidão" que se dedica a quem nos beneficiou, por outro, significa o "favor" ou a "benesse" que alguém nos concede. Portanto, não há nada em comum com a "graça" cristã que, como explica sua etimologia, é gratuita.

6 "*Ao cultivar o Dao* e praticar a bondade". A edição *Yi Lin* traz "ao cultivar seu corpo" 修身行善.

7 Na maior parte dos manuscritos de HSG esse verso não possui glosa. Esta, provavelmente espúria, foi retirada do manuscrito *Anotações Reunidas*.

# 守微第六十四

## *Capítulo 64*

## *Protegendo a tenuidade*[I]

**其安易持，**

—治身，治國安靜者，易守持也。

**Onde há estabilidade, é fácil de mantê-lo;**

*Comentários*

Se ao governar o país ou o corpo há estabilidade e calma, será fácil preservá-lo.

**其未兆易謀，**

—情慾禍患未有形兆「之」時，易謀止也。

**O que não tem indícios, é fácil de planejá-lo;**

*Comentários*

Quando os desejos e inclinações, catástrofes e sofrimentos ainda não se revelaram, nem tomaram forma, é fácil planejar como evitá-los.

**其脆易破，**

—禍亂未動於朝，情慾未見於色，如脆弱易破除「也」。

**Onde há fragilidade, é fácil de quebrá-lo;**

*Comentários*

Quando as sedições ainda não efervesceram dentro da corte,[2] quando os desejos ainda não se manifestaram num corpo, é como se fossem algo quebradiço, fácil de se desfazer.

**其微易散。**

—其「事」未彰著，微小易散去也。

**O que é sutil, é fácil de dispersá-lo.**

*Comentários*

Quando [o resultado de uma] situação ainda não se tornou evidente[3] aos olhos, seus pequenos e magros inícios são fáceis de dispersar.

**為之於未有，**

—欲有所為，當於未有萌芽之時，「豫」塞其端也。

**Age enquanto nada há;**

*Comentários*

Quem deseja evitar um [resultado determinado], deve fazê-lo enquanto ainda não começou a distinguir-se, obstruindo os seus inícios antecipadamente.

**治之於未亂。**

—治身治國，「當」於未亂之時，豫閉其門也。

**Impõe ordem antes da desordem.**

*Comentários*

Quem governa um feudo ou o próprio corpo deve fechar as suas portas[4] preventivamente, enquanto a desordem ainda não se instalou.

**合抱之木，生於毫末，**

—從小成大。

**Um tronco de uma braça cresce de delgado caniço;**

*Comentários*

O que é grande produz-se do que é pequeno.

**九層之臺，起於累土。**

—從卑立高。

**Um terraço de nove andares ergue-se duma pá de terra;**

*Comentários*

O que é alto ergue-se do que é baixo.

**千里之行，始於足下。**

—從近至遠。

**Uma jornada de mil li[5] começa sob o pé do viajor.**

*Comentários*

O que é longe estende-se do que está perto.

**為者敗之，**

—有為於事，廢於自然；有為於義，廢於仁「慈」；
有為於色，廢於精神也。

**Quem [tenta] realizar [algo] fracassa;**

*Comentários*

Quem age por intenção ou forçosamente prejudica a Espontaneidade.[6] Quem o faz [movido pelo] senso de dever[7] prejudica a humanidade[8] e o carinho paterno;[9] quem o faz [movido pela] beleza exterior[10] prejudica o espírito puro.[11]

**執者失之。**

—執利遇患，執道全身，堅持不得，推讓反還。

**Quem se agarra [a algo] perde-o.**

*Comentários*

O homem que se agarra a vantagens passa por transtornos, mas quem se agarra ao Dao resguarda sua vida.[12] A pessoa que persiste obstinadamente não tem êxito, mas aquele que transige em favor de outrem por fim recebe [concessões] de volta.[13]

**聖人無為，故無敗；**

—聖人不為華文，不為色利，不為殘賊；故無敗壞。

**O Sábio pratica a Inação,[14] por isso nunca fracassa;**

*Comentários*

O Sábio não produz insígnias sofisticadas, não se entrega a volúpia nem a vantagens, não comete crueldades ou vilanias. Eis a razão para que nunca fracasse ou se corrompa.

**無執，故無失。**

—聖人有德以教愚，有財以與貧。無所執藏，故無所失於人也。

**Não se agarra [a nada], por isso nada perde.**

*Comentários*

O Sábio utiliza sua Virtude[15] para doutrinar os estultos; utiliza suas posses para dar aos pobres. Não há nada a que se apegue, nada que entesoure; por tal motivo, não tem nada que possa perder para os outros.

**民之從事，常於幾成而敗之，**

—從，為也。民之為事，常於「其」功德幾成，而貪位好名，奢泰盈滿，而「自敗」也。

**É da maneira do povo tratar de seus assuntos que, faltando pouco para alcançar seus desígnios, não raro fracasse.[16]**

*Comentários*

"Tratar" [sugere] agir [intencional ou forçosamente]. Quando o povo realiza uma obra, muitas vezes [há situações em que estão] prestes a consolidar seus méritos e Virtude; contudo, tomados pela cobiça de altas posições e pelo amor à fama, enchem-se de si, [entregam-se] ao luxo e à ostentação, trazendo fracasso para si próprios.

**慎終如始，則無敗事。**

—終當如始，不當懈怠。

**Se dedicares ao fim a mesma atenção que destes ao início, não haverá nada em que fracasses.**

*Comentários*

Deve-se terminar as coisas da mesma forma com que se as começou. Nunca se deve [ceder] à indolência.

**是以聖人欲不欲：**

—聖人欲人所不欲。人欲彰顯，聖人欲伏光；人欲文飾，聖人欲質樸；人欲「於」色，聖人欲於德也。

**Com esse fito, o Sábio só deseja não ter desejos:**

*Comentários*

O Sábio deseja o que as pessoas não almejam para si. As pessoas querem estar em evidência, serem ilustres; o Sábio anela encobrir seu brilho. As pessoas ambicionam insígnias e adereços de distinção; o Sábio aspira à Naturalidade[17] e à simplicidade [da madeira não trabalhada]. As pessoas têm volúpia pela beleza;[18] o Sábio só tem olhos para a Virtude.

**不貴難得之貨；**

—聖人不眩「晃」為服「玩」，不賤石而貴玉。

**Não dá valor a objetos raros;**

*Comentários*

O Sábio não se ilude com roupas, petrechos, brinquedos... Ele não despreza a pedra e estima o jade.

**學不學，**

—聖人學人所不能學。人學智詐，聖人學自然；人學治世，聖人學治身。守道真也。

**Estuda o não estudo;**[19]

*Comentários*

O Sábio estuda aquilo que as pessoas são incapazes de aprender: as pessoas aprendem conhecimentos e artifícios; o Sábio imita[20] a Espontaneidade. As pessoas aprendem a governar sua geração; o Sábio aprende a governar a si próprio. [O segredo do Sábio é que ele] preserva [em si próprio] o Dao genuíno.

**復眾人之所過，**

—眾人學問「皆」反；過本為末，過實為華。復之者，
使反本「質」也。

**Reverte os excessos da multidão.**

*Comentários*

Os estudos a que a multidão se dedica são todos o inverso [do que é próprio]. A multidão passa [desapercebida] pela raiz para se ocupar com os ramos,[21] passa [desapercebida] pelos frutos para se ocupar com a flor.[22] "Reverter" [significa] fazer que as pessoas voltem à sua raiz, à Naturalidade.[23]

**以輔萬物之自然，**

—教人反本實者，欲以輔助萬物自然之性也。

**Dessa forma auxilia a espontaneidade das dez mil coisas**

*Comentários*

Doutrina as pessoas para que retornem à sua raiz, ao fruto; pois deseja dar apoio à natureza íntima,[24] [inerente] à espontaneidade das dez mil coisas.

**而不敢為。**

—聖人動作因循，不敢有所造為；恐遠本也。

**E jamais ousa agir.**

*Comentários*

Os movimentos e ações do Sábio seguem o fluxo [da Espontaneidade do Dao], seguindo-a. [Por tal motivo], não ousam agir causal ou intencionalmente, temendo [assim] afastar-se da raiz.

# Notas

1 GD traz apenas a segunda metade deste capítulo, reproduzida com leves diferenças de redação em dois grupos diferentes. No primeiro grupo (甲): 為之者敗之, 執之者失之。是以聖人無為故無敗; 無執故無失。臨事之紀, 慎終若始, 則無敗事矣。聖人欲不欲, 不貴難得之貨; 教不教, 復眾之所過。是故聖人能輔萬物之自然而弗能為. No terceiro grupo (丙), o texto é o seguinte: 為之者敗之, 執之者失之。聖人無為, 故無敗也; 無執, 故「無失也」。慎終若始, 則無敗事矣。人之敗也, 恒於其且成也敗之。是以「聖」人欲不欲, 不貴難得之貨; 學不「學, 復」眾之所過。是以能輔萬物之自然而弗敢為. (cf. WXG, p. 614).

2 "Quando as sedições ainda *não efervesceram dentro da corte*". O manuscrito *Qiang* lê: "ainda não arrebentaram [do solo]" 未動於萌. Os manuscritos *Anotações reunidas* e *Gu* trazem "ainda não se moveram em meio às audiências do Rei" 未動於朝夕.

3 *"Não se tornou evidente"* parafraseia 微 (wei), "tênue, sutil" (cf. título do capítulo). GD traz "Quando as coisas se encontram num *estado de extrema sutileza*, é fácil que se dispersem" 其幾易散.

4 Cf. caps. 52 e 56: "Sela os orifícios [de tua face]; fecha as portas [de teu ser]".

5 Medida chinesa de extensão; atualmente conta cerca de 500m.

6 *Espontaneidade:* cf. cap. 1, nota 7.

7 *Dever:* cf. cap. 18, nota 4.

8 *Humanidade:* cf. cap. 5, nota 3.

9 *Carinho Paterno:* cf. cap. 18, nota 10.

10 *Beleza Exterior:* cf. cap. 12, nota 1.

11 *Espírito Puro:* cf. cap. 5, nota 15.

12 *"O homem que se agarra a vantagens passa por transtornos"*. O manuscrito *Gu* possui redação alternativa: "o homem que não releva suas inimizades (lit. "quem se agarra aos próprios inimigos") perde a vida" 執敵失身.

13 *Reciprocidade:* O Senhor do Rio toma a reciprocidade 推讓返還 como um axioma, e não deixa de ter razões para tanto. De fato, a reciprocidade é o principal elemento da noção chinesa de justiça, que carece do "elemento transcendente" encontrado na tradição greco-cristã. Não é necessário dissertar a fundo sobre a importância de Deus como juiz imparcial, onisciente (e misericordioso); nem da justiça como pura proporcionalidade – Platão recusou a ideia logo no primeiro livro da *Politeia*. No Ocidente, a justiça extrapola o limite das relações humanas em particular, e facilmente põe em cheque as instituições políticas, os valores e mesmo a concepção da realidade. No caso da China, a justiça está condicionada a um puro elemento de equivalência de trocas; afinal, como podemos perceber em Laozi, há um sistema implícito de correspondências biunívocas, hierárquicas, unindo desde Céu e Terra, até a relação política de subordinação entre pai e filho, soberano e servo.

14 *Inação:* cf. cap. 1, nota 8.

15 *Virtude:* cf. cap. 38, nota 2.

16 *"É da maneira do povo tratar de seus assuntos que, faltando pouco para alcançar seus desígnios, não raro fracasse"*. Em GD, primeiro grupo, esta frase aparece como "ao tratar de teus assuntos, a norma é que (...)" 臨事之紀.

17 *Naturalidade*: cf. cap. 3, nota 2.

18 *"As pessoas têm volúpia pela beleza"*. O manuscrito *Gu* lê "a multidão anela riquezas e mulheres" 眾人欲於財色.

19 *Estudo*: cf. cap. 48, nota 1. *"Estuda o não estudo"*. Em GD, primeiro grupo, há: "doutrine a não doutrina" (教不教).

20 Com a mesma palavra, 學 (xue), a língua chinesa significa "estudar", "aprender" e "imitar". Os três sentidos aparecem nesta única frase do Senhor do Rio.

21 *Raiz/Ramos*: cf. cap. 38, nota 27.

22 *Flor/Fruto*: a relação entre flor e fruto é análoga à que existe entre raiz e ramos. O original chinês utiliza a palavra 華 (hua), cujo sentido literal é flor, mas que também possui uma série de conotações. A flor é uma etapa efêmera no desenvolvimento da planta. Ela não tem qualquer valor prático, qualquer finalidade, qualquer sentido. A beleza que "tem" – na verdade, a beleza que lhe atribuímos – reflete sua falta de substancialidade: é uma beleza exterior, parcial e precária. Já o fruto (實, shi, que também significa "cheio") é o inverso da flor: "cheio" por dentro, possui substância. Não apenas há uma utilidade para o fruto, mas ele ainda carrega vida em si. Embora não tenha beleza "por fora", ele esconde dentro de si o poder de nutrir-se e desenvolver-se. Eis uma boa alegoria para o Dao.

23 *Naturalidade*: cf. cap. 3, nota 2.

24 *Natureza*: cf. cap. 8, nota 1.

# 淳德第六十五
## *Capítulo 65*
## *A mais pura Virtude*

**古之善為道者，非以明民，將以愚之。**

—說古之善以道治身及治國者，不以道教民明智巧詐也。將以道德教民，使質樸不詐偽。

**Aqueles que no passado se distinguiram como praticantes do Dao não o usavam para dar luzes ao povo, mas para mantê-lo ignorante.**[1]

*Comentários*

[Este verso] explica que, no passado, aqueles que se destacavam em usar o Dao para governar seus corpos e suas terras não o empregavam para doutrinar as pessoas, dando-lhes luzes e sabedoria, [a partir de que produziam] artimanhas e trapaças. Eles doutrinavam o povo sobre o Dao e sua Virtude,[2] fazendo com que [assumissem] sua Naturalidade,[3] a simplicidade da madeira não trabalhada – sem trapaças ou falsidade.

**民之難治，以其智多。**

—「民之所以難治者，」以其智「太」多，而為巧偽。

**[Pois] o povo que tem muito saber é difícil de governar.**

*Comentários*

O povo é difícil de governar porque tem sabedoria demasiada e [não raro] lança mão de artifícios e falsidades.

**以智治國，國之賊，**

—使智慧之人治國之政事，必遠道德，妄作威福，為國之賊也。

**[Dessa forma,] quem governa suas terras com sabedoria finda por se tornar delas o malfeitor;**

*Comentários*

Se encarregarem alguém de muita sabedoria e inteligência da condução dos assuntos políticos de uma terra, tal pessoa haverá de se distanciar do Dao e de sua Virtude. Ele concederá benesses ou corretivos[4] atabalhoadamente e, assim, tornar-se-á o malfeitor de suas terras.

**不以智治國，國之福。**

—不使智慧之人知國之政事，則民守正直，不為邪飾。上下相親，君臣同力，故為國之福也。

**E quem rejeita a sabedoria, torna-se a bênção de suas terras.**

*Comentários*

Se não investirem alguém de muita sabedoria e inteligência na condução dos assuntos políticos de um feudo, o povo manter-se-á reto e franco; não haverá fingimento, artificialidade. Superiores e inferiores relacionar-se-ão com afeto familiar, soberano e servo unirão suas forças e, consequentemente, produzirão bênçãos para suas terras.

**知此兩者，亦楷式；**

—兩者謂智與不智也。常能「知」智者為賊，不智者為福，是治身治國之法式也。

**[Quem] compreender essas duas [coisas] servirá [como um] modelo ou forma [para os outros];**

*Comentários*

"Essas duas [coisas]" [alude a] usar sabedoria ou recusá-la. Aquele que sempre tiver em mente que o homem sábio é um malfeitor e que o homem não sábio é uma bênção será o modelo [a ser seguido] ou a forma [com que se molda toda pessoa que] governa terras ou o próprio corpo.

**常知楷式，是謂玄德。**

—玄，天也。「常」能知治身，治國之法式，是謂與天同德也。

**[Caso] saiba sempre [portar-se] conforme tal modelo, [ele terá] o que chamo de Misteriosa Virtude.**[5]

*Comentários*

"Misterioso" [conota] o Céu. Se for capaz de, em sua mente, trazer o modelo e forma para governar o corpo e o país, eis o que chamo de "possuir a mesma Virtude que o Céu".

**玄德深矣，遠矣；**

—玄德之人，深不可測，遠不可及也。

**A Misteriosa Virtude é profunda, de grande alcance;**

*Comentários*

O homem que possui em si a Misteriosa Virtude é [ele também] profundo e insondável; distante [de tudo, nada] consegue chegar-lhe.

**與物反矣，**

—玄德之人，與萬物反異。萬物欲益己，
玄德「欲」施與人也。

**É o oposto das coisas,**[6]

*Comentários*

O homem que possui em si a Misteriosa Virtude é diferente das dez mil coisas. É seu oposto. As dez mil coisas desejam [crescer], agregar [mais a si próprias]; já a Misteriosa Virtude deseja dispensar [benesses], ceder [vantagens] aos outros.

**乃至大順。**

—玄德「之人」，與萬物反異。故能至大順，順天理也。

**Até o ponto de realizar a Grande Obediência.**[7]

*Comentários*

O homem que possui em si a Misteriosa Virtude é diferente das dez mil coisas. É seu oposto. Por isso é capaz de promover a Grande Obediência – obediência aos Padrões do Céu.[8]

## Notas

1 WTC (p.216) comenta as raízes clássicas do pensamento de Laozi, remetendo a dois versos do sétimo poema da coletânea "Huang yi", uma das "Grandes odes elegantes do *Clássico dos poemas* 《詩經·大雅·皇矣第七》: "Sem conhecimento ou sabedoria; Eis a regra para quem segue a Di" 不識不知，順帝之則. Nesse poema, a divindade da Casa de Shang, o "Imperador Acima" ou "Shang Di" 上帝 conta ao Rei Wen de Zhou como receber o Mandato do Céu e unificar o país: ele precisa cultivar um conjunto de virtudes, ter sempre uma expressão equilibrada e amena, obedecer aos ensinamentos dos patriarcas do clã e seguir as regras e precedentes da tradição. E conclui: "*sem conhecimento ou sabedoria*; Eis a regra para quem segue a Di". Apesar de respeitar a literalidade desses ensinamentos, Laozi desvincula-os dos cultos familiares dos clãs governantes, e afirma que o Rei deve ser aquele que melhor pratica o Dao, não quem pertence a um clã determinado. Logo, de acordo com este capítulo, o Sábio é meramente o praticante do Dao; não há referências diretas à posição social do praticante ou à sua filiação a qualquer tipo de tradição literária. Nesses termos, difere claramente do que se chama de confucionismo. "*Mas para mantê-lo ignorante*". O manuscrito *S3926* suprime-o.

2 "Eles doutrinavam o povo sobre o Dao e sua Virtude". O manuscrito *S3926* diz: "eles *não* doutrinavam o povo sobre o Dao e sua Virtude" 不將以道德. Isso pode conduzir a uma visão "elitista", segundo a qual o Dao e sua Virtude são atributos exclusivos da classe governante.

3 *Naturalidade:* cf. cap. 3, nota 2.

4 "Conceder *benesses e corretivos*". O manuscrito do *Cânone taoista* lê "causar desgraças" 禍福 (identifico na palavra uma figura de linguagem conhecida, em chinês arcaico, por 偏義複詞).

5 *Misteriosa Virtude:* cf. cap. 10, nota 21.

6 *Retorno:* cf. cap. 40, nota 3. *"É o oposto das coisas"*. Segundo WB, esse verso de Laozi deve ser lido como "e com as coisas, retorna". Para ele, 反 (fan) é o ideograma antigo de 返 (fan), que significa "voltar". O comentário de Wang Bi esclarece qual o destino final do "retorno": "retornam ao seu estado verdadeiro (ou genuíno)" 反其真, obviamente o Dao. Vale ressaltar que no pensamento de Wang Bi o Dao corresponde ao Nada, ao vazio que deu origem ao mundo e às coisas.

7 *Grande Obediência:* 大順 (dashun) é o ideal chinês de conformidade de todas as coisas a uma ordem comum. No caso dos taoistas do período pré-unificação,

trata-se da conformidade espontânea de todas as coisas ao Dao. A natureza que percebemos fora de nós, com a sucessão imutável de primavera, outono, verão e inverno, é apenas um de seus elementos. Portanto, para os taoistas, a ética e moral eram subproduto da espontaneidade. É uma crítica dirigida aos tradicionalistas confucianos, que discutiam se havia um padrão de ética e de moralidade inato no coração de cada um, e particularmente àqueles que viam tal padrão cristalizado nas relações sociais. Portanto, a crítica taoista visava à tradição, que realçava a Grande Obediência enquanto fato social. Por exemplo, na passagem do sétimo livro do *Clássico dos Ritos*《禮記·禮運》, lê-se: "O Filho do Céu usa a Virtude como sua carruagem e a Música como seu cocheiro; [a alta nobreza de] senhores feudais emprega os Ritos para distinguir-se; [a média nobreza dos] Dafu adota as leis para escalonar-se hierarquicamente; [a baixa nobreza dos] Shi lança mão da confiança mútua para organizar-se por senioridade; e os cem clãs têm no valor de boa vizinhança o garante de sua preservação: eis a flor de Tudo sob o Céu, a que chamamos de *Grande Obediência*" 天子以德為車, 以樂為御, 諸侯以禮相與, 大夫以法相序, 士以信相考, 百姓以睦相守, 大卜之肥也: 是謂大順. No taoismo, o enfoque é mais abrangente. A Grande Obediência é uma situação em que as coisas particulares seguem a tendência comum a todas as naturezas. Comparemos o texto confuciano a esta passagem do 12º capítulo de *Zhuangzi*《莊子·天地篇第十二》: "No Grande Princípio, [antes da divisão do Céu e da Terra,] havia o Vazio, Vazio a que damos o nome de Vazio. Dele originou-se a Unidade, [quando já] havia a Unidade, mas [ainda] faltava a forma. Quando as coisas obtiveram [o poder] de vir à luz, chamou-se [tal poder] de Virtude. O que não tem forma dividiu-se. Contudo, no interstício em que [já] começara a dividir-se, sem ainda ter se dividido, deu-se-lhe o nome de Mandato [do Céu. Em seguida] estabeleceu-se um ciclo de movimento e repouso, dando-se assim vida às coisas, que se conformaram a um padrão vital – e isso é forma. A forma, isto é, os corpos, preservam o espírito vital, cada um deles possuindo em si um padrão – e isso é o que chamamos de Natureza inata. Se a Natureza for cultivada, revigorando a Virtude, essa Virtude cresce até o ponto em que se iguala ao que fora no [Grande] Princípio. *Uma vez igualada, torna-se vazia e, por ser vazia, é grande. Unindo-se os sopros, os sopros unem-se: juntam-se ao Céu e à Terra. Essa união é indistinta, sem consciência de si: é como se fosse tola, é como se fosse sonolenta, é o que se chama de Misteriosa Virtude, igual à Grande Obediência.* 泰初有無, 無有無名。一之所起, 有一而未形。物得以生謂之德; 未形者有分, 且然無閒謂之命; 留動而生物, 物成生理謂之形; 形體保神, 各有儀則謂之性; 性脩反德, 德至同於初。同乃虛, 虛乃大。合喙鳴。喙鳴合, 與天地為合。其合緡緡, 若愚若昏, 是謂玄德, 同乎大順. Sem descer a detalhes, há claros ecos de Laozi nessa passagem, percebendo-se uma longa descrição de caráter cosmológico, que culmina num ensinamento sobre exercícios respiratórios e meditativos (em negrito). Embora a Grande Obediência seja, também nesse trecho, o conceito que dá coerência ao todo, vê-se que o *Clássico dos Ritos* permaneceu restrito à sociedade, enquanto *Zhuangzi* tratou da relação entre macrocosmo (Céu e Terra) e microcosmo (indivíduo), sugerindo um procedimento não verbal e intuitivo como meio de se contemplar tal verdade.

8 *Padrões do Céu/Princípios Celestes:* 天理 (tianli) é um conceito fundamental para a ortodoxia confuciana a partir da dinastia Song (960-1279). Para aqueles intelectuais, 天理 significava a pureza de valores morais inscritos no coração de cada pessoa desde o seu nascimento – justificando-se uma tradução específica nesse sentido: "Princípios Celestes". Essa pureza contrapunha-se às imperfeições idiossincráticas do indivíduo, chamadas de "Desejos Humanos" (人慾, renyu). Consequentemente, o modelo de autocultivação advogado por aqueles intelectuais impunha aos indivíduos "preservar os 'princípios celestes' e eliminar os 'desejos humanos'" 存天理, 滅人慾 em seus corações. É perceptível a influência do taoismo clássico – comprovam-no as insistentes glosas do Senhor do Rio contra os "desejos e inclinações"; mas também há diferenças. Para distingui-las, é útil comparar um texto tradicional (confuciano) a uma obra taoista. O *locus classicus* para a distinção confuciana entre "Padrões do Céu" e "Desejos Humanos" é o capítulo "Antologia sobre a Música" do *Clássico dos Ritos* 《禮記·樂記》: "O homem nasce tranquilo [em seu íntimo]; eis a natureza [tal como lhe] deu o Céu. [Entretanto], contagiado pelas coisas, [seu coração] agita-se: eis os desejos [que advêm] de sua natureza (...)" 人生而静, 天之性也。感於物而动, 性之欲也. E conclui: "O homem que se transformou em coisa é aquele quem extinguiu os *Princípios Celestes* [numa busca] infinita [por satisfação de seus] desejos humanos" 人化物也者, 灭天理而穷人欲者也. Embora a linguagem remeta a um tipo de abordagem mais abstrata e "cosmológica", a essência do problema ainda é puramente psicológica e moral. Compare-o à seguinte passagem do 14º capítulo de *Zhuangzi* 《莊子·天運》, onde um certo Beimen Cheng, sentindo seu humor afetado pela música do Imperador Amarelo, pergunta a este por quê. O Imperador responde: "Sim; infelizmente, te sentes assim. Faço minha música a partir do homem, tomo como prova dela o Céu, executo-a conforme os ditames dos Ritos e fortaleço-a com a Grande Pureza. A maior das Músicas *é a que primeiro corresponde aos assuntos humanos, depois se conforma aos Padrões no Céu*; executando-a através das Cinco Virtudes, corresponde à Espontaneidade e, por fim, ajusta-se à ordem das quatro estações, atingindo a Grande Harmonia com as dez mil coisas" 帝曰: "汝殆其然哉! 吾奏之以人, 徵之以天, 行之以禮義, 建之以大清。夫至樂者, 先應之以人事, 順之以天理, 行之以五德, 應之以自然, 然後調理四時, 太和萬物. Mais uma vez, é desnecessário atentar para os detalhes da passagem. Basta perceber que o texto taoista começa com o humano e parte para o cosmológico, o domínio da Espontaneidade. O trecho da obra taoista adota os "Padrões no Céu" como um contexto aberto para a psicologia humana; por outro lado, o texto confuciano emprega os Princípios Celestes como norma fechada para disciplinar a psicologia e moral do indivíduo.

# 後己第六十六

## *Capítulo 66*

## *Colocando-se atrás dos outros*

**江海所以能為百谷王者，以其善下之，**
**故能為百谷王。**

—江海以卑「下」，故眾流歸之，若民歸就王「者」。
以卑下，故能為百谷王也。

**Rios e mares são os reis dos cem vales.**
**Por sua habilidade em se colocar abaixo dos vales,**
**é que se tornaram reis.**[1]

*Comentários*

Miríades de cursos d'água recolhem-se aos grandes rios e mares, porque estes ocupam a mais baixa e humilde posição. Da mesma forma os povos devem recolher-se sob um Rei. Rebaixando-se, sendo humilde,[2] é que logra tornar-se o Rei dos cem vales.

**是以聖人欲上民，**

—欲在民「之」上也。

**Nesse sentido, o Sábio que deseja subir [além] do povo**

*Comentários*

Deseja estar acima dele.

**必以「其」言下之。**

—法江海，處謙虛。

**Tem de, com suas palavras, colocar-se abaixo dele.**

*Comentários*

Toma os grandes rios e mares como modelo, age com modéstia, vazio de si.

**欲先民，**

—欲在民之前也。

**Se desejar adiantar-se ao povo,**

*Comentários*

Deseja estar à frente dele.

**必以「其」身後之。**

—先人而後己也。

**Tem de, por meio de suas atitudes, colocar-se atrás dele.**

*Comentários*

[Isto é,] pôr as pessoas em primeiro lugar e a si próprio em último.

**是以聖人處上而民不重，**

—聖人在民上為主，不以尊貴虐下，
故民戴「仰」而不「以」為重。

**Assim, o Sábio ocupa uma posição acima [de todos], mas o povo não o acha pesado;**

*Comentários*

O Sábio está acima do povo como seu senhor. [Todavia,] não [conquista tal posição ao angariar] honras e nobreza [para si, enquanto] abusa de seus subordinados. [Respeitando tal princípio,] o povo apoiá-lo-á com admiração, sem tê-lo como um fardo.

**處前而民不害，**

—聖人在民前，不以光明蔽後，民親之若「父母」，
無有欲害之心也。

**Está à frente [de todos], mas o povo não vê prejuízo [nisso],[3]**

*Comentários*

O Sábio está à frente do povo, mas não ofusca os que seguem a si com seu brilho. O povo dedica-lhe um afeto similar ao que tem pelos seus pais e mães; logo, não há intenção de causar dano ao Sábio.

**是以天下樂推而不厭。**

—聖人恩深愛厚，視民如赤子，
故天下樂「共」推進以為主，無有厭「之者」也。

**Dessa maneira, Tudo sob o Céu alegra-se em recomendar[4] [o Sábio], sem nunca se cansar.**

*Comentários*

O Sábio tem profunda boa vontade e grande carinho, vê o povo como se fosse um recém-nascido. É por tal motivo que Tudo sob o Céu se alegra conjuntamente, apresentando-o, recomendando-o para que se torne senhor de si, sem ver razão para enfastiar-se dele.

**以其不爭，故天下莫能與之爭。**

—天下無厭聖「之」時，是由聖人不與人爭先後也。
言人皆「爭」有為，無有與吾爭無為「者」。

**Já que o Sábio não entra em disputas,[5] ninguém em Tudo sob o Céu é capaz de competir com ele.[6]**

*Comentários*

Em momento algum Tudo sob o Céu se aborrece com o Sábio, pelo motivo de que o Sábio não disputa primazia com quem quer que seja. [Esse verso] explica que todas as pessoas lutam [entre si] para levar a cabo suas intenções ou esforços. [Entretanto,] não há uma pessoa capaz de disputar conosco pela Inação.[7]

## Notas

1 Esse ditado também aparece na história que relata a visita de Confúcio às terras de Zhou na obra *ShuoYuan*. Cf. cap. 42, nota 17.

2 *"Rebaixando-te, sendo humilde"*. O *Cânone taoista* lê: "É reto, e assim dirige-se para baixo de todos" 直以就下.

3 A tradução seguiu o paralelismo sintático entre "o povo *não acha* pesado" (民不重) e "o povo não vê prejuízo nisso" (grafia alternativa a "o povo *não acha* que é um prejuízo" (民不害). Em outro sentido, o presente verso também poderia ser traduzido como "mas o povo não o fere", leitura escolhida pelo Senhor do Rio.

4 Embora a tradição política chinesa não adote procedimentos eletivos para as mais altas instâncias administrativas, há sim um elemento consensual sobre a preeminência de certos indivíduos. Merece relevo a tradição de que indivíduos de reputação ilibada sejam conduzidos a posições de poder. Isso pode ser percebido pela grande importância atribuída à fama de um indivíduo, o que pontua a experiência cultural confuciana. Obviamente que, por ser um ideal, há distorções no que toca às maneiras de se obter boa reputação para si, e mesmo uma série de contradições nas práticas sociais e políticas. Mas estas contradições só podem ser compreendidas sobre um pano de fundo em que as pessoas não apenas se creem boas – baseadas num código moral compartilhado. Além disso, algo muito importante para que se compreenda o pensamento chinês, há uma notável capacidade de aceitar as "imperfeições do mundo", como as disparidades de renda, as desigualdades humanas e as injustiças que são cometidas contra indivíduos ou grupos em favor do "bem comum".

5 *"Já que o Sábio não entra em disputas"*. O manuscrito *S3926* aparentemente inverte o sentido usual deste verso: "Não é porque não entra em conflito (...)" 非以其不爭. *"Seu motivo está em que o Sábio não disputa primazia com quem quer que seja"*. A glosa, no mesmo manuscrito, ratifica a linha que seguira no verso: "Isso ocorre não porque o Sábio não disputa primazia com quem quer que seja" 是非聖人不與人爭之所致. Portanto, conforme o manuscrito *S3926*, o Sábio poderia entrar em disputas, sob condições determinadas.

6 Cf. cap. 22: "E é por não lutar [por objetivo algum] que nada, [ou ninguém,] em Tudo sob o Céu consegue disputar com ele".

7 *Inação*: cf. cap. 1, nota 8.

# 三寶第六十七

## *Capítulo 67*

## *Os três tesouros*[I]

**天下皆謂我大，似不肖。**

—老子言：天下「皆」謂我德大；我則佯愚，似不肖。

**Tudo sob o Céu afirma que sou o maior,[2] [mas] pareço não ter valor.[3]**

*Comentários*

Laozi[4] disse: "Tudo sob o Céu afirma a uma voz que minha Virtude é a maior; eu, entretanto, faço-me de bobo, transpareço não ter valor".

**夫唯大，故似不肖。**

—唯獨名德大者為身害，故佯愚似若不肖。無所分別，無所割截；不賤人而自貴。

**E justamente por ser o maior, pareço sem valor.**

*Comentários*

Somente ter reputação de grande virtude é algo nocivo; por tal razão é que se faz de bobo, aparentando não ter valor. Sem nada discriminar, sem nada ferir.[5] [O Sábio] não rebaixa os outros com o fito de se dignificar.

**若肖久矣**

—肖，善也。謂辨惠也。若大辨惠之人，身高自貴，
行察察之政，所從來久矣。

**Caso manifeste [meu valor], com o passar do tempo,**

*Comentários*

"Manifestar" [tem por objeto seu próprio] valor, que [nada mais é] do que agilidade de raciocínio e dons da palavra. Pessoas [que detêm tais virtudes em si atribuem-se] grandeza e dignidades, põem em prática políticas rigorosas.[6]

**其細「也夫」。**

—言辨惠者唯如小人，非長者矣。

**[Não será evidente] a minha insignificância??**

*Comentários*

[O verso] propõe que o homem eloquente e inteligente é como uma pessoa parva [e ordinária], nunca [será] um ancião.[7]

**我有三寶，持而保之。**

—老子言：我有三寶，抱持而保倚「之」。

**Três são os tesouros que possuo; trago-os [junto a mim] e os protejo:**

*Comentários*

Laozi diz: "eu tenho três tesouros, abraço-os, carregando-os [junto ao meu peito] e, protegendo-os, valho-me deles".

**一曰慈；**

—愛百姓若赤子。

**O primeiro chama-se carinho paterno;[8]**

*Comentários*

Zelo pelos cem clãs,[9] como se fossem [meus] recém-nascidos.

**二曰儉；**

—賦斂若取之於己也。

**O segundo, parcimônia;**[10]

*Comentários*

Exijo impostos e corveias [dos outros] como se fosse eu [mesmo] a prestá-los.

**三曰不敢為天下先。**

—執謙退，不為倡始也。

**[E] o terceiro, "não ter a ousadia de ser o primeiro de Tudo sob o Céu".**

*Comentários*

Adota [uma forma de agir] modesta e transigente; nunca propõe ou promove [algo] em primeiro lugar.

**慈故能勇，**

—「先」以慈仁，故能勇於忠孝也。

**[Aqueles que possuem] carinho paterno são capazes de [genuína] coragem;**[11]

*Comentários*

Em primeiro lugar, emprega seu carinho paterno e humanidade;[12] por isso é capaz de mostrar a coragem de ser leal [ao Rei] e pio [aos pais].

**儉故能廣，**

—天子身能節儉，故民日用廣矣。

**Os parcimoniosos têm o condão da [verdadeira] generosidade;**

*Comentários*

Se o Filho do Céu for capaz de agir com parcimônia e economia, seu povo aumentará dia após dia.

**不敢為天下先，**

—不「敢」為天下首先。

**[E a pessoa que] não ousa pôr-se à frente de Tudo sob o Céu**

*Comentários*

Não ousa ser a cabeça, o primeiro de Tudo sob o Céu.

**故能成器長。**

—成器長，謂得道人也。我能為道人之長也。

**Tem tudo para tornar-se o líder dos instrumentos.**[13]

*Comentários*

"Tornar-se o líder dos instrumentos" [é um sinônimo da] pessoa que realizou o Dao [em si próprio. Laozi diz]: "sou capaz de me tornar o líder dos praticantes do Dao".

**今舍「其」慈且勇，**

—今世人舍「其」慈仁，但為勇武。

**Se [o Sábio] abrir mão do carinho paterno, e [bravatear sua] coragem;**

*Comentários*

As pessoas de nossa era desistiram [de praticar] o carinho paterno e a humanidade; sua bravura dirige-se [exclusivamente] a feitos marciais.

**舍「其」儉且廣，**

—舍其儉約，但為奢泰。

**Se abandonar a parcimônia, e [esbaldar-se de praticar vã] generosidade;**

*Comentários*

Abandona a parcimônia e frugalidade, [em seus atos] somente há ostentação e luxo.

**舍「其」後且先，**

—舍其後己，但為人先。

**Se der de ombros para quem está atrás de si, e [abusar da] liderança;**

*Comentários*

Abandona quem está atrás de si, aplicando-se para [servir] quem está à frente.

**死矣。**

—所行如此，動入死地。

**Isso levará à sua morte, e nada mais.**

*Comentários*

Quem agir dessa forma se moverá em direção ao campo da morte.[14]

**夫慈，以戰則勝，以守則固。**

—夫慈仁者，百姓親附，并心一意。故以戰則勝敵，以守衛則堅固。

**[Quem possui] carinho paterno triunfa em suas expedições[15] e resiste aos cercos.**

*Comentários*

Os cem clãs demonstram afeto familiar e se agregam ao homem que possui carinho paterno e humanidade, unindo-se em coração e ideal com ele. Por tal motivo, ao combaterem, vencem seus inimigos; e ao protegerem sua posição, [terão uma defesa] firme e sólida.

**天將救之，以慈衛之。**

—天將救助善人，必與慈仁之性，使能自營助也。

**O Céu [sempre] haverá de salvá-lo e, [com o mesmo] carinho paterno [que o Sábio demonstra aos seus subordinados], valer-se-á dele.[16]**

*Comentários*

O Céu certamente virá em socorro dos homens bons, oferecendo ajuda a quem possuir uma Natureza[17] inata [marcada pelo] carinho paterno e humanidade. [O Céu] dar-lhe-á os meios para que seja capaz de encontrar sozinho [os meios para sua sobrevivência].

## Notas

1 Composto de duas partes: primeira, elogio da grandeza. Segunda, "três tesouros"; deve-se notar que os três tesouros são aspectos do que comumente se define por grandeza: a coragem de um exército poderoso; a opulência de um reino rico e os faustos de uma corte que se pretende o centro do mundo. É óbvio que o taoismo inverte esses valores materialistas para advogar maior equilíbrio e coesão social.

2 "Tudo sob o Céu afirma que *sou o maior*, [mas] *pareço* não ter valor". WB: "Tudo sob o Céu afirma que *o meu Dao* é grande, mas ele parece não ter valor" (天下皆謂我道大，似不肖).

3 O sentido literal da expressão 不肖 (buxiao), traduzida como "pareço não ter valor", é "não se parece com o pai". Ou seja, indica "alguém que frustrou a expectativa dos pais" – termo cujo peso somente pode ser avaliado à luz dos valores chineses de devoção e serviço dos filhos aos seus genitores. Por razões estilísticas, contudo, utilizou-se o sentido derivado e genérico de "inepto", "sem valor".

4 A edição *Comentários reunidos* substitui "Laozi" por "Soberano Lao", i.e. o título por que é conhecido no taoismo religioso.

5 Ferir é 割截 (gejie), termo que significa "recortar" e que pode ter dois sentidos: ferir, como no comentário ao verso "eu, o único estólido" (cap. 20); e sujeitar, estorvar, como no comentário a "o maior dos artesãos não talha a tábua" (cap. 28).

6 Eco de "seu governo é rigoroso" (cf. cap. 58).

7 A glosa contrapõe 小人 (xiaoren), o homem do povo ou pessoa de baixa moralidade, a 長者, o ancião, que na cultura chinesa tem uma posição honrosa e em favor do qual milita uma pressuposição de experiência e virtude.

8 *Carinho Paterno:* cf. cap. 18, nota 10.

9 *Cem Clãs:* cf. cap. 3, nota 22.

10 Comparar com 嗇 (se), cap. 59, nota 2.

11 *Coragem:* 勇 (yong) diferentemente da experiência greco-romana, coragem (entendida como bravura marcial) não é um valor nuclear para a elite intelectual e social chinesa. Prova-o os *Analectos* 7.10: "Pessoas que lutam [de mãos nuas] com um tigre ou cruzam um rio [a nado], [estão prontas para] morrer e não se arrependem, eu não estou com elas. *[Eu estou com aquela que] diante da batalha tem cautela, prima pela estratégia e assim triunfa*". Via de regra, as cinco grandes virtudes confucianas estão

associadas ao programa educacional de um grupo de obras literárias: humanidade, senso de dever, senso de propriedade ritual, sabedoria, confiabilidade. São virtudes do funcionário público idealizado, não do guerreiro idealizado. Como ilustra a evidência aparentemente em contrário da *Doutrina do meio*, a crítica da coragem – ou pelo menos da bravura cega – ganha corpo com a contínua polarização entre a burocracia civil e a burocracia militar na China. Pode-se dizer que a cultura aristocrática no período pré-imperial aliava dois grupos de valores: literários (文, wen); e marciais (武, wu). Contudo, com o surgimento de uma classe de intelectuais prioritariamente dedicados ao cultivo das letras – somando-se-lhe o fato de que esses eruditos tornaram-se a base para o legitimismo monárquico de todas as épocas –, os guerreiros passaram a ser vistos como perturbadores da ordem, especialmente num contexto em que eles próprios passaram a tentar se identificar com os intelectuais. Há proveito em explorar o 20º Parágrafo da *Doutrina do meio* (edição de Zhu Xi), para que se compreenda o sentido atenuado de "coragem", válido para a grande maioria das escolas de pensamento. Nele, há o seguinte trecho《中庸章句》: "cinco são os maiores 'dao' em Tudo sob o Céu, e três sao as formas de colocá-los em prática. [E] explicou: 'há soberano e servos; há pais e filhos; há maridos e esposas; há irmãos mais velhos e mais novos; há relações de amizade. Eis os cinco maiores 'dao' em Tudo sob o Céu. Sabedoria, humanidade *e coragem*, estas são as maiores virtudes em Tudo sob o Céu (...)" 天下之達道五，所以行之者三：曰君臣也，父子也，夫婦也，昆弟也，朋友之交也：五者天下之達道也。知，仁，勇三者，天下之達德也. Está translúcido que o sentido confuciano de dao é bastante mitigado e claramente circunscrito às relações humanas. Tal como no taoismo, esse trecho mostra que as virtudes também têm um papel ancilar ao dao. Entretanto, essas virtudes são meros produtos das relações humanas, extinguindo-se em situações concretas. Dado esse contexto, o que é coragem? Algumas linhas depois da passagem traduzida, o Mestre (Confúcio?) explica o que significam as três virtudes: "o Mestre disse: 'gostar de Estudar aproxima-se da sabedoria; chegar ao limite das próprias forças ao praticar [o dao] chama-se de humanidade; *ter senso de vergonha e pudor aproxima-se da coragem*.'" 子曰：「好學近乎知，力行近乎仁，知恥近乎勇」. Vale lembrar que, no caso de Laozi, contudo, as virtudes particulares são descritas como manifestações imperfeitas da Virtude por excelência – filosoficamente, dir-se-ia que, em *Laozi*, a Virtude é uma hipóstase e os atos virtuosos, seus acidentes. É óbvio que a definição de coragem oferecida pela tradição da *Doutrina do Meio* não faz muito sentido à luz do que compreendemos pela palavra em português. A ênfase dos dois versos do cap. 73 ("O homem que tem coragem de ousar, morre; O homem que tem coragem de não ousar, vive") deixa claro que coragem não significa "não ter medo" ou "ousar pôr a vida em risco". No pensamento chinês, embora a coragem não prescinda necessariamente da disposição de correr riscos ou de criar conflitos, o mais importante é agir de modo que valores e princípios sejam praticados independentemente de um cálculo utilitário das vantagens ou benefícios em jogo. Para dar um exemplo que todos os confucianos aprovariam: mesmo sendo inferior hierarquicamente e correndo riscos, deve um burocrata apontar as falhas de um soberano demasiado adepto dos prazeres? Deve. Segundo o ideal chinês, tal burocrata aceita correr riscos, primeiro, pela "vergonha" que tem por servir a uma pessoa abjeta e, segundo, pela lealdade pessoal a seu superior.

12 *Humanidade:* cf. cap. 5, nota 3.

13 *Instrumento:* conforme a nota 10 do cap. 28, pode-se interpretar "líder dos instrumentos" de duas maneiras. Socialmente, o Sábio é a pessoa mais qualificada para estar à frente do aparato e das instituições de governo da sociedade, porque ele é capaz de reconhecer o potencial integral de cada um. Cosmologicamente, o Sábio é a contrapartida da ordem que pauta a sucessão das estações do ano ou as circunvoluções do Céu.

14 *Campo Da Morte:* cf. cap. 50, nota 9. Os manuscritos *Gu*, *Qiang*, *S3926* e *Zhi Yao* trazem: "caminho da morte" 死道.

15 "*Triunfa em suas expedições*". FY: "dispõe [suas forças] de forma correta" 以陳則正.

16 Este capítulo é uma interessante aplicação das teses de *Correspondência por Afinidade* (cf. cap. 3, nota 3): atente-se para a relação que o Sábio mantém com a sociedade e aquela que o Céu, por reciprocidade, estabelece com ele.

17 *Natureza:* cf. cap. 8, nota 1.

# 配天第六十八
## *Capítulo 68*
## *Correspondendo ao Céu*[I]

**「古之」善為士者不武，**

—言貴道德，不好武力也。

**Aqueles que no passado[2] se distinguiram como [grandes] shi[3] não [veneravam] as virtudes marciais,[4]**

*Comentários*

[Laozi] propõe que [os shi de tempos passados] prezavam o Dao e sua Virtude, não lhes aprazia utilizar a força em campanhas militares.

**善戰者不怒，**

—善以道戰者，禁邪於胸心，絶禍於未萌，無所誅怒也。

**[pois] quem sabe guerrear não [cede à] cólera.**

*Comentários*

Quem sabe como utilizar o Dao na guerra proscreve sentimentos incorretos de seu peito, de seu coração; ele elimina as tragédias antes que comecem a se manifestar: não executa ninguém [sob arroubo de] fúria.[5]

**善勝敵者不與，**

—善以道勝敵者，附近以仁，來遠以德。不與敵爭，
而敵自服也。

**Quem sempre triunfa sobre seus inimigos
não se confunde [com eles],**[6]

*Comentários*

Quem é hábil em empregar o Dao para vencer seus inimigos assimila [as forças dos que lhe estão] perto através de sua humanidade[7] e, com sua virtude, faz vir os que estão ao longe. Ele não luta com o inimigo, que se rende espontaneamente.

**善用人者為下。**

—善用人自輔佐者，常為人執謙下也。

**[pois] o hábil gestor de homens [sabe] descer [de sua
posição].**

*Comentários*

Quem é hábil em dar bom uso às pessoas que podem servi-lo e auxiliá-lo sempre tem uma atitude modesta e discreta.

**是謂不爭之德，**

—謂上為之下也。是乃不與人爭之道德也。

**Isso é o que chamo de "a Virtude de quem não contende";**

*Comentários*

[Estes versos] recomendam que as pessoas superiores sempre se rebaixem em suas ações. Estes são os poderes morais[8] de quem não entra em conflito com os outros.

**是謂用人之力，**

—能身為人下「者」，是謂用人臣之力也。

**Isso é o que chamo de "o poder de gerir pessoas";**

*Comentários*

Do homem capaz de se colocar abaixo dos outros, diz-se que tem força para dar bom uso a seus servos.

**是謂配天，**

—能行此者，德配天也。

**Isso é o que chamo de "corresponder ao Céu";**

*Comentários*

Quem for capaz de praticá-lo, tem uma Virtude que se combina à do Céu.

**古之極。**

—是乃古之極要道也。

**Eis o sumo da antiguidade.**

*Comentários*

Esta é a culminância do que há de mais importante no Dao da antiguidade.

## Notas

1 *Corresponder Ao Céu:* (配天, peitian) significa agir conforme os desígnios do Céu ou se igualar em Virtude a ele. A história do conceito segue um padrão usual: na mais remota antiguidade, a noção era exclusiva dos reis e potestades; logo, 配天 significava qualificar-se para receber o mandato do Céu. Ilustra-o um dos cantos da década "Santuário Puro", recolhida nos "Cânticos da Casa Real de Zhou", parte do *Clássico dos poemas* 《詩經·周頌·清廟之什》. O canto, chamado de "Lembrando a Bela Virtude" 《思文》, explica como Hou Ji 后稷, ancestral do clã de Zhou, conquistou as graças do Céu. A primeira parelha de versos lê: "Lembremo-nos da Bela Virtude (文) de Hou Ji; De como ele pôde corresponder ao Céu". Em seguida, o poema descreve as contribuições do nobre, que transmitiu conhecimentos e técnicas agronômicas ao povo, alimentando-o. Além de estar vinculado ao conjunto de contribuições para a sociedade, "corresponder ao Céu" também prevê à observância de deveres religiosos, por exemplo, sacrificar para o Céu – tudo realça o caráter exclusivo da relação entre a deidade e as poucas pessoas titulares desse privilégio. No momento de transição histórica em que viveu Laozi, contudo, "corresponder ao Céu" parece ter sido estendido a qualquer Shi, não como um prêmio por al-

guma obra política, nem mesmo como uma insígnia de sua Virtude. É suficiente praticar o Dao para que a Virtude, a autoridade política e a chancela divina sejam concedidas, cada uma a seu turno, conforme o progresso na autocultivação.

2 *"No passado"*. Ausente do texto de Wang Ka, incluiu-se-o com base em FY, MWD e nos seguintes manuscritos de HSG (*Cânone taoista*, *P2639* e *S3926*). É importante também preservar o paralelismo com o cap. 15.

3 *Shi:* cf. cap. 15, nota 1. O comentário de Wang Bi a este verso de Laozi é esclarecedor: "os shi eram os comandantes da infantaria leve (卒, zu). As virtudes marciais veneram quem primeiro esmaga seu inimigo" 士，卒之師也。武尚先陵人也.

4 *Virtudes Marciais:* cf. cap. 47, nota 9.

5 *"Não executa ninguém [sob arroubo de] cólera"*, a edição "Yilin" traz "não possui ódios, nem explode com fúria" 怨怒。

6 "[Pois] quem sempre triunfa sobre seus inimigos *não se confunde [com eles]*". FY redige "não luta com eles" 善勝敵者不爭.

7 *Humanidade:* cf. cap. 5, nota 3.

8 *Poderes Morais:* cf. cap. 15, nota 3.

# 玄用第六十九

## *Capítulo 69*

## *A utilidade do mistério*[I]

**用兵有言：**

—陳用兵之道。老子疾時用兵，故託己設其義也。

**Para o comando de tropas, valem os aforismos:**

*Comentários*

[Esses aforismos] expõem o dao[2] do manejo de forças. Laozi ressente-se da forma como se fazia guerra em seu tempo, por isso criou esses ditados, atribuindo-lhes suas [próprias ideias].

**“吾不敢為主**

—主，先也。「我」不敢先舉兵。

**“Eu nunca ouso ser o atacante,**

*Comentários*

“Atacante” é quem toma a iniciativa em primeiro lugar. [O verso significa] “eu não ouso ir às armas antes dos outros”.

**而為客”；**

—客者，和而不倡。用兵當承天而後動。

**Sempre o atacado”;**[3]

*Comentários*

O "atacado" acompanha [a canção], nunca [toma a iniciativa de] cantá-la. Quem comanda tropas deve primeiro ser investido pelo Céu,[4] para então mover suas forças.

**"不敢進寸而退尺"。**

—侵人境界，利人財寶為進。閉門守城為退。

**"Não ouso avançar um 'cun',**
**[prefiro] recuar um 'chi'".[5]**

*Comentários*

Invadir os limites do território alheio, beneficiar-se do patrimônio e tesouros de outrem: eis o que significa "avançar". Fechar as portas e proteger as muralhas [dos próprios domínios; coisas desse tipo são] "recuar".

**是謂行無行，**

—彼遂不止，為天下賊。雖欲行誅之，不成行列也。

**Isto é o que chamo de fazer marchar [exércitos]**
**que não se movem;[6]**

*Comentários*

[O inimigo] avança sem parar e se torna o malfeitor de Tudo sob o Céu. Mesmo que desejemos marchar para puni-lo, não devemos [fazê-lo] pondo [nossos efetivos] em formação.

**攘無臂，**

—「雖有大怒者」，若無臂可攘也。

**De arregaçar as mangas [para revelar]**
**punhos que não existem;[7]**

*Comentários*

Mesmo cheio de ira,[8] é como se não tivesse punhos para mostrar.

**仍無敵，**

—雖欲「行」仍引之「心」，若無敵可仍也。

**De sacudir[9] [para longe] inimigos que não [chegaram];**

*Comentários*

Mesmo que tenha a intenção de marchar para repeli-los, é como se não houvesse inimigos para atacar.

**執無兵。**

—雖欲執持之，若無兵刃可持用也。何者？傷彼之民，罹罪於天；遭不道之君，愍忍喪之痛也。

**[E] de trazer em mãos armas que não há...**

*Comentários*

Mesmo que desejasse pegar em armas, é como se não tivesse lâminas para brandir. Por quê? Quem fere o povo alheio, comete crime contra o Céu; quem [tem o azar de] servir a um soberano que não [segue o] Dao, sente a mesma dor de quem vela por um falecido.[10]

**禍莫大於輕敵，**

—夫禍亂之害，莫大於欺輕敵家。侵取不休，輕戰貪財也。

**Não há desgraça maior do que subestimar o inimigo;**

*Comentários*

Dentre as desgraças [de tempos em que há] desordem, não há nada maior do que trapacear ou subestimar os clãs inimigos. Invadindo [terras] e tomando [recursos] sem repouso, [essa é uma pessoa que] subestima [as consequências da] guerra em sua avidez por riquezas.[11]

**輕敵幾喪吾寶。**

—幾，近也。寶，身也。欺輕敵者近喪身也。

**Fazê-lo é quase o mesmo que abandonar meus tesouros.[12]**

*Comentários*

"Quase" significa [chegar muito] perto. [Neste contexto,] "tesouro" é o corpo, a vida. Quem defrauda e desdenha o inimigo chega [muito] perto de perder sua vida.

**故抗兵相加，**

—兩敵「相」戰也。

**Por tudo isso, quando tropas adestradas se dão carga,**[13]

*Comentários*

Os dois adversários guerreiam-se mutuamente.

**哀者勝矣。**

—哀者慈仁，士卒不遠於死。

**Vence [a do general] que [luta] com tristeza [no peito].**[14]

*Comentários*

Quem se entristece [face ao morticínio possui] carinho paterno[15] e humanidade[16] [em seu coração], pois suas infantarias pesada e leve não estão longe da morte.[17]

## Notas

1 *Mistério:* cf. cap. 14, nota 1.

2 Nesta frase, "dao" tem o sentido mitigado de "método".

3 *Atacante/Atacado:* em chinês são, respectivamente, 主 (zhu) e 客 (ke), que também significam "anfitrião" (dono) e "hóspede".

4 *Investido pelo Céu:* 承天 (chengtian) é uma tradução baseada em passagem do "Julgamento" do hexagrama Kun, do *Clássico das mutações* 《周易·坤彖》: "Grandioso!!! Tamanho o poder de Originar que Kun tem! De Kun, as dez mil coisas haurem sustento para nascer, *já que obedece ao que lhe foi investido pelo Céu*" 《易·坤》至哉坤元，萬物資生，乃順承天. Kun representa pura Yin, o princípio feminino. No pensamento chinês, Yin está submetida a Yang, o princípio masculino, e dele depende. No *Clássico das mutações*, o hexagrama Qian (乾) significa puro Yang, é o marido de Kun e o pai das dez mil coisas. Qian é um sinônimo de Céu. Relacionando a passagem ao texto de Laozi, assim como Kun segue Qian para dar vida às dez mil coisas, o general deve seguir o Céu para vencer todas as batalhas. Na prática,

isso significa tanto acomodar-se aos padrões existentes na natureza (nunca lutar no verão e no inverno; considerar o tipo de clima, adaptando-lhe o armamento e a estratégia), como também respeitar o Céu e suas verdades filosóficas mais profundas – por exemplo a noção de intento ou Mandato do Céu. Quem luta sem legitimidade nada mais é do que um *hegemona* (霸, ba); quem luta piamente, conforme os desígnios do Céu, torna-se 王, um Rei.

5 "Cun" (寸) e "chi" (尺) são duas medidas de extensão tradicionais na China, atualmente harmonizadas com medidas internacionais para contar, respectivamente, uma polegada (2,5 cm) e um pé (30 cm). No texto, os termos significam apenas duas distâncias desproporcionalmente pequena e grande.

6 O termo 行 (xing) aparece duas vezes nesse verso. Na primeira delas é certamente um verbo, 行軍 (xingjun). 行軍 significa "mobilizar" ou "fazer marchar um exército", podendo referir-se também ao pensamento e estratégia militar em geral. Consequentemente, este e os três versos seguintes podem ser interpretados como a doutrina da Inação (cf. cap. 1, nota 8) aplicada à arte da guerra. O segundo 行 tem duas interpretações possíveis. Pode ser um verbo, idêntico ao primeiro 行 – o que se justificaria por paralelismo com o grupo de quatro versos sintaticamente idênticos a que pertencem (行無行, 攘無臂, 仍無敵, 執無兵). Além disso, o segundo 行 poderia, alternativamente, ser lido como substantivo (leitura hang), com o sentido de "fileira" numa formação militar.

7 A expressão "arregaçar as mangas" (para pôr os braços de fora) em chinês clássico significa a situação em que o indivíduo, enfurecido, parte para a briga.

8 *"Mesmo cheio de ira"*. Wang Ka redige: "mesmo que queira arregaçar as mangas para mostrar os braços, cheio de ira" 雖欲攘臂大怒.

9 O ideograma 仍 (reng) – uma conjunção – deve ser lido como seu cognato 扔 (reng), verbo com o sentido de "agarrar".

10 A metáfora de "guardar luto" talvez mereça um esclarecimento. Como servo de seu soberano, é imperativo ser-lhe leal – indiferentemente às suas qualidades. Contudo, isso não impede que o servo perceba as vicissitudes dos superiores e se lamente por eles – guardando luto pelas ofensas que os soberanos cometem contra Tudo sob o Céu.

11 "[Essa é uma pessoa que] subestima [as consequências da] guerra *em sua avidez por riquezas*". O manuscrito *Qiang* lê "[terminando por] perder a ela e à própria vida" 輕戰則敗亡也.

12 Há um debate em torno da questão se os "meus tesouros" mencionados aqui são os mesmos que os três descritos no cap. 67 (carinho paterno, parcimônia, não ousar prepor-se a Tudo sob o Céu). Há boas razões para, pelo menos, postular-se uma relação – especialmente porque há uma menção explícita ao carinho paterno no último verso deste capítulo. Confirmando-se a relação entre os dois capítulos, ficaria claro que Laozi tem uma atitude negativa a respeito das guerras de agressão, recomendando, contudo, que se chegue à supremacia pela prática do bom governo, não pela estratégia e conflitos.

13 *"Por tudo isso, quando tropas adestradas se dão carga, vence [a do general] que [luta] com tristeza [no peito]"*. FY e MWD trazem a redação alternativa 抗兵相若，則哀者勝矣: "exércitos que se combatem são iguais [em tudo], [mas só quem luta] com tristeza no peito prevalecerá".

14 Autores duvidam da correção do ideograma 哀 (ai) neste verso, sugerindo que o texto original está corrompido. Não obstante, é provável que se trate do mesmo sentimento de tristeza do general diante do sofrimento humano referido no cap. 31.

15 *Carinho Paterno:* cf. cap. 18, nota 10.

16 *Humanidade:* cf. cap. 5, nota 3.

17 "Pois suas infantarias pesada e leve *não estão longe da morte*". Há uma redação alternativa no *Cânone taoista*: "não ficarão longe de si" 士卒不遠於己. O manuscrito *Qiang* lê "não estarão próximas da morte" 士卒不近於死也. O manuscrito *Gu* lê "estarão longe de subestimar o inimigo" 士卒必遠於輕敵也.

# 知難第七十
## *Capítulo 70*
## *Entendendo as dificuldades*

**吾言甚易知，甚易行。**

—老子言：吾所言省而易知，約而易行。

**Meus ensinamentos são muito fáceis de se compreender; e são muito fáceis de praticar.**

*Comentários*

Laozi diz: o que ensino é conciso, portanto é fácil de se entender; é simples, logo é fácil de praticar.

**天下莫能知，莫能行。**

—人惡柔弱，「而」好剛強也。

**[E no entanto,] ninguém em Tudo sob o Céu pode compreendê-los ou praticá-los.**

*Comentários*

Os homens detestam o que é tenro e fraco; apreciam, ao contrário, o que é duro e forte.

**言有宗，事有君。**

—我所言有宗祖根本；事有君臣上下。世人不知者，非我之無德，心與我反也。

**[Todo] ensinamento refere-se a um mestre;[1] [toda] obrigação reporta-se a um soberano;**

*Comentários*

O que ensino tem um ancestral, a raiz e fundamento [de sua autoridade]. Toda obrigação presume [a existência de] soberano e servo, [de] superior e inferior. As pessoas em geral não reconhecem [tais verdades]: não porque me falte Virtude, mas porque seus corações[2] são o oposto do meu.

**夫惟無知，是以不我知。**

—夫唯世人之無知者，是我「道」德之暗「昧」，不見於外，窮微極妙，故無知也。

**E é por não compreenderem[3] que não me conhecem.**

*Comentários*

As pessoas em geral não compreendem, [ensina Laozi,] "porque meus poderes morais são sombrios, sem luzes: não se revelam por fora, [ocultam-se na] mais tênue sutileza, [arvoram-se no] limite do miraculoso. É por isso que não me conhecem".

**知我者希，則我者貴。**

—希，少也。惟達道者乃能知我，故為貴也。

**Raros são os que me conhecem, por isso nobre sou.[4]**

*Comentários*

"Raros" [significa que são] poucos. "Somente as pessoas que alcançaram o Dao são capazes de me conhecer, e isso é [o que] ser nobre [quer dizer]".

**是以聖人被褐懷玉。**

—被褐者薄外，懷玉者厚內；匿寶藏德，不以示人也。

**Com razão, o Sábio é aquele que, carregando jade em seu peito, veste-se de trapos.[5]**

*Comentários*

Quem se veste de trapos dá pouco valor a sua aparência; carregando jade no peito, dá maior importância ao seu íntimo. Esconde seus tesouros e guarda sua Virtude, não os exibe às pessoas.[6]

## Notas

1 *Mestre*: é uma paráfrase do termo 宗 (zong), cujo sentido etimológico é o de "Templo Ancestral" (SWJZ), lugar onde as elites aristocráticas da China primitiva realizavam os sacrifícios para os seus patriarcas. 宗 também é usado por derivação, no sentido de "antepassado", mas deve-se enfatizar que é o antepassado por excelência, cuja influência e autoridade continuam a se fazer presentes gerações e gerações após sua morte. O chinês moderno cristaliza esse sentido com a palavra "祖宗" (zuzong). 宗 também pode significar o(s) fundamento(s) de uma doutrina (em chinês moderno, 宗旨, zongzhi). Isso explica por que muitos autores preferem usar uma palavra relacionada a esse segundo sentido como tradução de 宗. Todavia, o paralelismo semântico com o verso seguinte perde-se, já que 君 prioritariamente é uma pessoa. Por esse motivo, pareceu melhor parafrasear o primeiro sentido ("antepassado") com a palavra "mestre". Conforme o sistema social e educacional chinês, a autoridade do mestre sobre o discípulo era tão grande quanto a de um patriarca sobre seus filhos, ou de um soberano sobre seus servos. O comentário de Wang Bi avaliza tal postura: "o 'ancestral' é o senhor das dez mil coisas; o 'soberano' é o credor de todas as obrigações" 宗，萬物之主；君，萬事之主.

2 *Coração:* cf. cap. 3, nota 9.

3 O verso não especifica qual o objeto de "não compreendem". Os comentários em geral apontam duas possibilidades: na primeira delas, são as pessoas que, sendo comuns, não compreendem *os ensinamentos* de Laozi, arcanos e disparatados. Na outra, é *o próprio Laozi* que não é compreendido – e reconhecido – pelo público. Nesse caso há certa semelhança com as palavras de Confúcio (*Analectos* 14.37) "O Mestre disse: 'Ninguém me entende!'. Zigong disse: '[E] por que ninguém entende o Mestre?'". O Mestre disse: 'Não me queixo do Céu, não culpo as pessoas. Estudo o que está abaixo e conheço o que está acima. Aquele que me entende não será o Céu?'" 子曰: "莫我知也夫 "。子貢曰: "何為其莫知子也 "。 子曰: "不怨天，不尤人。下學而上達。知我者其天乎". Entretanto, diferentemente do Sábio confuciano, Laozi não parece sofrer com a falta de reconhecimento. Pelo menos em tese, o praticante taoista não precisa ser reconhecido pelo mundo, nem condiciona seu valor ao papel que porventura possa exercer na sociedade.

4 Há uma tradução alternativa do verso: "poucos são os que me conhecem e aqueles que me tomam como modelo se enobrecem". Apesar de essa leitura ser gramaticalmente mais correta, tanto HSG como WB preferem tomar 則 (ze) como conjunção. MWD retifica-o: 則我貴.

5 Literalmente "veste-se de trapos, mas carrega jade no peito". Comparemo-lo com o seguinte trecho de *Doutrina do meio* (33ª Seção conforme o texto de Zhu Xi): "os *Poemas* dizem: *'veste-se de rico brocado; mas o cobre com pobre cânhamo'*. [Com essas palavras, o Poeta diz que] não deseja transparecer seu Refinamento. Logo, o Dao do Homem Nobre é o de que tente se ocultar, e [vejam que] cada dia fica mais em evidência; o caminho do Homem Mesquinho é o de tentar chamar atenção para si, e [vejam que] a cada dia mais se precipita no esquecimento. Esse é o Dao do Homem Nobre: não se cansa de sua insipidez; é simples, mas possui Refinamento; é ameno, mas tem princípios [inamovíveis]; ele sabe que o que está distante [na verdade] está ao alcance das mãos; ele sabe que os costumes [que se manifestam fora] partem da índole [de nossos corações]; ele conhece [os meios de se] elucidar [todas as] sutilezas e assim penetrar na Virtude" 《中庸·第三十三章》詩曰:「衣錦尚絅,」惡其文之著也。故君子之道, 闇然而日章; 小人之道, 的然而日亡。君子之道: 淡而不厭, 簡而文, 溫而理, 知遠之近, 知風之自, 知微之顯, 可與入德矣. Afora a noção de ocultamento dos próprios talentos, que pode ser tida como um traço comum do pensamento chinês, é possível distinguir as diferentes atitudes que o confucionismo e o taoismo têm com relação ao Sábio. A pobreza e a falta de fama parecem doer menos em Laozi do que em Zisi 子思 (i.e. Kong Ji 孔伋, 483-402 a.C., neto de Confúcio e tradicionalmente tido como o autor/compilador de *Doutrina do meio*). Comparativamente, o taoista vê com desconfiança os conhecimentos e prudência que possui, se desvinculados do Dao. Por último, o taoista fia-se mais na ideia de que deve ser "vazio de si", enquanto o confuciano avalia o Refinamento como algo positivo.

6 *"Não as exibe às pessoas"*. A edição *Zhi Yao* traz "é por isso que é nobre" 為貴也.

# 知病第七十一

## *Capítulo 71*

## *Reconhecendo os defeitos*[1]

**知不知，上；**

—知道「而」言不知，是乃德之上。

**Saber que não sabe é o melhor;**

*Comentários*

Quem conhece o Dao, mas diz que não o conhece, é [a pessoa] com a melhor Virtude.

**不知知，病。**

—不知道「而」言知，是乃德之病。

**Não saber o que "sabe" é um defeito;**[2]

*Comentários*

Quem não conhece o Dao, mas alega conhecê-lo, é [alguém] de virtude deficiente.

**夫唯病病，是以不病。**

—夫唯能病苦，眾人有強知之病。是以不自病也。

**[Pois] só quando se reconhece um defeito como tal é que não se padece [de seus vícios].**

*Comentários*

[Ele] não encontra os mesmos problemas em si, somente porque é capaz de ver que os muitos conhecimentos, possuídos pelas pessoas em geral, são um defeito que lhes traz sofrimento.[3]

**聖人不病，以其病病，是以不病。**

—聖人無此強知之病者，以其常苦眾人有此病，
以此非人，故不自病。夫聖人懷通達之知，託於不知者，
欲使天下質樸忠正，各守純性。小人不知道意，
而妄行強知之事以自顯著，內傷精神，減壽消年也。

**O Sábio não tem esse defeito. Já que o reconhece como tal, não padece dele.**

*Comentários*

O Sábio não possui o defeito de ter muitos conhecimentos. Ele sempre se condói da massa por [sofrer de] tal imperfeição, logo usa as palavras [acima] para admoestá-la.[4] Por isso, não padece [do mesmo] vício. Em seu íntimo, o Sábio detém conhecimentos que [tudo] permeiam, [tudo] alcançam; ele apenas simula não ter conhecimentos, por anelar que cada pessoa de Tudo sob o Céu tenha a naturalidade de uma tábua rasa, que seja fiel e correta, preservando sua Natureza[5] pura. Os homens mesquinhos[6] não reconhecem o sentido do Dao, [donde seu hábito] de agir atabalhoadamente e de competir por conhecimentos para ficarem em evidência e se tornarem ilustres [para os outros. Agindo assim,] ferem o espírito puro[7] dentro de si, diminuindo a quantidade de anos [que lhes fora prescrita pelo Céu].

## Notas

1 Literariamente, este capítulo assemelha-se a um longo trava-língua, como o ilustra a repetição de ideogramas em cada um dos versos. Eis uma tradução mais literal: "Saber que não sabe é o melhor; Não saber que sabe é um defeito. Só quem vê um defeito como defeito; Não se diz dele ter defeito. O Sábio não tem defeito; Ele vê defeito como defeito; Por isso não tem defeito". Para maior clareza de exposição, preferiu-se algo menos repetitivo no texto principal.

2 "Não saber o que 'sabe' é um defeito". O manuscrito *P2639* lê: "Não saber e [fingir que] sabe, é um defeito" 不知而知，病. Wang Bi aprofunda o sentido

deste verso, dizendo: "não saber que o conhecimento não é digno de certeza, eis por que é um defeito" 不知知之不足任，則病也. Tradicionalmente comparam-se os dois primeiros versos deste capítulo ao famoso ditado confuciano: (*Analectos* 2.17) "O Mestre disse: 'You! Não te ensinei [o que significa] saber algo? Se tu sabes, então sabes; se tu não sabes, então não sabes. Nisso consiste o saber'" 子曰:"由！誨女知之乎？知之為知之, 不知為不知, 是知也". Verifica-se nos autores chineses a tendência de aceitar os dois ensinamentos como equivalentes. Em que pesem as diferenças de enfoque e de objetivos, não deve ser o caso. Os *Analectos* cristalizam uma doutrina voltada para verdades morais do dia a dia, que se recusa a tratar de temas mais abstratos e distantes como o Caminho do Céu (ibid., 5.12). Laozi, ao contrário, preocupa-se com o conhecimento do Dao – embora seja este, por definição, incognoscível e além da experiência comum dos sentidos. No caso de Laozi, o dever de honestidade intelectual e moral do Sábio não o dispensa de persistir na contemplação do Dao.

3 O original chinês é bastante truncado. A redação do manuscrito *Anotações reunidas* esclarece que o sujeito da frase deve ser "a massa" (i.e. a plebe, as pessoas comuns), donde a seguinte versão: "A única coisa que se pode reputar [razão] de sofrimento e desconforto é que a massa possua o defeito de ter muitos conhecimentos; é por isso que não enxerga vícios em si".

4 *"Ele usa de tais palavras para admoestá-la"*, o *Cânone taoista* propõe um texto diferente: "assim demonstra sua compaixão pela massa" 以此悲人.

5 *Natureza:* cf. cap. 8, nota 1.

6 *Homem Mesquinho:* 小人 (xiaoren) normalmente designa o homem da plebe. Nos escritos dos pensadores chineses antigos, contudo, o termo é usado para indicar o oposto do homem ideal. A palavra possui duas conotações. Moralmente, é o homem sem luzes, sem tato, sem valores, à margem da alta cultura literária ou da sapiência admirada pela elite. Socialmente, é o homem sem estirpe e/ou sem credenciais para ser aceito como membro da pequena classe de letrados que participa da vida política.

7 *Espírito Puro:* cf. cap. 5, nota 15.

# 愛己第七十二
## *Capítulo 72*
## *Amor-próprio*

**民不畏威，「則」大威至矣。**

—威，害也。人不畏小害，則大害至。「大害者，」謂死亡也。畏之者，當愛精「養」神，承天順地也。

**Se o povo não reverencia a autoridade,[1] uma autoridade maior [impõe-se].**

*Comentários*

"Autoridade" [resulta em] dano. Se as pessoas não têm medo de um pequeno dano, eis o momento em que grandes danos acontecem. Por grandes danos, quer-se dizer morte. "Ter medo de dano" [conota que] se deve zelar pela essência,[2] devendo-se [também] cultivar os espíritos [vitais],[3] recebendo do Céu e submetendo-se à Terra.

**無狹其所居，**

—謂心居神當寬柔，不當急狹也。

**Que [o povo][4] não julgue seus lares pequenos [em demasia],**

*Comentários*

[Este verso] propõe que o espírito que habita o coração[5] deve sentir-se à vontade, confortável [em sua morada]; não se deve afligi-lo, nem enclausurá-lo.

**無厭其所生：**

—人所以生者，以有精神。「精神」託空虛，喜清靜。「若」飲食不節，忽道念色，邪僻滿腹，為伐本厭神。

**Que não se desgoste da vida [que leva]:**

*Comentários*

O que faz com que as pessoas tenham vida é o fato de possuírem espírito puro.[6] O espírito puro esteia-se no que é vazio e sem nada por dentro, alegrando-se com o que é límpido e silencioso.[7] Se [o praticante] comer e beber sem moderação, ignorando o Dao e fixando sua mente na beleza material, [energias] corruptas encherão seu ventre, levando a que corte as raízes[8] e irrite os espíritos [vitais].

**夫惟不厭，是以不厭。**

—夫唯獨不厭精神之人，洗心濯垢，恬泊無欲，則精神居之「而」不厭也。

**Pois somente quando não se desgosta [da vida que tem] é que [o povo] não chega a cansar-se [de quem o governa].[9]**

*Comentários*

Só a pessoa que não irrita seu espírito puro [é capaz] de lavar seu coração de todas as nódoas; livre de desejos, é sereno e plácido. [Com essa atitude,] o espírito puro habitará nele e nunca se desgostará.

**是以聖人自知，不自見，**

—自知己之得失，不自顯見德美於外，「而」藏之於內。

**Com isso em mente, o Sábio conhece a si próprio,[10] mas não se deixa ver;[11]**

*Comentários*

Conhece os próprios sucessos e fracassos; não exibe a beleza de sua Virtude em seu exterior para que seja percebida pelos outros. Ao contrário, esconde-a em seu íntimo.

**自愛，不自貴。**

—自愛其身，以保精氣。不自貴高榮名於世。

**Ele tem carinho por si próprio; mas não se enobrece.**

*Comentários*

Ele cuida do corpo para proteger sua energia vital pura. Ele não se enobrece, não se eleva, não se honra, não se atribui fama aos olhos da sociedade.

**故去彼取此。**

—去彼自見，自貴，取此自知，自愛。

**Assim, adota essa [atitude], abrindo mão daquela.**

*Comentários*

Abre mão daquela [atitude]: "chamar a atenção para si", "enobrecer-se"; adota esta [atitude]: "conhece-se", "cuida de si".

## Notas

1 *Autoridade:* O termo 威 (wei) significa "autoridade". Etimologicamente, é um bom exemplo de como o vocabulário político se relaciona com a hierarquia familiar. Conforme SWJZ, 威 designa a mãe do marido, que possuía grande poder e influência nos assuntos domésticos. Embora haja perdido seu sentido original, 威 é um atributo exclusivo das elites políticas, aquilo que faz dela a classe governante. Há uma série de termos associados a 威 que podem auxiliar o leitor a compreender seu campo semântico: *sumos* decretos (威令), punições *exemplares* (威罰), poder e *influência* (權威), *imponência* no agir (威嚴), atitude *que impõe respeito* (威風), entre outros. Enquanto defensor do governo por Inação, Laozi utiliza o termo de forma mitigada, enfatizando que o poder deve ser exercido passivamente – como um ar de autoridade. Portanto, a "pequena autoridade" é aquela que não se impõe, que é reconhecida espontaneamente. Wang Bi comenta esse verso, dizendo: "se a autoridade [de um governo] não for capaz de manter o povo sob controle, o povo não tolerará as suas imposições, causando grande turbilhão entre superiores e inferiores e culminando com calamidades celestes" 威不能復制民，民不能堪其威，則上下大潰矣，天誅將至.

2 *Essência:* cf. cap. 3, nota 16.

3 *Espírito Vital:* cf. cap. 3, nota 15.

4 O sujeito do verso está oculto no original, o que possibilita diferentes leituras. Uma leitura mais tradicional toma a "autoridade" (isto é, o soberano) como sujeito

da maior parte dos versos. Por exemplo, com uma redação ligeiramente diferente, WB lê: "que o soberano não vexe (狎, xia) o povo em seus lares". Entretanto, se persistirmos com o sujeito "soberano", o verso 夫惟不厭, 是以不厭 torna-se difícil de explicar. Wang Bi resolve o impasse hermenêutico ao atribuir outro significado ao verbo 厭: "Se [o rei] não [governa para] saciar todos seu desejos, ninguém em Tudo sob o Céu se cansará dele". Alternativamente, autores modernos interpretam o primeiro 厭 (yan), "sentir desgosto", como 壓 (ya), "oprimir": "quando [o rei] não oprime, [o povo] não se cansa dele". Uma leitura mais fluida é possível, contudo, se "o povo" continuar a ser o sujeito das orações principais, a exemplo do verso inicial – onde está explicitado. Em termos de significado, há uma certa similaridade entre este capítulo e o 74º.

5 *Coração:* cf. cap. 3, nota 9.

6 *Espírito Puro:* cf. cap. 5, nota 15.

7 "Vazio e sem nada por dentro", "puro e silencioso" são dois apanágios do Dao – ou pelo menos de um estado de iluminação ascética, como sugerido pela passagem.

8 *Raiz:* cf. cap. 38, nota 27. Entendo que "raiz", neste contexto, refere-se à energia vital original (元炁), possivelmente concernindo-se a um tabu sexual contra a perda de sêmen.

9 Neste verso, "ter desgosto" e "cansar-se" são traduções do mesmo termo original, 厭 (yan) – etimologicamente "estar farto". Enquanto o primeiro tem o mesmo sentido do verso anterior, "cansar-se" remete ao verso do 66º Capítulo: "Tudo sob o Céu alegra-se em reconhecer [as virtudes do Sábio], sem nunca se cansar [dele]".

10 Cf. cap. 33: "[mas só] quem conhece a si próprio é iluminado".

11 Cf. cap. 22, nota 10. Neste contexto, o ato de chamar a atenção para si decorre da acumulação de riquezas e honras, que favorecem um estilo de vida cada vez mais distante daquele das pessoas comuns.

## 任為第七十三

## *Capítulo 73*

## *Responsabilidade de agir*

**勇於敢則殺，**

—勇「於」敢有為，則殺「其」身也。

**[O homem] que tem a coragem[1] de ousar, morre;[2]**

*Comentários*

Quem tem a coragem de ousar agir, intencional ou forçosamente,[3] finda por matar seu próprio corpo.

**勇於不敢則活。**

—勇於不敢有為，則活其身。

**[O homem] que tem a coragem de não ousar, vive.**

*Comentários*

Tendo coragem de não ousar agir, intencional ou forçosamente, mantém seu corpo vivo.

**此兩者，**

—謂敢與不敢也。

**Destas duas [atitudes],**

*Comentários*

Refere-se a ousar ou não.

**或利或害。**

—活身為利，殺身為害。

**Uma é vantajosa, a outra finda em dano.**

*Comentários*

Manter o corpo vivo é a vantagem; matá-lo é o dano.

**天之所惡，**

—惡有為也。

**As coisas que o Céu reprova,**

*Comentários*

Reprova o agir intencional ou forçosamente.

**孰知其故？**

—誰能知天意之故而不犯「之」？

**Quem [será capaz de] entender por quê?**

*Comentários*

Quem terá meios de compreender o que orienta a intenção do Céu e nunca violá-la?

**是以聖人猶難之。**

—言聖人之明德猶難於勇敢，況無聖人之德而欲行之乎？

**O Sábio, em particular, [enxerga as] complexidades [de tal questão].**[4]

*Comentários*

[O verso] propõe que mesmo o Sábio de Virtude reluzente desconcerta-se face [às perplexidades do que são] coragem e ousadia; quanto mais [pessoas que têm] virtude menor que a do Sábio e desejam agir [com bravura]?

**天之道，不爭而善勝：**

—天不與人爭貴賤，而人自畏之。

**O Caminho do Céu**[5] **nunca contende e prevalece habilmente:**

*Comentários*

O Céu não contende com as pessoas [para decidir quem é] nobre, quem é plebeu – elas têm-lhe reverência, espontaneamente.

**不言而善應，**

—天不言，萬物自動以應時。

**Embora não se exprima com palavras, corresponde [às coisas] com excelência;**

*Comentários*

O Céu não fala; as dez mil coisas movem-se para corresponder [ao Céu] no momento propício.

**不召而自來；**

—天不呼召，萬物皆負陰而向陽。

**Embora não [use gestos] para chamá[-las, as coisas] vêm por si sós;**

*Comentários*

O Céu não chama, nem convoca; são as dez mil coisas que dão as costas para o Yin e buscam o Yang.[6]

**繟然而善謀。**

—繟，寬也。天道雖寬博，善謀慮人事，修善行惡，各蒙其報也。

**[Ele] é despreocupado e não tem pressa,[7] mas se sobressai em tecer planos.**

*Comentários*

"Despreocupado e sem pressa" [significa que é] magnânimo. Embora o Caminho do Céu seja magnânimo e grandioso, ele se sobressai ao considerar os assuntos humanos e ao fazer-lhes planos; seja produzindo o bem ou infligindo o mal, [por fim] cada um obtém a recompensa [devida].

**天網恢恢，踈而不失。**

—天所網羅恢恢甚大，雖踈遠，司察人「之」善惡，無有所失。

**Oh, quão vasta é a Rede Celeste!![8] Malgrado largas [sejam suas malhas,] nada lhe escapa.**

*Comentários*

O que o Céu [cobre] com sua rede é de uma vastidão imensa. Malgrado [suas malhas] sejam largas, [com nós] distantes uns dos outros, ao inspecionar e julgar as boas e más [ações dos homens], não há nada que deixe passar.

## Notas

1 *Coragem:* cf. cap. 67, nota 11.

2 Cf. cap. 76: "os duros e fortes são devotos da morte".

3 *Agir intencional ou forçosamente:* cf. cap. 75, nota 2.

4 MWD não traz esse verso, havendo quem argumente que essa frase é repetição indevida de trecho do cap. 63.

5 *Caminho do Céu:* cf. cap. 22, nota 2.

6 Conforme a visão chinesa, as dez mil coisas em geral preferem Yang a Yin; por exemplo: preferem os lugares claros e quentes àqueles escuros e frios, preferem alimento aos excretas, movimento ao repouso, vida à morte.

7 *"Despreocupado e sem pressa"*. Em FY, é "silenciosamente" ou "anonimamente" (默然, moran). MWD lê "em paz consigo próprio" (坦然, tanran). JDSW adota"com amplitude de visão e sem pressa" (墠然, chanran,).

8 *Rede Celeste:* (天網, tianwang) é empregada com nítidos matizes naturalistas. Os chineses antigos viam um padrão no suceder das quatro estações, a que atribuíam uma conotação moral. Nesse contexto, a natureza é inerentemente boa, porque concede a vida e os meios de subsistência; também é justa, pois mantém um equilíbrio entre o que deve vir à vida e o que deve partir da existência. Dessa noção derivou-se que os maus são punidos e os bons, recompensados. É difícil de se comprovar através das fontes clássicas como a "Rede Celeste" interligou o mundo natural à vida social. Talvez seja uma crença culturalmente partilhada desde tempos imemoriais, implícita na forma de pensar e agir do povo chinês. Na literatura, o termo tem também uma dimensão política, designando o governo e as leis da corte imperial. Assim, a "Rede Celeste" não é apenas a promotora da retribuição natural, mas também, no mundo da política, incorpora à autoridade central o estatuto de juiz dos prêmios e punições justos – o garante da meritocracia.

# 制惑第七十四

## *Capítulo 74*
## *Contendo as perplexidades*

**民不畏死，**

—治國者，刑罰酷深，民不聊生，故不畏死也。治身者，嗜欲傷神，貪財殺身，民不知畏之也。

**[Quando] o povo não teme a morte,**

*Comentários*

Se quem governa um feudo [adotar] punições e castigos demasiados duros, o povo não se fiará na própria sobrevivência; é por isso que o povo perde o medo da morte. Se quem governa o corpo [entregar-se a] desejos e vícios, [terminará] lesando seus espíritos [vitais]; [1] se cobiçar riquezas, tirará a própria vida – [estas são coisas] que o povo não sabe [que deve] temer.

**奈何以死懼之。**

—人君不寬「其」刑罰，教民去「其」情慾，奈何設刑法以死懼之？

**Por que usar a morte para causar medo?**

*Comentários*

O soberano de homens não abranda as punições e castigos [em seus domínios], [apenas] ensina o povo a eliminar os próprios desejos e inclinações. Para que adotar leis criminais [severas] e fazer o povo ter medo da morte?

**若使民常畏死，**

—當除己之所殘剋，教民去利欲也。

**[Mas] se [for possível] incutir no povo um temor incessante da morte,[2]**

*Comentários*

[O soberano] deve eliminar [suas tendências] à crueldade e rigorismo; [deve] ensinar o povo a negar-se o desejo de vantagens.

**而為奇者，吾得執而殺之，孰敢？**

—以道教化而民不從，反為奇巧，乃應「以」王法執而殺之。誰敢有犯者？老子疾時王，不先「以」道德化之，而先刑罰也。

**Quando alguém agir com astúcia,[3] eu o capturarei e o executarei. [Dessa maneira,] quem ousará??**

*Comentários*

Se [o soberano] usar o Dao para doutrinar e transformar seu povo e alguém [no seio deste] não obedecer, pior, [ainda] agir com astúcia e ardis, deve-se utilizar as leis do Rei para capturar e executar [tal pessoa. Depois disso,] quem ousará violar a [vontade do governante]? Laozi ressente-se dos reis de seu tempo, porque não usavam seus poderes morais[4] para transformar[5] [seus súditos], recorrendo em primeiro lugar a castigos e punições.

**常有司殺者。**

—司殺者「謂」天，居高臨下，司察人過：“天網恢恢，踈而不失也”。

**[Deve] sempre[6] existir alguém[7] [no cargo de] carrasco.[8]**

*Comentários*

"Carrasco" refere-se ao Céu. Ele está nas alturas, de onde observa [o que se passa] abaixo, inspecionando as falhas das pessoas: "Oh, quão vasta é a Rede Celeste!! Malgrado largas [sejam suas malhas,] nada lhe escapa".[9]

**夫代司殺者，是謂代大匠斲。**
—天道至明，司殺有常，猶春生，夏長，秋收，冬藏，
斗杓運移，以節度行之。人君欲代殺之，
是猶拙夫代大匠斲木，勞而無功也。

**Caso alguém se invista nesse cargo, eis o que chamo de cortar [madeira] no lugar de um grande artesão.**

*Comentários*

O Caminho do Céu[10] é o mais brilhante, havendo um padrão para o carrasco agir. [Esse padrão seria] algo como "a primavera dá vida; o verão faz crescer; o outono colhe; o inverno esconde".[11] O cabo do caço move-se sem parar, mas há um ritmo para tanto.[12] Se o senhor de homens quiser matar [alguém], fazendo as vezes de carrasco, seria uma situação semelhante a de um inepto que pretende cortar madeira no lugar de um grande artesão: terminará exausto e sem mérito algum.

**夫代大匠斲者，希有不傷手矣。**
—人君行刑罰，猶拙夫代大匠斲「木」，則方圓不得其理，
還自傷「其手」。代天殺者，失「其」紀綱，不得其紀綱，
還受其殃也。

**Para quem toma o lugar do artesão, são raras as vezes em que não fere as próprias mãos.**

*Comentários*

Se o soberano de homens executar [pessoalmente] punições e castigos, parecer-se-á com o inepto que corta madeira no lugar do grande artesão. Não apenas [a madeira] que deve [ser cortada] quadrada ou redonda não tomará a forma devida, [o soberano] ainda cortará as próprias mãos. Quem [usurpa o] lugar do Céu para executar alguém perde o controle sobre as malhas do Céu.[13] Não somente as perde, ainda atrai ruína para o próprio corpo.

## Notas

1 *Cinco Espíritos:* cf. cap. 3, nota 15.

2 Esse verso é particularmente importante para compreendermos os instintos políticos da elite chinesa, em qualquer época. Do lado positivo, "se o medo da morte

for incutido no povo" significa garantir um mínimo de estabilidade social e pelo menos as condições básicas de subsistência do tipo de coletividade descrita no cap. 80. Dessa maneira, o "medo da morte" adviria do fato de as pessoas terem algo a perder, dada a felicidade que obtinham de suas vidas. Por outro lado, há também um elemento coercitivo, o apreço à eficiência do sistema penal. O "medo da morte", nesse caso, adviria do medo de punições cruéis. Certamente, nem Laozi, nem qualquer outro dos maiores pensamentos chineses é apóstolo da violência. Via de regra, todos preferem soluções como a educação/doutrinação moral do povo ou mesmo técnicas do que chamaríamos de "engenharia social". Isso não implica, contudo, que penas extremas de caráter exemplar estivessem fora do aceitável – em pensadores de qualquer tendência.

3 *Astúcia:* cf. cap. 57, nota 2.

4 *Poderes Morais:* cf. cap. 15, nota 3.

5 *Transformação:* cf. cap. 1, nota 16.

6 "Deve sempre existir alguém no cargo de carrasco". Baseando-se na glosa do Senhor do Rio, Yu Yue (俞樾, 1821-1907) propõe a leitura: "Acima, há alguém no papel de carrasco" 尚有司殺者.

7 O original chinês traz 有司 (yousi), literalmente um oficial do governo ou burocrata. Interpretações naturalistas de Laozi sustentam que se trata de uma personificação do Céu.

8 A partir do comentário a este verso fica evidente a linha hermenêutica naturalista do Senhor do Rio, atenuando as conotações políticas do texto original de Laozi. O argumento deste, entretanto, parece ir no sentido de que é necessário estabelecer um sistema legal claro e imparcial (na linha dos pensadores da escola legalista). MWD acresce uma frase ao verso: "Se for estritamente necessário imbuir o povo de um temor constante da morte, que se designe um carrasco (i.e. um burocrata permanentemente encarregado de executar a justiça)" 若民恆且必畏死, 則恆有司殺者.

9 *Rede Celeste:* cf. cap. 73, nota 8.

10 *Caminho do Céu:* cf. cap. 22, nota 2. "O Caminho do Céu é o mais brilhante" alude às estrelas no Céu.

11 Esta é uma descrição do fluxo de energia vital Yang, que circula entre a atmosfera e o solo ao longo das quatro estações. A vida orgânica segue esse fluxo, de modo que vida e morte aludem à manifestação e ocultamento da energia vital. É importante enfatizar, também, que há ainda uma leitura política – afim ao naturalismo. Na China antiga, existia um conjunto de prescrições rituais que tinham essa concepção do cosmo subjacente a si; por exemplo, as execuções aconteciam no inverno, nunca na primavera. Ao utilizar uma linguagem profundamente alegórica, o Senhor do Rio critica os fundamentos "filosóficos" do sistema penal chinês, propondo o fim das punições. Não parece ser o pensamento de Laozi, que meramente propõe um sistema estável de administração de justiça.

12 *Cabo do Caço:* 斗杓 (doushao) refere-se à linha que une as estrelas Alkaid e Megrez, no asterismo conhecido em chinês por Caço do Norte (北斗, beidou) e, em português, por Grande Carro. O nome chinês deve-se ao fato de que o asterismo assemelha-se ao 斗 (dou), um tipo de concha ou caço utilizado como medida de volume. O Caço é composto pelas setes estrelas mais brilhantes da constelação Ursa Maior, de grande importância para o taoismo religioso, senão para a cultura chinesa como um todo. Em chinês, esse asterismo divide-se em duas partes: o "cabo" (杓, shao) e a "boca" (口, kou) do caço. Tal como em outras culturas, há na China uma vasta tradição de mitos e lendas sobre o Grande Carro. Sempre presente no céu, esse asterismo era empregado para identificar a estação do ano, conforme a posição para que apontasse seu "cabo". Com essa referência, o comentário do Senhor do Rio põe em relevo a sucessão regular do tempo (e das estações), mensurável através do Caço do Norte.

13 *Malhas do Dao:* cf. cap. 14, nota 13.

# 貪損第七十五

## *Capítulo 75*

## *Os danos da cobiça*

**民之飢，以其上食稅之多，是以飢。**

—人民所以飢寒者，以其君上稅食下太多，

「是以」民皆化上為貪，叛道違德，故飢。

**O povo tem fome porque seus superiores alimentam-se de impostos demais. Por isso tem fome.**

*Comentários*

O povo passa fome e frio porque o soberano e as classes superiores cobram impostos demais de quem está abaixo de si. Nesse sentido, é o povo que transforma seus superiores em pessoas cobiçosas que traem o Dao e violam sua Virtude.[1] Por isso tem fome.

**民之難治，以其上有為，是以難治。**

—民之不可治者，以其君上多欲，好有為也。

是以其民化上有為，情偽難治。

**O povo é difícil de governar porque seus superiores agem intencional ou forçosamente.[2] Por isso que é difícil de governar.**

*Comentários*

Não se consegue colocar o povo em ordem porque o soberano e as classes superiores têm excesso de desejos, estão habituados a agir intencional ou forçosamente. Nesse sentido, é o povo que transforma seus superiores em pessoas que [agem inspiradas por planos e se fiam nas próprias capacidades],[3] cujos impulsos e fingimentos são difíceis de curar.

**民之輕死，以其求生之厚，**

—人民所以輕犯者，以其求生活之事太厚，貪利以自危。

**O povo menospreza a morte dada a urgência com que [é forçado a] lutar pela vida:[4]**

*Comentários*

O povo subestima [as consequências] dos próprios crimes porque luta pela sua sobrevivência com excesso de ardor; ao perseguir benefícios, [não raro] se coloca em perigo.

**是以輕死。**

—以「其」求生太厚之故，輕入死地也。

**É por isso que menospreza a morte.**

*Comentários*

Porque luta pela sua sobrevivência com ardor demais, entra com facilidade no campo da morte.[5]

**夫唯無以生為者，是賢於貴生。**

—夫唯獨無以生為務者，爵祿不干於意，財利不入於身，天子不得臣，諸侯不得使，則賢於貴生也。

**Quem não [precisa] lutar pela sobrevivência é mais valoroso do que aqueles que estimam sua vida [acima de tudo].[6]**

*Comentários*

Somente aquela pessoa que não se vê obrigada a lutar pela sua sobrevivência não é afetada por títulos de nobreza e terras, nem acumula riquezas e vantagens. O Filho do Céu não consegue fazer dele seu servo, nem os senhores feudais conseguem agregá-lo como emissário:[7] por tais razões são mais valorosos do que as pessoas que prezam suas vidas.

# Notas

1 Parece inusitada esta colocação de que "é o povo que transforma (cf. cap. 1, nota 16) moralmente seus superiores", uma vez que ao longo de toda a obra Laozi e o Senhor do Rio enfatizam que a transformação moral realiza-se de cima para baixo. De fato, o pensamento chinês é consistentemente aristocrático, aceitando a tese de que "poucos devem governar muitos". Nesse caso, contudo, as altas exigências de superioridade moral que recaem sobre os governantes não foram correspondidas. Se seu comportamento não os recomenda à posição que ocupam, os governantes tornam-se membros da plebe.

2 *Agir intencional ou forçosamente:* Apesar de o Senhor do Rio o empregar algumas vezes, esta é a única aparição da palavra dentre os pouco mais de cinco mil caracteres que compõem a obra Laozi. 有為 (youwei) é o oposto de 無為 (wuwei), traduzido por "Inação" (cf. cap. 1, nota 8). Enquanto "Inação" significa agir conforme o ritmo natural das coisas, a ordem predeterminada do universo ("Espontaneidade"), 有為 implica fiar-se na própria capacidade de produzir um resultado, ignorando a importância de fatores independentes de si próprio. Essa forma de agir necessariamente gera conflitos, provocando instabilidade no mundo. O praticante do Dao, de maneira diversa, é aquele que prevalece sem esforço, alheio às disputas por distinções, cuja Virtude por fim conquista a confiança das pessoas. Laozi critica as pessoas por não se cansarem de tentar influenciar os acontecimentos, o que sempre termina em malogro: seja morte, seja pobreza, seja o mal que incutimos em outrem. Na raiz do termo estão as ideias de intenção e esforço que, segundo o taoismo, são o nascedouro das angústias humanas e dos conflitos de interesse. Nesse estado de coisas, são nossos desejos, particularmente o egoísmo, que destroem a harmonia natural do mundo. Em Laozi a solução do problema reside no fato de que somente o Sábio pode restabelecer o equilíbrio na sociedade. Ao tomar o Dao da espontaneidade como modelo (cf. cap. 28, entre outros), o Sábio torna-se o referencial para todas as relações humanas – sem que lhes imponha qualquer coisa. Como ilustra o cap. 7, o soberano taoista lidera pelo seu desinteresse e desapego do mundo: é sua superioridade moral que apela para o coração das pessoas, que se lhe subordinam voluntariamente.

3 A expressão em colchetes é paráfrase de 有為 (youwei), agir intencional ou forçosamente (cf. nota acima).

4 "O povo menospreza a morte, *dada a urgência com que [é forçado a] lutar pela vida*". O manuscrito de FY traz uma grafia diferente: "porque seus superiores buscam viver na opulência" 以其求生生之厚也. Essa redação é adotada por alguns tradutores modernos escudados na simetria com os versos anteriores; mas ambos – WB e MWD – concordam com HSG. É possível que, por meio da quebra de simetria da sintaxe dos versos, Laozi desejasse chamar a atenção para as dificuldades enfrentadas pelo povo comum.

5 *Campo da Morte:* cf. cap. 50, nota 9.

6 Este verso sugere que a indigência não é a melhor amiga da moralidade. As pessoas que precisam garantir sua sobrevivência não compreendem as desvantagens das atitudes a que são forçadas. Somente pessoas que de alguma forma puderam satisfazer suas necessidades básicas podem analisar os problemas existenciais, morais e sociais de uma perspectiva mais ampla. Isso não se reduz a puro elitismo. Um tema recorrente na poesia do final da dinastia Han – privilégio da aristocracia – é a destruição dos laços familiares, necessitada pelas situações extremas da guerra civil. Devido à guerra, não raro se tinha de escolher entre a própria vida e a dos entes queridos. Além disso, também há um tipo de "indigente moral", talvez o mais importante destinatário de Laozi: são as pessoas que não conseguem conter seus desejos e se tornam objeto de si próprias. Incapazes de se darem por satisfeitas, permanecem condicionadas aos seus apetites, numa eterna "luta pela sobrevivência". "*Quem não [precisa] lutar pela sobrevivência é mais valoroso do que aqueles que estimam sua vida [acima de tudo]*". Mais uma vez, FY traz redação diferente dos outros três principais textos: "Apenas aqueles que não dão valor [absoluto] à sobrevivência são capazes de dar valor à vida" (lit. "apenas aqueles que não dão valor à vida são os melhores em dar valor à vida", 夫惟無以生為貴者，是賢於貴生也). *Os que valorizam a vida:* embora pouco provável, 貴生 (guisheng) possivelmente seja referência a uma das vertentes de pensamento frouxamente definida como taoista. Tomando o pensador dos reinos combatentes Yang Zhu (楊朱) como paradigma, eram intelectuais que advogavam a pacificação do país por um tipo radical de Inação: não fazer nada que pusesse em risco suas pessoas, levando uma vida de quietude e desligamento da sociedade. Não é necessário dizer que Yang Zhu tornou-se um anátema para os confucianos, tendo sido criticado de forma vitriólica por Mêncio, como alguém que nega os deveres sociais ou (tabu na literatura chinesa) como um "egoísta" – palavra que, em chinês, possui o mesmo julgamento de valor e carga emotiva que o termo "pecado" possuía no Ocidente. Na verdade, em que pese o capítulo homônimo na obra *Liezi* (列子), as ideias de Yang Zhu tinham por objetivo eliminar todas as fontes de conflito e competição entre os indivíduos, inclusive criticando as tradições ancestrais e o alto valor atribuído à busca de reputação – verdadeiros dogmas para a maioria dos intelectuais.

7 "Nem os senhores feudais conseguem *agregá-lo como emissário*". O manuscrito *Gu* traz "travar amizade com ele" 諸侯不得友. Embora quebre o paralelismo semântico das frases (servo/emissário), entendemos que esta redação é semanticamente melhor, já que o Sábio taoista, pelo menos na época do Senhor do Rio, mais provavelmente seria membro da elite.

# 戒強第七十六
## *Capítulo 76*
## *Advertência aos fortes*

**人之生也柔弱，**

—人生含和氣，抱精神，故柔弱也。

**Ao nascer, o homem é mole, é fraco;**

*Comentários*

Ao nascer, o homem está repleto de energia harmônica[1] e carrega em si o espírito puro.[2] Por isso é mole e fraco.

**其死也堅強。**

—人死和氣竭，精神亡，故堅強也。

**[Mas] ao morrer é duro, é forte.**

*Comentários*

Quando as pessoas morrem, esgota-se a energia harmônica, extingue-se o espírito puro. Então tornam-se duras e fortes.

**萬物草木之生也柔脆，**

—和氣存也。

**Ao nascerem, ervas, árvores, as dez mil coisas,[3]**
**são tenras e frágeis;**

*Comentários*

Contêm energia harmônica.

**其死也枯槁。**

—和氣去也。

**Na morte, [porém,] murcham e secam.**

*Comentários*

A energia harmônica deixa-as.

**故堅強者死之徒，柔弱者生之徒。**

—以其上二事觀之，知堅強者死，柔弱者生也。

**Segue-se que os duros e fortes são devotos da morte; os moles e fracos são devotos da vida.**[4]

*Comentários*

Do ponto de vista do par de situações acima, quem se reconhece duro e forte morre; [quem se dá por] mole e fraco, vive.

**是以兵強則不勝，**

—強大之兵輕戰樂殺，毒流怨結，眾弱為一強，故不勝。

**Por tal razão, mesmo que sejam fortes, as armas**[5] **[nunca] prevalecerão.**

*Comentários*

[Quanto mais] fortes e maiores as armas, mais levianamente partirão para a guerra e maior seu deleite em matar. [Torrentes de] veneno fluirão, [laços de] ódio apertar-se-ão, até que a multidão de débeis [se alie numa] única força:[6] eis a razão [para que as armas] não prevaleçam.

**木強則共。**

—木強大則枝葉共生其上。

**Mesmo que sejam fortes, as árvores findarão como brasa.**[7]

*Comentários*

Se a árvore for grande e forte, ramos e folhas crescerão juntos em cima dela.

**強大處下，柔弱處上。**

—興物造功，大木處下，小物處上。大道抑強，扶弱，自然之效。

**O que é grande e forte ocupa os espaços inferiores; o que é tenro e fraco ocupa as posições superiores.**

*Comentários*

Em toda obra, em qualquer construção, as grandes toras de madeira ficam embaixo, enquanto coisas pequenas são colocadas em cima.[8] O Grande Dao[9] diminui os fortes, apoia os fracos – eis a forma de agir da espontaneidade.[10]

## Notas

1 *Energia Harmônica:* cf. cap. 5, nota 8.

2 *Espírito Puro:* cf. cap. 5, nota 15.

3 O texto de FY excluiu o termo "dez mil coisas"; alguns estudiosos supõem serem interpolação. MWD, contudo, também o contém.

4 *Devotos Da Vida/Morte:* cf. cap. 50.

5 Neste contexto, "armas" também poderiam ser traduzidas como "exércitos".

6 *"Até que a multidão de débeis [se alie] numa única força"*; o manuscrito *P2639* lê "o país que tem um exército forte não tem peso" 國有彊兵則輕.

7 A julgar os manuscritos HSG e FY, este verso de Laozi é incompreensível: "Se a árvore for forte, então *'unidos'*" 木強則共. O comentário do Senhor do Rio tenta preservar a redação original, com uma acrobacia hermenêutica: "ramos e folhas crescerão *juntos* (i.e. em cima dela)". WB tem um texto diferente, embora também esteja longe do ideal: "se a árvore for forte, [cairá sob o] machado (lit. arma)" 木強則兵. MWD também difere: "se a árvore for forte, ela terá medo" 木強則兢. Para além dos manuscritos de Laozi, há tentativas de propor uma redação escorreita. No segundo capítulo de *Liezi* 《列子·黃帝篇》 e no primeiro de *Huainanzi* 《淮南子·原道訓》, este verso é citado, com um texto mais fluente: "se o exército for forte, será exterminado; se a árvore for forte, será cortada" 兵強則滅，木強則折. Para resolver o impasse, Gao Ming propôs uma solução inteligente: 共 é um ideograma antigo, que deve ser lido como o seu derivado 烘 (hong), "queimar",

"tostar". Adotou-se essa leitura, mesmo que não se coadune com o comentário do Senhor do Rio.

8 "Enquanto *coisas pequenas* são colocadas em cima". O manuscrito *S3926* traz "toras pequenas" 小木在上.

9 "*Grande Dao*": Wang Ka redige "Caminho do Céu" 天道.

10 *Espontaneidade:* cf. cap. 1, nota 7.

# 天道第七十七

## *Capítulo 77*

## *O Caminho do Céu*[I]

**天之道，其猶張弓乎？**

—天道暗昧，舉物類以為諭也。

**Oh, o Caminho do Céu! Não se parecerá ele com um arco [ao ser flexionado]?**

*Comentários*

O Caminho do Céu é opaco e sem luzes;[2] [Laozi] emprega uma coisa como metáfora, para que possa discursar sobre ele.[3]

**高者抑之，下者舉之，有餘者損之，不足者益之。**

—言張弓和調之，如是乃可用耳。夫抑高舉下，損強益弱，天之道也。

**Faz descer o que está ao alto, eleva o que está embaixo; tira do que tem em excesso, acrescenta ao que não tem o bastante.**[4]

*Comentários*

[Este trecho] propõe que o arco flexionado equilibra e harmoniza [seu conjunto]: é só isso que precisamos [saber] para colocá-lo em prática. Derrubar os arrogantes, erguer os humildes, solapar os fortes e vigorar os fracos: este é o Caminho do Céu.

**天之道，損有餘而補不足。**

—天道損有餘而益謙，常以中和為上。

**Oh, o Caminho do Céu! [De fato,] ele tira dos que têm em excesso para dar aos que carecem...**

*Comentários*

O Caminho do Céu tira de quem tem demais, para distribuir aos modestos, pois sempre venera a harmonia e a moderação.

**人之道則不然，損不足以奉有餘。**

—人道則與天道反，世俗之人損貧以奉富，奪弱以益強也。

**O caminho do homem, contudo, não é assim... Ele toma dos que passam necessidade para tributá-lo aos que têm de sobra.**

*Comentários*

O caminho do homem[5] é o oposto do Caminho do Céu. As pessoas comuns tiram dos pobres para tributar aos ricos, tomam dos fracos para que os fortes tenham de sobejo.

**孰能有餘以奉天下？唯有道者。**

—言誰能居有餘之位，自省爵祿以奉天下不足者乎？唯有道之君能行「之」也。

**Qual é a pessoa que, tendo de sobra, é capaz de tributá-lo a Tudo sob o Céu? Somente aquele que tem o Dao [em si].**

*Comentários*

[Esta passagem] pergunta: qual a pessoa que, tendo uma posição que lhe dê mais [do que precisa], é capaz de poupar [parte] dos seus títulos e rendas para dar aos que não têm o bastante em Tudo sob o Céu? Somente o soberano que tem o Dao [em si] é capaz de fazê-lo.

**是以聖人為而不恃，**

—聖人為德施「惠」，不恃「望」其報也。

**Por tal motivo o Sábio obra, mas sem expectativas.**

*Comentários*

O Sábio pratica a Virtude e dispensa benesses, independentemente das expectativas de retorno [que porventura tenha].

**功成而不處，**

—功成事就，不處其位。

**Sua obra se completa, mas não [reclama] um lugar [para si],**

*Comentários*

Sua obra completa-se e seus méritos realizam-se, mas não ocupa um lugar [de honra].

**其不欲見賢。**

—不欲使人知己之賢，匿功不居榮「名」，畏天損有餘也。

**Pois não deseja transparecer seu valor.**

*Comentários*

Não deseja fazer com que as pessoas reconheçam a si como um homem de valor; esconde seus méritos e não reivindica fama ou glória: tem medo de que o Céu tome o que possui em demasia.

## Notas

1 *Caminho do Céu:* cf. cap. 22, nota 2.

2 "O Caminho do Céu *é opaco e sem luzes*". O manuscrito *Gu* diz: "é distorcido como algo distante" 杳渺. O manuscrito *Qiang* diz: "é de grande luz" 孔明.

3 O Dao é imperscrutável e inefável: cf. caps. 1 e 25, entre outros.

4 *Alegoria do Arco:* o Dao é comparado a um arco sendo vergado para lançar a flecha. Puxada a corda, as extremidades do arco convergem para o meio e o arco assume uma forma arredondada. Assim como o arco flexionado, o Dao promove o equilíbrio e harmonia do todo.

5 Esta é a única vez no *Dao De Jing* em que Laozi compara o caminho do homem ao Caminho do Céu, concluindo que os dois têm diferenças. Isso contraria a visão da maioria dos pensadores chineses sobre o assunto, que considera Caminho do Céu e Caminho do Homem como intimamente vinculados (cf. cap. 47, nota 3). Portanto, nesse caso, redigiu-se caminho do homem com minúscula, para expressar "forma de ser dos homens em geral".

# 任信第七十八

## *Capítulo 78*

## *O ônus da confiança*

**天下柔弱，莫過於水，**

—「言水柔弱，」圓中則圓，方中則方。壅之則止，決之則行。

**Em Tudo sob o Céu, nada é mais tenro e fraco do que a água;**

*Comentários*

[Este verso] diz que a água é tenra e fraca,[1] [posta num recipiente] redondo, redonda fica; [se num] quadrado, quadrada fica. Se obstruído o seu caminho, para; se aberto, flui.

**而攻堅強者，莫之能勝。**

—水能懷山襄陵，磨鐵消銅，莫能勝水而成功也。

**[E no entanto,] nada é capaz de superá-la quando se trata de investir contra o que é duro e forte.**

*Comentários*

A água pode abraçar montanhas, pode enxurrar colinas; pode polir o ferro e tirar o fio do bronze. Nada é capaz de fazer face à água e triunfar sobre ela.

**其無以易之。**

—夫攻堅強者，無以易於水。

**Nisso, nada pode substituí-la.**[2]

*Comentários*

No que tange a atacar o que é duro e forte, nada pode substituir a água.

**弱之勝強，**

—水能滅火，陰能消陽。

**"O fraco triunfa sobre o forte;**

*Comentários*

A água pode apagar o fogo, Yin pode eliminar Yang.[3]

**柔之勝剛。**

—舌柔齒剛，齒先舌亡。

**A ternura conquista a dureza".**

*Comentários*

A língua é mole e os dentes, duros. Os dentes morrem antes da língua.

**天下莫不知，**

—知柔弱者久長，剛強者折傷也。

**[Embora] em Tudo sob o Céu não haja quem não conheça [este ditado],**

*Comentários*

[Todos] sabem que o fraco e terno permanecem, são longevos; o forte e duro quebram, machucam-se.

**莫能行。**

—恥謙卑，好強梁。

**Ninguém é capaz de colocá-lo em prática.**

*Comentários*

[Pois] envergonham-se da modéstia, da humildade; apreciam força e bravura.

**故聖人云:**

—謂下事也。

**Por isso o Sábio diz:**

*Comentários*

Diz o que se segue.

**受國之垢，是謂社稷主;**

—人君能受國之垢濁者，若江海不逆小流，
則能長保其社稷，為一國君主也。

**"Quem sofre as humilhações [de que padece] um feudo é aquele que chamamos de 'senhor do altar dos espíritos do solo e dos grãos';**[4]

*Comentários*

O soberano de homens sofre todas as máculas e vicissitudes de um feudo. É o mesmo que acontece com os grandes rios e mares, que não correm contra os regatos e riachos. Assim são capazes de proteger o altar dos espíritos do solo e dos grãos por um longo período, como o senhor e soberano de um feudo.

**受國之不祥，是謂天下王。**

—人君能引過自與，代民受不祥之殃，則可以王天下。

**Aquele que suporta os maus portentos para um feudo é quem se chama de Rei de Tudo sob o Céu".**[5]

*Comentários*

Se o senhor de homens for capaz de reconhecer seus erros e de se responsabilizar [por eles], sofrendo [os efeitos] das catástrofes pressagiadas [para o feudo] em lugar de seu povo, ele poderá tornar-se o Rei de Tudo sob o Céu.

**正言若反。**

—此乃正直之言世人不知以為反言。

**Palavras sinceras soam como ironia.**[6]

*Comentários*

Estas são palavras francas, mas as pessoas ordinárias não as reconhecem [como tal], pensam que são ironia.

## Notas

1 Frase acrescentada conforme o texto do *Cânone taoista*.

2 FY e também MWD, com uma pequena diferença sintática, trazem a seguinte redação: "[E no entanto], quando se trata de investir contra o que é duro e forte, nada vem antes dela, porque a água usa o que não tem para transformar o duro e o forte" 而攻堅強者，莫之能先，以其無以易之也.

3 *Yin-Yang:* cf. cap. 1, nota 20.

4 *Altar Dos Espíritos do Solo E Dos Grãos:* cf. cap. 59, nota 7.

5 Estes dois versos remetem à visão, bastante peculiar, que Laozi tem da realeza. O *Dao De Jing* ensina que o príncipe deve ser humilde, frugal e benévolo. Em seus misteres, padece da mais triste sina – a responsabilidade sobre vida e morte de sua comunidade. Nesse contexto, todas as humilhações e reveses por que uma comunidade pode passar são sofridos primeiramente pelo seu senhor. Cf. caps. 39 e 42.

6 Lit. "falo diretamente, mas parece que quero dizer o contrário".

# 任契第七十九

## *Capítulo 79*

## *Responsabiliza-te por tua talha*

**和大怨，**

—殺人者死，傷人者刑，以相和報。

**Se ao reconciliar ódios profundos**

*Comentários*

Quem mata alguém, morre; quem fere alguém, é punido: a reconciliação[1] vem na mesma medida.

**必有餘怨，**

—任刑者失人情，必有「餘」怨，及於良人也。

**Sempre perdura [algum] ressentimento,**

*Comentários*

A pessoa que sofre uma punição perde as emoções humanas[2] e certamente guarda ódios, dirigidos às pessoas de bem.

**安可以為善？**

—言一人吁嗟，則失天心，安可以和怨為善？

**Como afirmar que isso é bom?**

*Comentários*

[O verso] comenta: uma pessoa geme de dor, depois perde o coração celeste.[3] Como será possível, [assim,] conciliar ódios e praticar o bem?

**是以聖人執左契，**

—古者，聖人執左契，合符信也。無文書法律，刻契合符以為信也。

**[Por isso,] o Sábio empunha o lado esquerdo da talha[4]**

*Comentários*

No passado, o Sábio segurava o lado esquerdo da talha, seguro de que seria unido [à outra metade].[5] Não se necessitava de leis, regras e outros documentos legais; [a relação de] confiança perfazia-se com cortar uma talha de madeira e uni-la [no cumprimento da obrigação].

**而不責於人。**

—但刻契為信，不責人以他事也。

**E nunca exige dos outros [que cumpram seu dever].[6]**

*Comentários*

Apenas corta uma talha de madeira, [como símbolo de] confiança, não usa de meios diferentes para responsabilizar a outra parte.

**有德司契，**

—有德之君，司察契信而已。

**Quem é Virtuoso controla as talhas,**

*Comentários*

O soberano que tem Virtude [em si] somente supervisiona e controla o cumprimento das talhas.

**無德司徹。**

—無德之君，背其契信，司人所失。

**Quem não é, exige [o tributo] "che".[7]**

*Comentários*

O soberano que não possui Virtude [em si] viola o pacto das talhas e [ainda] atenta para as falhas das pessoas.[8]

**天道無親，常與善人。**

—天道無有親疎，唯與善人，則與司契同也。

**"O Caminho do Céu[9] não tem favoritos, está sempre ao lado das pessoas de bem".[10]**

*Comentários*

O Caminho do Céu não reconhece proximidade ou distância de parentesco. Acompanha-se somente das pessoas de bem, por isso assemelha-se ao titular da talha.

## Notas

1 Em nossa cultura, a palavra "reconciliação" soa estranha neste contexto, devendo ser substituída por "retribuição". Não obstante, preferi verter o termo conforme sua etimologia, acentuando dessa maneira o conflito ínsito entre as mentalidades chinesa e ocidental. Apesar de que literalmente envolva o termo harmonia (和, he), a palavra "reconciliação" significa "restabelecer o equilíbrio" – pressupondo uma compensação, um dano igual ou proporcional ao que fora recebido. Daí a crítica de Laozi, que não considera que a *lex talionis* deriva da natureza das coisas.

2 *Emoções Humanas:* no pensamento chinês, a noção de 人情 (renqing) pressupõe o patrimônio ético e psíquico que se recebe do Céu ao nascer (cf. *Coração Celeste, infra*). O termo sugere, também, um sentido de sociabilidade humana, os laços de afetividade que unem pessoa a pessoa. Pode, ainda, referir-se à forma de uma pessoa existir em sociedade, em que a afetividade comum disciplina seu comportamento, convicções e objetivos. Neste último sentido, a palavra tem a ver com o termo latim *mores*, o qual, não se restringindo aos costumes e práticas em si, também incluem um certo elemento psicológico e afetivo que lhe dá vida.

3 *Coração Celeste:* O *locus classicus* mais antigo do termo 天心 (tianxin) talvez seja o *Clássico dos documentos* num capítulo possivelmente apócrifo do *Livro de Shang* chamado "Ambos possuem a Virtude Unificadora" 《書·商書·咸有一德》. Nele, "coração celeste" está vinculado à doutrina do Mandato do Céu (天命), ou do desígnio celeste (天意). Considerado tal vínculo, o termo era apanágio exclusivo do Rei ou dos nobres de mais alta estirpe. O taoismo, contudo, possui a tendência de "naturalizar" seus conceitos – retirando-os da esfera política, dominada pelas

tradições dos clãs. O resultado prático desse novo raciocínio é que determinadas noções tornam-se universalizáveis. Portanto, é numa perspectiva menos exclusiva que Senhor do Rio emprega o termo, referindo-se a todos os homens.

4 *Talha:* Conforme anotações de ZQZ (p.305) citando as autoridades clássicas, a talha (契, qi) era uma peça de bambu representando uma obrigação contratual. No fechamento do contrato, apunha-se uma inscrição sobre a peça e partia-se-a em duas. Diz-se que o lado direito cabia à parte "nobre" no acerto (i.e. o credor). Portanto, de acordo com HSG, WB, FY e o manuscrito "b" de MWD, o Sábio assumiria voluntariamente o papel de devedor. Em sentido contrário, o manuscrito "a" de MWD, via de regra copiado com pouco rigor, traz a redação "por isso, *o Sábio parte direita* (*sic*) da talha e não se funda nisso para dirigir exigências aos outros" (是以聖人右介而不以責於人). Nesse caso, o Sábio estaria na posição do credor. Como resolver essa contradição? Embora haja autores que investigam o tema com muito empenho e profundidade, no final tudo se resume a duas opções de leitura, já que é impossível comprovar qual das teses é esposada por Laozi. Numa delas, GM (p.215, 216) defende que o Sábio deve ser a *parte credora*, trazendo a parte direita da talha. Ele pressupõe que o Sábio deve ser "parte nobre" por definição e que sua magnificência é manifestada pelo fato de não reclamar cumprimento do contrato por parte de seu devedor (uma das leituras possíveis de 不責於人). É uma leitura coerente e faz todo o sentido no contexto da cultura chinesa. Por outro lado, o ideal de Sábio em Laozi não parece ser o de uma pessoa confortável com as distinções que o beneficiam diante da sociedade, mas o de alguém que se coloca abaixo das outras pessoas: isso não bastaria para justificar sua opção pela "parte vulnerável"? Embora pareça um contrassenso, na perspectiva do ideal político chinês clássico, é possível que o pensador taoista pregue o triunfo das virtudes do sábio pelo seu poder de "converter as pessoas". Portanto, ao aceitar ser a *parte devedora* nas relações que mantém, o Sábio seria aquele que cumpre suas obrigações espontaneamente (不責於人 também pode significar "[cumpre suas obrigações] sem ser exigido"), mas deixa que cada um aja conforme sua consciência – evitando que as pessoas comuns se ressintam dele.

5 Isto é, a outra parte viria espontaneamente cumprir a sua obrigação.

6 Cf. o final do quinto ensaio de *Hanfeizi*, "o Dao do Soberano" 《韓非子·主道篇第五》: "Saber quando permanecer em silêncio; saber quando sair de cena: estes são os tesouros do Dao do Senhor de Homens. Ele não age com precipitação, portanto distingue entre astúcia e estupidez; ele não se perde com considerações e planos, por isso discrimina entre sorte e revés. Consequentemente, não se expressa, mas todos lhe correspondem; não convoca seus servos, mas todos se apresentam pontualmente. *Uma vez tenha sido correspondido, pega as talhas; uma vez tenham se reunido, toma as peças de bambu.* É ao reunir as talhas e peças de bambu que surge a política de prêmios e punições" 人主之道，靜退以為寶。不自操事而知拙與巧，不自計慮而知福與咎。是以不言而善應，不約而善增。言已應，則執其契；事已增，則操其符。符契之所合，賞罰之所生也.

7 *Tributo "Che"*: O termo 徹 (che) suscita um grande número de interpretações diferentes, particularmente por possuir diversos cognatos. A leitura mais tradicional toma 徹 pelo tipo de tributo devido ao proprietário de terras pelos agricultores, equivalente a dez por cento da produção total (cf. *Analectos* 12.9). Adotado esse sentido, a passagem torna-se mais fácil, já que o Sábio não é descrito como alguém empenhado em angariar vantagens dos outros, mas como alguém que faculta-lhes agir conforme suas consciências.

8 Pelo contexto, atenta para quando as pessoas falham em recolher o tributo "che".

9 *Caminho do Céu:* cf. cap. 22, nota 2.

10 Esse ditado também aparece na história que relata a visita de Confúcio a Zhou na obra *ShuoYuan*. Cf. cap. 42, nota 17.

# 獨立第八十
# *Capítulo 80*
# *Isolamento*[I]

**小國寡民，**

—聖人雖治大國，猶以為小，儉約不奢泰。民雖眾，猶若寡少，不敢勞之也。

**[Num] país pequeno, com pouca gente,**

*Comentários*

Apesar de o Sábio governar um grande feudo, fá-lo como se fosse pequeno; [ou seja,] é frugal, econômico e nunca ostenta luxo. Embora o povo conte às multidões, é como se fosse pouco numeroso; [ou seja,] não ousa fatigá-lo [com obrigações].

**使有什伯，**

—使民各有部曲什伯，貴賤不相犯也。

**[Faze] com que [o povo se organize em unidades] de dez ou cem;**

*Comentários*

Organiza o povo [em divisões militares] bu, qu, shi e bo,[2] com o objetivo de que nobres e plebeus não se ofendam [mutuamente].

**人之器而不用，**

—器謂農人之器。而不用「者」不徵召奪民良時也。

**[E que] as pessoas, tendo instrumentos,[3] não os utilizem.[4]**

*Comentários*

"Instrumentos" significa objetos para uso na lavoura. "Mas não os utilizam" significa que não os convoca [para prestar corveias], ou seja, não toma o abençoado tempo do povo.

**使民重死，**

—君能為民興利除害，各得其所，則民重死而貪生也。

**Faze com que o povo veja a morte com pesar,[5]**

*Comentários*

Se o soberano for capaz de criar benefícios em favor de seu povo e de extirpar-lhe os danos, [dessa maneira] cada qual terá seu lugar; [nesses termos] o povo verá a morte com pesar e cobiçará a vida.

**而不遠徙。**

—政令不煩則民安其業。故不遠遷徙離其常處。

**E não [deseje] migrar para longe.[6]**

*Comentários*

Se não há um excesso de políticas e ordens [governamentais], o povo se dedicará a seus afazeres em paz. [Dessa maneira,] não migrará para longe, nem fugirá de suas moradas.

**雖有舟輿，無所乘之；**

—清靜無為，不作煩華，不好出入遊娛也。

**Mesmo que haja barcos e carruagens, que ninguém os tome;**

*Comentários*

Puro e tranquilo, pratica a Inação.[7] Nunca faz algazarra, não há animação. Não gosta de partir em viagens para se divertir.

**雖有甲兵，無所陳之；**

—無怨惡於天下。

**Mesmo que haja couraças e armas, que não sejam exibidas;**

*Comentários*

Não há ódios ou desgostos em Tudo sob o Céu.

**使民復結繩而用之。**

—去文反質，信無欺也。

**Faze com que o povo volte a dar nó em cordas[8] e que adote [essa e outras práticas do passado].**

*Comentários*

Priva-se do refinamento, retorna à naturalidade.[9] São confiáveis, não agem com astúcia.

**甘其食，**

—甘其蔬食，不漁食百姓也。

**[Que o povo] se delicie com seu alimento,**

*Comentários*

[Dado que] se deliciam com comida simples, [o soberano] não [precisa] dar manjares aos cem clãs.[10]

**美其服，**

—美其惡衣，不貴五色。

**Que se maravilhe com suas vestimentas,**

*Comentários*

Maravilham-se com vestimentas rudes, não valorizam as cinco cores.[11]

**安其居，**

—安其茅茨，不好文飾之屋。

**Que tenha tranquilidade em seus lares,**

*Comentários*

Encontram tranquilidade numa choupana de palha, não gostam de prédios decorados com adereços.

**樂其俗,**

—樂其質樸之俗,不轉移也。

**Que se rejubile com seus costumes:**

*Comentários*

Rejubilam-se com os seus costumes, simples como a tábua rasa: não mudam sua forma [de ser e agir].

**鄰國相望,雞狗之聲相聞,**

—相去近也。

**Feudos vizinhos observam-se, ouvindo uns o som [fortuito] dos cães ou frangos dos outros;**

*Comentários*

São muito próximos uns dos outros.

**民至老「死」,不相往來。**

—其無情慾。

**E seus povos chegam à velhice e morrem, sem nunca se conhecerem.**

*Comentários*

[Mostra que] não têm desejos, nem impulsos.

## Notas

1 Este capítulo não deve ser interpretado literalmente. Assim como qualquer outro pensador chinês, Laozi advoga uma grande unidade política centralizada, ainda que composta por pequenas unidades produtivas autárquicas, semi-independentes e alheias umas às outras. Wang Bi esclarece que "o feudo não só é pequeno, ainda tem população reduzida – mas mesmo assim ainda é possível fazê-lo voltar

à antiguidade... Quanto mais um grande feudo, populosíssimo! Portanto, um pequeno feudo nada mais é do que um recurso estilístico [usado por Laozi]" 國既小，民有寡，尚可使反古，況國大民眾乎！故舉小國而言也. (Nota: "fazer voltar à antiguidade", 復古 fugu, é o ideal de boa governança na China antiga).

2 Os termos 部 (bu), 曲 (qu), 伯 (bo) e 什 (shi) referem-se a divisões militares organizadas em ordem decrescente quanto às suas dimensões.

3 *Instrumentos:* os instrumentos desta passagem provavelmente não são os mencionados no cap. 28, nota 10, devendo ter o sentido usual de "implementos", "utilidades", "objetos para uso" – especialmente os que tornam a vida mais prática. A recusa do povo de adotá-los justifica-se pelo ideal taoista de "retorno à tábua rasa" e do predomínio da naturalidade sobre o refinamento. Tal primitivismo justificar-se-ia pela preferência de se ter uma sociedade harmoniosa a se abraçar as contradições do progresso. No caso dos manuscritos WB e FY, "instrumentos" possivelmente querem dizer "armas". Nessa hipótese, Laozi estaria advogando o governo da sociedade por Inação, que eliminaria motivos para se ir à guerra.

4 Em HSG, o trecho 使有什伯，人之器而不用 é pontuado como dois versos separados: "[faz] com que [se organizem em unidades] de dez ou cem" e "as pessoas têm instrumentos, mas não os usam". WB redige 使有什伯之器而不用, isto é, "provê dezenas, centenas de instrumentos que, entretanto, permanecem em desuso". FY, 使民有什伯之器而不用, que verte: "Faz com que o povo tenha dezenas, centenas de instrumentos que, entretanto, permanecem em desuso". Embora possua dois manuscritos com textos ligeiramente diferentes, MWD aproxima-se mais de HSG: "faz com que o povo tenha dezenas, centenas de instrumentos para uso humano, mas não os utilizam" 使民有什伯人器而不用. Na prática, é difícil dizer qual dos três textos é melhor. Apesar de HSG transmitir um sentido mais fluido, sua sintaxe é um pouco estranha; "faz com que se organizem em unidades de cem" normalmente traria um ideograma no fim da frase, que funcionaria como marca sintática. Já que o emprego de sinais de pontuação era muito restrito, essa era a forma de demarcar pausas, paradas, realce ou mesmo interjeições nos manuscritos antigos, permitindo ao leitor saber que o período terminava ali.

5 Há duas possibilidades: fazem com que temam a morte pela adoção de penas draconianas, ou por garantir condições de subsistência e dignidade a todos. A questão é explorada mais a fundo no cap. 74.

6 Novamente, é possível interpretar o conselho de Laozi a partir de duas perspectivas contrapostas: o povo não deseja migrar para longe porque está satisfeito com a vida que leva; ou, negativamente, se há políticas expressas do governo para manter as pessoas presas à terra onde nasceram. Apesar de que Laozi não pareça estar recomendando a política dos "hukou" ("passaportes internos" que restringem a possibilidade de o indivíduo migrar dentro do país), deve-se reconhecer que manter as pessoas vinculadas a uma unidade administrativa garante receita de impostos e possibilita a exigência de corveias e serviço militar – fundamentais na China antiga.

7 *Inação:* cf. cap. 1, nota 8.

8 "Dar nó em cordas", tal como mencionado nos "Comentários em Apenso" ao *Clássico das mutações* 《周易·繫辭傳》 é uma referência aos tempos pré-históricos da China. Dada a inexistência de língua escrita, nós eram dados em cordas com os fins de contabilizar coisas ou registrar fatos. O termo é uma metáfora para as propostas primitivistas de Laozi.

9 *Naturalidade/Refinamento:* cf. cap. 3, nota 2.

10 *Cem Clãs:* cf. cap. 3, nota 22. No original chinês, comida simples e manjares, literalmente são "pratos à base de vegetais" e "pratos de pescado". Aqui empregam-se em sentido derivado.

11 *Cor:* cf. cap. 12, nota 1.

# 顯質第八十一

## *Capítulo 81*

## *Exiba sua naturalidade*[1]

**信言不美，**

—信「言」者，如其實也。不美者，樸且質也。

**Palavras verdadeiras nunca são belas;**

*Comentários*

"Palavras verdadeiras" são aquelas que correspondem aos fatos. "Nunca são belas", porque são [oriundas] da naturalidade e são simples como a madeira não trabalhada.

**美言不信。**

—美言者，滋美之華辭。不信者，飾偽多空虛也。

**Belas palavras nunca são verdadeiras.**

*Comentários*

"Belas palavras" são aquelas que têm o frescor dos floreios retóricos.[2] "Nunca são verdadeiras", pois adornos e falsidades [escondem] suas infindáveis mentiras e superficialidades.

**善者不辯，**

—善者，以道修身也。「不辯者，」不綵文也。

**Homens bons nunca entram em disputas [retóricas];**

*Comentários*

"Homens bons" são os que usam o Dao para se cultivar. "Nuncam entram em disputas", porque reprovam as letras ornamentadas.

**辯者不善。**

—辯者謂巧言也。不善者，舌致患也。土有玉，掘其山；水有珠，濁其淵。辯口多言，亡其身。

**Homens eloquentes nunca [conseguem] ser bons.**[3]

*Comentários*

"Homens eloquentes" são os que usam palavras rebuscadas. Não são bons, porque, com suas línguas, atraem desgraças [para si]. Há jade nas montanhas, por isso escavam-nas [até que não reste nada]; há pérolas nos rios, logo poluem suas nascentes. Quem debate tem muitas palavras, elas dão fim a quem as profere.

**知者不博，**

—知者謂知道之士，不博者，守一元也。

**Homens sábios não são eruditos;**

*Comentários*

Homens sábios são os shi[4] que conhecem o Dao. Seu saber não é amplo, preservam a Unidade original.[5]

**博者不知。**

—博者，多見聞也。不知者，失要真也。

**Os eruditos não têm sapiência.**

*Comentários*

Quem tem amplo saber são os que viram e ouviram muitas coisas. Não têm sapiência, porque perderam [de vista] o que é principal e genuíno.

**聖人不積，**

—聖人積德不積財，有德以教愚，有財以與貧也。

**O Sábio nunca acumula [para si, contudo,]**

*Comentários*

O Sábio não acumula riquezas, mas acumula Virtude. Tendo Virtude, utiliza-a para ensinar aos estultos; tendo riquezas, utiliza-as para dar aos pobres.

**既以為人，己愈有，**

—既以為人施設德化，己愈有德。

**Quanto mais faz pelos outros, mais possui [em si];**

*Comentários*

Uma vez que tenha dispensado Virtude e outorgado sua doutrinação [moral],[6] obtém ainda mais Virtude para si.

**既以與人，己愈多。**

—既以財賄布施與人，而財益多，如日月之光，無有盡時也。

**Quanto mais obsequia as pessoas, mais numerosos [são seus méritos].**

*Comentários*

Uma vez que tenha usado suas riquezas e bens para presenteá-los às pessoas,[7] suas riquezas multiplicam-se. Parecem-se com o brilho do sol e da lua, não se esgotam em momento nenhum.

**天之道，利而不害。**

—天生萬物，愛育之，令長大，無所傷害也。

**Beneficiar sem causar dano, isso é do Caminho do Céu;**[8]

*Comentários*

O Céu dá vida às dez mil coisas. Ele cuida delas e lhes dá sustento; fazendo-as crescer, não as fere ou prejudica de modo algum.

**聖人之道，為而不爭。**

—聖人法天所施為，化成事就，不與天下爭功名。故能全其聖功也。

**Obrar sem produzir conflitos, isso é do Caminho do Sábio.**[9]

*Comentários*

O Sábio toma o Céu por modelo, e assim age e dispensa.[10] Sua transformação[11] realiza-se; seus feitos completam-se. Não disputa méritos e fama com Tudo sob o Céu.[12] Portanto, é capaz de trazer sua obra de Sapiência ao estágio final de acabamento.

## Notas

1 *Naturalidade:* cf. cap. 3, nota 2.

2 O *Cânone taoista* (e a edição impressa *Song*, com diferenças menores) lê: "belas palavras; oh, com que tamanho esforço são elaboradas!" 孳孳之美辭. Dessa forma acentua-se a tensão entre o rebuscamento e a Inação.

3 Eis o ideal taoista de perfeição, cf. cap. 45: "[A] pessoa mais eloquente parece-se com um gago" (大辯若訥). MWD apresenta uma redação diferente para este par de versos: "Homens bons nunca são muitos; muitos não [conseguem] ser bons" 善者不多，多者不善.

4 *Shi:* cf. cap. 15, nota 1.

5 *Preservar a Unidade:* cf. cap. 3, nota 14. A edição *Yilin* traz "[os homens sábios] conhecem o Dao e preservam a Unidade, por isso não precisam de amplos conhecimentos, vistos e ouvidos" 知道守一，則不必博多見聞。

6 *Doutrinação:* cf. cap. 2, nota 9.

7 *Dispensar Graça/Dar Esmolas:* O original chinês traz 布施 (bushi), que significa "dispensar como uma graça" – um presente dado às pessoas necessitadas. Embora o termo já tenha sido usado logo no período dos reinos combatentes em obras como *Narrativas das Terras* 《國語》 (guoyu) e *Zhuangzi* (莊子), após a entrada do budismo na China esse termo adquiriu um sentido especial: "dar esmolas". No budismo do Grande Veículo, há as chamadas "Seis Paramitas" (do sânscrito "Perfeições") – seis formas de adquirir "mérito" (功德, gongde) que permitem ao praticante avançar na escada que leva à iluminação como uma *Boddhisattva*. As "Seis Paramitas" são: 1) dar esmolas (sânscrito Dana, chinês 布施); 2) respeitar as chamadas "disciplinas" (sânscrito śīla, chinês 持戒), ou seja, fazer votos de respeitar certas proibições, submetendo-se a rigorismos determinados – como jejuar, não falar ou dormir em períodos determinados etc.; 3) aceitar humilhações (sânscrito kṣānti, chinês 忍辱); 4) esforçar-se na prática dos preceitos (sânscrito vīrya, chinês 精進); 5) praticar meditação/transe (sânscrito dhyāna, chinês 禪定); 6) investigar a "prajñā", a sapiência do Grande Veículo (sânscrito prajñā, chinês 智慧). Numa leitura superficial dessa lista, chama a atenção o fato de que é possível associar os seis itens da prática budista a ensinamentos de Laozi, mesmo que com modificações ou os retirando de contexto. É possível perceber por que, num primeiro momento, o budismo foi integrado ao pensamento chinês como

uma "subespécie" de taoismo e, o que nos interessa mais de perto, por que muitos pesquisadores atribuem influências budistas ao Comentário do Senhor do Rio.

8 *Caminho do Céu:* cf. cap. 22, nota 2.

9 MWD: "Obrar sem conflitos, isso é do Caminho do Homem".

10 "O Sábio toma o Céu por modelo, *e assim age e dispensa*". Conforme os manuscritos *Gu* e *S3926*: "não age e nada dispensa" 聖人法天，無所施為.

11 *Transformação:* cf. cap. 1, nota 16.

12 "Não disputa méritos e fama *com Tudo sob o Céu*". A edição de Wang Ka lê: "com seus inferiores" 不與下爭功名.

# *Documentação anexa*

# 史記卷六十三
# 老子韓非列傳第三
# Registros do Cronista
## 63º *Rolo*
## *Série de Breves Notas Biográficas, Três: Laozi, Han Fei et alii*[1]

*Sima Qian*

老子者，楚苦縣厲鄉曲仁里人也，姓李氏，名耳，字聃，周守藏室之史也。

Laozi, natural da aldeia de Quren, cidade de Li, distrito de Ku, feudo de Chu. O nome de seu clã era Li, seu nome pessoal era Er, seu nome alternativo era Dan. Foi um funcionário responsável pela biblioteca da corte de Zhou.

孔子適周，將問禮於老子。老子曰：「子所言者，其人與骨皆已朽矣，獨其言在耳。且君子得其時則駕，不得其時則蓬累而行。吾聞之，良賈深藏若虛，君子盛德容貌若愚。去子之驕氣與多欲，態色與淫志，是皆無益於子之身。吾所以告子，若是而已。」孔子去，謂弟子曰：「鳥，吾知其能飛；魚，吾知其能游；獸，吾知其能走。走者可以為罔，游者可以為綸，飛者可以為矰。至於龍，吾不能知其乘風雲而上天。吾今日見老子，其猶龍邪！」

Quando Confúcio visitou a corte de Zhou, ele consultou Laozi sobre os Ritos. Laozi comentou: "Há muito que a carne e os ossos daqueles a quem te referes caíram em putridez – deles só nos restam meras palavras. Já o [verdadeiro] Homem Nobre é aquele que dispara sobre seu cavalo – quando

---

1 Eis a tradução integral do primeiro e mais importante documento biográfico sobre Laozi, compilado pelo Cronista-Mor Sima Qian (145 ou 135 a.C.–86 a.C.) e incluído nos seus Registros – consagrados como a primeira crônica oficial de uma dinastia chinesa (正史).

chega seu momento. Não encontrando uma oportunidade no mundo, vaga por ele mansamente, sem ter paragem certa. Eu ouvi dizer que os bons comerciantes escondem suas mercadorias para que se tornem mais raras. Portanto, o Homem Nobre deve carregar as virtudes mais distintas dentro de si, sem deixá-las transparecer. Seu aspecto deve dar a impressão de que é um idiota. Portanto, livra-te desses teus ares de orgulho e dessas tuas ambições excessivas! Livra-te também desse teu aspecto de satisfação vã e desses teus ideais grandiosos. Tudo isso não importa em vantagem alguma para ti. O que tenho a dizer é isto e nada mais". Confúcio se foi e disse aos discípulos: "os pássaros, sei que sabem voar; os peixes, sabem nadar; as bestas, sabem correr. As bestas que correm são capturadas com malhas; os peixes que nadam, com redes; os pássaros que voam, com flechas atadas a uma corda. Mas os dragões, eu não sabia que eles montavam nas nuvens para cavalgar pelo Céu. Hoje encontrei-me com Laozi; como esse homem se parece com um dragão!".

老子脩道德, 其學以自隱無名為務。居周久之, 見周之衰, 迺遂去。至關, 關令尹喜曰: 「子將隱矣, 彊為我著書。」於是老子迺著書上下篇, 言道德之意五千餘言而去, 莫知其所終。

Laozi praticava o Caminho (Dao) e sua Virtude (De); seu Estudo impunha a tarefa de esconder-se no anonimato. Habitou em Zhou por um longo período, de modo que pôde testemunhar a decadência da dinastia, quando decidiu partir. Chegando ao Passo, o comandante da guarnição Yin Xi disse: "sei que estás prestes a te ocultar do mundo. Se quiseres cruzar esse Passo, contudo, terás que registrar tua sabedoria num livro e legá-lo para mim". Foi nessa ocasião que Laozi compôs uma obra dividida em duas partes para explicar o significado do Caminho e da Virtude, que no entanto tinha pouco mais que cinco mil palavras. Depois disso, ninguém mais soube de seu paradeiro.

或曰: 老萊子亦楚人也, 著書十五篇, 言道家之用, 與孔子同時云。

Algumas pessoas dizem: Lao Laizi também é natural de Chu; dizem que compôs uma obra com 15 seções, debatendo a aplicação dos ensinamentos dos mestres taoistas. Entre outras coisas, dizem também que é uma pessoa da mesma época de Confúcio.

蓋老子百有六十餘歲, 或言二百餘歲, 以其脩道而養壽也。

Laozi viveu mais de 160 anos; há quem diga que viveu mais de 200, proeza devida à prática do Dao e de técnicas de longevidade.

自孔子死之後百二十九年, 而史記周太史儋見秦獻公曰:「始秦與周合, 合五百歲而離, 離七十歲而霸王者出焉。」或曰儋即老子, 或曰非也, 世莫知其然否。老子, 隱君子也。

Está registrado nas crônicas que, 129 anos após Confúcio, o Cronista-mor de Zhou, cujo nome era Dan,[2] encontrou-se com o Duque Xian do feudo de Qin, quando lhe disse: "no princípio, Qin se manterá unido a Zhou. Passados 500 anos dessa aliança, os dois feudos se separarão. A 70 anos dessa separação, o soberano de Qin se tornará um Rei Hegemona". Há quem diga que Dan era Laozi; há quem se oponha a esse entendimento. A verdade é que ninguém sabe onde está a razão. Laozi é um Homem Nobre que se ocultou do mundo.

老子之子名宗, 宗為魏將, 封於段干。宗子注, 注子宮, 宮玄孫假, 假仕於漢孝文帝。而假之子解為膠西王卬太傅, 因家于齊焉。

O filho de Laozi chamava-se Zong. Zong foi general do feudo de Wei, recebendo as terras de Duangan como pagamento por seus serviços. O filho de Zong chamava-se Zhu. O filho de Zhu chamava-se Gong. O trineto de Gong chamava-se Jia; Jia serviu ao imperador Xiaowen da dinastia Han. E o filho de Jia, que tinha o nome de Jie, serviu ao rei Liu Yang de Xijiao no cargo de Conselheiro Taifu. Foi dessa maneira que se fixou no feudo de Qi.

世之學老子者則絀儒學, 儒學亦絀老子。「道不同不相為謀」, 豈謂是邪? 李耳無為自化, 清靜自正。

---

2 Não confundir este Dan 儋 com o Dan 聃, nome alternativo de Li Er. Trata-se de dois ideogramas diferentes.

Aqueles que se dedicaram ao estudo das doutrinas de Laozi tradicionalmente rejeitam as doutrinas dos Ru.[3] Reciprocamente, os Ru também não aprovam os ensinamentos de Laozi. Será que essa não é a ideia contida na expressão "caminhos diferentes não se comunicam"?[4] Li Er advoga a inação para que as coisas se transformem por si mesmas; ele usa a pureza e a tranquilidade para que as coisas se corrijam sozinhas.

---

3 As doutrinas ortodoxas confucianas.

4 *Analectos* 15.39.

# 《神仙傳卷第八》
# 河上公傳
# Notas Biográficas sobre os Imortais Taoistas
## *8º Rolo*
## *O Senhor às Margens do Rio*[5]

*Baopuzi*

河上公者，莫知其姓名也。漢孝文帝時，結草為庵於河之濱，常讀老子道德經。

Ninguém sabe dizer qual o clã ou o verdadeiro nome da figura conhecida por Senhor do Rio. Na época do imperador Wen da dinastia Han, o Senhor do Rio construiu para si uma choupana de palha às margens do Rio Amarelo, onde recitava com frequência o *Clássico do caminho e da virtude*, de Laozi.

時文帝好老子之道，詔命諸王公大臣州牧在朝卿士，皆令誦之，不通老子經者，不得陛朝。帝於經中有疑義，人莫能通，侍郎裴楷奏雲：陜州河上有人誦老子。即遣詔使賚所疑義問之。

Esse era o tempo em que o Imperador Wen admirava o Dao de Laozi. Ao convocar reis, duques, grandes servos, pastores das províncias, oficiais militares e civis para comparecerem em audiência, o imperador fazia-os todos recitar a *Escritura*. Àqueles que não o fizessem bem, não lhes era permitido ascender ao salão da corte. Numa vez em que imperador teve dúvidas a respeito da *Escritura* e ninguém foi capaz de explicar-lhe convincentemente,

5 Esse é o mais importante texto"biográfico"sobre o Senhor do Rio, incluído numa das mais influentes coletâneas sobre os imortais chineses. Por sua vez, Ge Hong (葛洪, 283–343), autor da compilação, consagrou-se como literato e alquimista de primeira grandeza.

um ajudante de ordens chamado Pei Kai informou-lhe humildemente: "Às margens do Rio Amarelo na província de Shaan há um homem que recita o livro de Laozi". O imperador despachou um núncio imediatamente para consultar o eremita.

公曰:「道尊德貴, 非可遙問也。」帝即嘉幸詣之, 公在庵中不出

O Senhor do Rio respondeu-lhe: "o Caminho é digno de respeito e a Virtude é nobre; suas perguntas não podem ser respondidas de longe". Sem demorar-se, o imperador subiu à sua carruagem e, com sua augusta presença, honrou o Senhor do Rio. O sábio, contudo, não saiu de sua choupana.

帝使人謂之曰: 溥天之下, 莫非王土, 率土之濱, 莫非王民, 域中四大, 而王居其一, 子雖有道, 猶朕民也, 不能自屈, 何乃高乎? 朕能使民富貴貧賤。」

Foi quando o imperador ordenou ao seu arauto que declarasse ao Senhor do Rio: "Todo o pobre solo que jaz sob o Céu pertence ao Grande Rei; quem trabalha às margens dos rios é o povo, que também pertence ao Grande Rei. Dentre as quatro maiores coisas que existem no universo, uma delas é o Grande Rei. Embora o Senhor do Rio seja alguém que domina o Dao, ele é parte do povo que Possuo. Se ele não está disposto a se humilhar perante mim, qual dos dois é o mais alto? Eu sou aquele que é capaz de decidir se aqueles que me pertencem viverão em opulência ou miséria".

須臾, 公即拊掌坐躍, 冉冉在空虛之中, 去地百余尺, 而止於虛空, 良久, 俛而答曰:「余上不至天, 中不累人, 下不居地, 何民之有焉? 君宜能令余富貴貧賤乎?」帝大驚, 悟知是神人。

Depois de alguns instantes, o Senhor do Rio bateu palmas em sinal de escárnio e, dando um meio salto, saiu da posição sentada em que se encontrava, começando a flutuar lentamente no meio do ar até atingir uma altura de cerca de cem "chi", onde se demorou. Depois de um longo tempo naquela posição, fez uma reverência e respondeu: "Minha cabeça não toca o Céu; meu ventre não pesa sobre os homens; meus pés não se param sobre a Terra: quem dentre o vosso povo é assim? Vossa Majestade deve ser mesmo capaz de decidir se me tornarei rico ou pobre, não?". O susto despertou o imperador para a verdade; descobrira então que se tratava de um homem divino.

方下輦稽首禮謝曰:「朕以不能, 忝承先業, 才小任大, 憂於不堪, 而誌奉道德, 直以暗昧, 多所不了, 惟願道君垂湣, 有以教之。」

Ele desceu do palanquim e fez uma reverência tocando o solo com a cabeça; escusando-se conforme os Ritos, disse: "Devido à minha inépcia, a que se somou o fardo de meus ancestrais, vejo-me numa situação em que meus poucos recursos têm de fazer face a grandes tarefas; por conseguinte, minha perplexidade ora é ainda maior. Apesar de que almeje professar o Caminho e a Virtude, sempre os tive por algo imperscrutável, há muito que não os compreendo. Tenho esperança de que o Senhor do Dao se apiede de mim e de que haja alguma maneira de me fazer aprender".

河上公即授素書老子道德章句二卷, 謂帝曰:「熟研究之, 所疑自解。余著此經以來, 千七百余年, 凡傳三人, 連子四矣, 勿視非人!」帝即拜跪受經, 言畢, 失公所在。遂於西山築臺望之, 不復見矣。

O Senhor do Rio ofereceu-Lhe então o *Livro Branco da Escritura do Caminho e da Virtude* com comentário em capítulos e sentenças contendo dois rolos, declarando ao imperador: "Tem isto em mente e busca seu sentido profundo, de maneira que todas as tuas dúvidas resolver-se-ão por si sós. Desde que escrevi tal livro, já se passaram mais de 1.700 anos. Ele foi transmitido a três pessoas. Quatro, se fores incluído dentre elas. Não o mostres a ninguém indigno". O imperador prostrou-se para receber o livro. Depois desse diálogo, não se sabe qual o paradeiro do Senhor do Rio. O imperador determinou que se construísse um terraço no alto da Montanha do Oeste para tentar avistá-lo, em vão.

論者以為文帝雖耽尚大道, 而心未純信, 故示神變以悟帝, 意欲成其道, 時人因號河上公。

Comentaristas dizem que, malgrado o fato de o imperador Wen ter reverência pelo Dao, sua fé não era pura. É por esse motivo que o Senhor do Rio manifestou sua divindade, para que o imperador pudesse despertar para a verdade. Ao revelar seu Dao dessa maneira, obteve para si o título de Senhor do Rio.

# 老子道德經序（摘錄）
# 太極左仙公葛玄造
## *Prefácio à Escritura de Laozi sobre o Dao e sua Virtude*

*Ge Xuan, o Senhor Imortal à Esquerda da Suprema Polaridade*[6]

（一）老子體自然而然，生乎太無之先，起乎無因，經歷天地，終始不可稱載。終乎無終，窮乎無窮，極乎無極，故無極也。與大道而輪化，為天地而立根，布氣於十方，抱道德之至純，浩浩蕩蕩，不可名也。煥乎其有文章，

6 Traduzimos, a seguir, as porções mais relevantes do prefácio que Ge Xuan (164 – 244) escreveu para a *Escritura do Caminho e da Virtude com os comentários do Senhor do Rio*. Pode-se dizer que é o prefácio "original" à edição adotada neste trabalho, ou pelo menos o prefácio de sua mais influente linha de transmissão. Por estar intimamente associado à seita do Tesouro Numinoso (靈寶), uma das mais antigas linhagens do taoismo dos imortais, o texto de Ge adota a perspectiva do que se convencionou chamar de taoismo religioso (ver "Introdução"). Nele, Laozi é retratado como uma entidade metafísica e o seu *Dao De Jing* como uma revelação transcendente. Ademais, uma série de elementos sincréticos tem papel relevante na exposição, em particular a ideia de reencarnação, que possibilita apresentar Laozi como um ser além de tempo e espaço, segundo um modelo cosmológico tipicamente indiano. A segunda e quarta seções do "Prefácio" foram excluídas da presente tradução. O prefácio de Ge Xuan [primeira seção] é continuado por uma biografia do Senhor do Rio [segunda seção] cujo conteúdo é idêntico ao das "Notas biográficas dos imortais taoistas" (cf. Anexo II) de Ge Hong, sobrinho-neto de Ge Xuan. Em seguida, há uma terceira seção que trata da transmissão do *Dao De Jing*. Essa seção é continuada por um outro texto de Ge Xuan [quarta seção], que alega ter purificado de manipulações o texto do *Dao De Jing* e o comentário – distorções causadas por "devotos menos esclarecidos". A seguir, percebe-se que o "Prefácio" fora complementado com algumas anotações de um discípulo de Ge antes de sua conclusão, um ritual para transmissão das *Escrituras do Caminho e da Virtude*.

巍巍乎其有成功, 渕乎其不可量, 堂堂乎為神明之宗。三光持以朗照, 天地稟以得生, 乾坤運以吐精, 高而無民, 貴而無位, 覆載無窮, 是教八方諸天, 普弘大道。開闢以前, 復下為國師, 代代不休, 人莫能知之。匠成萬物, 不言我為, 玄之德也。故眾聖所共尊。道尊德貴, 莫之命而常自然, 惟老氏乎! 周時復託神李母, 剖左腋而生, 生即皓然, 號曰老子。老子之號, 因玄而出, 在天地之先, 無衰老之期, 故曰老子。世人謂老子當始於周代。老子之號, 始於無數之劫, 甚窈窈冥冥, 眇邈久遠矣。

[Início da primeira seção] Laozi incorpora a Espontaneidade que faz dele o que é. Nascido antes do Supremo Nada, iniciou-se do que não tem causa. Presenciou toda a existência de Céu e Terra, de modo que, em todo esse tempo, nada houve que lhe correspondesse ou que lhe sustentasse. Laozi termina onde nada termina, alcança seu fim onde nada tem fim; atinge seu limite onde não há limite: logo é a Não Polaridade. Suas transformações seguem o Grande Dao, deitando raízes em benefício do Céu e da Terra, disseminando a energia vital pelas dez direções, abraçando o Dao e sua Virtude de tal forma que atinge a suprema pureza. Caudaloso é seu fluir de puro brilho, logo não se pode atribuir-lhe qualquer nome. Cintilantes, tais são as insígnias de seu talento literário; imponentes, eis seus feitos e méritos; abissal, a ponto de não ter medida; suntuoso, é o ancestral do brilho divino. Os três luminares[7] agarram-no para obter seu brilho; Céu e Terra tomam-no para obter vida; Qian e Kun[8] colocam-no em movimento para dispersar a essência. Laozi está no alto, mas não tem um povo para governar; é nobre, mas carece de um posto na burocracia. Contudo, cobre e sustenta[9] a todas as coisas sem se esgotar, doutrinando o que está nas oito direções e nos inúmeros céus, propagando universalmente o Grande Dao. Desde antes da separação entre o Céu a e a Terra, repetidamente desceu ao mundo como mestre dos reis, a quem ensinou, geração após geração, sem se fatigar. E contudo, ninguém foi capaz de reconhecê-lo. Tal como o

7 Sol, lua, estrelas.

8 Os dois primeiros e mais importantes hexagramas do *Yi Jing* (易經) ou *Clássico das Mutações*.

9 Tal como um baldaquim, o Céu é visto pelos chineses como algo que "cobre e protege" as coisas; por outro lado, considera-se que a Terra "sustenta e dá vida" aos seres vivos.

artesão que urde as dez mil coisas e não reclama ter sido seu autor, assim é a Virtude Misteriosa. É por essa razão que a plêiade de sábios concorda ao honrá-lo. Seu Dao é honorável, sua Virtude é nobre. Sem que nada o decrete, sempre segue a Espontaneidade: se esse não for Laozi, quem ou o que o será?! Nos tempos de Zhou, mais uma vez encomendou seu espírito, dessa vez à senhora-mãe Li; saindo pela axila esquerda dela, veio à luz; ganhando vida, manifestou sua brancura – donde o nome de Laozi, o velho das mechas brancas. O nome Laozi, o velho dos mistérios, saiu do que é profundo; antes do Céu e da Terra, sem prazo para perecer decrepitude, donde o nome Laozi, o longevo. As pessoas do mundo dizem que Laozi deve ter surgido na dinastia Zhou. Na verdade, o nome Laozi já tinha surgido há incontáveis *kalpas*,[10] em tempos tão distantes e obscuros que suas origens assim ficaram, turvas, distantes, perdidas no tempo.

世衰, 大道不行, 西游天下。關令尹喜曰: “大道將隠乎? 願為我著書”。於是作《道》,《德》二篇, 五千文上下経焉。夫《五千文》宣道, 德之源, 大無不包, 細無不入, 天人之自然経也。余先師有言: 「精進研之, 則聲參太極, 高上遙唱, 諸天懽楽, 則携契玄人」。靜思期真, 則眾妙感會。內觀形影, 則神氣長存。體洽道德, 則萬神震伏。禍滅九陰, 福生十方, 安國寧家, 孰能知乎? 無為之文, 汙之不辱, 飾之不榮, 撓之不濁, 澄之不清, 自然也。應道而見, 傳告無窮, 常者也。故知常曰明。大道何為哉? 弘之由人。斯文尊妙, 可不極精乎? 粗述一篇, 唯有道者寶之焉 (...)

Com a decadência das gerações seguintes, o Grande Dao deixou de ser praticado e Laozi partiu para o Oeste, viajando por Tudo sob o Céu. Yin Xi, o comandante da guarnição do passo, perquiriu-lhe: “O Grande Dao está para ocultar-se? Rogo-te que me elabore algo sobre o assunto”. E assim foi que Laozi compôs dois capítulos, um sobre o Dao, outro sobre a Virtude, uma Escritura com cinco mil ideogramas dividida em duas partes. Propala a origem do Dao e sua Virtude: é grandiosa, não há nada que não abrace; é sutil, não há nada que não penetre; é a Escritura da Espontaneidade seguida

10 Mais uma influência do budismo no texto de Ge Xuan, na cultura indiana o termo *kalpa* corresponde a um longo período de tempo, chegando a se estender por mais de um trilhão de anos. O termo é empregado para contabilizar o desenvolvimento e decadência de um ciclo cósmico.

pelo Céu e pelo ser humano. Meu Mestre, que veio antes de mim, dizia: "estuda a Escritura do Dao e sua Virtude com cura, pois a voz dessa obra iguala-se à Suprema Polaridade; erguendo-se até o alto, ressoa até o longe, todos os Céus alegram-se, reunindo em coro os homens do Mistério". É quando se medita tranquilamente, é quando anelamos a Genuinidade que a multidão de mistérios corresponde e congrega-se em torno de nós. Aquele que contempla o próprio íntimo, unindo o corpo à sombra, é a pessoa capaz de fazer que seu espírito e sua energia vital estejam sempre presentes em si. Se o corpo conjuga-se ao Dao e sua Virtude, os dez mil espíritos abalam-se e prostram-se diante de si. Má sorte destrói as nove regiões espectrais; boa sorte gera as dez direções; o que dá paz ao reino e alento à família, quem será capaz de saber? Textos que descrevem a Inação; nódoas que não maculam; insígnias que não conferem honra; misturas que não se enturvam; águas claras que são impuras: tudo é obra da Espontaneidade. O que corresponde ao Dao e faz-se visível, quem difunde-o, propaga-o sem fim: isso é a permanência. É por isso que quem conhece a permanência é iluminado. O que se fará do Grande Dao? Cabe aos homens propalá-lo! Esse texto é honorável, é miraculoso! Como será possível não estudá-lo com afinco? Por isso decidi escrever esse opúsculo; somente os que têm o Dao em si são capazes de tratá-lo como um tesouro. [Fim da primeira seção] (...)

（三）太極左仙公葛玄曰: 老子以上皇元年正月十二日丙午太歲丁卯下為周師, 到無極元年太歲癸丑五月壬午去周西度關。關令尹喜宿命合道, 预占見紫雲西邁, 知有道人當度, 仍齋潔燒香, 想見道真。以其年十二月廿五日, 老子度關也。喜見老子, 迎設禮稱弟子。老子日: 「汝應為此宛利天下棄賢世傳弘大道, 子神仙者矣。」以二十八日日中授《太上道德經》。義洞虛無, 大無不包, 細無不入, 聖王不能盡通其義 (...)

[Início da terceira seção] Ge Xuan, o Senhor Imortal à Esquerda da Suprema Polaridade, disse: no dia bing-wu, 12º do primeiro mês do ano inicial da era do Augusto que está Acima de Todos, quando a Grande Estrela dos Anos estava na posição ding-mao, Laozi desceu ao plano dos mortais como um mero súdito da casa de Zhou. No dia ren-wu do 5º mês do ano inicial da era da Não Polaridade, quando a Grande Estrela dos Anos estava na posição gui-chou, Laozi decidiu deixar Zhou, seguindo para o Oeste, com o intuito de cruzar o Passo. Pelo fato de que já se irmanara ao Dao numa de suas vidas passadas, Yin Xi, o comandante daquela guarnição, vira por meio dum ritual divinatório que uma nuvem púrpura singraria os céus para o Oeste; portanto, sabia que alguém que possuía o Dao em si haveria de passar por suas terras. Tendo isso em mente, queimou incenso e guardou jejum purificatório, com o intuito de contemplar a Genuinidade do Dao. No 25º dia do décimo segundo mês do mesmo ano, Laozi estava a cruzar o Passo. Xi avistou-o, vindo dar-lhe as boas-vindas tal como os Ritos exigiam de um discípulo com relação ao próprio mestre. Laozi disse: "Para o bem deste jardim que está sob teus cuidados, deves valer Tudo sob o Céu; destituindo a transmissão hereditária dos 'homens de valor' e assim propalando o Grande Dao. Trata todos os imortais como se fossem filhos teus!".[11] No 28º dia, quando o sol estava no seu ponto mais alto, Laozi transmitiu a Yin a *Escritura do Dao e sua Virtude do Altíssimo*: seu significado é profundo e, por isso, oco e vazio; grande, não há nada que não abrace; sutil, não há nada que não penetre – é algo que os Reis Sábios não são capazes de compreender (...).

11 Essa "prédica" atribuída a Laozi por Ge Xuan claramente contém uma agenda política sectária. Numa frase truncada e deselegante, o que pode refletir corrupção do texto, Laozi advoga o fim dos "homens de valor" e sua "transmissão hereditária". Isso sugere burocratas treinados conforme a tradição ortodoxa (isto é, "confuciana"), que assumiam seus cargos segundo um sistema de recomendações mútuas e que os transmitiam hereditariamente de seus clãs. Além disso, Laozi prega o reforço do *esprit de corps* entre os "imortais", ou seja, os membros da seita taoista em que se incluem os Ge.

# *Bibliografia seleta*

## I. Principais referências textuais


Gao, Wang 高明. *Boshu Laozi Jiaozhu 帛書老子校注 (Edição Crítica e Anotada dos Manuscritos de Seda de Laozi)*. Beijing: Zhonghua Shuju, 2001 (Reimpressão).

Li, Ling 李零. *Guodian Chujian Jiaoduji 郭店楚簡校讀記 (Anotações de Leitura sobre os Manuscritos de Bambu do Feudo de Chu, descobertos em Guodian)*. Beijing: Zhongguo Renmin Daxue Chubanshe, 2007.

Liang Qixiong 梁啟雄. *Hanzi Qianjie 韓子淺解 (Esclarecimentos Superficiais sobre o Mestre Han), Zhuzi Jicheng Xinbian 諸子集成新編 (ed. Nova Antologia Completa dos Mestres)*. Beijing: Zhonghua Shuju, 2009 (Reimpressão).

Liu, Xiaogan. 劉笑敢, *Laozi Gujin: Wuzhong Duikan yu Xiping Yinlun 老子古今：五種對勘與析評引論 (Laozi Ontem e Hoje: Estudo Comparado de Cinco Edições, com Análise Crítica e Ensaios Teóricos)*. Beijing: Zhongguo Shehui Kexue Chubanshe, 2005.

Lou, Yulie. 樓宇烈, *Wang Bi Ji Jiaozhu 王弼集校注 (Edição Crítica Comentada dos Escritos de Wang Bi)*. 2 vols. Beijing: Zhonghua Shuju, 2009 (reimpressão).

Meng, Wentong. 蒙文通, *Meng Wentong Wenji Diliujuan Daoshu Jijiao Shizhong 蒙文通文集第六卷道書輯校十種 (Escritos Reunidos de Meng Wentong, vol. 6: Edição Crítica de Dez Textos Taoistas.* Chengdu: Bashu Shushe, 2001.

Wang Deyou 王德有. *Laozi Zhigui Yizhu 老子指歸譯註 (Tradução e Anotações de Laozi Orienta o Retorno)*. Pequim: Shangwu Yinshuguan, 2004.

Wang, Ka. 王卡, *Laozi Daodejing Heshang Gong Zhangju 老子道德經河上公章句 (O Dao De Jing de Laozi, com os Comentários em Sentenças e Capítulos de Heshang Gong)*. Beijing: Zhonghua Shuju, 2006 (reimpressão).

Wang, Xianshen 王先慎. *Han Feizi Jijie 韓非子集解 (Explicações Reunidas ao Mestre Han Fei), Zhuzi Jicheng Xinbian 諸子集成新編 (ed. Nova Antologia Completa dos Mestres)*. Beijing: Zhonghua Shuju, 2006 (Reimpressão).

Zhu, Qianzhi 朱謙之. *Laozi Jiaoshu 老子校釋 (Edição Crítica e Explicada de Laozi)*. Beijing: Zhonghua Shuju, 2000 (reimpressão).

## II. Principais traduções referidas

Chan, Wing-Tsit 陳榮捷 (org.). *The Way of Lao Tzu (Tao-Te Ching)*. New Jersey: Prentice Hall, 1963.

Chen, Guyin 陳鼓應 (org.). *Laozi Jinzhu Jinyi 老子今注今譯 (Laozi com Anotações e Tradução Contemporâneas)*. Beijing: Shangwu Yinshuguan, 2012 (reimpressão).

Erkes, Eduard (trad.). *Ho-Shang Kung's Commentary on Lao-Tse*. Ascona: Artibus Asiae, 1958.

Gu, Bin 谷斌 *et alii* (org.). *Huang Di Sijing Zhuyi, Dao De Jing Zhuyi 黃帝四經註譯, 道德經註譯 (Comentários aos Quatro Clássicos do Imperador Amarelo e Tradução, Comentários ao Dao De Jing e Tradução)*. Beijing: Zhongguo Shehui Kexueyuan Chubanshe, 2004.

Kaltenmark, Max (org.). *Lao Tseu et le Taoïsme.* Paris: Éditions du Seuil, 1965.

Lau, Diancheuk 劉殿爵 (trad.). *Tao Te Ching*. London: Penguin, 1963.

Lin Peiyu 林培余 (org.). *Laozi Duben Xinyi 新譯老子讀本(Lendo Laozi: Nova Tradução)*. Taipé: Sanmin Chubanshe, 1985 (5ª Edição).

Lynn, Richard John (org.). *The Classic of the Way and Virtue: A New Translation of the Tao--Te-Ching of Laozi as Interpreted by Wang Bi*. New York: Columbia University Press, 1999.

Osamu, Kanaya 治金谷 (org.). *Roushi: Mutchi Muyoku no Susume 老子：無知無欲のすすめ (Laozi: Convite ao Ascetismo da Ignorância)*. Tóquio: Koudansha, 2007 (reimpressão).

Wilhelm, Richard (trad.). *Laotse Tao Te King: Das Buch von Sinn und Leben*. Kreuzlingen/München: Heinrich Hugendubel Verlag, 2004.

Wu Yi 吳怡. *Xinyi Laozi Jieyi 新譯老子解義 (Hermenêutica de Laozi: Uma Nova Tradução)*. Taipé: Sanmin Chubanshe, 1997 (2ª Edição).

## III. Dicionários e instrumentos filológicos

Buswell Jr., Robert (ed.). *Encyclopedia of Buddhism*. New York: Macmillan Reference USA, 2004.

Chen Yongzheng 陳永正 (org.). Zhongguo Fangshu Dacidian 中國方術大辭典 *(Grande Dicionário das Artes Esotéricas Chinesas)*. Guangzhou: Zhongshan Daxue Chubanshe, 1991.

*Ci Yuan* 辭源 *(Fontes do Vocabulário Chinês)*. 2 vols. Beijing: Shangwu Yinshuguan, 2006.

Comissão para Compilação do Dicionário. *Hanyu Dazidian* 漢語大字典 *(Grande Dicionário dos Ideogramas Chineses)*. 8 vols. Hubei Cishu Chubanshe e Sichuan Cishu Chubanshe, 1990.

De Holanda Ferreira, Aurélio Buarque. *Dicionário Aurélio da Língua Portuguesa*. Curitiba: Positivo Informática, 2010 (5ª Edição, versão eletrônica).

Duan, Yucai 段玉裁 e Xu Shen 許慎. *Shuowen Jiezi Zhu* 說文解字注 *(Anotações a Discursos sobre a Prosa Refinada para Explicar Ideogramas)*. Xangai: Shanghai Guji Chubanshe, 2008 (Reimpressão).

Gui Fu 桂馥 e Xu Shen 許慎. *Shuowen Jiezi Yizheng* 說文解字義證 *(Investigação sobre Discursos sobre a Prosa Refinada para Explicar Ideogramas)*. Xangai: Shanghai Guji Chubanshe, 1987.

*Hanyu Dacidian* 漢語大詞典 *(Grande Dicionário da Língua Chinesa)*. Hong Kong: Shangwu Yinshuguan, 2012 (Ed. Eletrônica).

Huang Zhuo 黃焯. *Jingdian Shiwen Huijiao* 經典釋文彙較 *(Edição Crítica e Repertório de Explicando a Prosa Refinada por Meio dos Clássicos)*. Beijing: Zhonghua Shuju, 2006.

Instituto Antônio Houaiss. *Grande Dicionário Houaiss da Língua Portuguesa*, 2012 (Ed. eletrônica: Houaiss.uol.com.br).

Lacerda, Carlos Augusto (ed.). *Dicionário Aulete*. (Ed. eletrônica: Aulete.uol.com.br).

Li Yuanguo 李遠國. *Zhongguo Daojiao Qigong Yangsheng Daquan* 中國道教氣功養生大全 *(Grande Repertório das Técnicas de Longevidade e Exercícios Respiratórios do Taoismo Chinês)*. Chengdu: Sichuan Cishu Chubanshe, 1991.

Qian Xuan 錢玄 e Qian Xingqi 錢興奇 (comp.). *Sanli Cidian* 三禮辭典 *(Dicionário dos Três Cânones sobre os Ritos)*. Nanquim: Jiangsu Guji Chubanshe, 1998.

Ren Jiyu 任繼愈 (org.). *Daozang Tiyao* 道藏提要 *(Síntese do Cânone Taoista)*. Pequim: Zhongguo Shehui Kexue Chubanshe, 1991.

Schipper, Kristofer e Verellen, Franciscus (eds.). *The Taoist Canon: A Historical Companion to the Daozang*. 3 vols. London: The University of Chicago Press, 2004.

Tang Kejing 湯可敬 e Xu Shen 許慎. *Shuowen Jiezi Jinyi* 說文解字今譯 *(Discursos sobre a Prosa Refinada para Explicar Ideogramas: Uma Tradução Atual)*. 2 vols. Changsha: Yuelu Shushe, 1997.

Walter Weiszflog (ed.). *Michaelis Moderno Dicionário da Língua Portuguesa*. São Paulo: Melhoramentos, 2012 (Ed. Eletrônica).

Xie Guan 謝觀 (org.). *Zhongguo Yixue Dacidian* 中國易學大辭典 *(Grande Dicionário da Medicina Chinesa)*. 2 vols. Beijing: Shangwu Yinshuguan, 1995 (Reimpressão).

Xu Kai 徐鍇 e Xu Shen 許慎. *Shuowen Jiezi Xizhuan* 說文解字繫傳 *(Comentário Anexo a Discursos sobre a Prosa Refinada para Explicar Ideogramas)*. Beijing: Zhonghua Shuju, 1998 (Reedição).

Zhang Qicheng 張其成 (ed.). *Yixue Dacidian 易學大辭典 (Grande Dicionário dos Estudos sobre as Mutações)*. Beijing: Huaxia Chubanshe, 1992.

Zhang Yushu 張玉書 e Chen Tingjing 陳廷敬 (editores). *Kangxi Zidian 康熙字典 (Dicionário de Ideogramas Kangxi)*. Beijing: Zhonghua Shuju, 2008 (Reimpressão).

Zong Fubang 宗福邦 *et alii*. *Guxun Huizuan 故訓匯纂 (Vocabulário de Interpretações Filológicas)*. Beijing: Shangwu Yinshuguan, 2004 (Reimpressão).

## IV. Outras fontes primárias consultadas

Ban Gu 班固. *Hanshu 漢書 (Livro de Han)*. Pequim: Zhonghua Shuju, 2006 (Reimpressão).

Chan, Wing-Tsit 陳榮捷. *Jinsilu Xiangzhu Jiping 近思錄詳註集評 (Resenhas Coligidas e Notas Aprofundadas de Meditações sobre Coisas Próximas)*. Xangai: Huadong Shifan Daxue Chubanshe, 2007.

Chan, Wing-Tsit. *A Source Book in Chinese Philosophy*. Princeton: Princeton University Press, 1963.

Chen Li 陳立. *Baihutong Shuzheng 白虎通疏證 (Investigação Crítica da Conferência do Tigre Branco), Zhuzi Jicheng Xinbian 諸子集成新編 (ed. Nova Antologia Completa dos Mestres)*. 2 vols. Beijing: Zhonghua Shuju, 2007 (Reimpressão).

Cheng Shude 程樹德. *Lunyu Jishi 論語集釋 (Explicações Reunidas sobre os Analectos), Zhuzi Jicheng Xinbian 諸子集成新編 (ed. Nova Antologia Completa dos Mestres)*. 4 vols. Beijing: Zhonghua Shuju, 2006 (Reimpressão).

Cheng, Hao 程顥 e Cheng Yi 程頤. *Er Cheng Ji 二程集 (Escritos Reunidos dos Dois Irmãos Cheng), Lixue Congshu 理學叢書 (Ed. Coleção Escola do Princípio)*. 2 vols. Beijing: Zhonghua Shuju, 2004 (Reimpressão).

Cheng, Junying 程俊英 e Jiang Jianyuan 蔣見元. *Shijing Zhuxi 詩經注析 (Anotações e Análise do Clássico dos Poemas)*. Beijing: Zhonghua Shuju, 2007 (Reimpressão).

Cheng, Junying 程俊英. *Shijing Yizhu 詩經譯註 (Clássico dos Poemas Anotados e Traduzidos)*. Xangai: Shanghai Guji Chubanshe, 2004.

Chinese Buddhist Text Electronic Association. *Chinese Electronic Tripitaka Collection*. Versão maio de 2014.

Du Cong 杜琮 *et alii*. *Huangting Jing Yizhu 黃庭經註譯 (Clássico do Quintal Amarelo, Anotado e Traduzido)*. Pequim: Zhongguo Shehui Kexue Chubanshe, 2004.

Fan Xiangyong 范祥雍. *Zhanguo Ce Qianzheng 戰國策箋證 (Breves Anotações e Investigação das Estratégias dos Reinos Combatentes)*. 2 vols. Xangai: Shanghai Guji Chubanshe, 2006.

Fang, Xiangdong 方向東. *Dadai Liji Huijiao Jijie 大戴禮記彙校集解 (Explicações Reunidas às Edições dos Registros dos Ritos de Dai Sênior)*. Pequim: Zhonghua Shuju, 2008.

Grupo de Pesquisa e Ensino dos Clássicos da Medicina Tradicional Chinesa do Hospital de Medicina Chinesa de Nanquim. *Huangdi Neijing Suwen Yishi 黃帝內經素問譯釋 (Tradução e Explicação do Cânone de Medicina do Imperador Amarelo: Questões Simples)*. Xangai: Shanghai Kexue Jishu Chubanshe, 1959.

Gu, Jiegang 顧頡剛 e Liu, Qiyu 劉起釪. *Shangshu Jiaoshi Yilun 尚書校釋譯論 (Os Documentos Excelsos: Edição Crítica, Discutida e com Tradução)*. 4 vols. Beijing: Zhonghua Shuju, 2005.

Guo Pu 郭璞 e Xing Bing 邢昺. *Er'Ya Zhushu 爾雅註疏 (Er'Ya Anotado e Discutido) in* Li, Xueqin 李學勤 (ed.) *Shisanjing Zhushu 十三經註疏 (Os Treze Clássicos, Anotados e Discutidos)*. Pequim: Beijing Daxue Chubanshe, 1999.

Guo Qingfan 郭慶藩. *Zhuangzi Jishi 莊子集釋 (Explicações Reunidas sobre o Mestre Zhuang), Zhuzi Jicheng Xinbian 諸子集成新編 (ed. Nova Antologia Completa dos Mestres)*. 3 vols. Beijing: Zhonghua Shuju, 2004 (Reimpressão).

He Ning 何寧. *Huainanzi Jishi 淮南子集釋 (Explicações Reunidas ao Mestre Huainan), Zhuzi Jicheng Xinbian 諸子集成新編 (ed. Nova Antologia Completa dos Mestres)*. 3 vols. Beijing: Zhonghua Shuju, 2006 (Reimpressão).

Hong, Xingzu 洪興祖. *Chuci Buzhu 楚辭補註 (Anotações Adicionais aos Cânticos de Chu)*. Beijing: Zhonghua Shuju, 2007 (Reimpressão).

Hu, Qiguang 胡奇光 e Fang, Huanhai 方環海. *Er'Ya Yizhu 爾雅譯註 (Er'Ya Anotado e Traduzido)*. Xangai: Shanghai Guji Chubanshe, 2004.

Ikeda, Tomohisa 池田知久. *Maoutai Shutsudo Bunken Yakuchuu Sousho 馬王堆出土文献訳注叢書：老子 (Coleção de Textos Desenterrados em Mawangdui: Roushi)*. Tóquio: Touhou Shoten, 2006.

Ji, Yun 紀昀. *Siku Quanshu Zongmu Tiyao 四庫全書總目提要 (Resenhas do Índice Geral da Biblioteca Imperial em Quatro Seções)*. 4 vols. Shijia Zhuang: Hebei Renmin Chubanshe, 2000.

Jiang Xichang 蔣錫昌. *Laozi Jiaogu 老子校詁 (Edição Crítica e Filológica de Laozi), Minguo Congshu 民國叢書 (Biblioteca da China Nacionalista), m. 5, v. 5*. Xangai: Shanghai Shudian, ano desc.

Jin, Kaicheng 金開誠 *et alii*. *Qu Yuan Jijiaozhu 屈原集校注 (Edição Crítica e Anotada dos Escritos de Qu Yuan)*. Beijing: Zhonghua Shuju, 1999 (Reimpressão).

Kong Anguo 孔安國 e Kong Yingda 孔穎達. *Shangshu Zhengyi 尚書正義 (Interpretação Autorizada dos Documentos Excelsos) in* Li, Xueqin 李學勤 (ed.) *Shisanjing Zhushu 十三經註疏 (Os Treze Clássicos, Anotados e Discutidos)*. 2 vols. Pequim: Beijing Daxue Chubanshe, 1999.

Li Daoping 李道平. *Zhouyi Jijie Zuanshu 周易集解纂疏 (Compilação de Comentários e Explicações Reunidas sobre as Mutações de Zhou)*. Pequim: Zhonghua Shuju, 2011 (Reimpressão).

Li Longji 李隆基 e Xing Bing 邢昺. *Xiaojing Zhushu 孝經註疏 (O Clássico da Piedade Filial, Anotado e Discutido)* in Li, Xueqin 李學勤 (ed.) *Shisanjing Zhushu 十三經註疏 (Os Treze Clássicos, Anotados e Discutidos)*. Pequim: Beijing Daxue Chubanshe, 1999.

Li Xiangfeng 李翔鳳. *Guanzi Jiaozhu 管子校注 (Ed. Crítica e Anotada do Mestre Guan), Zhuzi Jicheng Xinbian 諸子集成新編 (ed. Nova Antologia Completa dos Mestres)*. 3 vols. Beijing: Zhonghua Shuju, 2004 (Reimpressão).

Li, Mengsheng 李夢生. *Zuozhuan Yizhu 左傳譯註 (O Comentário de Zuo Anotado e Traduzido)*. Xangai: Shanghai Guji Chubanshe, 2004.

Li, min 李民 e Wang, Jian 王健. *Shang Shu Yizhu 尚書譯註 (Os Documentos Excelsos Anotados e Traduzidos)*. Xangai: Shanghai Guji Chubanshe, 2004.

Li, Zhizhong 李致忠. *Sanmu Leixu Shiping 三目類序釋評 (Explicações e Comentários aos Prefácios dos Tipos Bibliográficos de Três Índices Gerais)*. Beijing: Beijing Tushuguan Chubanshe, 2002.

Liang Qixiong 梁啟雄. *Xunzi Jianshi 荀子簡釋 (Explicação Sucinta do Mestre Xun), Zhuzi Jicheng Xinbian 諸子集成新編 (ed. Nova Antologia Completa dos Mestres)*. Beijing: Zhonghua Shuju, 2010 (Reimpressão).

Ma Qichang 馬其昶. *Laozi Gu 老子故, Laozi Gu Sanzhong 老子注三種 (Três Anotações a Laozi Reunidas)*. Hefei: Huangshan Shushe, 1994.

Meng Naichang 孟乃昌. *Zhouyi Cantongqi Sanshisijia Zhushi Jicui 周易參同契三十四家註釋集萃 (Seleção de Notas e Comentários de Trinta e Quatro Mestres à Comunhão dos Três nas Mutações de Zhou)*. Pequim: Huaxia Chubanshe, 1993.

Shao, Yong 邵庸. *Shao Yong Ji 邵雍集 (Escritos Reunidos de Shao Yong), Lixue Congshu 理學叢書 (Ed. Coleção Escola do Princípio)*. Beijing: Zhonghua Shuju, 2010.

Sima Qian 司馬遷. *Shiji 史記 (Registros do Cronista)*. Pequim: Zhonghua Shuju, 2008 (Reimpressão).

Sinedino, Giorgio (org.). *Os Analectos*. São Paulo: Editora Unesp, 2012.

Su Yu 蘇輿. *Chunqiu Fanlu Yizheng 春秋繁露義證 (Investigação sobre o Orvalho Abundante da Primavera e do Outono), Zhuzi Jicheng Xinbian 諸子集成新編 (ed. Nova Antologia Completa dos Mestres)*. Beijing: Zhonghua Shuju, 2007 (Reimpressão).

Wang Bi 王弼 e Kong Yingda. 孔穎達. *Zhouyi Zhengyi 周易正義 (Interpretação Autorizada das Mutações de Zhou)* in Li, Xueqin 李學勤 (ed.) *Shisanjing Zhushu 十三經註疏 (Os Treze Clássicos, Anotados e Discutidos)*. Pequim: Beijing Daxue Chubanshe, 1999.

Wang Liqi 王利器. *Wenzi Shuyi 文子疏義 (Comentários ao Mestre Wen), Zhuzi Jicheng Xinbian 諸子集成新編 (ed. Nova Antologia Completa dos Mestres)*. Beijing: Zhonghua Shuju, 2000.

Wang Liqi 王利器. *Yantielun Jiaozhu 鹽鐵論校注 (Ed. Crítica Anotada dos Ensaios sobre o Ferro e Sal), Zhuzi Jicheng Xinbian 諸子集成新編 (ed. Nova Antologia Completa dos Mestres)*. 2 vols. Beijing: Zhonghua Shuju, 2006 (Reimpressão).

Wang Zhaoyuan 王照圓. *Lienüzhuan Buzhu (Comentários Adicionais às Notas Biográficas sobre Mulheres Admiráveis)*. Xangai: Huadong Shifan Daxue, 2012.

Wang, Xingxian 王興賢 (ed.), Li Jingde 黎靖德 (comp.). *Zhuzi Yulei 朱子語類 (Ensinamentos Orais do Mestre Zhu, Classificados por Tema), Lixue Congshu 理學叢書 (Ed. Coleção Escola do Princípio)*. 8 vols. Beijing: Zhonghua Shuju, 2004 (Reimpressão).

Wu Yujiang 吳毓江. *Mozi Jiaozhu 墨子校注 (Edição Crítica e Anotada do Mestre Mo), Zhuzi Jicheng Xinbian 諸子集成新編 (ed. Nova Antologia Completa dos Mestres)*. Beijing: Zhonghua Shuju, 2006 (Reimpressão).

Wu Zeyu 吳澤虞. *Yanzi Chunqiu Jishi 晏子春秋集釋 (Explicações Reunidas à Primavera e Outono do Mestre Yan)*. 2 vols. Pequim: Zhonghua Shuju,

Xiang, Zonglu 向宗魯. *Shuo Yuan Jiaozheng 說苑校證 (Edição Crítica do Florilégio de Anedotas)*. Beijing: Zhonghua Shuju, 2011 (Reimpressão).

Xiao Tong 蕭統. *Wuxing Dayi 五行大義 (Sentido Geral dos Cinco Elementos)*. 3 vols. Xangai: Shangwu Yinshuguan, 1936.

Xiao, Tong 蕭統. *Wen Xuan 文選 (Antologia de Literatura Refinada)*. 6 vols. Xangai: Shanghai Guji Chubanshe, 2013 (Reimpressão).

Xu Weiyu 許維遹. *Lüshi Chunqiu Jishi 呂氏春秋集釋 (Explicações Reunidas à Primavera e Outono do Mestre Lü), Zhuzi Jicheng Xinbian 諸子集成新編 (ed. Nova Antologia Completa dos Mestres)*. 2 vols. Beijing: Zhonghua Shuju, 2009.

Xu Yuangao 徐元誥. *Guoyu Jijie 國語集解 (Anotações Reunidas às Narrativas dos Feudos)*. Pequim: Zhonghua Shuju, 2006 (Reimpressão).

Yang Bing'an 楊丙安. *Shiyijiazhu Sunzi Jiaoli 十一家注孫子校理 (Ed. Crítica dos Comentários dos Onze Mestres a Sunzi), Zhuzi Jicheng Xinbian 諸子集成新編 (ed. Nova Antologia Completa dos Mestres)*. Beijing: Zhonghua Shuju, 2008 (Reimpressão).

Yang Bojun. *Liezi Jishi 列子集釋 (Explicações Reunidas sobre o Mestre Lie), Zhuzi Jicheng Xinbian 諸子集成新編 (ed. Nova Antologia Completa dos Mestres)*. Beijing: Zhonghua Shuju, 2007 (Reimpressão).

Yang, Tianyu 楊天宇. *Liji Yizhu 禮記譯註 (Registros sobre os Ritos Anotados e Traduzidos)*. 2 vols. Xangai: Shanghai Guji Chubanshe, 2004.

Yang, Tianyu 楊天宇. *Zhouli Yizhu 周禮譯註 (Os Ritos de Zhou Anotados e Traduzidos)*. 2 vols. Xangai: Shanghai Guji Chubanshe, 2004.

Yang, Yanqi 楊燕起 (trad.). *Shiji Quanyi 史記全譯 (Tradução Completa dos Registros do Cronista)*. Guiyang: Guizhou Renmin Chubanshe, 2001.

Yu Yue 俞樾. *Taishang Ganyingpian Zanyi 太上感應篇纘義 (Compilação de Interpretações sobre o Opúsculo do Altíssimo sobre a Retribuição Natural)*. Xangai: Huadong Shifan Daxue Chubanshe, 2012.

Yu Yue 俞樾. *Zhuzi Pingyi 諸子評議 (Discutindo o Significado dos Mestres)*. Pequim: Zhonghua Shuju, 1954.

Zhang, Zai 張載. *Zhang Zai Ji 張載集 (Escritos Reunidos de Zhang Zai), Lixue Congshu 理學叢書 (Ed. Coleção Escola do Princípio)*. Beijing: Zhonghua Shuju, 2006 (Reimpressão).

Zheng Xuan 鄭玄 e Jia Gongyan 賈公彥. *Zhouli Zhushu 周禮註疏 (Os Ritos de Zhou, Anotados e Discutidos) in* Li, Xueqin 李學勤 (ed.) *Shisanjing Zhushu 十三經註疏 (Os Treze Clássicos, Anotados e Discutidos)*. 3 vols. Pequim: Beijing Daxue Chubanshe, 1999.

Zheng Xuan 鄭玄 e Kong Yingda 孔穎達. *Liji Zhengyi 禮記正義 (Interpretação Autorizada do Registro dos Ritos) in* Li, Xueqin 李學勤 (ed.) *Shisanjing Zhushu 十三經註疏 (Os Treze Clássicos, Anotados e Discutidos)*. 4 vols. Pequim: Beijing Daxue Chubanshe, 1999.

Zhou, Dunyi 周敦頤. *Zhou Dunyi Ji 周敦頤集 (Escritos Reunidos de Zhou Dunyi), Lixue Congshu 理學叢書 (Ed. Coleção Escola do Princípio)*. Beijing: Zhonghua Shuju, 2009 (Reimpressão).

Zhu, Xi 朱熹. *Sishu Zhangju Jizhu 四書章句集註 (Anotações Reunidas aos Comentários em Capítulos e Sentenças aos Quatro Livros), Zhuzi Jicheng Xinbian 諸子集成新編 (ed. Nova Antologia Completa dos Mestres)*. Beijing: Zhonghua Shuju, 2005 (Reimpressão).

Zuo Qiuming 左丘明, Du Yu 杜預 e Kong Yingda 孔穎達. *Chunqiu Zuozhuan Zhengyi (Interpretação Autorizada ao Comentário de Zuo aos Anais da Primavera e Outono) in* Li, Xueqin 李學勤 (ed.) *Shisanjing Zhushu 十三經註疏 (Os Treze Clássicos, Anotados e Discutidos)*. 4 vols. Pequim: Beijing Daxue Chubanshe, 1999.

## V. Outras fontes secundárias consultadas

Asano Yuichi 浅野裕一. *Ouroudou no Seiritsu to Tenkai 黄老道の成立と展開*. Tóquio: Soubunsha, 1992.

Chan, Alan K. L. *Two Visions of the Way: A Study of the Wang Pi and the Ho-Shang Kung Commentaries on the Lao-Tzu*. Albany: State University of New York Press, 1991.

Chen Guying 陳鼓應. *Laozi Zhuyi ji Pingjie 老子註譯及評介 (Tradução, Notas, Apreciação e Apresentação de Laozi)*. Pequim: Zhonghua Shuju, 2006 (Reimpressão).

Chen Zungui 陳遵媯. *Zhongguo Tianwenxue Shi 中國天文學史 (História da Astronomia Chinesa)*. 3 vols. Xangai: Shanghai Renmin Chubanshe, 2006.

Chen, Ligui 陳麗桂. *Zhanguo Shiqi de Huanglao Sixiang 戰國時期的黃老思想 (Pensamento da Escola Huang-Lao no período dos Reinos Combatentes)*. Taipé: Lianjing, 1991.

Feng, Youlan 馮友蘭. *Zhongguo Zhexueshi 中國哲學史 (História da Filosofia Chinesa), Sansongtang Quanji 三松堂全集 (Obras Completas do Salão dos Três Pinheiros), vols. 2 e 3*. Zhengzhou: Henan Renmin Chubanshe, 2001.

Graham, Angus C. *Disputers of the Dao*. Chicago: Open Court, 2003 (Reimpressão).

Hu, Fuchen 胡孚琛. *Weijin Shenxian Daojiao 魏晉神仙道教 (Taoismo dos Imortais no Período Wei e Jin)*. Pequim: Renmin Chubanshe, 1990.

Hu, Shi 胡適. *Zhongguo Zhexueshi Dagang 中國哲學史大綱 (Lineamentos de História da Filosofia Chinesa)*. Xangai: Shangwu Yinshuguan, 1987 (Reimpressão).

Kaptchuk, Ted. *The Web that has No Weaver*. Nova Iorque: Cogdon & Weed, 1983.

Kohn, Livia (ed.). *Daoism Handbook*. 2 vols. Leiden: Brill, 2004.

Kohn, Livia. *God of Dao: Lord Lao in History and Myth*. Ann Arbor: Center for Chinese Studies, 1998.

Li, Ling 李零. *Bing Yizha Li 兵以詐立：我讀孫子 (A Arte Militar Funda-se na Trapaça: Minha Leitura de Sunzi)*. Beijing: Beijing Daxue Chubanshe, 2006.

Li, Yangzheng 李養正. *Daojiao Gaishuo 道教概說 (Apresentação Geral do Taoismo)*. Pequim: Zhonghua Shuju, 2001 (Reimpressão).

Liu, Gusheng 劉固盛. *Daojiao Laoxueshi 道教老學史 (Histório dos Estudos de Laozi no Taoismo)*. Wuhan: Huazhong Shifan Daxue Chubanshe, 2008.

Robinet, Isabelle. *Les Commentaires du Tao To King – Jusqu'au VIIe. Siècle*. Paris: Collège de France, 1981.

Robinet, Isabelle. *Méditation Taoïste*. Paris: Dervy-livres, 1979.

Robinet, Isabelle. *Taoism: Growth of a Religion*. Stanford: Stanford, 1997.

Scheepers, Alfred. *A Survey of Buddhist Thought*. Delhi: Motilal Barnasidass, 1994.

Seidel, Anna. *La Divinisation de Lao Tseu dans le Taoïsme des Han*. Paris: École Française d'Extrême Orient, 1992.

Tang, Yongtong 湯用彤. *Hanwei Liangjin Nanbeichao Fojiaoshi 漢魏兩晉南北朝佛教史 (História do Budismo no período Han, Wei, Jin e das Dinastias do Norte e Sul)*. 2 vols. Beijing: Kunlun Shushe, 2006.

Xiao, Gongquan 蕭公權. *Zhongguo Zhengzhi Sixiangshi 中國政治思想史 (História das Ideias Políticas na China)*. 2 vols. Pequim: Shangwu Yinshuguan, 2011 (Reimpressão).

Xie, Songling 謝松齡. *Tianren Xiang: Yinyang Wuxing Xueshuoshi Daolun 天人象：陰陽五行學說史導論 (Imagem do Céu e do Homem: Ensaio Introdutório sobre a Doutrina do Yin, Yang e Cinco Elementos)*. Jinan: Shandong Wenyi Chubanshe, 1989.

Xiong, Tieji 熊鐵基. *Zhongguo Laoxue Shi 中國老學史 (Uma História dos Estudos sobre Laozi na China)*. Fuzhou: Fujian Renmin Chubanshe, 2005 (Reimpressão).

Yu, Dunkang 余敦康. *Weijin Xuanxue Shi 魏晉玄學是 (História da Escola do Mistério no período Wei e Jin)*. Beijing: Beijing Daxue Chubanshe, 2004.

Zhang, Dainian 張岱年. *Zhongguo Gudian Zhexue Gainian Fanchou Yaolun 中國古典哲學概念範疇要論 (Fundamentos dos Conceitos e Categorias da Filosofia Clássica Chinesa), Zhangdainian Quanji 張岱年全集 (Obras Completas de Zhang Dainian), vol. 4*. Shijiazhuang: Hebei Renmin Chubanshe, 1996.

Zürcher, Erik. *The Buddhist Conquest of China*. Leiden: Brill, 2007 (Reimpressão).

# *Índice de termos*

SOBRE O LIVRO

*Formato*: 16 x 23 cm
*Mancha*: 27,8 x 48 paicas
*Tipologia*: Venetian 301 BT 12,5/16
*Papel*: Off-white 80g/m² (miolo)
Couché fosco encartonado 120g/m² (capa)
*1ª edição*: 2016

EQUIPE DE REALIZAÇÃO

*Capa*
Andrea Yanaguita

*Edição de texto*
Miguel Yoshida (Copidesque)
Carmen T. S. Costa (Revisão)

*Editoração eletrônica*
Eduardo Seiji Seki (Diagramação)

*Assistência editorial*
Alberto Bononi

Impressão e Acabamento:
EXPRESSÃO & ARTE
EDITORA E GRÁFICA
www.graficaexpressaoearte.com.br